China's Intelligence Economy

in the Integrating Development

融合发展中的

中国智能经济

刘 刚 等著

中国发展出版社
CHINA DEVELOPMENT PRESS

图书在版编目（CIP）数据

融合发展中的中国智能经济 / 刘刚等著 . — 北京：中国发展出版社，2022.10

ISBN 978-7-5177-1321-0

Ⅰ . ①融… Ⅱ . ①刘… Ⅲ . ①人工智能—应用—中国经济—经济发展—研究 Ⅳ . ① F124

中国版本图书馆 CIP 数据核字（2022）第 185394 号

书　　名： 融合发展中的中国智能经济
著作责任者： 刘　刚　等
责 任 编 辑： 王　沛
出 版 发 行： 中国发展出版社
联 系 地 址： 北京经济技术开发区荣华中路 22 号亦城财富中心 1 号楼 8 层（100176）
标 准 书 号： ISBN 978-7-5177-1321-0
经　销　者： 各地新华书店
印　刷　者： 北京市密东印刷有限公司
开　　本： 710mm × 1000mm　1/16
印　　张： 25.25
字　　数： 358 千字
版　　次： 2022 年 10 月第 1 版
印　　次： 2022 年 10 月第 1 次印刷
定　　价： 98.00 元

联 系 电 话：（010）68990630　82097226
购 书 热 线：（010）68990682　68990686
网 络 订 购： http://zgfzcbs. tmall. com
网 购 电 话：（010）88333349　68990639
本 社 网 址： http://www.develpress. com
电 子 邮 件： 330165361@qq. com

序言

1998年4月14日，美国商务部发布了《浮现中的数字经济》(*The Emerging Digital Economy*)研究报告。在解释美国新经济过程中，报告提出了数字经济和数字化转型概念。与前几次工业革命相比，数字革命的发生要快得多。利用和光一样迅捷的通信、使用微型电路处理和存储巨大数量的信息，使当前的经济转型成为可能①。

进入21世纪，随着包括互联网、移动互联网、大数据、云计算、人工智能在内的新一代信息技术的创新发展，数字经济进入2.0时代，即智能经济时代。如果说蒸汽机和电力的创新应用是对人类体力和神经系统的延伸的话②，信息技术，尤其是新一代信息技术的创新和应用，则属于人类脑力或智力的延伸。

智能经济是基于新一代信息技术和网络空间发展的、以“数据和计算”为关键生产要素的新经济形态。网络空间映射了物理和社会空间人与人、人与物以及物与物的关系，形成大数据。数据是网络空间的所有存在物。算力和算法把数据转化为数据智能，数据智能则通过网络空间优化和控制物理与社会空间，实现全要素生产率持续提升和经济高质量发展。

与智能经济的形成和发展相伴随的是新一轮经济转型，即新一代信息技术和经济社会的融合发展。阿瑟（Arthur B，1996）把现代经济划分为

---

① 美国商务部，姜奇平等译：《浮现中的数字经济》，中国人民大学出版社1998年版。

② 马歇尔·麦克卢汉：《理解媒介——论人的延伸》，商务印书馆2000年版。

两个基本组成部分——传统经济和知识经济[①]。其中，传统经济是以资源开发和利用为基础的农业和工业经济，而知识经济则是以知识与技术开发和利用为基础的新经济[②]。在现代经济运行中，这两个部分是相互关联和交织的。传统经济受报酬递减规律支配，而知识经济则受报酬递增规律支配。作为知识经济的前沿，智能经济是以知识经济为主导的现代经济形态。基于网络空间技术体系的发展，智能经济同样包括两个基本组成部分——核心产业部门和融合产业部门。其中，核心产业部门是“数据和计算”生产要素的产出部门，即新一代信息技术的产业化部门；融合产业部门则是“数据和计算”生产要素的投入部门，即产业的智能化部门。在两个部门的良性互动推动下的人工智能和经济社会的全面融合发展，不仅创造出新的社会生产力，而且持续激活历次工业革命所积累的社会生产力的发展潜力。

智能经济发展的技术基础是新一代信息技术。新一代信息技术属于通用目的技术（GPT）。通用目的技术产业化构成了日益强大和复杂的智能经济核心产业部门，而新一代信息技术和经济社会融合——产业的智能化则创造出更加强大和复杂的融合产业部门。从技术创新的视角看，两个部门之间相互作用，不仅带动通用目的技术的体系化和复杂化，而且带动通用目的技术的专用化，这两方面都会带动持续的知识、技术重组和互补性创新，在推动技术持续创新的同时，引发新的颠覆性技术创新。

颠覆性技术创新主要出现在核心产业部门，如5G、区块链和量子计算。同时，融合产业部门的技术创新的需求牵引则为核心产业部门的通用目的技术的持续创新提供动力。核心产业部门的通用目的技术创新进一步为融合产业部门技术创新和发展创造条件。因而，从核心产业部门和融合

---

① Arthur B., *Increasing Returns and the New World of Business*, Harvard Business Review, July-Aug 1996.

② 美国商务部，姜奇平等译：《浮现中的数字经济》，中国人民大学出版社1998年版。

产业部门多元异质创新主体之间的相互联系和作用方式出发考察智能经济发展，是一个科学的视角。

更为重要的是，在智能经济和经济社会融合发展的过程中，创新范式同样发生了根本性变革。以网络空间的发展为标志，迄今为止，技术创新范式包括两种类型：一是基于物理空间技术体系的创新范式；二是基于网络空间技术体系的创新范式。两种创新范式的本质区别在于，基于网络空间技术体系的创新对物质生产过程的依赖程度大大降低。同时，创新主体更加多元化，往往跨越传统学科、产业、区域和组织的边界，创新过程表现出日益明显的生态化和网络化特征，属于复杂网络的形成和演化过程。从这个角度看，复杂网络理论为分析人工智能和实体经济融合发展提供了有解释力的理论框架。

在前期系统调查研究基础上，我们从2017年开始运用复杂网络分析方法刻画中国智能经济发展的动态过程，试图通过持续追踪研究，总结和概括中国智能经济发展的内在动力与机制。在中国科学技术协会、中国工程院、天津市科技局和天津市科学技术协会项目经费的支持下，研究团队从中国智能经济数据库建设着手，先后完成了系列研究报告。

2021年，研究团队的研究重心放在新一代信息技术和实体经济融合发展的动力与机制领域。通过对包括2205家中国人工智能骨干企业在内的研究样本的属性和关系数据进行分析，深入探讨人工智能如何与实体经济深度融合发展的问题。

在智能经济发展上，中国走在了世界前列。联合国发布的《2019年数字经济报告》指出，数字经济的经济地理没有显示出传统的“南北鸿沟”。它一直由一个发达国家和一个发展中国家共同领导：美国和中国。报告中的数据显示，中美两国拥有全球区块链技术相关专利的75%、全球物联网支出的50%，以及全球公共云计算市场的75%以上。

中国智能经济发展源于经济转型升级过程中创造出的智能化需求，是内生的。改革开放以来，中国先后经历了两个阶段的工业化：农村工业化和城市工业化。其中，农村工业化主要以轻工业发展为主导。农村工业化创造出包括原材料、装备和基础设施在内的中间产品与服务需求，为城市工业化创造了条件和动力。在中国完成城市工业化的过程中，随着国内外市场条件的变化、要素成本的上涨和环境保护压力的增大，数字化和智能化需求被创造出来。内生的数字化和智能化需求与第四次工业革命的共生共融，成为中国经济智能化转型发展的基本推动力。

人工智能和实体经济的融合发展首先发生在第三产业，集中在消费互联网领域。随着 Web 2.0 的创新应用，在零售行业、信息搜索、社交和众包领域出现了一批互联网平台企业。作为网络空间的搭建者，平台在促成交易的过程中积累了海量数据，为大数据、云计算和人工智能技术的发展创造了条件。同时，大数据、云计算和人工智能技术进一步促进了消费互联网的升级和产业互联网的发展。

突如其来的新冠疫情为新一代信息技术的创新应用创造了一个特殊的应用场景。新冠疫情防控不仅使人工智能企业长期积累的技术得到应用和释放，而且催生了新的技术创新浪潮。同时，包括 5G 基站建设、大数据中心、人工智能和工业互联网在内的新基础设施建设的加快，为人工智能和实体经济的融合发展铺平了道路。

2020 年是智能经济步入全面融合发展阶段的元年。其中，消费互联网升级和产业互联网的发展，是中国智能经济步入全面融合发展阶段的标志。从 2018 年开始，随着人工智能技术的应用，中国的消费互联网开始升级。消费互联网升级表现出两个趋势：一是从消费端向供给侧渗透，二是从大城市向中小城市和广大农村地区下移。2020 年，消费互联网升级的效果开始全面显现。在网络空间下移的过程中，农村社会生产力发展潜力不断被激活和释放，不仅使农产品生产表现出日益明显的专业化趋势，而且带动了农村居民的创业和就业，成为收入增长的新来源。

产业互联网的兴起则表现为产品和生产的智能化，尤其是随着5G技术的商业化落地，智能工厂成为制造业的新标杆。产业智能化进一步推动了人工智能技术的创新发展。基础研究、应用研发和规模应用之间的互动使创新循环呈现螺旋上升的局面。

日益加剧的美国技术封锁给中国智能经济发展带来了不确定性，同时也激发了国内企业和机构自主研发的热情。例如，华为在推出鸿蒙操作系统的同时，加快了手机零部件的国产化速度。如何打破美国技术封锁，立足自主创新，构建新发展格局，是智能经济发展的方向。

基于2205家中国人工智能企业的关系数据量化分析，我们识别出包括智能硬件、智能装备、5G和智能网联汽车在内的新兴产业集群。新兴产业集群表现出明显的跨产业和跨地域特征，是人工智能和实体经济深度融合发展的结果。新兴产业集群代表了中国经济发展的方向，是中国未来参与国际竞争的重要力量。

智能经济的发展，不仅带来了企业和产业结构的巨大变化，而且改变着我们对经济活动的认知。例如，包括基础设施、经济增长、货币和就业在内的经济学概念，都需要我们从人工智能技术革命的视角进行重新解释。

随着人工智能技术革命的发生和发展，我们正在步入一个全新的世界，即以网络空间为主导的智能经济时代。作为新的资源配置机制，网络空间改变了人与人、人与物和物与物之间相互作用的方式，使劳动分工不再受物理空间市场的限制。同时，在智能技术赋能下，经济效率的改善无法用“国内生产总值”概念度量，我们需要重新定义经济增长指标。

基于网络空间的就业和创业，同样改变着人们对就业的理解。2018年以来，随着网络空间产业生态的下移，中国的农村人口转移不再仅表现为从农村到城市的迁移，而是增加了从线下到线上的迁移。随着农村网络空间产业生态的兴起和发展，出现了包括视频创作者和视频剪辑师在内的22

种新职业类型。更加值得关注的是，充分利用网络空间产业生态提供的优质服务要素，网络就业成为部分地区农村居民收入增加的重要渠道。

在某种程度上，人工智能对经济社会的影响尚处于早期阶段。随着人工智能和经济社会的深度融合发展，人类将步入一个“零距离”社会。在网络空间的赋能下，我们将拥有全新的生产和生活方式，每个人都拥有创新能力，都是创新主体，都能够为人类社会的发展和进步做出更大贡献。

刘　刚

2022 年 3 月 18 日于南开大学经济研究所

目　录
CONTENTS

第一章

研究方法和设计

为了准确刻画和揭示全面融合发展阶段中国智能经济发展的现状、基本形态、内在结构和动力机制，本书把人工智能和实体经济融合发展看作一个复杂适应系统的演化过程。构成智能经济发展的微观创新主体是多元化的，不仅包括人工智能企业，而且包括大学和非大学科研机构、链接者（产业联盟和会议）、投资者和政府在内的组织和机构。智能经济发展表现为多元异质创新主体结网和互动中复杂价值网络的形成和演进过程。对多元异质创新主体如何联系和互动的复杂价值网络分析，是揭示中国智能经济发展动力机制的基本研究方法。

基于系统调查和公开数据采集，本书构建了中国智能经济样本数据库。数据库样本包括：人工智能骨干企业 2205 家[①]，15 家国家级人工智能开放创新平台，32 家广州市汽车产业智能化企业，广东省 52 家人工智能新型研发机构[②]，48 家涉农新型平台企业，5500 个活跃 App，4600 万名网络从业者（包括截至 2019 年 12 月尚未脱贫的 52 个贫困县 63.52 万名网络从业者），3741 个投资者（投资机构和非投资机构）[③]、295 所 AI 大学[④]和 123 家非大学科研机构[⑤]、444 家产业联盟或行业协会、在中国境内召开的

---

① 2205家样本企业是中国智能经济的微观基础，都属于人工智能企业。通过2205家人工智能企业属性和关系数据分析，本书将全面揭示中国智能经济发展的现状和趋势。2205家样本企业筛选自中国新一代人工智能发展战略研究院掌握的10000家人工智能基础样本企业。2205家人工智能样本企业的筛选依据包括：是否研发和提供人工智能关键技术、产品和服务；是否有持续的市场经营行为；是否存在公开融资事件。

② 52家新型研发机构都是近年来发展起来的广东省人工智能领域新型研发机构。

③ 投资者样本来自2205家企业关系数据中作为关系节点的投资方，包括投资机构和非投资机构。

④ AI大学是指设立二级人工智能相关学院的大学。

⑤ 非大学科研机构是从事人工智能相关领域研究的科研机构，包括中国科学院下属机构、国家部委研究机构和非政府研究机构。

总计 1708 场会议、31 个省区市出台的 577 项相关政策和 1073 家人工智能产业园区。数据库样本类型如表 1–1 所示。

表1-1　　数据库样本类型

样本类别	2021年
人工智能骨干企业	2205家
广州市汽车产业智能化企业	32家
广东省人工智能新型研发机构	52家
涉农新型平台企业	48家
活跃App	5500个
网络从业者	4600万人
52个贫困县网络从业者	63.52万人
AI大学	295所
非大学科研机构	123家
产业联盟或行业协会	444家
会议	1708场
投资者	3741家
相关政策	577项
人工智能产业园区	1073家

为了刻画新阶段中国智能经济发展的基本形态和结构，本书采集的样本数据包括两类：属性数据和关系数据。其中，关系数据是指样本节点（企业）和关系节点（其他企业、组织和机构）之间的相互联系和作用中所包含的三个维度关系（人力资本、技术和投融资）和互动规则方面的信息[①]。数据的采集截止时间为 2020 年 12 月 30 日。

基于 2205 家人工智能骨干企业三个维度关系数据，本书构建的中国智能经济价值网络图的节点数为 43742（其中，关系节点 41537），关系数为 97980 条。通过属性数据和关系数据的量化分析，本书从整体上概括和总结全面融合发展阶段中国智能经济的内在结构、基本形态和发展的动力机制。

① 样本节点是指中国智能经济数据库的样本企业和机构，关系节点则是与样本节点存在相互联系的其他企业、组织和机构。因为样本企业和机构之间同样存在相互联系的情况，因而，关系节点可能包括样本节点。

在人工智能和实体经济全面融合发展的新阶段，广东省走在了全国前列。在基于2205家人工智能骨干企业对全国人工智能和实体经济融合发展现状研究的基础上，进一步筛选广东省579家人工智能企业和32家广州市汽车产业智能化企业，重点考察广东省人工智能和实体经济深度融合发展的进展情况。

应用需求牵引、国家战略引领、地方政府政策的积极响应、平台主导的创新生态系统和新型研发机构发展是人工智能和实体经济深度融合发展的关键推动力量。新型研发机构最早出现在改革开放前沿的广东省深圳市。近年来，广东省通过人工智能新型研发机构的建设，集聚科技创新资源，研发行业共性技术和关键技术，赋能人工智能企业和传统企业的智能化转型升级。本书选择了广东省52家人工智能新型研发机构，考察新型研发机构是如何推动人工智能和实体经济融合发展的。

人工智能和实体经济的融合发展表现为消费互联网的升级和产业互联网的发展。消费互联网升级集中表现在两个方面：一是从消费端向供给端渗透，赋能制造业中小企业；二是网络空间产业生态的下移和农村网络空间产业生态的形成和发展，激活了农村社会生产力发展潜力，促进农村居民的创业和就业。本书从5500个App和4600万名网络从业者中，筛选出48家新型平台的50个涉农App和52个贫困县63.52万名网络从业者，考察2018年以来农村网络空间产业生态发展对农村经济和社会的影响[①]。

AI大学、非大学科研机构、产业联盟或行业协会、会议、投资者、政府政策和人工智能产业园区的数据采集则用于中国新一代人工智能科技产业区域竞争力评价指数研究。人工智能科技产业的发展是包括企业、大学、科研院所、政府、投资者和中介组织在内的多元创新主体共同努力的结果。通过多元创新主体属性和关系数据的采集和量化分析，能够科学地评价各省（市、自治区）人工智能科技产业发展的水平和潜力。

---

① 这部分数据主要来自天津云账户公司，感谢云账户公司的支持和帮助。

第二章

中国智能经济发展的微观基础

第一节　中国智能经济的企业结构

企业是经济的细胞组织。经济形态的演变源于企业的结构性变化。2205 家人工智能企业及其创新活动构成了中国智能经济的重要微观基础。基于 2205 家人工智能骨干企业的属性数据分析，本节刻画和概括中国智能经济的微观企业结构。

一、创建时间

从 2205 家人工智能企业创建时间的分布看，其主要集中在 2012 年至 2018 年，占比为 63.93%。企业创建的峰值出现在 2015 年，占比 14.36%（见图 2–1）。从实际调查情况看，资金和人才短缺是制约和影响人工智能企业创建、生存和发展的关键因素。

在 2205 家人工智能骨干企业中，2010 年之前成立的企业大部分在创建之初不属于人工智能企业，即非初始人工智能企业。尤其是创建时间较早的上市公司，大多在 2010 年之后通过自主研发和技术引进转型升级为人工智能企业。非初始人工智能企业大致可以划分为两类：一类是传统 IT 类企业；另一类是传统产业企业，主要包括制造业、商业和金融业类企业。一般而言，传统 IT 类企业进入智能经济领域的时间早于传统产业企业。传统产业企业集中进入智能经济领域的时间为 2013 年至 2015 年。通过智能化转型，传统产业类人工智能企业大都成为智能经济融合产业部门的主导者。

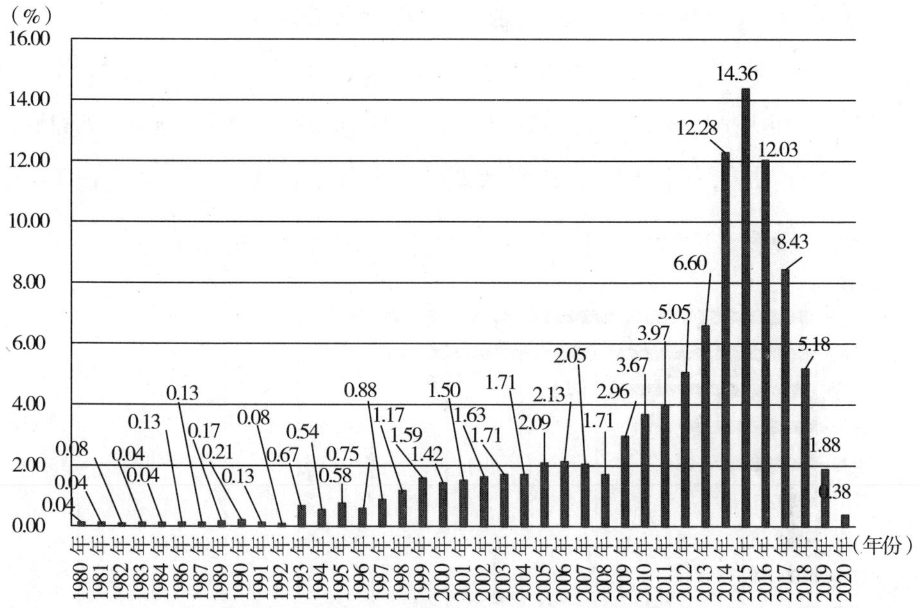

图2-1　2205家人工智能企业的成立时间分布

资料来源：作者根据相关资料整理、绘制。以下同。

二、地域分布

从地域分布看，人工智能企业主要分布在京津冀、长三角和珠三角三大城市群，占比分别为31.02%、30.23%和26.39%（见图2–2）。依托科技创新和互联网产业发展优势，京津冀、长三角和珠三角地区在智能经济发展中走在了全国的前列。

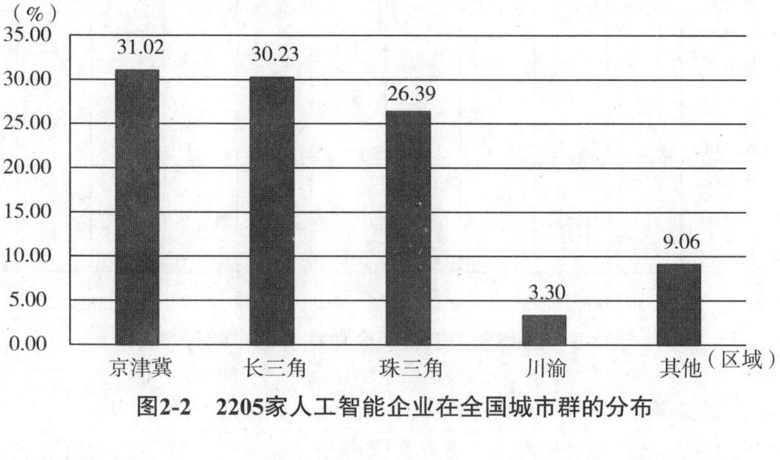

图2-2　2205家人工智能企业在全国城市群的分布

在各省区市中，人工智能企业主要分布在北京、广东、上海、浙江、江苏、四川、山东、湖北、福建和湖南。其中，北京占比最高，为29.73%；其次是广东，占比为26.39%，主要分布在深圳和广州；排名第三的是上海，占比为14.07%；排名第四的是浙江，占比为8.81%，主要集中在杭州（见图2-3）。

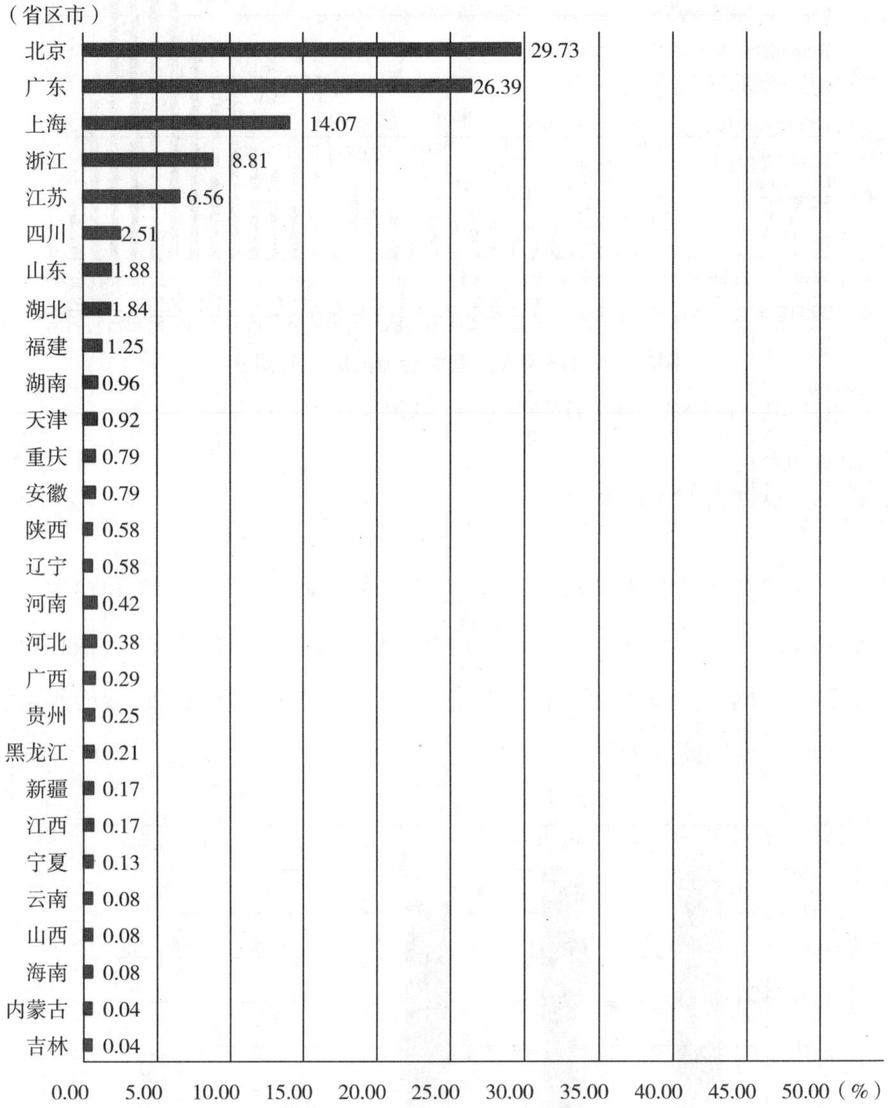

图2-3　2205家人工智能企业在省区市的分布

在国内主要城市中，人工智能企业分布密集的城市是北京、上海、深圳和广州，占比分别为29.73%、14.07%、13.99%和8.14%，是中国智能经济发展的前沿城市。西部地区的成都和中部地区的武汉同样是人工智能企业数量排名靠前的城市（见图2-4）。

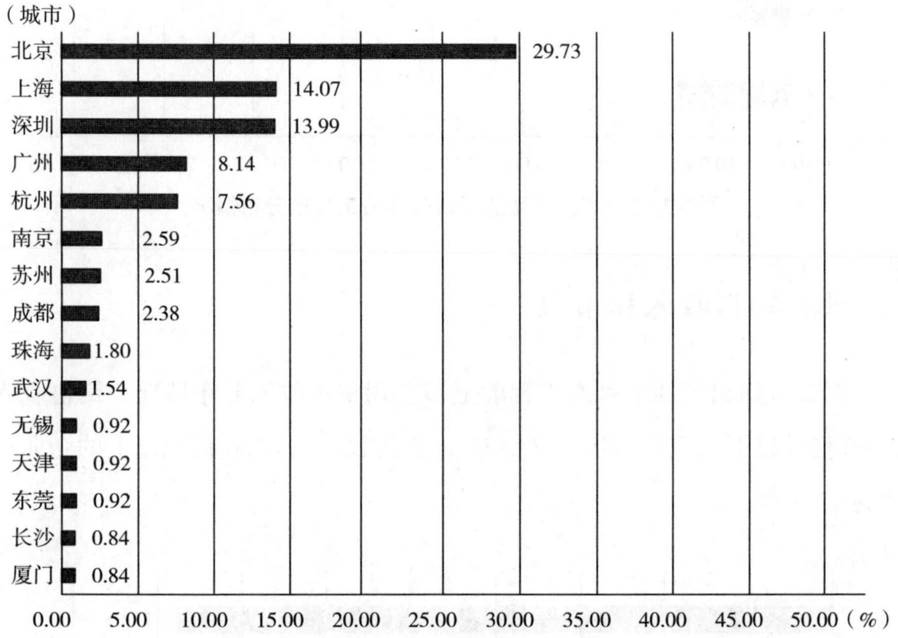

图2-4　2205家人工智能企业在全国主要城市的分布（占比排名前15）

三、员工规模

图2-5列出了213家人工智能上市公司员工规模分布情况。68.54%的人工智能上市公司员工数量在2000人以内，员工数在2000 ~ 4000人的企业占比为11.74%，员工数在4000 ~ 6000人的企业占比仅为7.04%。尽管员工数量在6000人以上的企业占比较低，为12.68%，但是大多属于基础层和技术层平台企业，是中国智能经济发展的主导者。

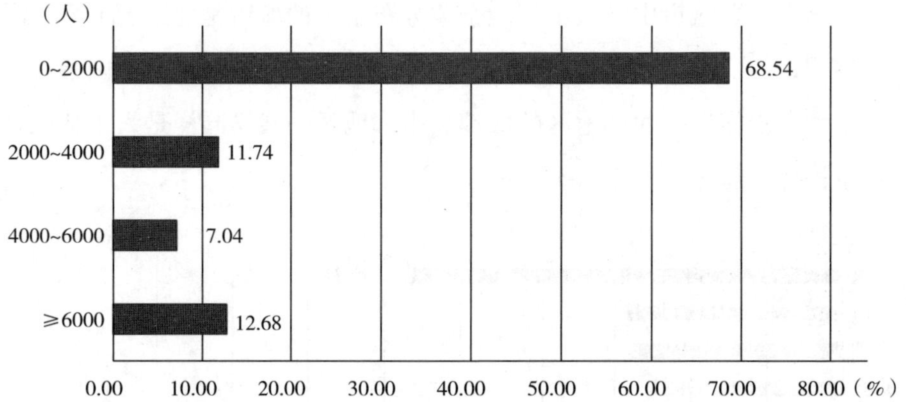

图2-5　213家人工智能上市公司员工规模分布情况[①]

四、销售收入和市值

图 2–6 列出了 307 家人工智能上市公司销售收入分布情况。销售收入在 40 亿元以下的企业占比为 77.85%，销售收入达到 80 亿元以上的企业占比为 13.03%。

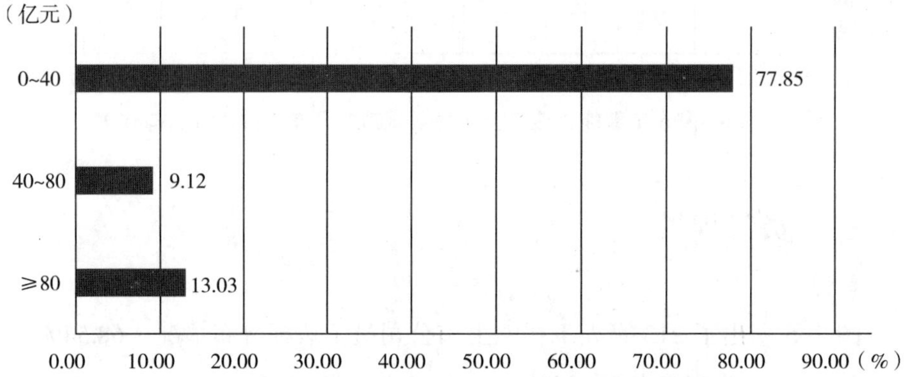

图2-6　307家人工智能上市公司销售收入分布情况

图 2–7 列出了 444 家人工智能上市公司市值分布情况。市值在 100 亿元以下的智能企业数量最多，占比达 77.70%，市值超过 400 亿元的占比达 9.46%。

① 在对人工智能上市公司的员工数、销售收入和市值的数据采集过程中，只获得了部分样本企业的数据，数据的统计分析以可获得数据的企业为样本。

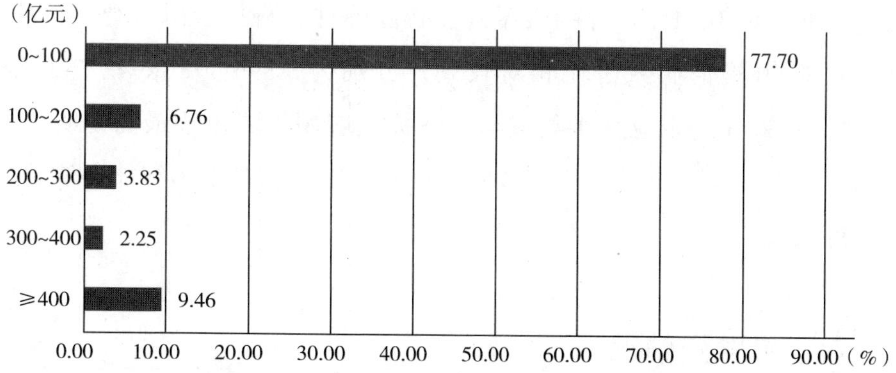

图2-7　444家人工智能上市公司市值分布情况

五、应用领域

如图 2–8 所示，人工智能企业广泛分布在 20 个应用领域，其中企业技术集成与方案、智慧商业和零售两个应用领域的企业数占比最高，分别

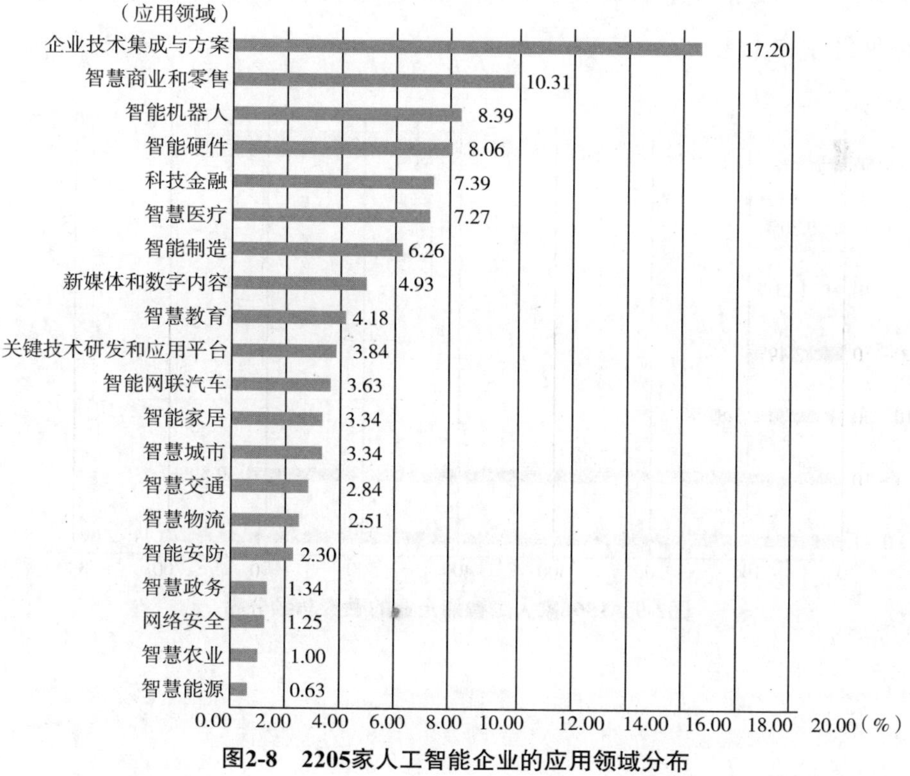

图2-8　2205家人工智能企业的应用领域分布

为 17.20% 和 10.31%。智能机器人、智能硬件、科技金融、智慧医疗、智能制造领域企业数占比相对较高，分别为 8.39%、8.06%、7.39%、7.27%、6.26%。企业技术集成与方案提供应用领域占比最高说明，在全面融合发展阶段突破应用领域的共性和关键技术是中国智能经济关注的焦点。

六、投融资情况

（一）融资总额分布

截至 2020 年 12 月，在 2205 家人工智能企业中，能够检索到发生融资事件的企业数为 1566 家，占比为 71.02%（见图 2–9），累计融资总额 22665.39 亿元。从 1566 家企业融资情况看，45.27% 的企业融资额小于 1 亿元，39.59% 的企业融资额在 1 亿～ 10 亿元之间，融资额超过 10 亿元的企业数占 15.12%。

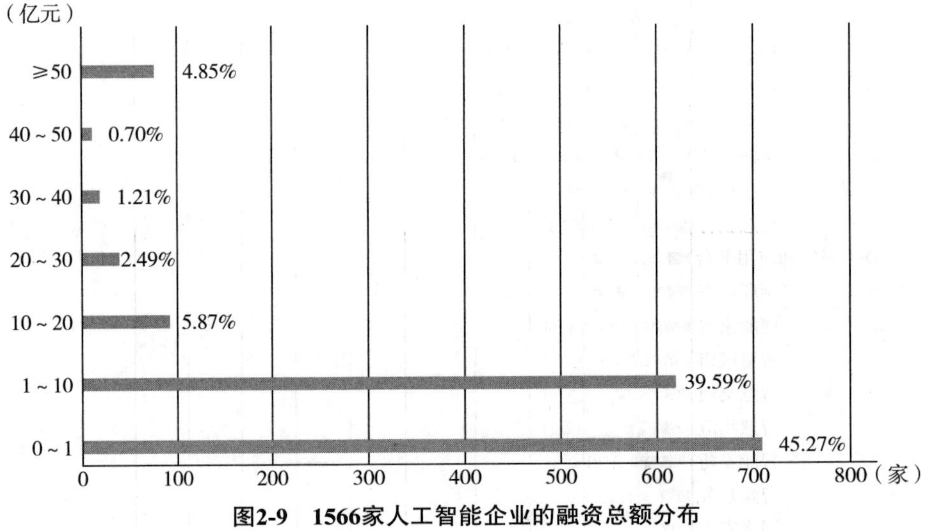

图2-9　1566家人工智能企业的融资总额分布

（二）应用领域融资额分布

从人工智能应用领域企业融资额的分布看，截至2020年底，智慧商业和零售、科技金融、新媒体和数字内容类应用领域的融资额最高，占比分别为16.82%、12.07%、11.22%，除此以外，智慧交通、关键技术研发和应用平台、企业技术集成与方案、智能硬件占比在5%以上，属于占比较高的应用领域（见图2–10）。

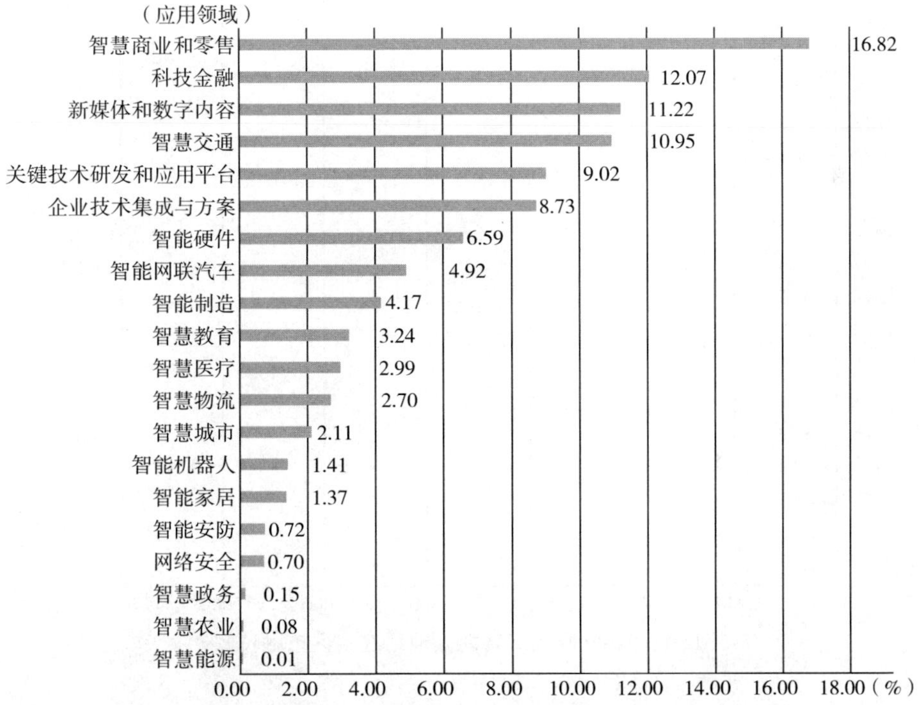

图2-10　1566家人工智能企业所在应用领域融资额分布

（三）地区融资总额分布

可采集融资活动的样本企业共计1566家，分布在我国27个省区市。从地区融资总额来看，排名前五的省区市分别是北京、上海、浙江、广东、江苏，融资总额分别为12613.26亿元、3607.94亿元、2414.82亿元、1645.12亿元、1130.26亿元。

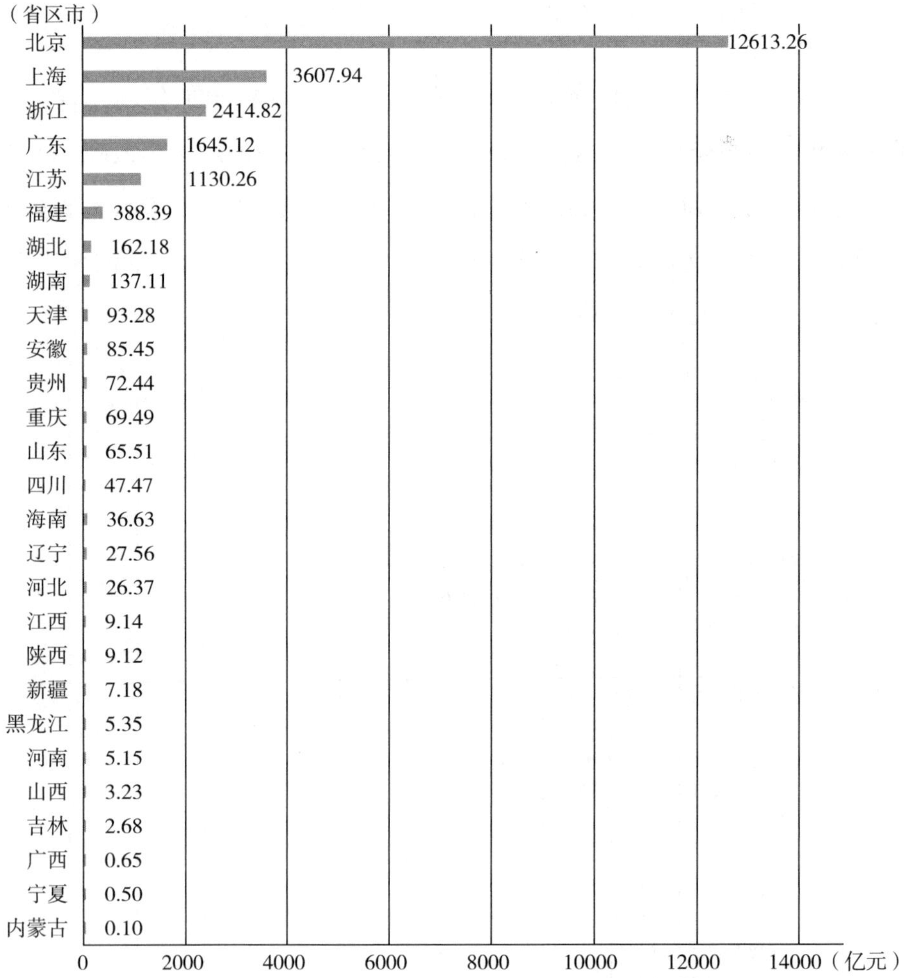

图2-11 1566家人工智能企业所在省区市融资额

（四）地区平均融资额分布

从 1566 家企业平均融资额的地域分布看，企业平均融资额排名前五的省区市分别是北京、福建、海南、浙江和上海，企业平均融资额为 24.45 亿元、19.42 亿元、18.32 亿元、17.24 亿元和 15.10 亿元（见图 2–12）。

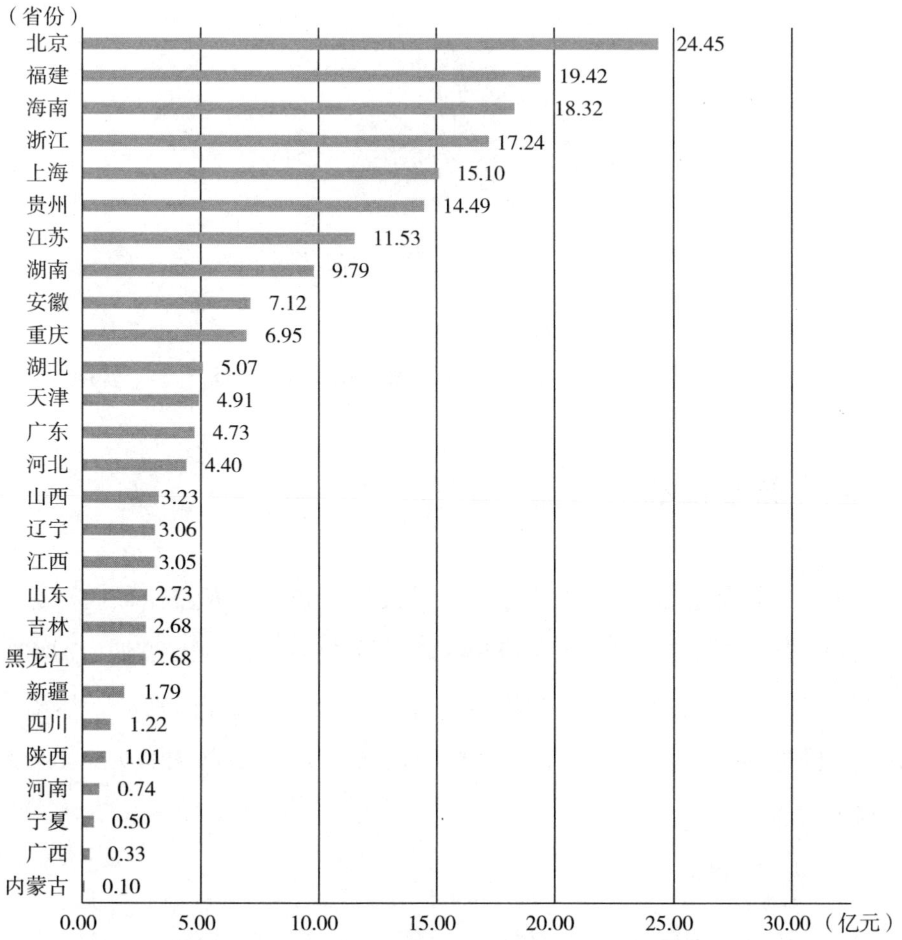

图2-12　1566家人工智能企业平均融资额地域分布情况

七、技术层次分布

从人工智能企业的技术层次分布看，应用层人工智能企业数占比最高，达到84.05%；其次是技术层企业数，占比为13.65%；基础层企业数占比最低，为2.30%。应用层企业占比高说明中国的智能经济是由应用需求牵引的（见图2-13）。

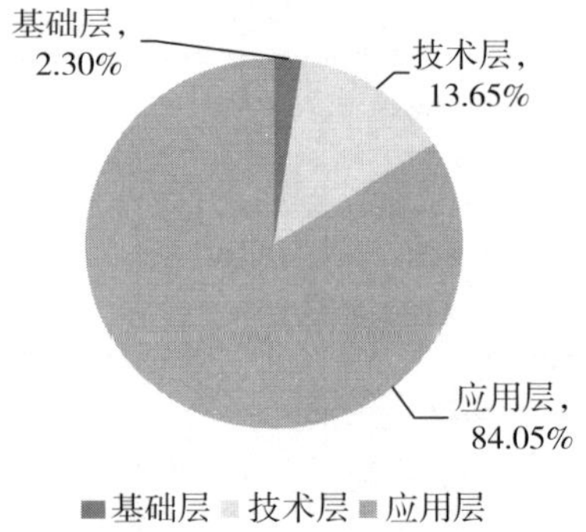

图2-13 2205家人工智能企业的技术层次分布

八、核心技术分布

从人工智能企业核心技术分布看，大数据和云计算占比最高，达到41.13%；其次是硬件、机器学习和推荐、服务机器人，占比分别为7.64%、6.81%、5.64%；紧随其后，物联网、工业机器人、语音识别和自然语言处理、图形图像识别的占比依次为5.55%、5.47%、4.76%和4.72%（见图2-14）。

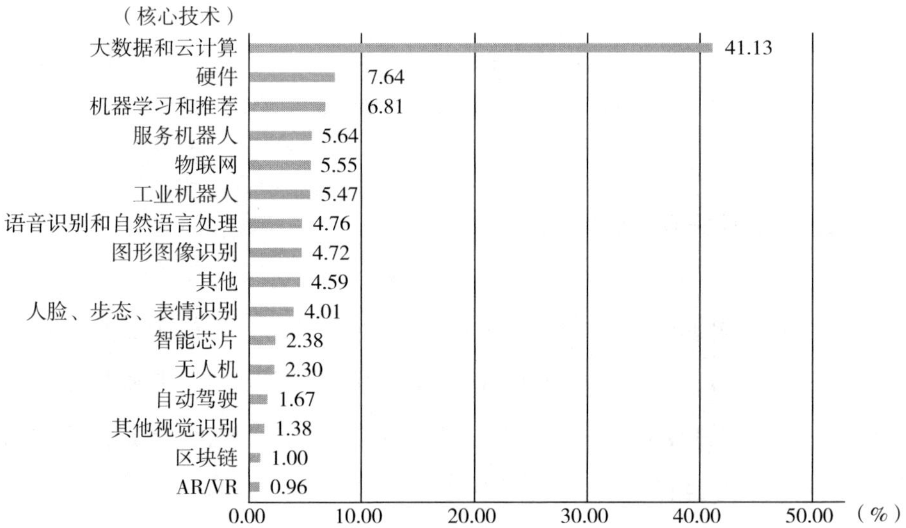

图2-14 2205家人工智能企业的核心技术分布

图 2–15 展示了 382 家基础层和技术层人工智能企业的核心技术分布情况。其中，大数据和云计算、人脸和步态及表情识别两个技术领域的企业数占比最高，分别为 28.27% 和 13.61%；智能芯片、语音识别和自然语言处理、图形图像识别、机器学习和推荐、工业机器人、硬件的企业数占比相对较高，依次为 8.90%、8.64%、7.59%、5.76%、4.97% 和 3.66%。

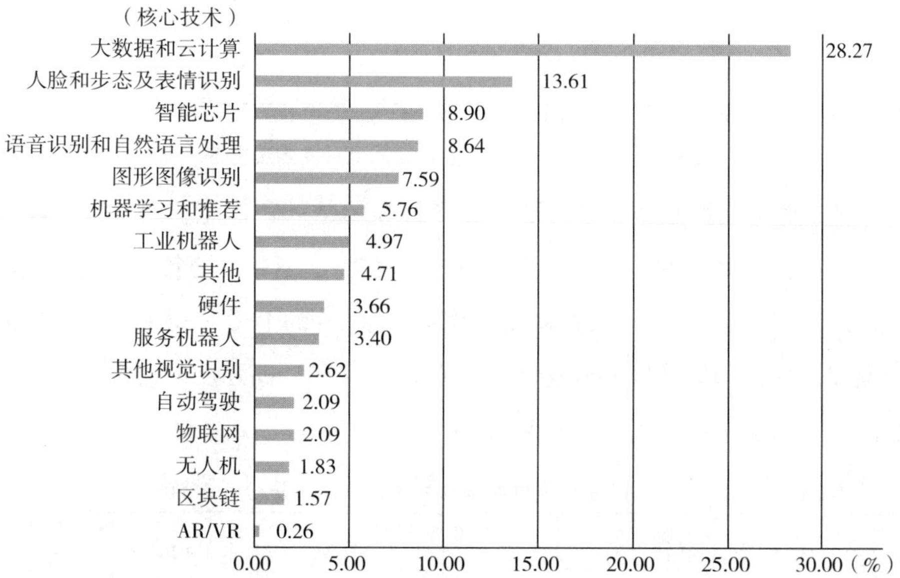

图2-15　382家基础层和技术层人工智能企业的核心技术分布

九、研发活动

（一）研发强度

可获得研发数据的中国人工智能上市公司共计 172 家，其中研发强度小于 5% 的企业数占比为 29.07%，研发强度在 5% ~ 15% 之间的企业数占比为 47.67%，研发强度大于 15% 的企业数占比为 23.26%（见图 2–16）。172 家人工智能企业的平均研发强度达 11.66%，远高于国内企业的平均水平。

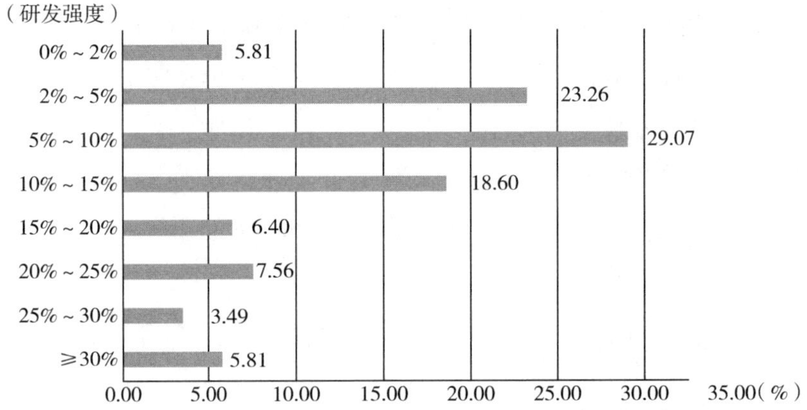

图2-16 172家人工智能上市公司研发强度分布

172 家人工智能企业中，研发强度最高的是云宏信息，研发强度高达 51.38%，排名第二的是捷尚视觉，研发强度为 45.21%，排名第三的是点点客，研发强度是 44.59%。在研发强度排名前 20 的上市公司中，排名最低的九安医疗，研发强度同样达 3.81%（见表 2–1）。高强度的研发投入，为智能经济的发展注入了强大的动力。

表2-1 研发强度排名前20的人工智能上市公司名单

研发强度TOP20上市公司名单	研发强度（%）	研发强度TOP20上市公司名单	研发强度（%）
云宏信息	51.38	深信服科技	27.65
捷尚视觉	45.21	英富森	27.25
点点客	44.59	百胜软件	26.67
中翔腾航	44.57	海鑫科金	25.82
泰久信息	44.53	远光软件	20.94
保千里	37.02	同花顺	20.58
恒生电子	35.85	华中数控	16.68
绿景控股	34.98	高德红外	13.66
美图秀秀	33.85	川大智胜	6.87
蓝灯数据	29.48	九安医疗	3.81

资料来源：作者根据相关资料整理。以下同。

（二）研发人员占比

在可获得研发数据的中国 172 家人工智能科技上市公司中（见

图 2-17），7.56% 的企业研发人员占比低于 10%，研发人员占比在 10% ~ 20% 的企业最为集中，为 24.42%，有 8.14% 的企业研发人员占比 50% ~ 60%。科研人员占比最高的是诚迈科技，高达 91.76%，排名第二的是中科创达，科研人员占比力 88.76%，排名第三的是汇顶科技，88.04%。172 家人工智能企业的平均研发人员占比达 36.47%。

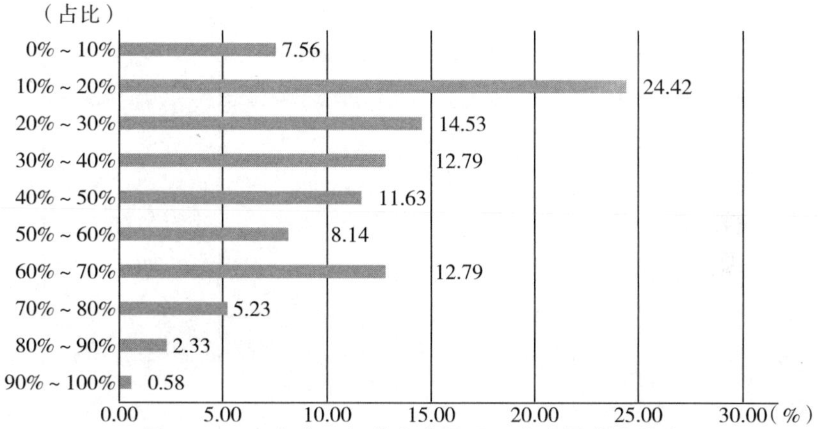

图2-17　172家人工智能上市公司研发人员占比分布

（三）专利数

图 2-18 显示，在可获得专利数据的 2075 家样本企业中，专利数少于 50 项的企业占比高达 64.77%，专利数在 50 ~ 100 项的企业占比为 13.06%，专利数在 100 ~ 200 项的企业占比为 9.83%，专利数在 200 ~ 1000 项的企业占比为 8.96%，只有 3.37% 的企业专利数超过 1000 项。

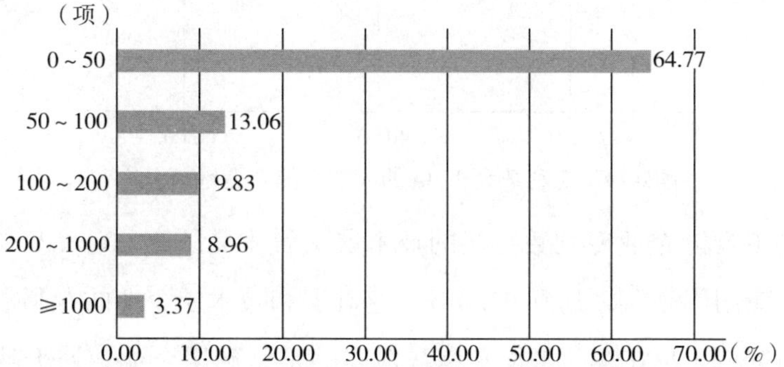

图2-18　2075家人工智能企业的专利数分布

人工智能企业专利数大于100的企业共有470家，从企业的地域分布看，专利数大于100的人工智能企业主要集中在广东省、北京市、浙江省、上海市和山东省，占比高达94.55%（见图2-19）。其中，广东省占比最高，为68.99%，排名第二的是北京市，占比为14.04%，排名第三的是浙江省，占比为4.08%，上海市和山东省分列第四和第五，占比分别为3.85%和3.59%。

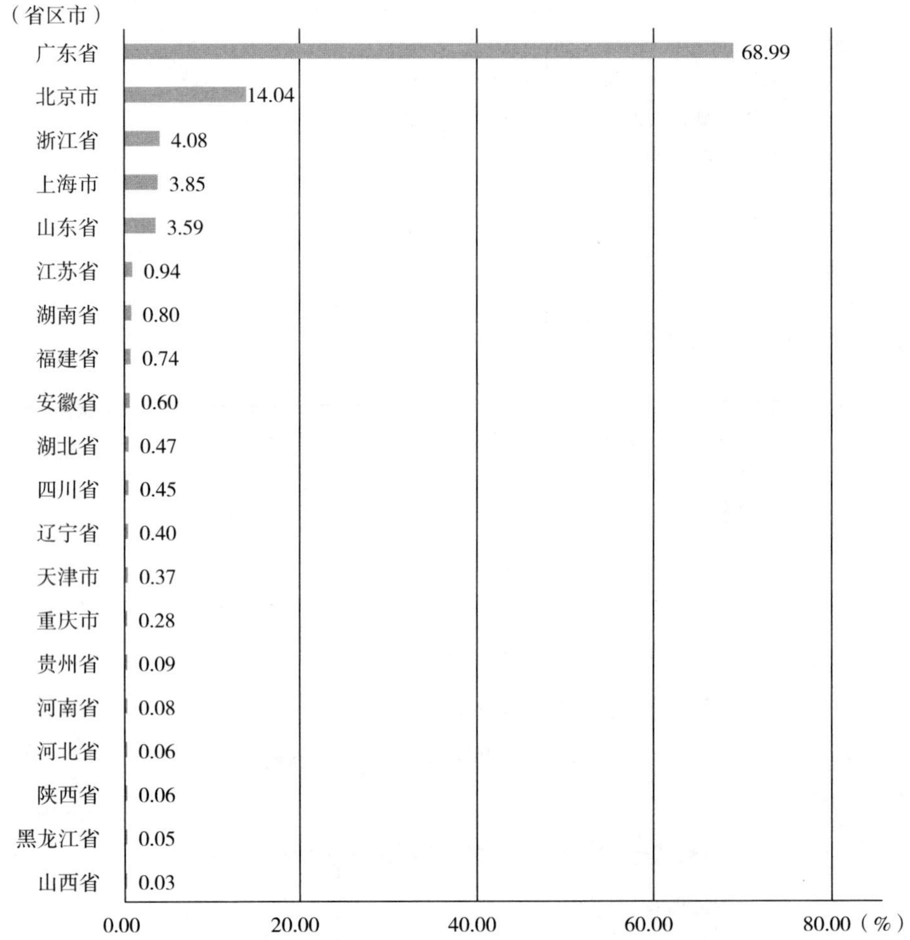

图2-19 专利数大于100的人工智能企业地域分布

从人工智能企业专利数排名的技术层次看（见图2-20），专利数占比最高的是应用层企业，达到57.18%，基础层和技术层企业的专利数占比分别为18.19%和24.62%。平均专利数最高的是基础层企业，处于基础层的

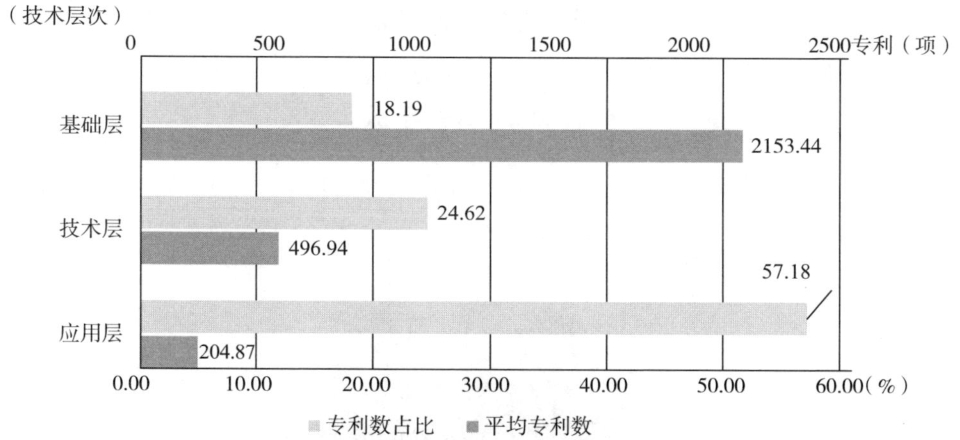

图2-20　各技术层次人工智能企业专利数占比及平均专利数

人工智能企业平均专利数高达2153.44项，技术层和应用层企业平均专利数分别为496.94项和204.87项。

第二节　中国智能经济的创新生态

智能经济的发展是多元创新主体相互联系和协同创新的结果。创新主体不仅包括人工智能企业和其他企业，而且包括大学、科研院所、投融资机构、中介组织和政府。多元创新主体相互作用共同构成了促进智能经济发展的创新生态。本节通过价值网络分析，刻画和分析中国智能经济创新生态的基本结构和动力机制。

一、价值网络

将采集的2205家人工智能企业的关系数据输入Gephi 0.9.2社会网络分析软件，得到中国智能经济价值网络结构图（见图2-21）。表2-2的统计分析表明，基于2205家人工智能企业所构建的价值网络节点总数为

43742个，总边数为97980条，能够全面概括中国智能经济的基本结构和形态。平均加权度为2.28、平均聚类系数为0.028、平均路径长度为4.53等。统计指标表明，中国智能经济是高度集聚的。

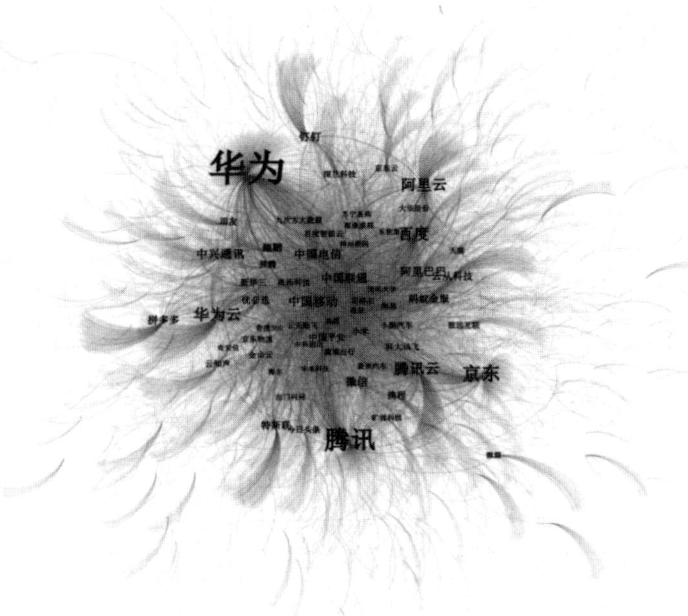

图2-21　中国智能经济价值网络图[①]

表2–2的价值网络的结构性统计指标表明，中国智能经济价值网络具有较短的平均路径长度和较小的平均聚类系数，属性典型的复杂网络。中国智能经济价值网络的度数中心度分布（见图2–22）情况表明，中国智能经济发展表现出明显的“极核”状结构：若干核心节点拥有很高的度数中心度。价值网络节点度数中心度的“幂率”分布特征表明：占比很小的核心节点深刻地影响着中国智能经济发展的结构和方向。

表2-2　价值网络的结构性统计指标

统计指标	样本节点总数	关系节点总数	节点总数	总边数	平均度	平均加权度	网络直径	图密度	模块化	平均聚类系数	平均路径长度
统计值	2205	41537	43742	97980	2.28	2.28	14	0	0.657	0.028	4.53

① 为了便于观察价值网络的核心节点和比较不同节点的重要程度差异，图中仅显示了价值网络度数中心度排名前50的节点标签。

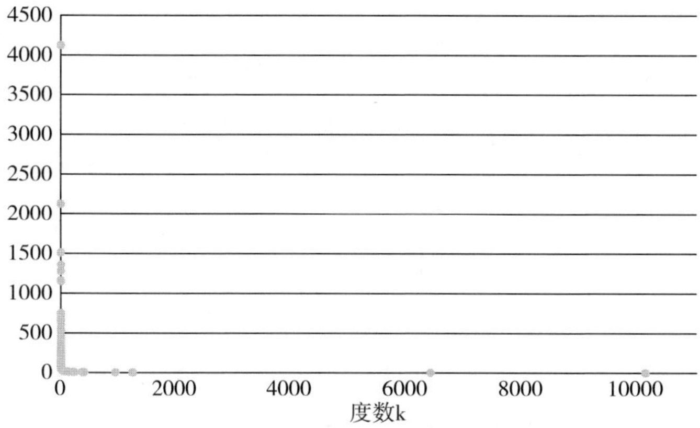

图2-22　中国智能经济价值网络的度数中心度分布

二、关系数据分类

表 2–3 列出了中国智能经济价值网络关系数据的分类统计结果。从技术关系数据的统计分析看，技术输入方属于国内企业和机构的占比为 88.96%，属于国外企业和机构的占比为 11.04%；技术赋能对象属于国内企业和机构的占比为 92.11%，属于国外企业和机构的占比为 7.89%。

表2-3　智能经济价值网络关系数据分类统计结果

	类别	关系数	占比（%）
技术关系	技术输入	15491	100
	国内	13781	88.96
	国外	1710	11.04
	技术赋能	35675	100
	国内	32861	92.11
	国外	2814	7.89
人力资本关系	前期学习经验	4826	100
	国内	4070	84.33
	国外	756	15.67
	前期工作经验	16514	100
	国内	15463	93.64
	国外	1051	6.36

续表

	类别	关系数	占比（%）
投融资关系	投融资次数	25499	100
	融资次数	10387	40.73
	投资次数	15112	59.27

从人力资本关系数据的统计分析看，人工智能企业核心人力资本的前期学习经验，来自国内高校和科研院所的占比达到 84.33%，来自国外高校和科研院所的占比为 15.67%；前期工作经验来自国内企业和机构的占比为 93.64%，来自国外企业和机构的占比为 6.36%。

从投融资关系数据的统计分析看，获投关系数占比为 40.73%，而投资和收购关系数占比为 59.27%。从投融资关系数的比较看，在获取社会资本投资的同时，人工智能企业的投资活动是推动中国智能经济发展的重要因素。

三、中国智能经济发展的主导者

（一）技术关系度数中心度排名前 30 的节点

表 2–4 列出了中国智能经济价值网络中技术关系中心度排名前 30 的节点。从样本节点看，包括华为、腾讯、京东、阿里云、百度、腾讯云、华为云、中国联通、钉钉、中国移动、中国电信、中兴通讯和阿里巴巴在内的关键节点是最具影响力和辐射带动能力的人工智能企业。

表2-4　　中国智能经济价值网络中技术关系中心度排名前30的节点

样本节点	度数中心度	关系节点	度数中心度
华为	4125	英特尔	362
腾讯	2129	清华大学	329
京东	1511	微软	194
阿里云	1357	高通	185
百度	1279	英伟达	118

续表

样本节点	度数中心度	关系节点	度数中心度
腾讯云	1160	北京大学	113
华为云	1149	浙江大学	113
中国联通	752	上海交通大学	109
钉钉	740	中国科学院	86
中国移动	730	IBM	82
中国电信	677	长安汽车	66
中兴通讯	665	亚马逊	61
阿里巴巴	604	中国信通院	60
云从科技	538	复旦大学	58
特斯联	528	中国银联	58
新华三	469	哈尔滨工业大学	57
拼多多	444	北京航空航天大学	56
蚂蚁金服	423	西门子	51
优必选	388	重庆市政府	51
微信	357	OPPO	50
中国平安	329	上海市政府	47
科大讯飞	317	西安交通大学	45
云知声	305	华南理工大学	45
鲲鹏	296	碧桂园	44
用友	276	同济大学	43
小米	263	四维图新	43
携程	259	华中科技大学	42
金山云	233	招商银行	42
今日头条	232	上汽集团	42
深兰科技	231	中国工商银行	42

从技术合作关系看，排名前30的人工智能企业在中国智能经济发展中都扮演着重要角色。尤其是华为、腾讯、京东、阿里巴巴、百度、科大讯飞、平安集团等国家级人工智能开放创新平台，通过数字化和智能化赋能，推动智能经济和经济社会的融合，不仅催生出新技术、新产品、新业态和新模式，而且引发了一系列组织和制度变革，成为中国智能经济的关键主导者。

从关系节点看，以清华大学、北京大学、浙江大学、上海交通大学和中国科学院为代表的高校和科研院所是价值网络中最重要的关系节点。一方面，作为学术生态系统的重要组成部分，它们为价值网络中样本企业输送了大量人力资源；另一方面，作为样本企业重要的技术合作方，它们同时为整个价值网络提供了强力的技术支持。此外，以微软、高通、英伟达、IBM 为代表的国际人工智能企业巨头同样构成了中国智能经济创新生态的重要组成部分。它们一方面是人工智能企业人力资本的重要来源方，另一方面为中国智能经济提供国际技术支持。同时，关系节点中不乏长安汽车、OPPO、碧桂园、中国银联、重庆市政府、上海市政府在内的企业、行业协会与政府，表明智能经济和社会深度融合进程的加速。

（二）技术输入和技术赋能排名前 30 的节点

统计分析表明，2205 家人工智能企业的技术输入占比为 30.28%，技术赋能占比为 69.72%。从技术输入和技术赋能的对比看，2205 家人工智能企业具有强大的技术赋能能力，且技术赋能对象以国内企业为主（见图 2–23）。

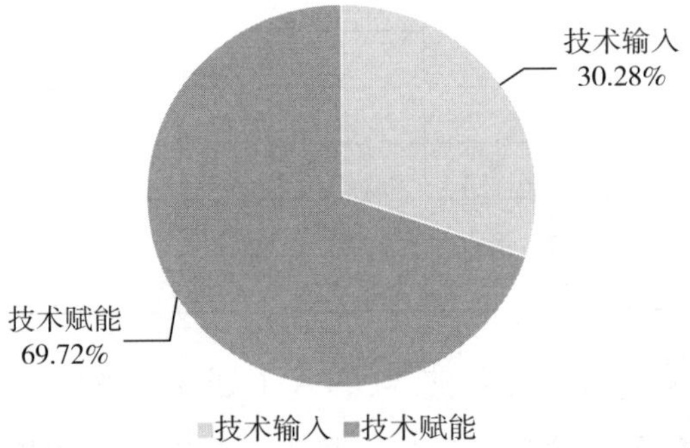

图2-23　2205家人工智能企业技术输入和技术赋能对比

在技术合作关系中，技术输入的 88.96% 来自国内，11.04% 来自国外；技术赋能的 92.11% 为国内赋能，7.89% 为国外赋能（见图 2–24）。从技术合作关系的国际比较来看，到目前为止，中国智能经济对国外的技术输入高于技术赋能。

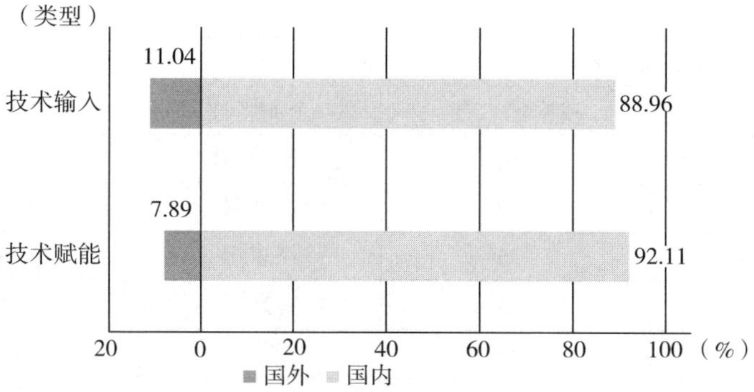

图2-24　2205家人工智能企业技术输入和技术赋能国内外占比

技术输入数排名靠前的企业包括华为、腾讯、京东、阿里云、百度、中国联通、腾讯云、钉钉、中国移动、中国电信和华为云。技术赋能数排名靠前的企业包括华为、腾讯、京东、阿里云、华为云、腾讯云、百度、钉钉、中国移动、中兴通讯、中国联通和中国电信（见表2–5）。在技术输入和技术赋能关系排名靠前的企业中，华为、腾讯、京东、阿里巴巴、百度等人工智能开放创新平台企业在技术输入和技术赋能两个方面的表现都非常突出。

表2-5　　技术输入与技术赋能关系排名前30的样本节点

技术输入关系		技术赋能关系	
企业名称	技术输入数	企业名称	技术赋能数
华为	1231	华为	2894
腾讯	523	腾讯	1606
京东	435	京东	1076
阿里云	426	阿里云	931
百度	395	华为云	926
中国联通	281	腾讯云	889
腾讯云	271	百度	884
钉钉	251	钉钉	489
中国移动	246	中国移动	484
中国电信	243	中兴通讯	473
华为云	223	中国联通	471
中兴通讯	192	中国电信	434
阿里巴巴	176	阿里巴巴	428

续表

技术输入关系		技术赋能关系	
企业名称	技术输入数	企业名称	技术赋能数
新华三	166	云从科技	405
特斯联	162	特斯联	366
优必选	136	拼多多	366
云从科技	133	微信	316
小米	126	新华三	303
蚂蚁金服	125	蚂蚁金服	298
中国平安	116	鲲鹏	257
小鹏汽车	114	优必选	252
科大讯飞	111	云知声	217
蔚来汽车	96	中国平安	213
涂鸦智能	93	用友软件	207
vivo	91	科大讯飞	206
云知声	88	携程	187
华米科技	83	深兰科技	168
爱奇艺	82	昇腾	168
奇安信	81	金山云	165
大华股份	80	今日头条	159
滴滴出行	80	商汤科技	144

除了 2205 家人工智能企业，技术输入排名靠前的关系节点主要包括四类组织和机构：第一类是包括清华大学、北京大学、浙江大学、上海交通大学、中国科学院在内的大学和科研院所；第二类是包括英特尔、微软、高通、英伟达在内的国外智能硬件和软件企业；第三类是包括长安汽车、碧桂园、OPPO、中国银联在内的国内融合产业部门企业；第四类是以重庆市政府、上海市政府、贵阳市政府为代表的城市政府部门。技术赋能排名靠前的关系节点主要包括两类组织和机构：第一类是以清华大学、北京大学、浙江大学为代表的大学和科研院所；第二类是包括英特尔、高通、微软和 IBM 在内的国外智能硬件和软件企业（见表 2-6）。

表2-6　技术输入和技术赋能关系排名前20的关系节点

技术输入关系		技术赋能关系	
企业名称	技术输入数	企业名称	技术赋能数
清华大学	175	英特尔	193
英特尔	169	清华大学	154
微软	106	高通	113
高通	72	微软	88
北京大学	62	英伟达	67
浙江大学	62	北京大学	51
上海交通大学	58	浙江大学	51
英伟达	51	上海交通大学	51
长安汽车	51	IBM	48
重庆市政府	51	中国科学院	42
上海市政府	47	亚马逊	30
中国科学院	44	中国信通院	27
中国银联	43	复旦大学	27
碧桂园	41	哈尔滨工业大学	27
OPPO	40	北京航空航天大学	26
中国银行	40	四维图新	21
招商银行	39	联发科	21
贵阳市政府	39	西安交通大学	20
富士康	38	华南理工大学	20
中国工商银行	38	同济大学	20

（三）核心人力资本度数中心度排名前 20 的节点

2205 家人工智能企业的核心人力资本中，15.67% 毕业于国外高校和科研院所，84.33% 毕业于国内高校和科研院所；6.36% 拥有国外企业和机构工作经验，93.64% 拥有国内企业和机构工作的经验（见图 2–25）。

核心人力资本拥有国外前期学习经验的比重高于在国外的前期工作经验。无论是从前期学习还是前期工作经验看，中国智能经济发展所需要的核心人力资本主要来自国内企业、大学和科研机构。同时，在人力资本的培养上，国外高校、研究机构和企业同样为中国智能经济的发展做出了重要贡献。

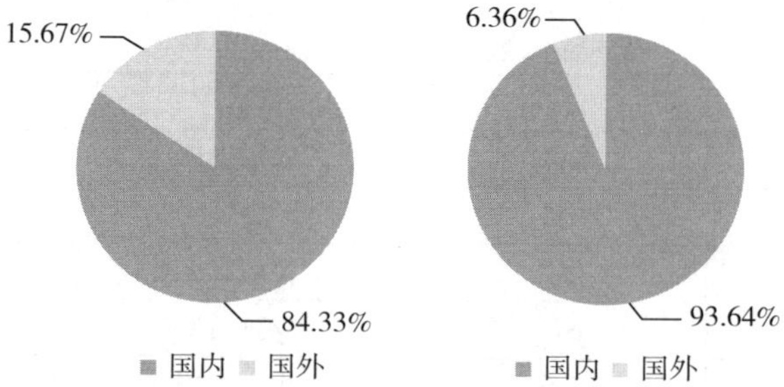

a）前期学习经验 **b）前期工作经验**

图2-25 2205家人工智能企业核心人力资本关系数据统计

在国内教育机构中，清华大学、北京大学、上海交通大学、浙江大学、复旦大学、哈尔滨工业大学、中国人民大学、华中科技大学、武汉大学、中欧国际工商学院、北京航空航天大学、中国科学技术大学、中山大学、厦门大学和华南理工大学是排名前15的高校和科研机构。在国外教育机构中，斯坦福大学、新加坡国立大学、麻省理工学院、伊利诺伊大学、卡内基梅隆大学、哈佛大学、哥伦比亚大学、加利福尼亚大学伯克利分校、宾夕法尼亚大学、华盛顿大学、加利福尼亚大学、美国西北大学、牛津大学和英国曼彻斯特大学是排名前15的高校（见表2–7）。这些高校是中国智能经济核心人力资本前期学习经验的重要来源。

在前期工作经验获取方面，百度、腾讯、中国科学院、华为、阿里巴巴、中兴通讯、联想、微软亚洲研究院、清华大学和神州数码是国内排名前10的企业和机构。微软、谷歌、IBM、麦肯锡、普华永道、IEEE、宝洁、西门子、诺基亚和摩根大通是国外排名前10的企业和机构（见表2–7）。无论是从国内还是从国际看，中国智能经济核心人力资本获取前期工作经验的机构不仅包括互联网企业，而且包括传统的IT企业、大学和科研院所。尤其值得关注的是，跨国公司在中国设立的公司和研究院，如微软亚洲研究院，是中国智能经济核心人力资本的重要供应方。

表2-7　　获得前期学习和工作经验排名前20的机构

前期学习经验				前期工作经验			
国内	度数中心度	国外	度数中心度	国内	度数中心度	国外	度数中心度
清华大学	275	斯坦福大学	34	百度	116	微软	88
北京大学	186	新加坡国立大学	30	腾讯	105	谷歌	41
上海交通大学	119	麻省理工学院	20	中国科学院	104	IBM	29
浙江大学	103	伊利诺伊大学	20	华为	94	麦肯锡	22
复旦大学	98	卡内基梅隆大学	20	阿里巴巴	83	普华永道	21
哈尔滨工业大学	88	哈佛大学	18	中兴通讯	62	IEEE	16
中国人民大学	84	哥伦比亚大学	16	联想	49	宝洁	15
华中科技大学	75	加利福尼亚大学伯克利分校	15	微软亚洲研究院	45	西门子	13
中欧国际工商学院	69	宾夕法尼亚大学	14	清华大学	43	诺基亚	13
武汉大学	67	华盛顿大学	13	神州数码	34	摩根大通	12
北京航空航天大学	62	加利福尼亚大学	13	中国电子科技集团	30	甲骨文	12
中国科学技术大学	62	美国西北大学	11	海航集团	28	英特尔	12
中山大学	60	牛津大学	11	科大讯飞	26	摩根士丹利	11
厦门大学	58	英国曼彻斯特大学	9	东软集团	26	摩托罗拉	10
华南理工大学	51	美国南加州大学	9	富士康	26	惠普	10
中国科学院	47	日本东京大学	9	北京大学	26	德勤	10
北京理工大学	46	耶鲁大学	8	中欧国际工商学院	25	三星	9
北京邮电大学	46	剑桥大学	8	中国联通	24	思科	8
电子科技大学	45	伦敦政治经济学院	8	用友软件	24	高盛	8
西安交通大学	45	佐治亚理工学院	8	深交所	21	苹果	8

（四）投融资关系数排名前 20 的节点

在中国智能经济发展中，排名前 10 的投资机构为红杉资本中国、IDG资本、经纬中国、中金公司、真格基金、深创投、五源资本（原晨兴资本）、达晨财智、金沙江创投和创新工场。排名前 10 的非投资机构为腾讯、联想、百度、阿里巴巴、京东、小米、奇虎 360、海尔、蚂蚁金服和 TCL（见表 2-8）。

表2-8　排名前20的投资和非投资机构

投资机构	投资样本企业数	非投资机构	投资样本企业数
红杉资本中国	198	腾讯	137
IDG资本	197	联想	93
经纬中国	116	百度	81
中金公司	108	阿里巴巴	66
真格基金	99	京东	64
深创投	89	小米	45
五源资本	88	奇虎360	37
达晨财智	75	海尔	32
金沙江创投	74	蚂蚁金服	29
创新工场	72	TCL	20
高瓴资本	71	红星美凯龙	19
启明创投	67	科大讯飞	18
君联资本	63	新浪	15
顺为资本	62	富士康	14
松禾资本	60	字节跳动	14
北极光创投	59	北汽集团	13
东方富海	49	恒生电子	13
华创资本	48	好未来	12
光速中国	45	苏宁	12
云锋基金	44	滴滴出行	9

第三节　中国智能经济的空间“极化”和“扩散”

到目前为止，中国智能经济的发展表现出明显的“极化”特征：一是作为智能经济全球创新网络的重要节点，在强大的应用市场需求牵引下，中国为全球前沿人工智能科技提供应用场景；二是中国的智能经济主要集中在京津冀地区、长江三角洲地区和珠江三角洲地区的北京市、上海市、杭州市、深圳市和广州市；三是核心产业部门的技术创新方兴未艾，尤其是随着包括5G在内的前沿技术突破，核心产业部门内部的技术重组和创新是智能经济发展的决定性因素。

在“极化”主导的同时，中国智能经济同样表现出“扩散”趋势。“扩散”表现在两个维度：地域扩散和产业扩散。其中，地域扩散表现为包括北京市、上海市、杭州市、深圳市和广州市智能经济集聚区向其他地区的扩散。而产业扩散则表现为核心产业部门和融合产业部门的互动。两个“扩散”维度的交汇点是“扩散”地区优势产业的数字化和智能化。积极开放应用场景，推进当地优势产业的数字化和智能化，是“扩散”地区发展智能经济的战略支撑。

本节考察智能经济地域空间的“极化”和“扩散”，分别从技术合作，人力资本和投融资关系分析智能经济的地域分布情况。研究表明，科技创新资源、人才培养和产业基础，是决定和影响智能经济“极化”和“扩散”的关键变量。

一、技术合作地域分布

（一）国内外分布

2205家人工智能企业技术关系数总计51168条。其中，技术输入关系数为15493条，占比为30.28%；技术赋能关系数为35675条，占比为69.72%。中国智能经济价值网络的技术合作关系主要分布在国内，国内技术合作关系数为46642条，占比为91.15%；国际技术合作关系数为4526条，占比为8.85%。其中，在技术输入关系中，11.04%来自国外企业和机构；在技术赋能关系中，7.89%的赋能对象是国外企业和机构。

在国外技术合作关系中，排名第一的是美国，关系数为2265条，占国外技术合作关系总数的4.43%；排名第二的是德国，关系数为438条，占国外技术合作关系总数的0.86%；排名第三至第五的分别是英国、日本和韩国，关系数分别为246条、240条和177条（见图2–26），占国外技术合作关系总数的比重分别为0.48%、0.47%和0.35%。

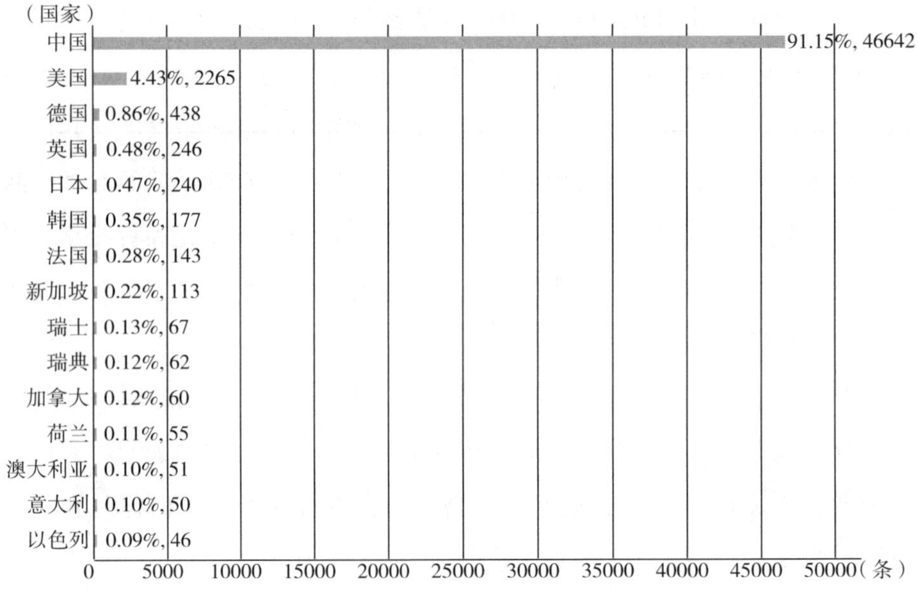

图2-26　技术合作关系排名前15的国家

技术输入关系主要来自国内，共计13782条，占比88.96%。从技术输入关系的国际分布看，排名第一的是美国，共计1028条，占比为6.64%；排名第二的是德国，共计152条，占比为0.98%；排名第三的是英国，共计84条，占比为0.54%；排名第四的是日本，共计76条，占比为0.49%（见图2–27）。

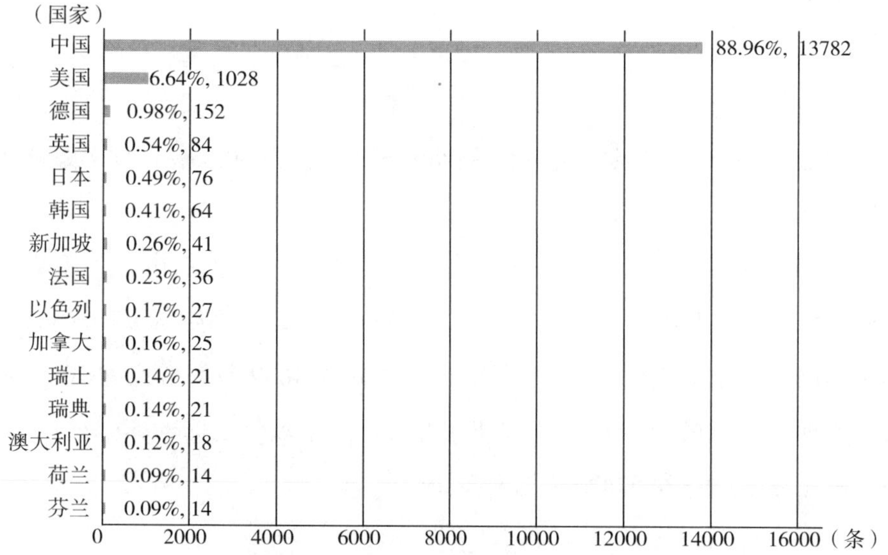

图2-27　技术输入关系排名前15的国家

技术赋能对象同样以对国内企业和机构赋能为主，共计 32860 条，占比 92.11%。从技术赋能关系的国外分布看，排名第一的是美国，共计 1237 条，占比为 3.47%；排名第二的是德国，共计 286 条，占比为 0.80%；排名第三的是日本，共计 164 条，占比为 0.46%；排名第四的是英国，共计 162 条，占比为 0.45%（见图 2–28）。

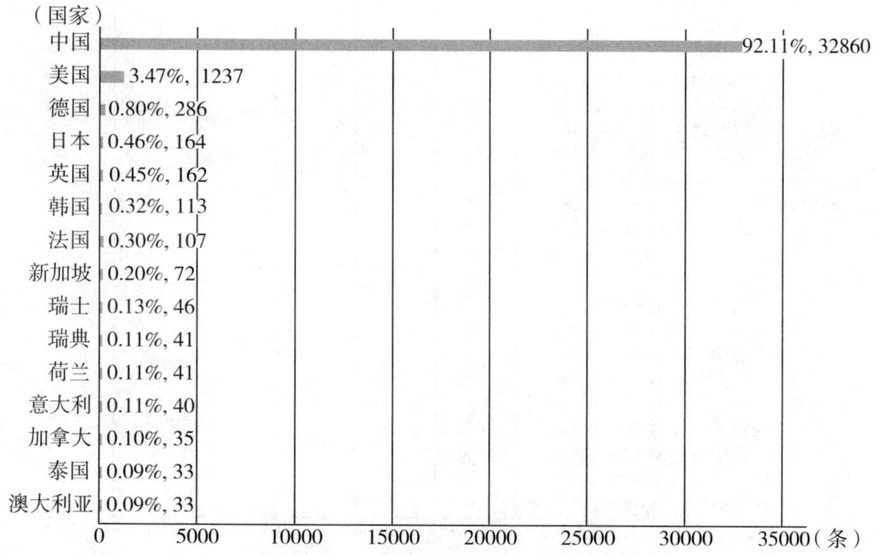

图2-28　技术赋能关系排名前15的国家

（二）国内各省区市分布

国内技术合作关系共计46642条，其中，技术输入关系数13782条，占比为29.55%；技术赋能关系数32860条，占比为70.45%。技术赋能关系数远高于技术输入关系数。

从国内技术合作省区市分布看，排名第一的是北京市，关系数为12588条，占比为26.99%；排名第二的是广东省，关系数为9546条，占比为20.47%；排名第三的是上海市，关系数为4689条，占比为10.05%；排名第四和第五的分别是浙江省和江苏省，关系数分别为3630条和2330条，占比为7.78%和5.00%（见图2-29）。

图2-29 技术合作关系国内各省区市分布

从技术输入关系看，排名第一的省区市是北京市，关系数为4357条，占比为31.61%；排名第二的是广东省，关系数为3051条，占比为22.14%；排名第三的是上海市，关系数为1451条，占比为10.53%；排名第四的是浙江省，关系数为1227条，占比为8.90%；排名第五的是江苏省，关系数为680条，占比为4.93%（见图2-30）。

从技术赋能关系看，排名第一的省区市是北京市，关系数为8231条，占比为25.05%；排名第二的是广东省，关系数为6495条，占比为19.77%；排名第三的是上海市，关系数为3238条，占比为9.85%；排名第四的是浙江省，关系数为2403条，占比为7.31%；排名第五的是江苏省，关系数为1650条，占比为5.02%（见图2-30）。

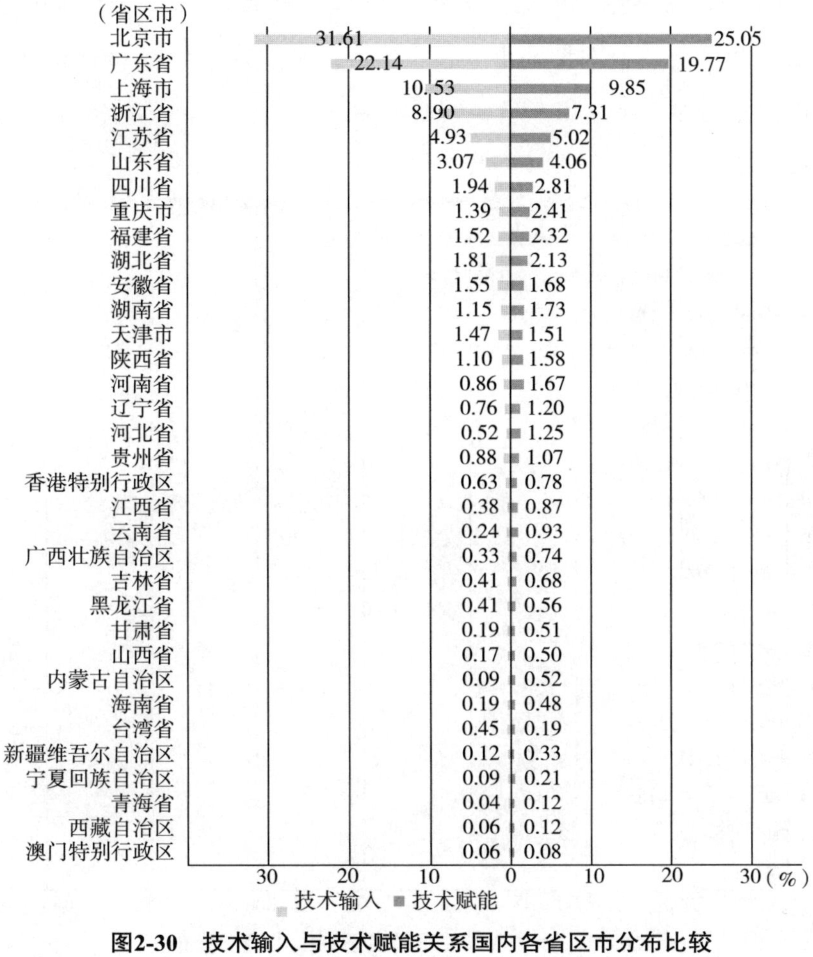

图2-30　技术输入与技术赋能关系国内各省区市分布比较

国内各省区市技术输入和赋能关系数占比的对比表明，排名前四的北京市、广东省、上海市和浙江省的技术输入关系数要高于技术赋能关系数，充分说明智能经济在前沿省区市仍然处于以“极化”为主导的阶段。包括江苏省（排名第五）、山东省（排名第六）和台湾省是技术输入关系数低于技术赋能关系数的少数省区市。

（三）国内城市分布

从技术合作关系的国内城市分布看，排名第一的是北京市，关系数为12588条，占比为26.99%；排名第二的是深圳市，关系数为5716条，占比为12.26%；排名第三的是上海市，关系数为4689条，占比为10.05%；排名第四和第五的分别是杭州市和广州市，关系数分别为2862条和2359条，占比分别为6.14%和5.06%（见图2-31）。

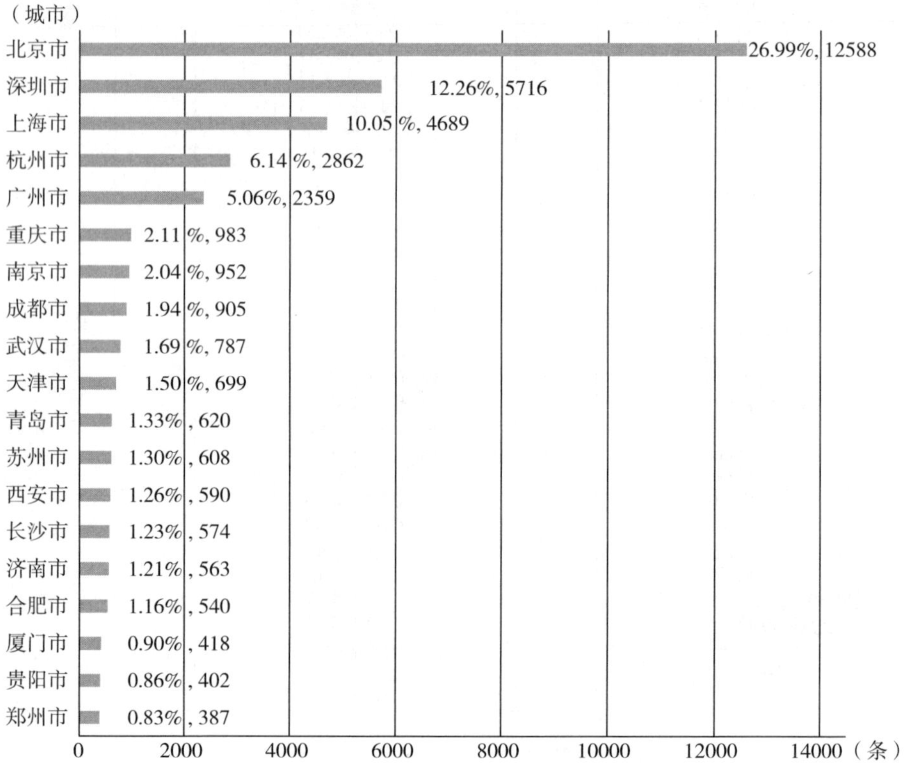

图2-31 技术合作关系排名前20国内城市分布

从技术输入关系看，排名第一的国内城市为北京市，关系数为4357条，占比为31.61%；排名第二的是深圳市，关系数为2028条，占比为14.71%；排名第三的是上海市，关系数为1451条，占比为10.53%；排名第四的是杭州市，关系数为1076条，占比为7.81%；排名第五的是广州市，关系数为655条，占比为4.75%（见图2-32）。

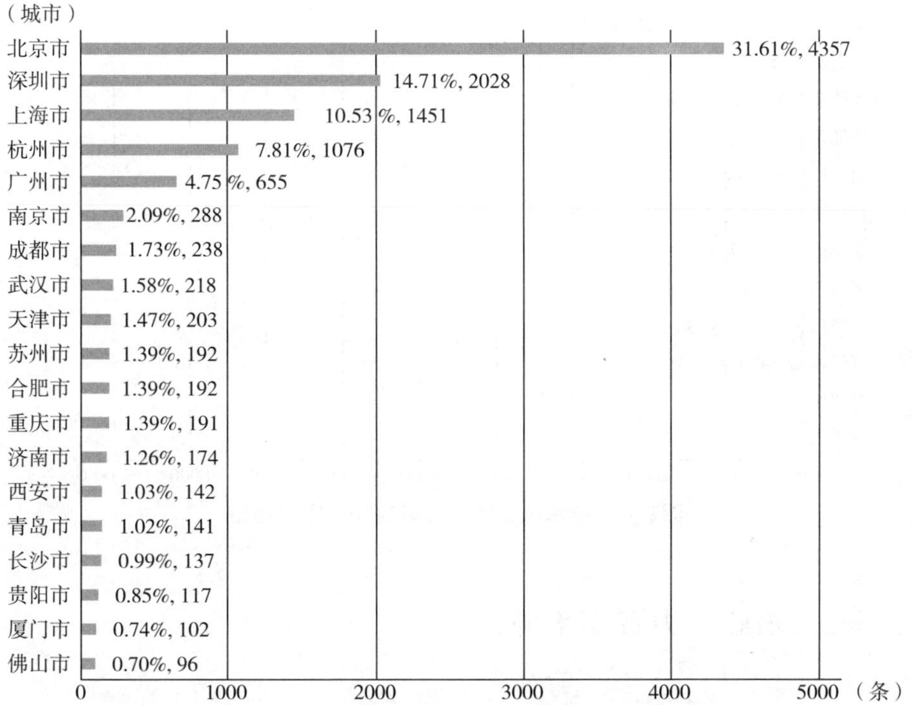

图2-32　技术输入关系排名前20的城市

从技术赋能关系看，排名第一的是北京市，关系数为8231条，占比为25.05%；排名第二的是深圳市，关系数为3688条，占比为11.22%；排名第三的是上海市，关系数为3238条，占比为9.85%；排名第四的是杭州市，关系数为1786条，占比为5.44%；排名第五的是广州市，关系数为1704条，占比为5.19%（见图2-33）。

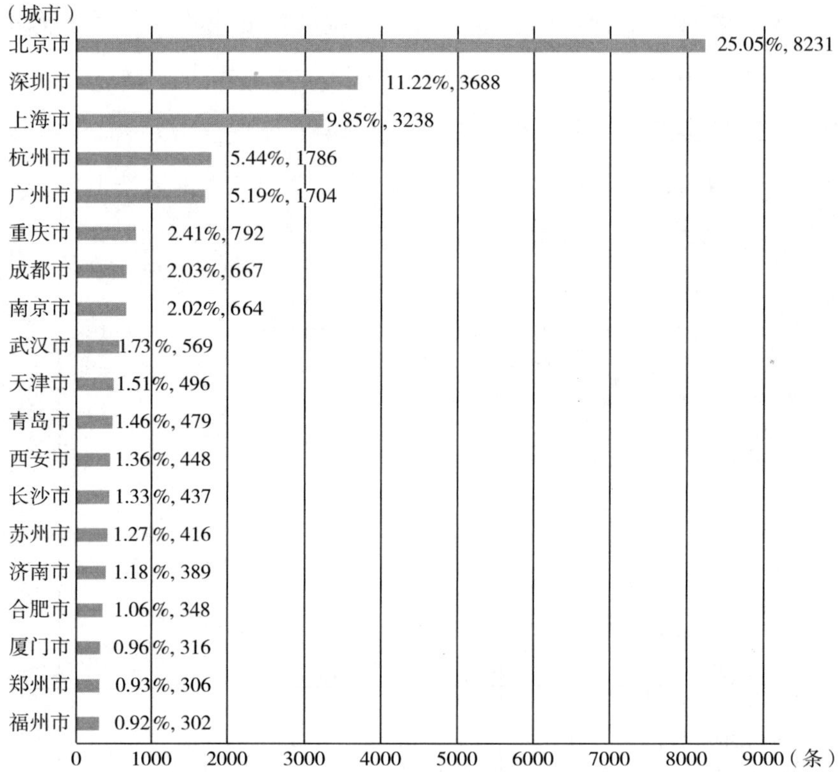

图2-33 技术赋能关系排名前20的国内城市

二、核心人力资本来源分布

以 2205 家人工智能企业作为样本节点，对其核心人力资本关系数据进行采集和整理，共获得 21340 条人力资本关系数据[①]。其中，来自国内的核心人力资本关系总计 19533 条，占总量的 91.53%；来自国外的核心人力资本关系总计 1807 条，占总量的 8.47%。

（一）国际分布

从 2205 家人工智能企业核心人力资本前期学习经验和工作经验的国

① 样本企业的核心人力资本包括企业的创始人、联合创始人、CEO、首席技术官、首席科学家和副总经理在内的技术人员和管理人员。

家来源分布看，排名第一的是美国，关系数为 1183 条，占比为 5.54%；排名第二的是英国，关系数为 154 条，占比为 0.72%；排名第三的是德国，关系数为 80 条，占比为 0.37%；排名第四和第五的是分别是日本和澳大利亚，关系数分别为 69 条和 56 条，占比为 0.32% 和 0.26%（见表 2–9）。

表2-9　核心人力资本来源国家分布

国家	人力资本关系数	占比（%）	国家	人力资本关系数	占比（%）
中国	19533	91.53	瑞典	9	0.04
美国	1183	5.54	新西兰	9	0.04
英国	154	0.72	比利时	8	0.04
德国	80	0.37	俄罗斯	7	0.03
日本	69	0.32	印度	6	0.03
澳大利亚	56	0.26	丹麦	5	0.02
新加坡	49	0.23	爱尔兰	4	0.02
加拿大	42	0.20	挪威	2	0.01
法国	34	0.16	葡萄牙	2	0.01
荷兰	29	0.14	意大利	2	0.01
瑞士	27	0.13	冰岛	1	0.005
芬兰	14	0.07	以色列	1	0.005
韩国	13	0.06	越南	1	0.005

（二）国内省区市分布

从 2205 家人工智能企业核心人力资本来源的国内省区市分布看，排名第一的是北京市，关系数为 5475 条，占比为 28.03%；排名第二的是广东省，关系数为 3981 条，占比为 20.38%；排名第三的是上海市，关系数为 1995 条，占比为 10.21%；排名第四的是江苏省，关系数为 1074 条，占比为 5.50%；排名第五的是浙江省，关系数为 979 条，占比为 5.01%（见图 2–34）。

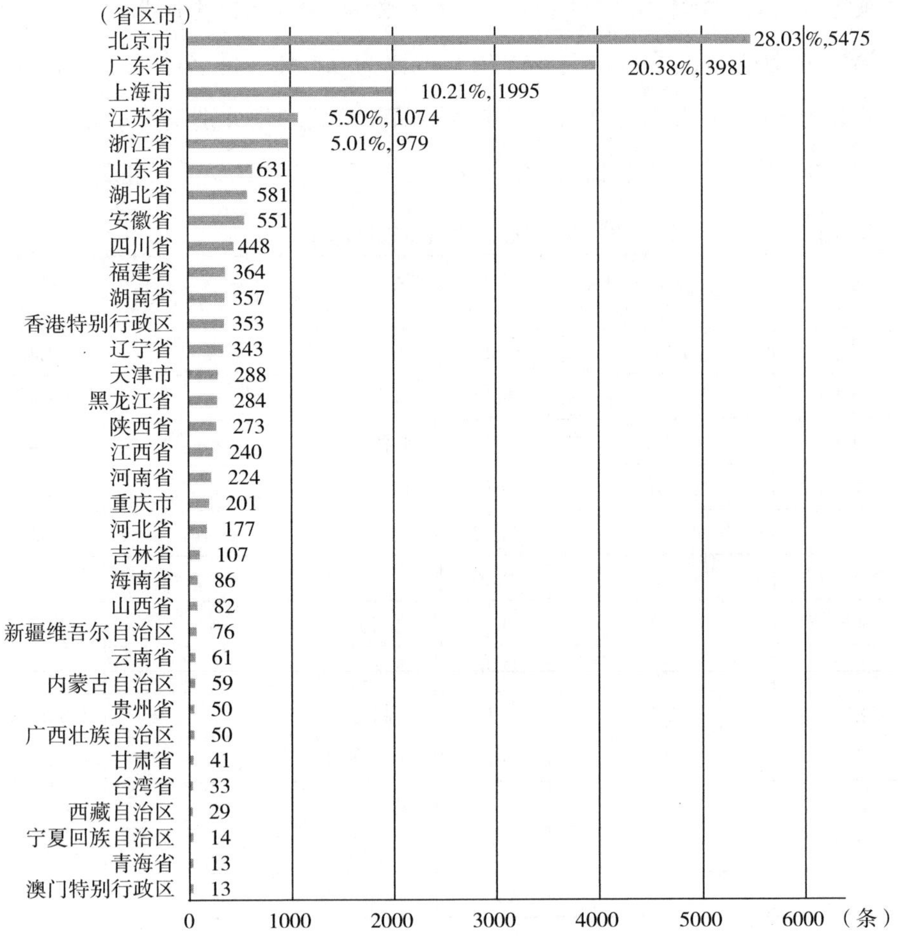

图2-34 核心人力资本来源国内省区市分布

（三）前期学习经验和工作经验来源排名前 10 的国家和地区

在 21340 条核心人力资本关系数据中，前期学习经验关系数为 4826 条，占比为 22.61%，前期工作经验关系数为 16514 条，占比为 77.39%。其中，前期学习经验方面，国内关系数为 4070 条，占比为 84.33%，国外关系数为 756 条，占比为 15.67%。前期工作经验方面，国内关系数为 15463 条，占比为 93.64%，国外关系数为 1051 条，占比为 6.36%。

从前期学习经验的国内来源看，排名第一的是北京市，占比为 32.33%；

排名第二的是上海市，占比为 10.79%；排名第三的是湖北省，占比为 6.68%；排名第四和第五的分别是广东省和江苏省，占比分别为 6.17% 和 4.32%。从前期学习经验的国外来源看，排名第一的是美国，占比为 9.16%；排名第二的是英国，占比为 2.20%；排名第三的是澳大利亚，占比为 0.81%（见表 2-10）。

从前期工作经验的国内来源看，排名第一的是北京市，占比为 26.90%；排名第二的是广东省，占比为 24.12%；排名第三的是上海市，占比为 10.06%；排名第四和第五的分别是江苏省和浙江省，占比为 5.81% 和 5.41%。从前期工作经验的国外来源看，排名第一的是美国，占比为 4.49%；排名第二的是德国，占比为 0.35%；排名第三的是英国，占比为 0.29%（见表 2-10）。

表2-10　核心人力资本前期学习经验和工作经验来源排名前10的国家和地区

前期学习经验排名前10的国家和地区				前期工作经验排名前10的国家和地区			
国内	占比（%）	国外	占比（%）	国内	占比（%）	国外	占比（%）
北京市	32.33	美国	9.16	北京市	26.90	美国	4.49
上海市	10.79	英国	2.20	广东省	24.12	德国	0.35
湖北省	6.68	澳大利亚	0.81	上海市	10.06	英国	0.29
广东省	6.17	加拿大	0.60	江苏省	5.81	日本	0.25
江苏省	4.32	新加坡	0.58	浙江省	5.41	瑞士	0.13
陕西省	3.96	日本	0.56	山东省	3.60	新加坡	0.13
四川省	3.54	德国	0.48	安徽省	2.78	荷兰	0.11
浙江省	3.49	法国	0.39	湖北省	2.00	澳大利亚	0.10
香港特别行政区	3.29	荷兰	0.23	四川省	1.97	法国	0.09
黑龙江省	3.14	新西兰	0.17	福建省	1.80	芬兰	0.08

三、投融资关系地域分布

以 2205 家人工智能企业作为样本节点，对智能经济领域投融资关系数据进行采集和整理，共获得 50954 条投融资关系数据。其中，国内投融资关系数为50419条（见表2-11），占比98.95%；国际投融资关系数为535条，占比1.05%。

表2-11 投融资关系国家和地区分布

国家和地区	投融资度数	国家和地区	投融资度数
中国	50419	澳大利亚	3
美国	343	阿联酋	2
新加坡	59	爱尔兰	2
德国	31	法国	2
日本	23	卡塔尔	2
韩国	16	沙特阿拉伯	2
俄罗斯	15	泰国	2
英国	12	阿布扎比	1
加拿大	6	马来西亚	1
瑞士	6	西班牙	1
荷兰	4	新加披	1

（一）国际分布

从投融资关系的国际分布看，排名第一的是美国，关系数为343条，占国际投融资关系数的64.11%；排名第二是新加坡，关系数为59条，占比为11.03%；排名第三的是德国，关系数为31，占比为5.79%。

（二）国内分布

从投融资关系的国内分布看，排名第一的是北京市，关系数为14399条，占比为28.56%；排名第二的是广东省，关系数为9775条，占比为19.39%；排名第三的上海市，关系数为7073条，占比为14.03%；排名第四和第五的分别是浙江省和江苏省，关系数分别为4137条和3768条，占比分别为8.21%和7.47%（见图2-35）。

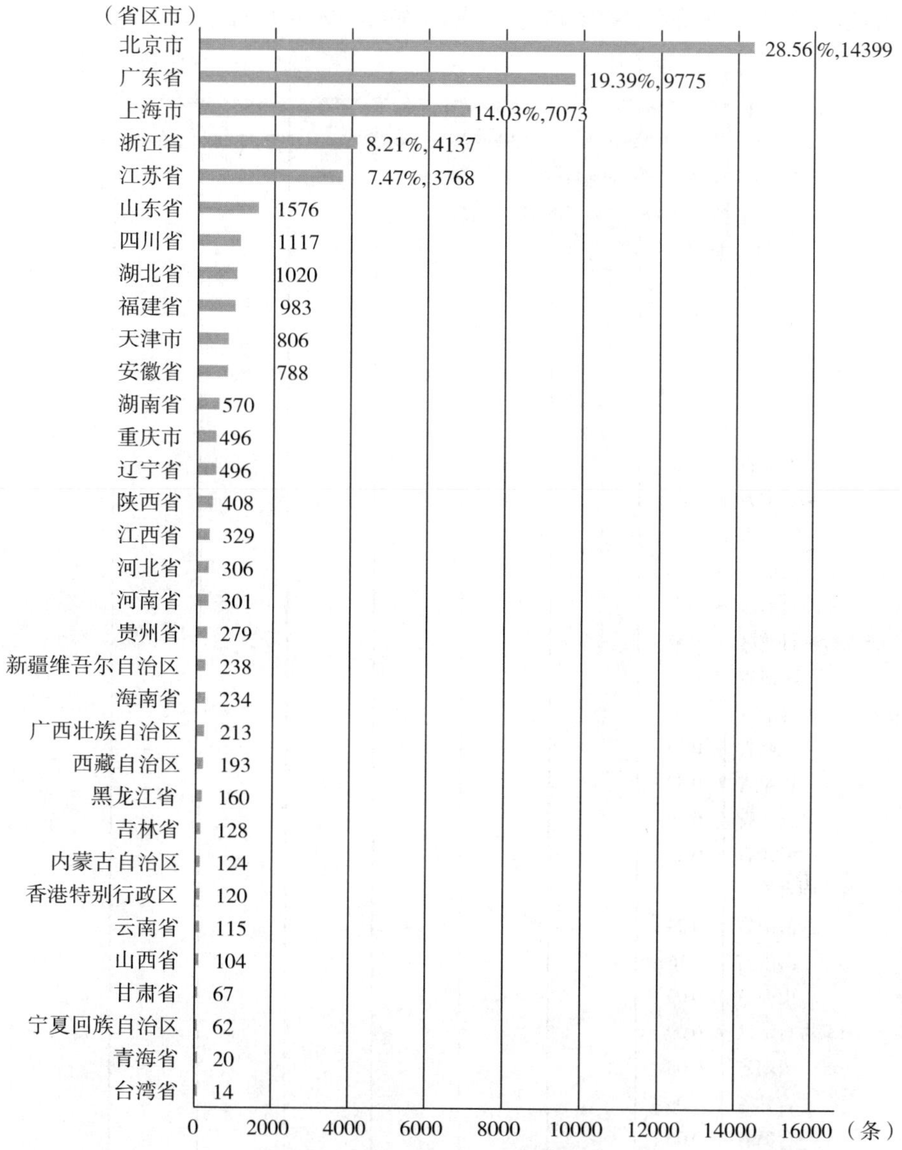

图2-35　投融资关系国内省区市分布

在总的投融资关系数据中，投资关系数共计 24942 条，占投融资关系总数的 49.47%。从投资的国内省区市分布看，排名第一的是北京市，关系数为 7854 条，占比为 31.49%；排名第二的是广东省，关系数为 5878 条，占比为 23.57%；排名第三的是上海市，关系数为 3410 条，占比为 13.67%；排名第四的是浙江省，关系数为 1954 条，占比为 7.83%；排名第五的是江苏省，关系数为 1645 条，占比为 6.60%（见图 2-36）。

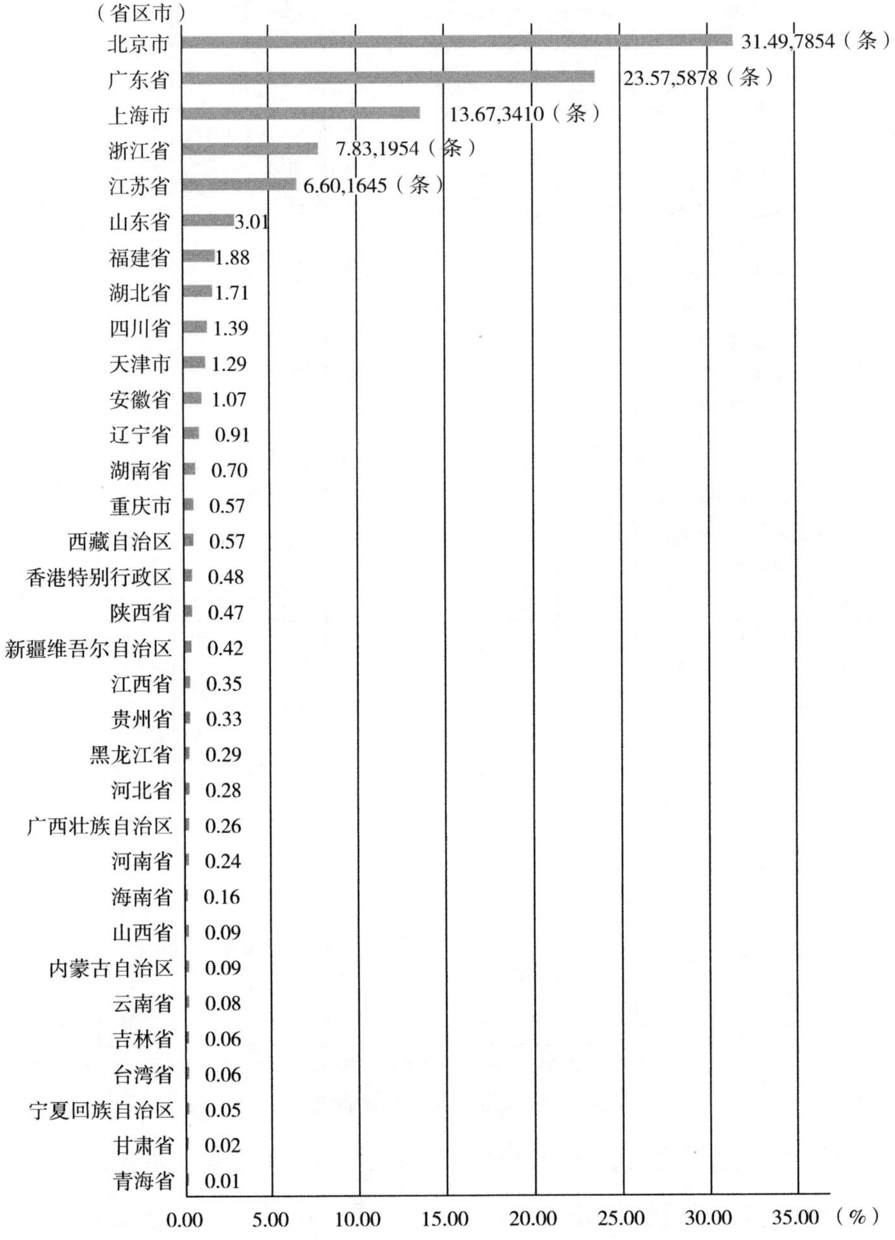

图2-36 投资关系省区市分布

在总的投融资关系数据中，融资关系数共计 25477 条，占投融资关系总数的 50.53%。从融资的国内省区市分布看，排名第一的是北京市，关系数为 6545 条，占比为 25.69%；排名第二的是广东省，关系数为 3897 条，占比为 15.30%；排名第三的是上海市，关系数为 3663 条，占比为 14.38%；排名第四的是浙江省，关系数为 2183 条，占比为 8.57%；排名第五的是江苏省，关系数为 2123 条，占比为 8.33%（见图 2–37）。

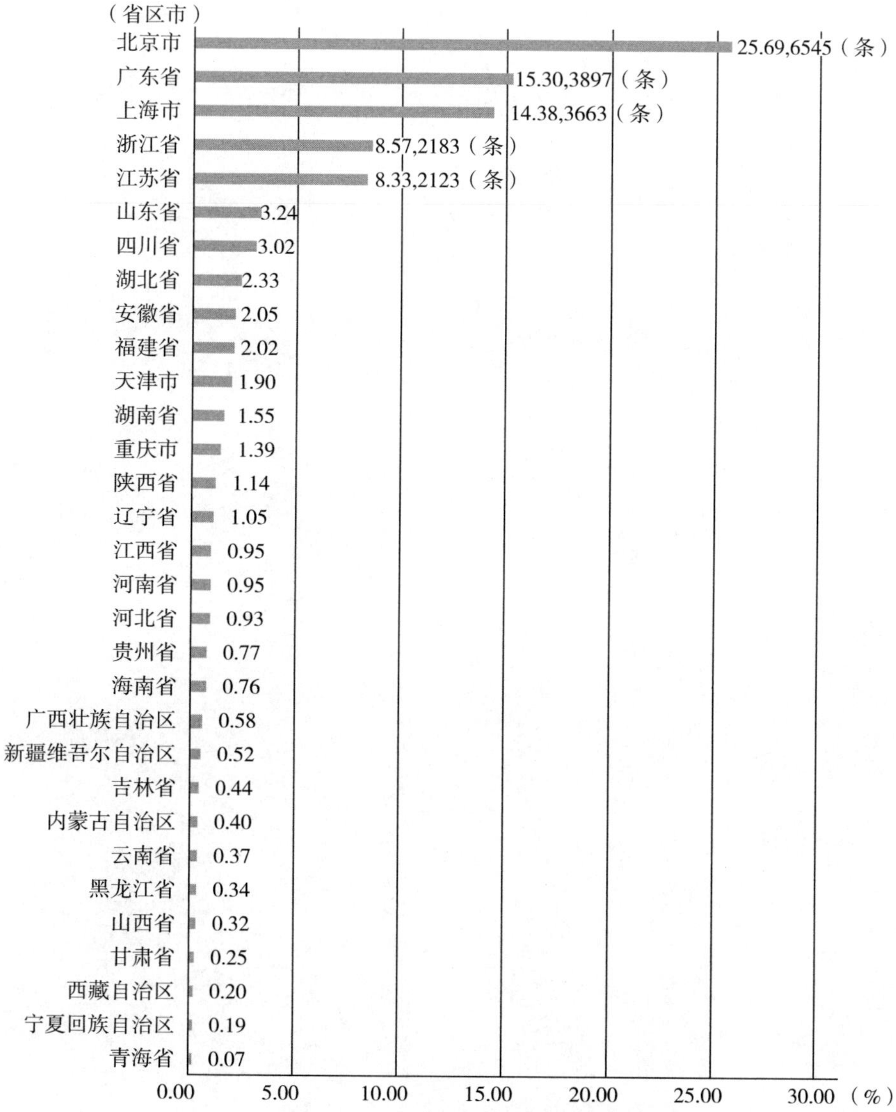

图2-37 融资关系省区市分布

第三章

人工智能和实体经济的融合发展

人工智能技术属于通用目的技术（GPTs，General Purpose of Technologies），具有广泛的应用场景。智能经济包括两个基本部门：核心产业部门和融合产业部门。其中，核心产业部门是人工智能技术、产品和服务研发和生产部门，融合产业部门则是人工智能和经济社会深度融合过程中创造的包括新技术、新产品、新业态和新模式在内的产业部门。核心产业部门和融合产业部门的相互作用和正反馈，构成了智能经济创新循环。本章通过 2205 家样本企业的关系数据量化分析，考察人工智能和实体经济融合发展的现状和趋势。

第一节　核心产业部门

一、核心产业部门的技术赋能

在核心产业部门技术赋能关系中，27.46% 的赋能对象是核心产业部门，72.51% 的赋能对象是融合产业部门（见图 3–1）。从核心产业部门在两个产业部门技术赋能关系对比看，核心产业部门对融合产业部门的技术赋能占主导。因而，智能经济已经走出了核心产业部门内部循环阶段，开始广泛地与实体经济融合发展。

在核心产业部门对融合产业部门的技术赋能关系中，排名第一的是第三产业，占比为 78.05%；排名第二的是第二产业，占比为 21.45%；排名第三的是第一产业，占比为0.49%（见图3-2）。到目前为止，人工智能与实体经济的融合发展主要分布在第三产业。随着包括5G在内的新基础设施建设的加快，智能经济与第二产业尤其是制造业的深度融合进程将加速。

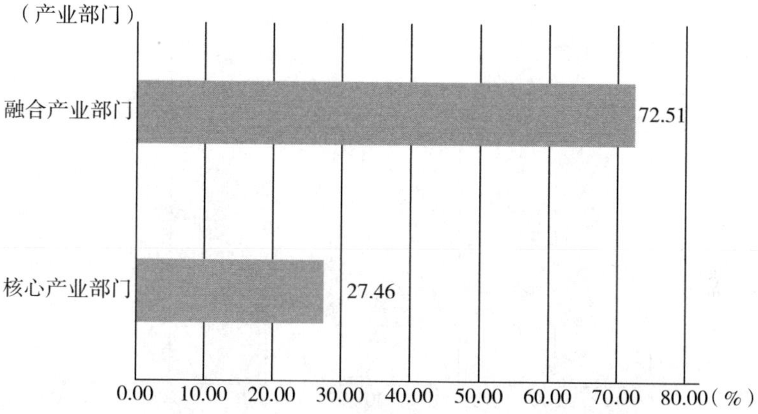

图3-1　核心产业部门技术赋能关系在两个产业部门的分布

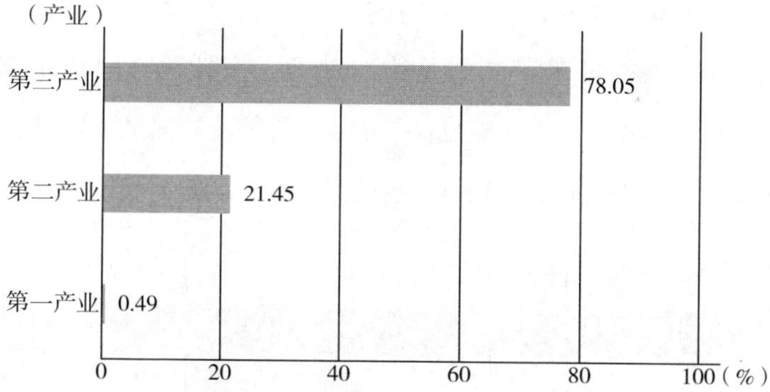

图3-2　核心产业部门对三次产业的技术赋能关系

二、核心产业部门的技术输入

核心产业部门的技术输入，42.44%来源于核心产业部门，57.56%来源于融合产业部门（见图3-3）。到目前为止，数字技术创新主要源于核心产业部门内部的知识和技术重组。核心产业部门每一次重大技术创新，例如，5G 和区块链技术的出现，都会引发核心产业部门的技术创新浪潮。同时，融合产业部门的互补性创新和专用性知识积累在为核心产业部门的技术创新提供支撑的同时，推动人工智能和实体经济的深度融合发展。

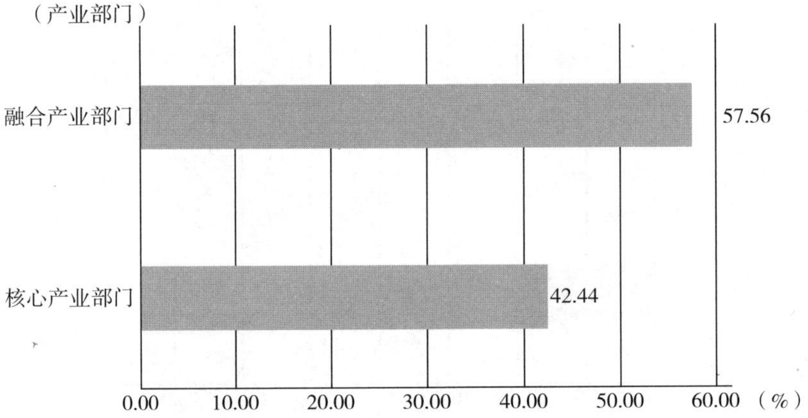

图3-3 核心产业部门的技术输入来源

在融合产业部门对核心产业部门的技术赋能中，排名第一的是第三产业，占比为 79.42%；排名第二的是第二产业，占比为 20.41%；排名第三的是第一产业，占比为 0.17%（见图 3–4）。与核心产业部门的技术赋能相比，来自第三产业的技术输入更高。

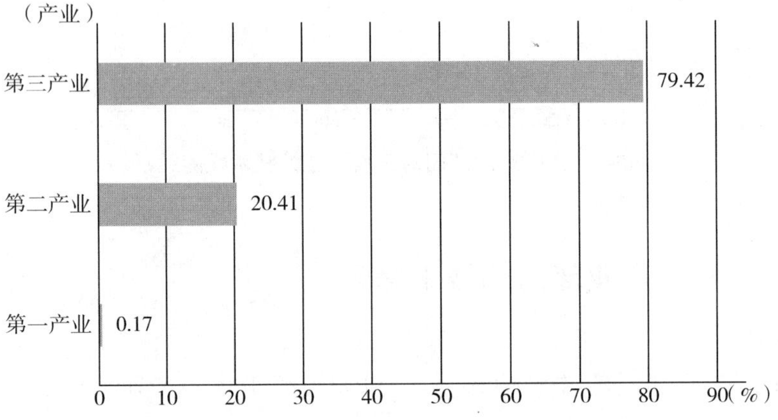

图3-4 三次产业对核心产业部门的技术赋能占比

第二节　核心产业部门与三次产业的技术合作

一、核心产业部门与第二产业技术合作

在核心产业部门与第二产业的技术合作关系中，核心产业部门对第二产业的技术赋能关系占比为72.2%，第二产业对核心产业部门的技术赋能关系占比为27.8%（见图3–5）。在两个产业部门的技术合作中，以核心产业部门对第二产业的技术赋能为主导。

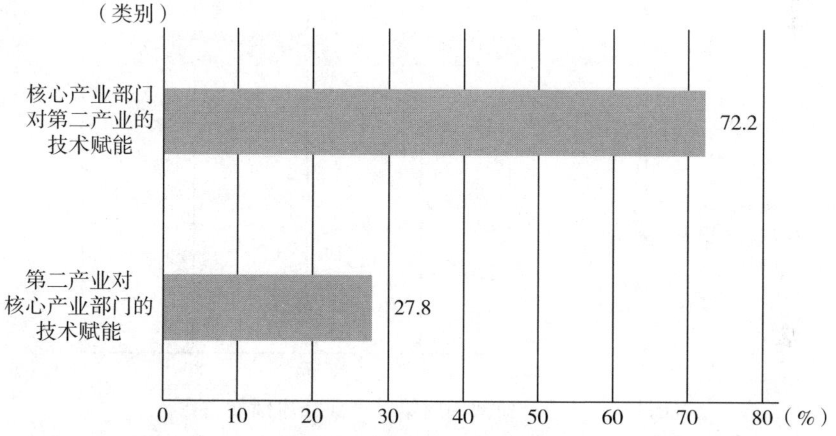

图3-5　核心产业部门与第二产业的技术合作关系

在第二产业对核心产业部门的技术赋能中，排名第一的是制造业，占比为91.67%；排名第二的是建筑业，占比为4.42%；排名第三的是电力、热力、燃气及水生产和供应业，占比为3.51%；排名第四的是采矿业，占比为0.40%（见图3–6）。

在核心产业部门对第二产业技术赋能关系中，排名第一的同样是制造业，占比为87.24%；排名第二的是建筑业，占比为5.91%；排名第三的是电力、热力、燃气及水生产和供应业，占比为5.63%；排名第四的是采矿业，占比为1.22%（见图3–7）。

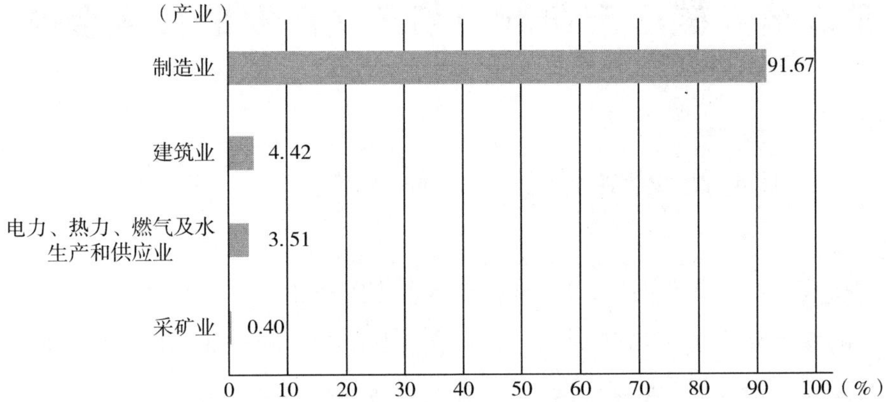

图3-6　第二产业各核心产业部门的技术赋能占比

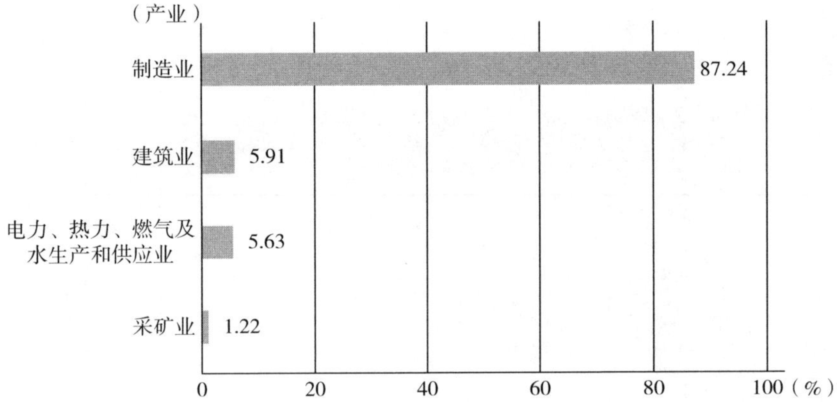

图3-7　核心产业部门对第二产业技术赋能占比

从核心产业部门与第二产业各部门的技术合作看，新一代信息技术和制造业的深度融合是智能经济发展的主导。随着以5G为代表的基础设施建设的加快，新一代信息技术与制造业的融合发展代表了智能经济发展的方向。

二、核心产业部门和制造业技术合作

从核心产业部门与制造业部门的技术合作关系看，核心产业部门对制造业的技术赋能占比为71.2%，制造业对核心产业部门的技术赋能占比为28.8%（见图3–8）。核心产业部门对制造业的技术赋能是两个产业部门技术合作和互动的主导力量。

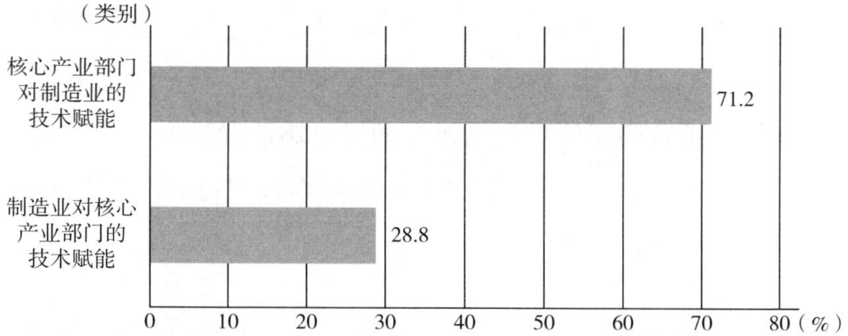

图3-8 核心产业部门与制造业部门的技术合作关系

在核心产业部门与制造业各部门的技术合作关系中，排名第一的是计算机、通信和其他电子设备制造业，技术合作关系数为2073，占比为36.91%；排名第二的是汽车制造业，技术合作关系数为1131，占比为20.14%；排名第三的是电气机械和器材制造业，技术合作关系数为452，占比为8.05%；排名第四和第五的分别是专用设备制造业和通用设备制造业，技术合作关系数431和233，占比分别为7.67%和4.15%。

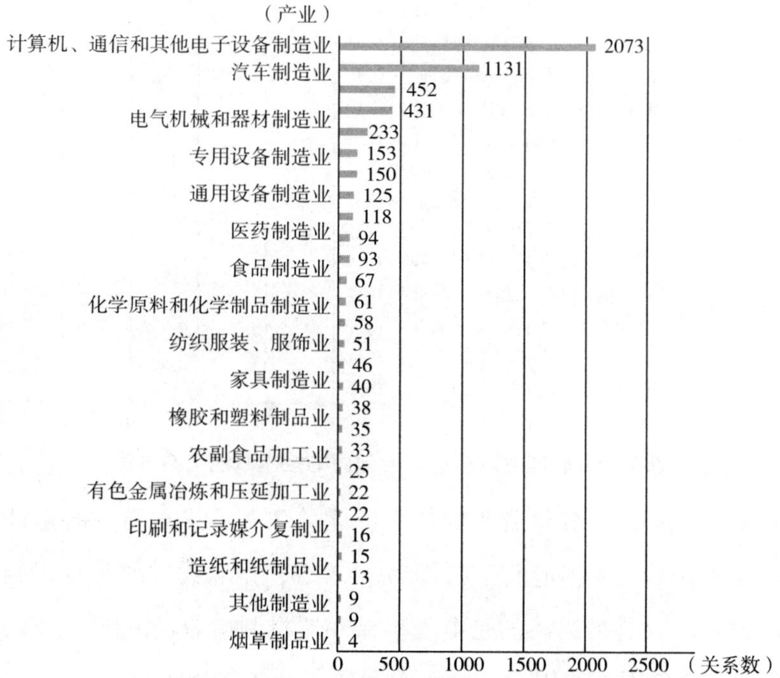

图3-9 核心产业部门与制造业各部门技术合作关系分布

在制造业对核心产业部门技术赋能关系中，排名第一的是计算机、通信和其他电子设备制造业，占比为 50.65%；排名第二的是汽车制造业，占比为 16.33%；排名第三的是电气机械和器材制造业，占比 8.60%；排名第四和第五的分别是专用设备制造业和通用设备制造业，占比分别为为 7.73% 和 4.45%（见图 3–10）。

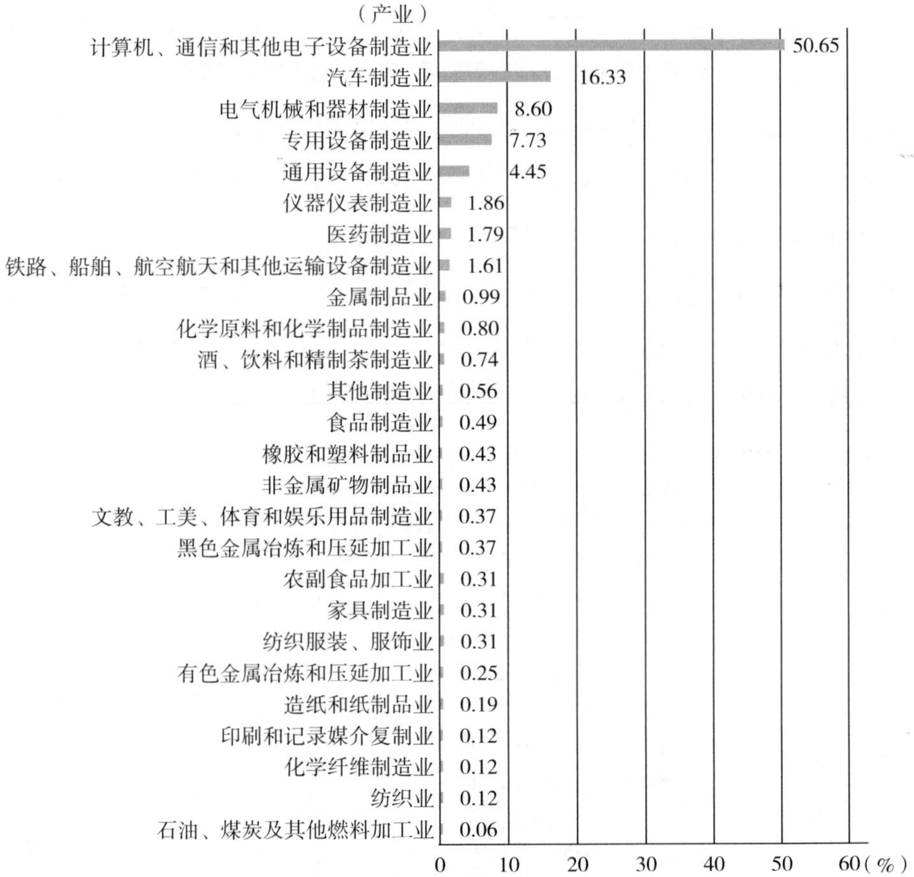

图3-10 制造业对核心产业部门的技术赋能关系占比

在核心产业部门对制造业的技术赋能关系中，排名第一的是计算机、通信和其他电子设备制造业，占比为 31.35%；排名第二的是汽车制造业，占比为 21.68%；排名第三的是电气机械和器材制造业，占比 8.18%；排名第四和第五的分别是专用设备制造业和通用设备制造业，占比为 7.30% 和 4.03%（见图 3–11）。

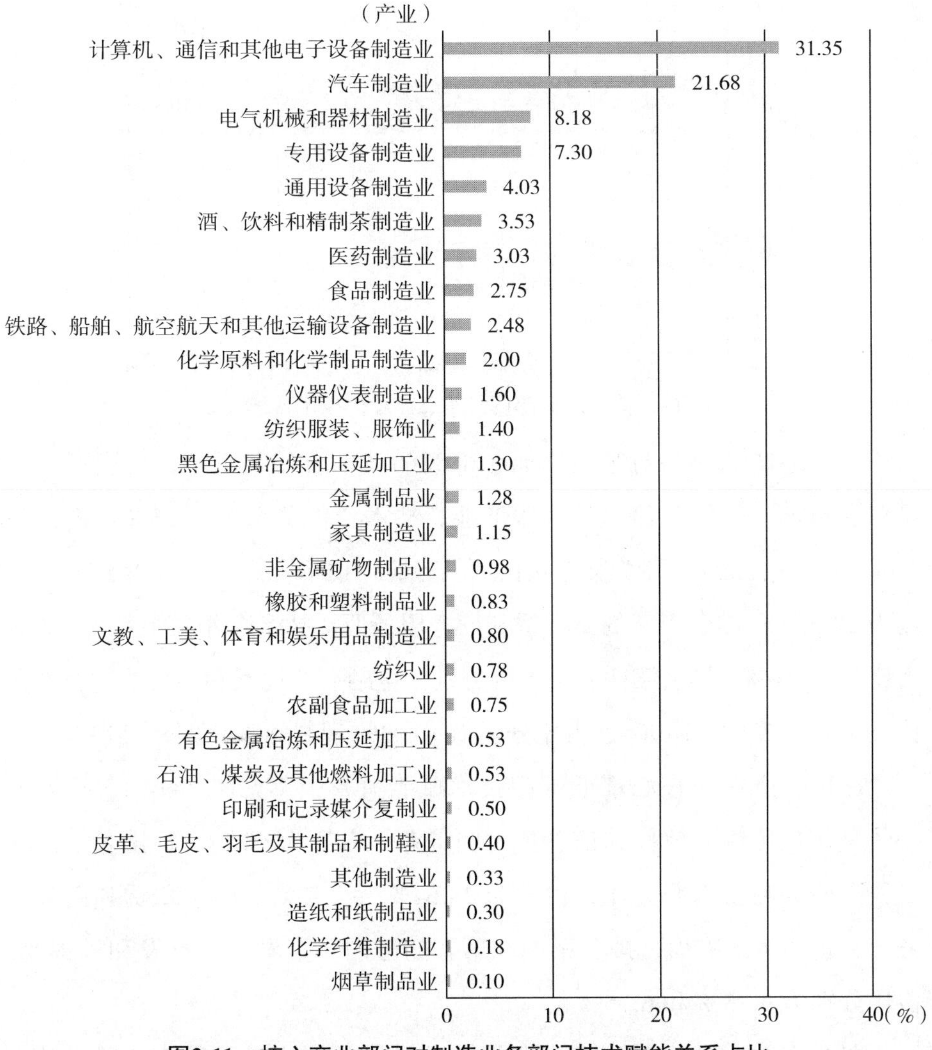

图3-11　核心产业部门对制造业各部门技术赋能关系占比

三、核心产业部门和第三产业技术合作

从核心产业部门与第三产业的技术合作关系看，核心产业部门对第三产业的技术赋能占比为 70.8%，第三产业对核心产业部门的技术赋能占比为 29.2%（见图 3-12）。在两个产业部门的技术合作中，核心产业部门对第三产业的技术赋能为主导。

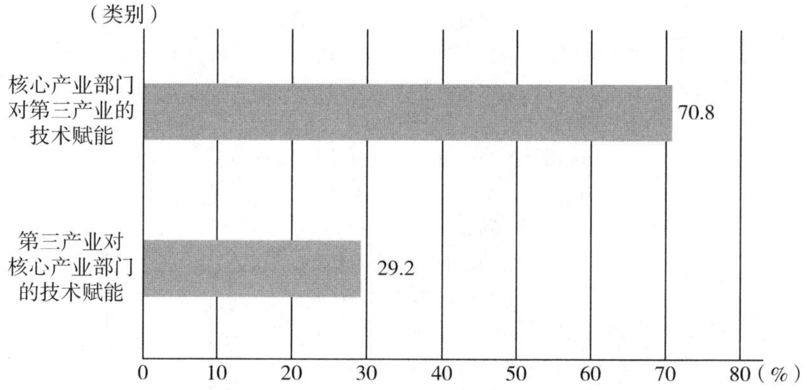

图3-12　核心产业部门与第三产业的技术合作关系

在核心产业部门与第三产业各部门的技术合作关系中，排名第一的是信息传输、软件和信息技术服务业，技术合作关系数为 7320，占比为 31%；排名第二的是科学研究和技术服务业，技术合作关系数为 5425，占比为 22.97%；排名第三的是租赁和商务服务业，技术合作关系数为 2395，占比为 10.14%。排名第四和第五的分别是金融业、批发和零售业，技术合作关系数为 2383 和 1908，占比分别为 10.03% 和 8.08%（见图 3-13）。

在第三产业对核心产业部门技术赋能关系中（见图 3-14），排名第一的是信息传输、软件和信息技术服务业，占比为 40.01%；排名第二的是科学研究和技术服务业，占比为 28.64%；排名第三的是租赁和商务服务业，占比为 8.37%；排名第四和第五的分别是金融业、批发和零售业，占比分别为 6.35% 和 6.15%。

在核心产业部门对第三产业的技术赋能关系中（见图 3-15），排名第一的是信息传输、软件和信息技术服务业，占比为 27.28%；排名第二的是科学研究和技术服务业，占比为 20.64%；排名第三的是金融业，占比为 11.63%；排名第四和第五的分别是租赁和商务服务业、批发和零售业，占比分别为 10.87% 和 8.87%。

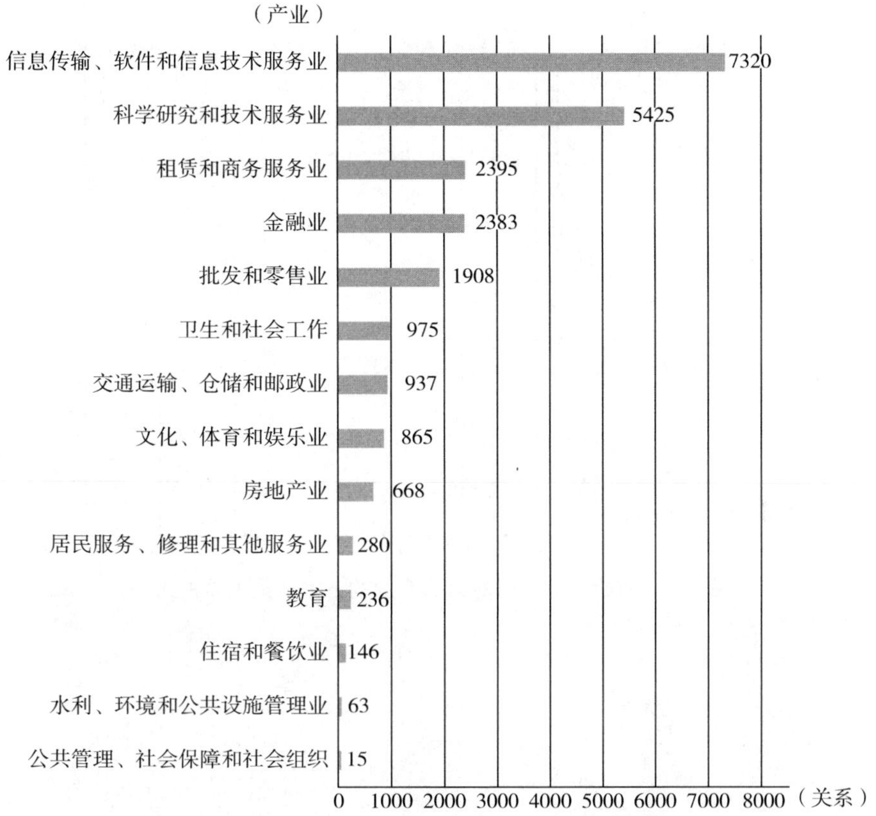

图3-13　核心产业部门和第三产业各部门技术合作关系分布

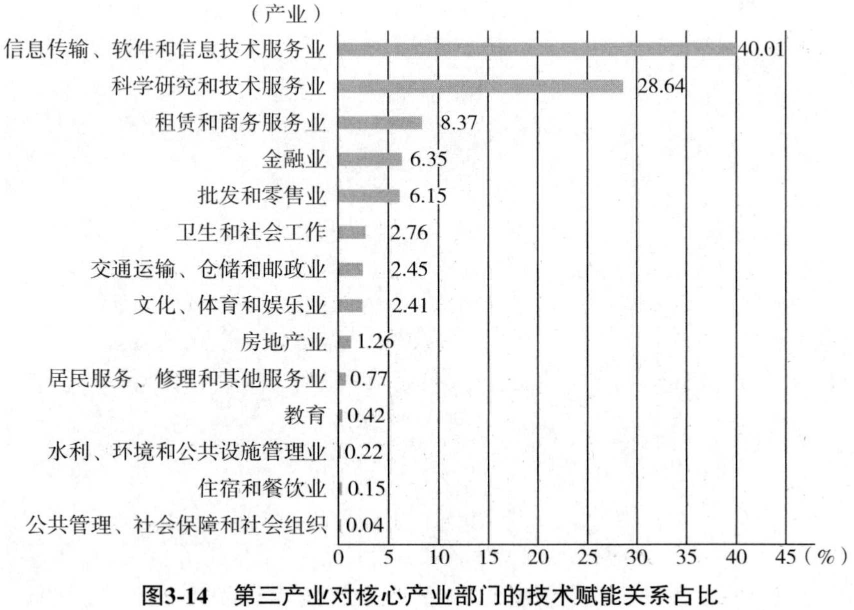

图3-14　第三产业对核心产业部门的技术赋能关系占比

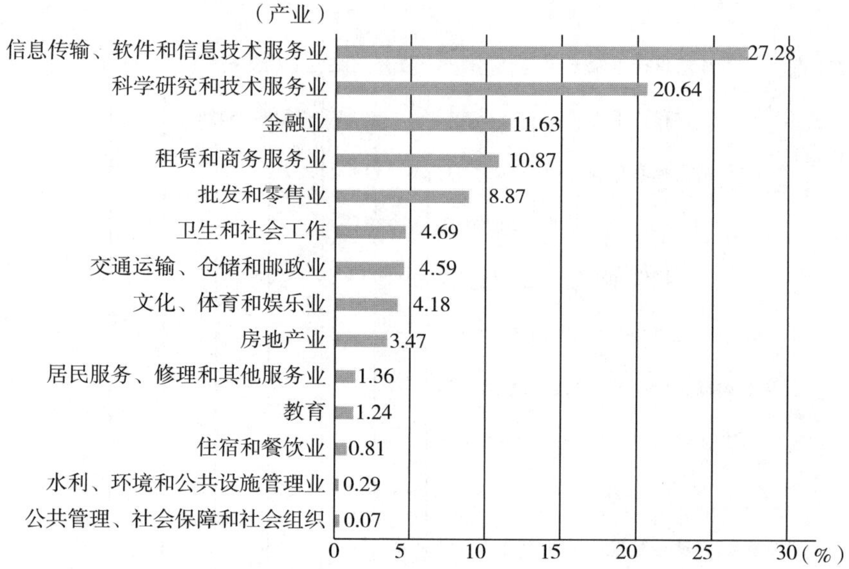

图3-15 核心产业部门对第三产业的技术赋能关系占比

第四章

农村网络空间产业生态的发展与乡村振兴

第一节 农村网络空间产业生态

随着人工智能技术的创新应用，平台主导的网络空间产业生态下移不断突破地理空间对资源优化配置的限制，为广大农村地区经济社会发展带来了新机遇。2018年以来，基于网络空间的农村产业生态的形成和发展，拓展了农村地区中小企业和个体经营者的生存和发展环境，激活了社会生产力发展潜力。通过降低产品展示、营销、交易和物流成本，农村网络空间产业生态创造出新的就业和创业机会，不断提高中低收入人群的收入水平，助力脱贫攻坚，为乡村振兴战略的进一步实施创造了条件。

一、基于网络空间的资源配置方式塑造城乡发展新格局

在《国富论》中，亚当·斯密提出了劳动分工受市场规模限制的理论，即斯密定理。在当时条件下，亚当·斯密所说的市场仅是一个地理空间概念。在专业分工受地理空间市场规模限制的条件下，工业经济时代的生产组织方式表现出三个方面的基本特征：一是对区域经济发展而言，交通区位、自然和要素资源禀赋是经济活动集聚的基本条件；二是对企业和产业发展而言，无论是生产还是交通运输过程，单品种、标准化和大批量规模经济带来的低成本优势是企业和产业区域竞争力的基本来源；三是服务要素在城市尤其在大都市空间的集聚进一步拉大了城乡之间的经济发展差距。因而，在斯密定理支配下，与工业化过程相伴随的是城乡差距的持续扩大和“三农”问题的长期存在。

基于网络空间的产业生态的形成和发展，不断突破资源配置和利用的地理空间限制，颠覆了工业经济时代的生产组织方式和资源配置方式。首先，随着包括人工智能在内的新一代信息技术创新应用，网络空间产业生态为交易双方提供了新的选择空间。尤其是对消费者而言，个性化需求能够通过网络空间自由表达，并得到供给端的积极响应；其次，服务要素的在线化使远离城市的中小企业和个体经营者能够获得过去无法得到的优质服务要素；最后，网络空间对现有物流体系的改造极大地降低了经济活动对交通区位的过度依赖。与工业经济不同，智能经济发展为包括农村在内的欠发达地区的中小企业和个体经营者的多品种、小批量和低成本生产创造了新的生存和发展空间。基于网络空间的资源配置方式在变革工业经济时代生产组织方式的同时，成为影响和决定农村经济发展格局变化的新力量。

网络空间产业生态是由平台主导的，诞生和成熟于经济发达地区的大城市。例如，位于经济发达地区的阿里巴巴、腾讯、百度、京东和猪八戒网分别成为电子商务、社交、信息搜索和众包平台的搭建者和运营者。以阿里巴巴为例，基于网络空间的产业生态系统包括四个部分：一是包括淘宝商城、天猫、阿里巴巴和速卖通在内的电子商务平台；二是包括支付宝和蚂蚁金服在内的线上支付和金融服务系统；三是以菜鸟网络为主导的物流系统；四是以阿里云为代表的大数据和云计算系统。通过人工智能技术的创新应用和业务的垂直整合，平台不断推动网络空间产业生态系统的裂变和扩张，广泛赋能广大中小企业和个体经营者，为新生产组织方式创生和资源配置方式变革创造了条件。

2004 年 10 月，美国《连线》杂志主编克里斯·安德森提出了互联网长尾理论。他指出，互联网技术正在将大规模市场转化为无数利基市场，即长尾效应[①]。在某种意义上，中国扮演着长尾理论前沿实践者的角色。自

① [美] 克里斯·安德森：《长尾理论》，中信出版社2012年版。

2018年以来，网络空间产业生态的下移，通过长尾效应和数字红利的释放，为广大农村地区的中低收入人群创造了新的就业和创业机会。

在发达地区，经济发展的主导者是大企业和中小企业产业集群。无论是大企业还是中小企业集群生产都是为了有效利用基于物理空间的产业生态系统。而在农村地区，经济发展的主导者则主要是相对分散的中小企业和个体经营者，它们是多品种、小批量甚至单件生产者的代表。在传统经济条件下，受物理空间市场范围的限制，它们的产品和服务主要满足本地市场（县和乡镇市场）。规模狭小和多样化本地需求市场只是为大多数中小企业和个体经营者提供了生存空间。同时，交通区位劣势和运输成本约束，抑制了农村地区中小企业和个体经营者产品和服务向区域和全国市场扩张。而网络空间产业生态系统的出现和下移，则为农村地区中小企业、个体经营者和农户的小规模、多品种和低成本生产提供了发展的新土壤。

二、新型平台和网络空间产业生态下移

随着新一代信息技术发展，新型平台的涌现为网络空间产业生态下移创造了条件。新型平台基于移动互联网和人工智能技术创新应用，属于产业赋能型平台。其中，移动互联网的发展和智能手机的普及降低了中低收入人群的“触网”成本。而人工智能技术的创新应用实现了产品和服务交易的精准匹配。自2016年以来，新型平台主导的网络空间产业生态发展的重要趋势就是向中小城市和农村地区的下移。在长尾效应的作用下，网络空间产业生态的持续下移带动网络从业者和新个体户的指数级增长。

在消费互联网领域，新型平台主要包括两类：一类是以淘宝特价版和京东厂直优品计划为代表的传统电商平台转型升级而来的新型平台；另一类来自新的活跃App的快速发展。例如，拼多多、抖音、快手和微信。其中，新电商平台在创建阶段就重视人工智能技术的应用，以智能手机为入

口，以社交为手段，是平台主导的网络空间产业生态持续下移的关键推动者。中国互联网络信息中心的统计资料显示，截至 2020 年 6 月，我国国内市场上监测到 359 万款 App，移动应用规模排在前四位的 App 种类为游戏、日常工具、电子商务和生活服务类，占比达到 58.6%[①]。其中，具有市场活动度的 App 是新型平台的主要来源。

与传统电商在创建之初立足于商业模式创新不同，新型电商强调技术驱动。例如，2015 年 9 月创建的拼多多，从创建之初就强调自己属于技术驱动型公司，通过人工智能技术的创新应用成长为国内移动互联网主流电子商务公司。拼多多 2018 年年报显示，在公司 3683 名员工中，工程师数量超过 1800 人，占 48.9%。2018 年拼多多投入研发经费为 11.16 亿元，较 2017 年同比增长 764%。其中，主要技术研发领域为分布式人工智能技术。与传统电子商务企业在转型升级过程中更多地部署集中式人工智能[②]不同，拼多多的商业模式主要基于分布式人工智能满足消费者的个性化需求。因为商业模式创新源于分布式人工智能的创新应用，拼多多被定义为人工智能公司。

作为今日头条孵化的一款音乐创意类短视频社交软件，抖音自 2016 年 9 月 20 日上线至今，依赖在人工智能技术领域的创新应用，已经发展为具有娱乐和电子商务功能的新型平台。抖音的海外版 Tik Tok 发展迅猛，截至 2022 年 4 月，已经覆盖了全球 150 个国家和地区，75 种语言，在 40 多个国家和地区的应用商店下载排名中都名列前茅。为了推动人工智能技术的创新发展，抖音的母公司字节跳动创建人工智能实验室（AI Lab），为包括抖音在内的平台提供人工智能技术支持。字节跳动人工智能实验室的基础研究领域包括计算机视觉、自然语言处理、机器学习、语音和音频处理、数据和知识挖掘、计算机图像学、系统 & 网络、信息安全及工程和产

① 中国互联网络信息中心：第46次中国互联网络发展状况统计报告，2020.9。

② 集中式人工智能是指把所有数据汇聚在平台，通过算法从数据中找寻模式为消费者服务的方式。

品。强大的人工智能研发能力是抖音新型平台快速发展的关键。

在人工智能技术推动下，微信已经从一个社交平台发展为具有交易和产业赋能功能的新型平台。尤其是对于农村中低收入人群而言，与其他平台相比较，微信获取流量的成本最低。同时，充分利用社交领域的黏着度，微信同时也是客户转化成本最低的平台。腾讯 2020 年第一季度的财报显示，2020 年第一季度，腾讯的营收突破 1000 亿元，达到 1080.7 亿元，同比增长 26.5%。其中，包括微信小程序在内的数字商业业务的发展成为腾讯业务的新增长点。

随着人工智能技术的创新应用，2016 年以来，新型平台快速涌现，出现在涵盖消费者衣食住行在内的诸多垂直领域，在使消费者享受便捷服务的同时，为中低收入人群创造了大量的就业和创业机会。同时，新型平台的出现带动了基于传统电商发展的网络空间产业生态的规模扩张和体系的完善，不仅能够服务城市居民和创业者，而且能够服务农村居民和创业者，成为消费互联网升级的关键推动力量。

第二节 农村网络空间产业生态的价值网络分析

一、新型平台主导的农村网络产业生态价值网络

（一）48 家涉农新型平台的基本情况

本章选择 48 家涉农新型平台的 50 个移动 App 为样本，采集平台与涉农、扶贫和乡村振兴相关的关系数据，考察新型平台主导的网络空间产业生态下移对提高农村居民收入的影响。表 4–1 列出了 48 家涉农新型平台 50 个移动 App 的名称。

表4-1　50个移动App名称

58同城	UU跑腿	百果园	菜鸟裹裹	曹操出行	春播	达达	大润发
叮咚买菜	抖音	多点	饿了么	飞猪	盒马	惠农网	火山小视频
今日头条	京东	快手	乐村淘	两鲜	马蜂窝	蚂蚁短租	每日优鲜
拼多多	朴朴	去哪儿	全民小视频	十荟团	苏宁	淘宝	途家民宿
西瓜视频	闲鱼	携程	一亩田	一直播	艺龙	谊品生鲜	永辉
大众点评	滴滴	货车帮	货拉拉	美菜网	美团	微视	唯品会
云集	运满满						

图 4–1 描述了 48 家新型平台注册地域分布情况。在 48 家新型平台中，21 家位于北京市，占比为 43.75%；8 家位于上海市，占比为 16.67%；6 家位于杭州市，占比为 12.5%。

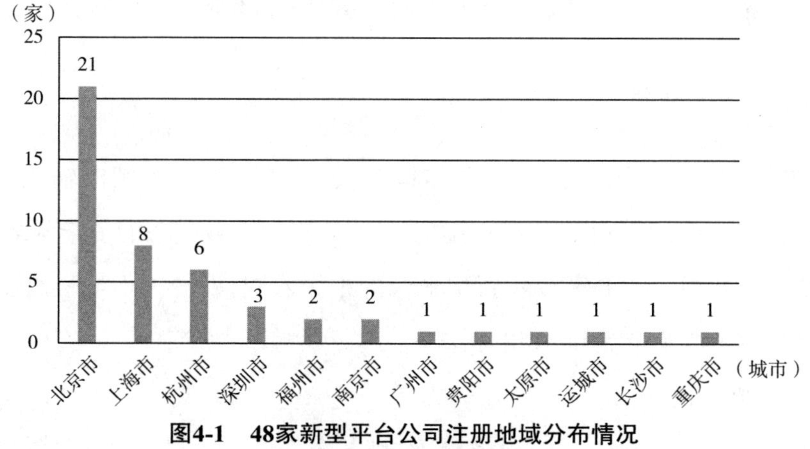

图4-1　48家新型平台公司注册地域分布情况

在 48 家新型平台中，2 家是信息服务平台企业[①]，占比为 4.17%；6 家是电子商务平台和 6 家农业垂直电商平台[②]，占比均为 12.5%；6 家为短视频平台[③]，占比为 12.5%；28 家为生活服务类平台[④]，占比为 58.33%（见图 4–2）。

---

① 信息服务平台通过推送农产品、农户就业岗位等信息，基于人工智能、大数据分析等技术直接将相关信息与农村、城市地区使用者进行匹配，助力滞销农产品对接购买渠道、农村地区居民对接就业岗位等。

② 农业垂直电商是专门从事农业领域线上交易的平台。

③ 短视频平台的直播带货模式为农村地区产品销售提供了便捷通道。同时，通过农村地区文化和旅游方面的短视频实时分享，能够带动乡村旅游业的发展。

④ 生活服务类平台为消费者提供吃住行游等服务，主要包括：外卖订餐、本地生鲜配送、本地物流和旅游服务。不同类型生活服务平台的多种业务模式和职业需求类型为农村地区居民提供了更多增收渠道和就业岗位。在样本企业中，每日优鲜在2022年9月出现经营困难。

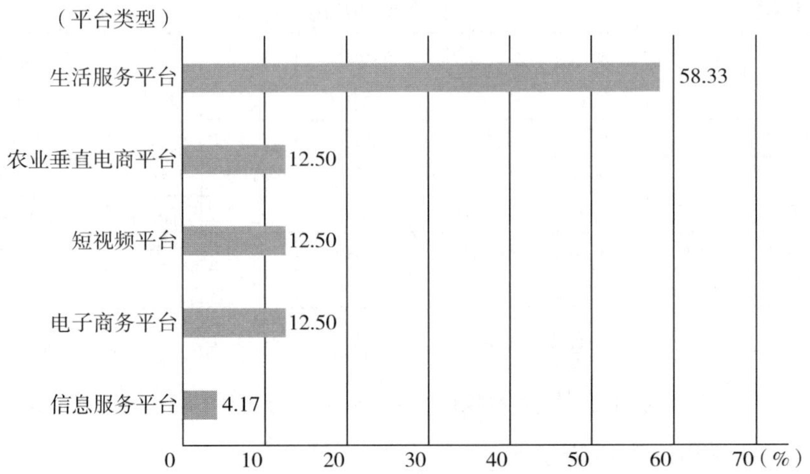

图4-2　48家新型平台公司的所属类型

（二）价值网络的基本结构

将采集的48家新型平台共3334条关系数据及量化赋值输入Gephi 0.9.2复杂网络分析软件，得到中国农村网络空间产业生态的复杂网络模型（见图4-3）。基于48家涉农新型平台的中国农村网络空间产业生态复杂网络包括2133个节点和3138条关系。

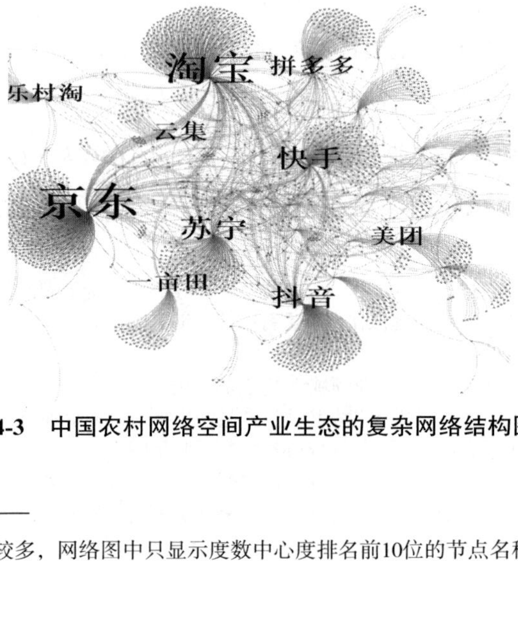

图4-3　中国农村网络空间产业生态的复杂网络结构图[①]

① 由于节点数较多，网络图中只显示度数中心度排名前10位的节点名称。

表 4–2 列出了中国农村网络空间产业生态复杂网络的结构性指标。复杂网络的网络密度为 0.001，平均度为 1.47，网络直径为 11，模块化系数为 0.757，平均聚类系数为 0.014，平均路径长度为 4.113。复杂网络的结构性指标表明，中国农村网络空间产业生态的发展尚处于发展阶段。

表4-2　　中国农村网络空间产业生态复杂网络的结构指标和对比

	网络类型	节点数	网络密度	关系数	平均度	网络直径	模块化系数	平均聚类系数	平均路径长度
样本	中国农村网络空间产业生态复杂网络	2133	0.001	3138	1.47	11	0.757	0.014	4.113
对照组	随机网络1	2133	0.001	2345	1.099	10	0.766	0.001	2.029
	随机网络2	2133	0.001	2171	1.018	7	0.796	0.001	1.905
	随机网络3	2133	0.001	2295	1.076	8	0.783	0	2.006
	随机网络4	2133	0.001	2216	1.039	7	0.786	0	1.858

二、技术合作关系

基于关系数据的年度变化情况，图 4–4 刻画了 2014—2020 年中国农村网络空间产业生态各类新型平台涉农合作关系数的变化情况。首先，各类平台随着农村网络空间产业生态系统的不断发展，与网络中其他主体之间涉农合作关系持续增加。其中，电子商务平台合作关系数始终远高于其他类型的平台；其次，同类型平台农村合作关系同样表现出持续增长的趋势。无论是电商平台企业还是其他类型的平台企业，不断出现新的同类平台参与农村网络空间产业生态建设；最后，适应农村应用场景的发展，新平台类型不断涌现。例如，从 2018 年开始，短视频平台、生活服务类平台与其他主体的合作关系呈现爆发式增长的局面。尤其是适应城市和农村居民需求的多样化，在生活服务领域出现了许多新类型的平台。

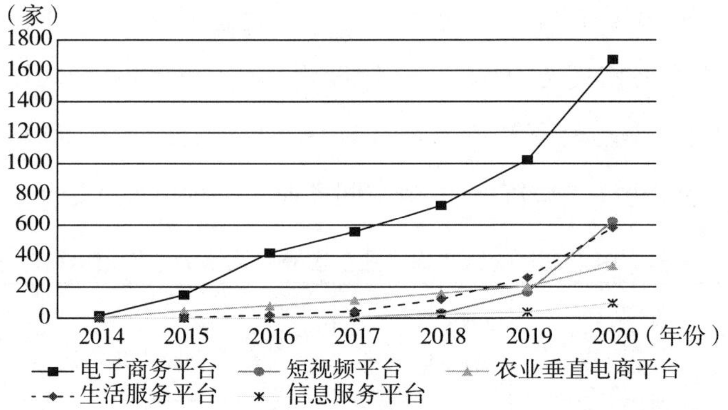

图4-4　中国农村网络空间产生生态各类新型平台涉农合作关系数变化情况

图 4–5 列出了复杂网络不同类型的节点数及其关系数占比情况。五类新型平台是中国农村网络空间产业生态的主导者，节点数仅占总节点数的 2.25%，但是合作关系数占整个网络的 50.95%。其中，电子商务平台领域的合作关系数占比最高，为 25.61%，而节点数仅占 0.28%。到目前为止，电子商务平台在中国农村网络空间产业生态系统中居主导地位。直播平

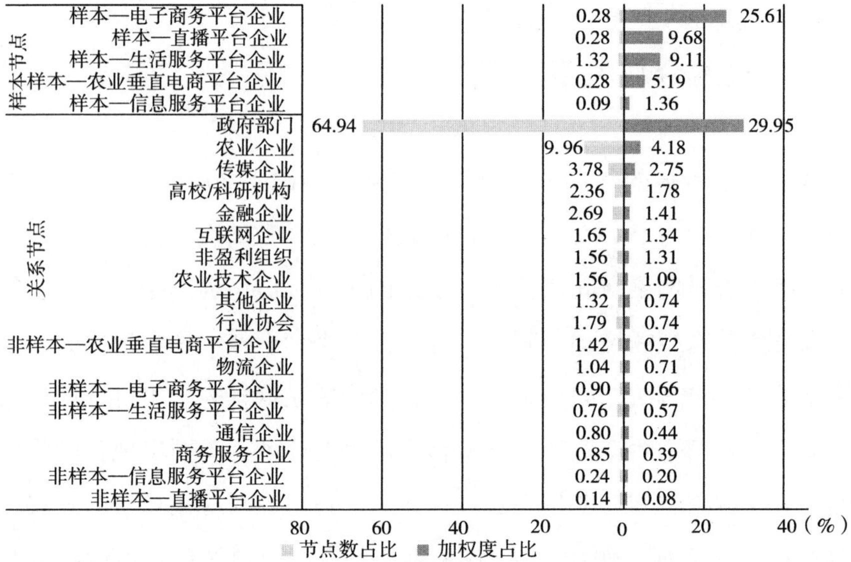

图4-5　中国农村网络空间产业生态价值网络各类节点的节点数和关系数占比情况[①]

① 加权度即为关系数。在技术合作关系中，加权入度是指技术输入关系数，加权出度是指技术赋能关系数。

台节点数占比为0.28%，关系数占比为9.68%，仅次于电子商务平台。生活服务平台企业是节点数最多的企业类型，但是占比仅为1.32%。

在关系节点中，政府部门的节点数占比为64.94%，关系数占比为29.95%，位列第一；排名第二的是农业企业，节点数占比为9.96%，关系数占比为4.18%；排名第三至第五的关系节点类型分别为传媒企业、高校/科研机构、金融企业，节点数占比分别为3.78%、2.36%和2.69%，关系数占比分别为2.75%、1.78%和1.41%。

从价值网络各类节点关系的出度和入度看（见图4–6），各类平台企业都是以技术赋能为主，是农村经济发展的主要赋能者。其中，电子商务平台、直播平台和生活服务平台的技术赋能占比最高，分别为21.32%、7.98%和7.45%。在关系节点中，政府部门和农业企业是技术输入关系最高的节点。

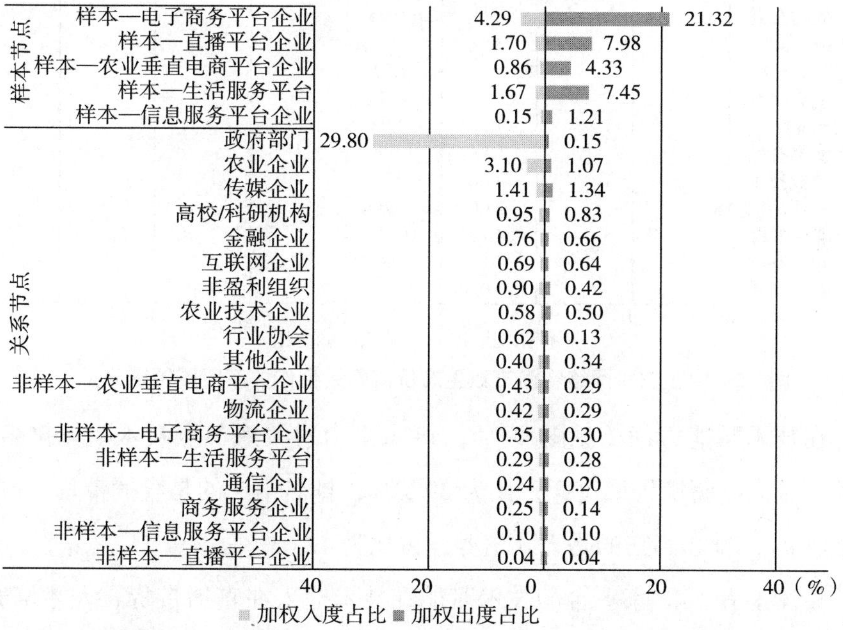

图4-6　中国农村网络空间产业生态各类节点加权入度和加权出度占比情况

从节点类型、节点数和关系数占比的分布情况看，政府、新型平台和农业企业在中国农村网络空间产业生态系统的发展中发挥着关键作用。为了解决“三农问题”，继2015年11月23日中共中央政治局审议通过《关于打赢脱贫攻坚战的决定》之后，2017 年 10 月 18 日党的十九大报告中进一步提出，农业农村农民问题是关系国计民生的根本性问题，必须始终把解决好“三农”问题作为全党工作的重中之重，实施乡村振兴战略。在落实脱贫攻坚和乡村振兴战略的过程中，政府、平台和农业企业相互协作共同构建农村网络空间产业生态系统。

在农村网络空间产业生态中，样本节点和关系节点在 15 个领域展开合作。在技术输入方面，关系节点对 48 家平台技术输入排名第一的是直播带货，占比为 21.11%；排名第二的是电商销售渠道，占比为 19.72%；排名第三的是智慧农业技术，占比为 12.33%（见图 4–7）。

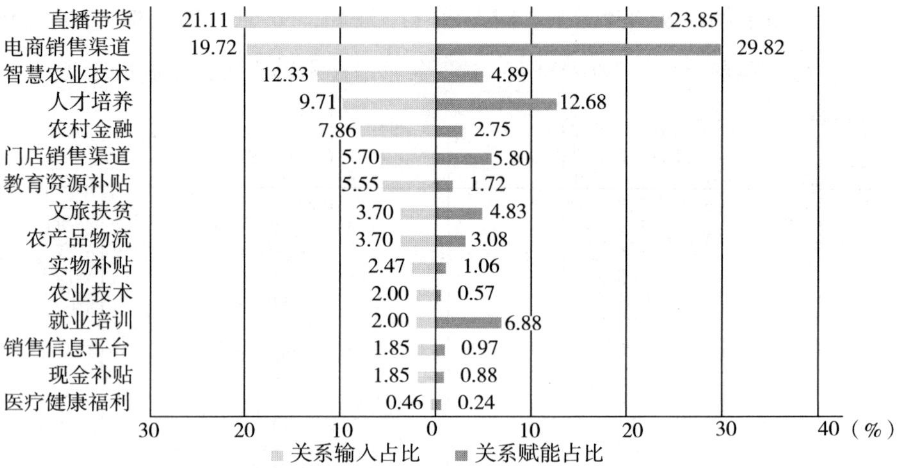

图4-7 中国农村网络空间产业生态价值网络合作关系所属领域分类[①]

在技术赋能方面（见图 4–7），48 家平台对关系节点技术赋能排名第一的领域为电商销售渠道，占比为 29.82%；排名第二的是直播带货，占比为 23.85%；排名第三的是人才培养，占比为 12.68%。

整体上看，48 家平台的技术赋能和技术输入在直播带货、人才培养、门店销售渠道、文旅扶贫、农产品物流等领域基本保持均衡；在电商销售渠道、农村居民就业培训，48 家平台的技术赋能占比远高于技术输入，相

① 人才培养包括平台企业对农村地区居民进行电商、互联网、移动互联网、农业技术等方面的专业培训；就业培训指平台企业对农村居民直接提供从事该平台相关工作的培训。

应领域更依赖平台自身的技术支撑和平台支持；在智慧农业技术、农村金融、教育资源补贴、农业技术[①]等领域，48 家平台的技术输入远高于技术赋能，相应领域往往需要依托智慧农业技术研发企业、金融行业企业、教育行业企业所拥有的应用领域和专用技术进行合作，为农村居民提供更多维度的支持。以平台为主导的中国农村网络空间产业生态系统通过技术输入和赋能，实现了资源整合，激活了农村社会生产力发展潜力，推动了城乡经济的协调发展。

图 4–8 列出了五类样本企业技术赋能所属领域的分布情况。其中，电子商务平台企业技术赋能最多的领域为电商销售渠道，即为农村居民、农村当地企业、合作社等提供农产品线上销售服务，推动农产品线上销售；短视频平台企业技术赋能最多的领域为直播带货，即通过视频

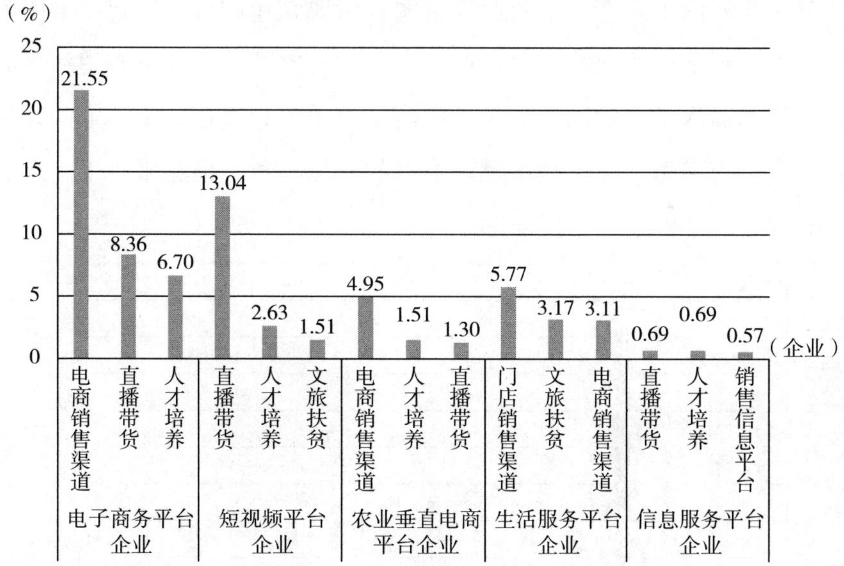

图4-8　新型平台技术赋能关系占比排名前三的领域

---

① 本章所说的合作领域农业技术方面进一步细化为农业技术和智慧农业技术，其中农业技术即传统与农业耕作、作物栽培相关的高效农业生产方式，而智慧农业技术则指的是利用人工智能、互联网、移动互联网、大数据、云计算等新一代信息技术应用于农业生产领域，提高农业生产效率的新型生产方式。

直播平台进行现场直播销售农产品；农业垂直电商平台企业技术赋能最多的领域为电商销售渠道；生活服务平台企业技术赋能最多的领域为门店销售渠道。区别于电商销售渠道，生活服务平台样本企业包括大润发、百果园和盒马鲜生等新零售企业，通过线上平台和线下门店相结合的形式服务当地移动端用户；信息服务平台企业技术赋能最多的领域为直播带货，通过与短视频平台企业合作共同推动农产品的线上销售。此外，电子商务平台企业、短视频平台企业、农业垂直电商平台企业和信息服务平台企业技术赋能前三的领域中均包括人才培养，占比分别为 6.70%、2.63%、1.51% 和 0.69%，在农村地区移动互联网增收创新网络中样本企业为农村地区居民输送了包括电子商务、直播带货、互联网技术和农业技术等方面的专业知识和技能。

图 4–9 列出了五类样本企业技术输入所属领域的分布情况。其中，电子商务平台企业、短视频平台企业、农业垂直电商平台企业和生活服务平台企业技术输入最多的领域分别为电商销售渠道、直播带货、电商销售渠道和门店销售渠道，与其技术赋能最多的领域一致。信息服务平台企业技

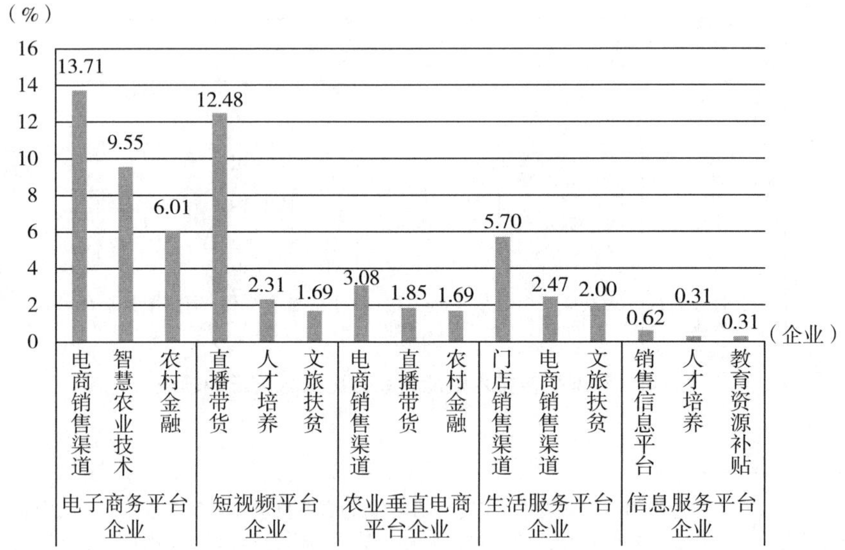

图4-9 新型平台技术输入关系占比排名前三的领域

术输入最多的领域为销售信息平台，占比为 0.62%。信息服务平台企业通过与互联网企业合作，在线上发布农产品和工作岗位信息，带动农产品销售和促进农村居民非农就业。

表 4–3 列出了不同类型关系节点的技术输入和技术赋能占比情况。关系节点通过与样本节点之间的技术合作，共同推动网络空间产业生态的下移。

表4-3　　不同类型关系节点排名前三的技术合作领域分布

关系节点类型	合作领域	对样本节点技术输入占比（%）	合作领域	样本节点技术赋能占比（%）
农业企业	门店销售渠道	3.70	智慧农业技术	0.51
	电商销售渠道	2.93	电商销售渠道	0.30
	人才培养	1.08	农业技术	0.18
农业技术企业	智慧农业技术	4.01	电商销售渠道	2.99
	农业技术	0.77	门店销售渠道	1.63
	电商销售渠道	0.31	智慧农业技术	0.78
商业服务企业	直播带货	0.62	直播带货	0.15
	人才培养	0.31	农产品物流	0.09
	实物补贴	0.31	人才培养	0.09
通信企业	电商销售渠道	1.23	电商销售渠道	0.33
	直播带货	0.46	直播带货	0.09
	智慧农业技术	0.46	智慧农业技术	0.09
金融企业	农村金融	6.47	农村金融	1.30
	直播带货	0.46	直播带货	0.21
	智慧农业技术	0.46	智慧农业技术	0.09
互联网企业	直播带货	2.47	直播带货	0.54
	电商销售渠道	2.16	电商销售渠道	0.42
	智慧农业技术	0.77	智慧农业技术	0.15
物流企业	农产品物流	1.85	农产品物流	0.24
	电商销售渠道	0.62	人才培养	0.24
	人才培养	0.31	农村居民就业	0.18
传媒企业	直播带货	9.40	直播带货	1.96
	电商销售渠道	2.62	电商销售渠道	0.57
	人才培养	1.39	人才培养	0.27
其他企业	教育资源补贴	1.39	教育资源补贴	0.27
	实物补贴	0.92	实物补贴	0.21
	医疗健康福利	0.46	直播带货	0.15

续表

关系节点类型	合作领域	对样本节点技术输入占比（%）	合作领域	样本节点技术赋能占比（%）
政府	实物补贴	0.31	电商销售渠道	22.16
	直播带货	0.31	直播带货	18.20
	人才培养	0.31	人才培养	10.05
高校&科研院所	智慧农业技术	3.39	智慧农业技术	0.72
	人才培养	2.93	人才培养	0.66
	电商销售渠道	1.39	电商销售渠道	0.27
行业协会	电商销售渠道	0.62	电商销售渠道	0.54
	销售信息平台	0.46	直播带货	0.33
	人才培养	0.15	人才培养	0.18
非营利组织	教育资源补贴	1.69	教育资源补贴	0.48
	直播带货	0.92	直播带货	0.42
	现金补贴	0.77	电商销售渠道	0.27
非样本—电子商务平台企业	电商销售渠道	3.08	电商销售渠道	0.66
	直播带货	0.92	直播带货	0.24
	智慧农业技术	0.92	智慧农业技术	0.18
非样本—直播带货平台企业	直播带货	0.77	直播带货	0.12
	电商销售渠道	0.15	电商销售渠道	0.03
	销售信息平台	0.15	销售信息平台	0.03
非样本—农业垂直电商平台企业	电商销售渠道	2.16	电商销售渠道	0.63
	直播带货	1.08	直播带货	0.24
	农村金融	0.46	农村金融	0.09
非样本—生活服务平台企业	文旅扶贫	1.54	文旅扶贫	0.30
	电商销售渠道	0.92	电商销售渠道	0.18
	人才培养	0.62	人才培养	0.12
非样本—信息服务平台企业	直播带货	0.62	直播带货	0.12
	电商销售渠道	0.46	电商销售渠道	0.09
	人才培养	0.15	人才培养	0.03

三、网络空间产业生态下移提高农村居民收入的机制

2018 年以来，网络空间产业生态下移通过激活社会生产力发展潜力，为农村地区中小企业和个体经营者带来了新的发展机遇。这种激活作用集中表现在以下六个方面。

（一）网络空间产业生态下移，进一步打通了产品和服务的下行和上行通道，为农村地区中小企业和个体经营者的新发展创造了条件

对于农村后发地区的中小企业和个体经营者而言，实现成长和发展的关键是市场规模的扩张。而线上展示和交易突破了物理空间市场对农村企业和个体经营者规模扩张的限制。一方面，线上展示和销售，尤其是利用私域流量的展示和销售能够极大降低企业和个体经营者的营销成本；另一方面，通过线上大数据分析能够精准把握市场需求的变动情况。生产和需求的精准匹配使中小企业和个体经营者能够基于多品种和小批量生产组织方式，实现市场规模扩张和盈利水平提高。

（二）服务要素的在线化使远离城市的农村中小企业和个体经营者获得优质服务要素

尤其是农村后发地区的中小企业和个体经营者能够在线上获得包括研发设计、品牌服务和营销策划等方面的知识密集型服务，不断提高产品质量和档次，改善生产效率，提高企业和产业的市场竞争力。

（三）线上和线下的融合发展，为农村后发地区创造了新的就业和创业机会

网络空间产业生态下移推动了线上线下的融合发展。从服务要素线上线下融合的情况看，服务要素的在线化一方面实现了本地优质服务要素的线上化，可以为其他农村地区企业和个体经营者提供服务；另一方面通过线上服务要素线下化，线上优质服务商可以通过在当地设立线下企业的方式，为后发地区中小企业和个体经营者提供优质服务。无论是线下服务要素的线上化还是线上服务要素的线下化，都会在带动当地就业和创业的同时，不断完善当地服务要素市场和提高服务水平。同时，服务要素线上线下融合发展，为农村后发地区创业活动提供了便利，激发了当地居民创业

致富的热情。

（四）网络空间产业生态系统通过组织扁平化，实现物流系统线上线下融合

不断降低物流运输成本，减少了交通区位因素对后发地区企业和产业发展的制约。网络空间物流服务生态的下移，通过为农村后发地区企业和产业发展提供货物运输供求信息支持，实现产供销精准匹配。同时，物流运输服务生态线上线下融合通过组织扁平化，在赋能线下交通运输单元的过程中，不仅降低了运行成本，而且创造了新的创业和就业机会。

（五）网络空间产业生态下移不仅能够促进后发地区工农业发展，而且能够促进文化旅游产业发展

对于后发地区而言，文化旅游业对经济社会发展具有很强的带动作用。网络空间产业生态下移不仅使消费者能够更好地了解和利用当地旅游资源，而且能够为消费者带来更好的休闲旅游体验。

（六）促进了生产的专业化、品质化和品牌化

服务要素线上线下融合，提高了后发地区中小企业和个体经营者产品的品质。改革开放以来，我国大部分制造业中小企业通过委托加工生产方式参与国际竞争，对跨国公司供应链的过度依赖导致企业品牌化不足。而网络空间产业生态下移为农村中小企业和个体经营者实施品牌战略，积极参与国内循环和国际国内双循环创造了条件。而产品品质和品牌价值的提升，将带动企业市场规模扩张和专业化生产水平的提高。

第五章

智能经济发展和脱贫攻坚

经过改革开放以来的不懈努力，我国成功探索出一条具有中国特色的扶贫开发道路，7.7 亿多农村人口成功脱贫，成为世界上减贫人口最多的国家。2015 年 11 月 27 日至 28 日，中央扶贫开发工作会议召开，提出实现脱贫攻坚目标的总体要求，发出打赢脱贫攻坚战的总攻令。截至 2020 年 11 月 23 日，随着贵州省宣布全省剩余 9 个未摘帽的紫云县、纳雍县、威宁县、赫章县、沿河县、榕江县、从江县、晴隆县、望谟县全部退出贫困县序列，至此，我国 832 个国家级贫困县全部脱贫。

在脱贫攻坚过程中，智能经济发展做出了重要贡献。2016 年 10 月，中央网信办、国家发展改革委和国务院扶贫办联合印发的《网络扶贫行动计划》指出，要求充分发挥互联网在助推脱贫攻坚中的重要作用，实施网络扶贫五大工程，推进精准扶贫、精准脱贫。尤其是通过包括网络覆盖、农村电商、网络扶智、信息服务和网络公益在内的五大工程，从网络设施、移动终端、信息内容、电商平台和公共服务等方面同步推进网络扶贫工作。

地方政府和平台企业积极响应网络扶贫计划的实施。尤其是地方政府通过与平台企业合作和自建公益性平台的方式，助推农村网络空间产业生态的发展。农村网络空间产业生态的发展不仅在脱贫攻坚中发挥了积极作用，而且通过改善贫困地区产业发展环境，为巩固脱贫攻坚成果和实施乡村振兴战略奠定了基础。

第一节　贫困地区网络从业者

一、样本选择和数据来源

本章的数据来源于云账户[①]（天津）共享经济信息咨询有限公司与作者所在团队共建的新型平台扶贫保就业数据库。数据库包括云账户面向在全国范围内提供综合服务的5600多家App和5200多万名网络从业者。为了研究网络空间产业生态下移的减贫机制，数据仅选择2019年11月23日前尚未脱贫的52个贫困县[②]的网络从业者数据展开分析。

截至2020年8月31日，52个贫困县的网络从业者共计63.52万人（包括新个体户和零工者）。从业者的数据包括所从事的职业、行业、收入、户籍所在地和服务平台企业注册地等信息。同时，再结合相关文献数据对我国的网络扶贫情况进行分析和总结。

二、网络从业者的基本情况

图5-1显示了5600多家App中52个贫困县从业者所从事的职业类型分布情况。52个贫困县共包括网络从业者63.52万人，从事的职业类型共计22种。其中，2020年网络从业者就业人数最多的职业类型为视频创作者，共计23.34万人，占比为36.74%；其次为内容创作者，共计21.61万人，占比为34.02%；第三为市场拓展员，共计18.14万人，占比为28.55%。

① 云账户（天津）共享经济信息咨询有限公司（简称云账户）创建于2016年，是一家为全国范围内6400多家共享经济平台企业提供秒批办照、身份核验、业务分包、收入结算、智能报税等综合服务的科技型公司。截至2020年12月，云账户服务的平台从业者为5213.4万人。从服务的平台企业的类型和创建的时间看，云账户的平台大都属于新型移动互联网平台企业，平台从业者均是网络从业者。

② 截至2020年11月23日，我国832个国家级贫困县实现全部脱贫。本章使用的数据是截至2019年12月尚未脱贫的52个贫困县网络从业者的数据。

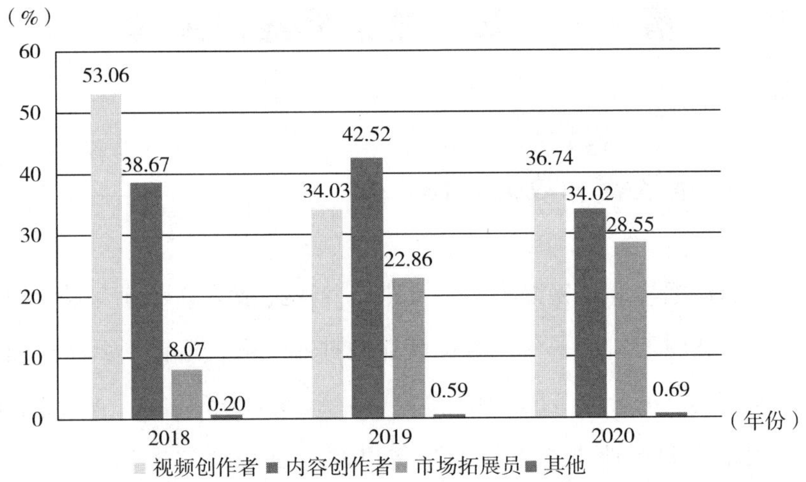

图5-1 52个贫困县网络从业者职业类型分布情况①

网络从业者的职业类型主要集中在视频传媒行业。除此之外，市场拓展员、安装调试员、独立工程师、知识课讲师、自由设计师等 11 种职业人数历年累积占比逐渐增加。52 个贫困县从事仓储管理员职业的网络从业者仅有 3 人。从 2018—2020 年的职业类型变化看，尽管呈现多样化趋势，但是新增加的职业类型网络从业者人数所占比重较小。

第二节 贫困地区网络从业者收入变动②

一、总收入和平均收入情况

图 5-2 和图 5-3 分别显示了 52 个贫困县网络从业者 2018 年、2019 年、2020 年 1—8 月来自平台的总收入和平均收入情况，2019 年总收入共计

① 2020年对应数据截至2020年8月31日。

② 本章所说的网络从业者的收入是指网络从业者从平台（App）上获得的收入。

1.86 亿元，是 2018 年总收入的 4.5 倍，而 2020 年前 8 个月贫困县网络从业者总收入约为 1.7 亿元。2018 年平均收入为 170.26 元，2019 年平均收入 587.76 元，而 2020 年前 8 个月平均收入已经远超 2019 年，为 828.79 元。从整体上看，52 个贫困县网络从业者在互联网平台收入呈上升趋势，反映了网络从业者增收效应明显。

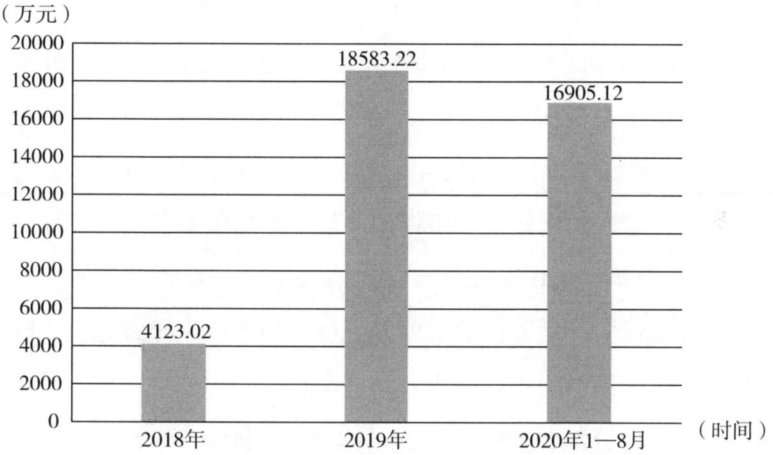

图5-2　52个贫困县网络从业者总收入情况

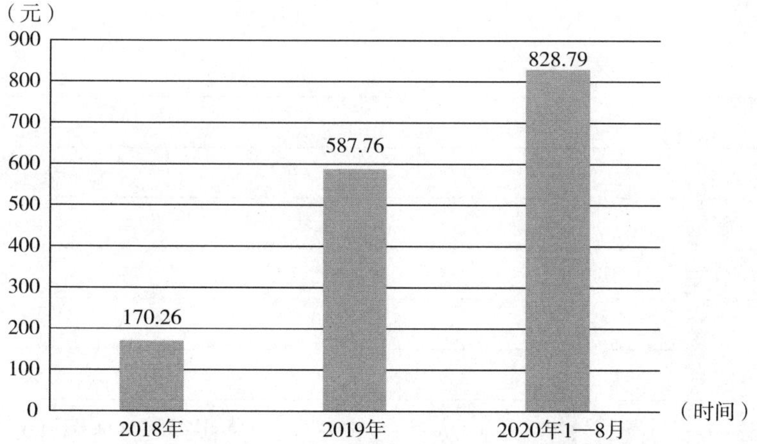

图5-3　52个贫困县从业者平均收入情况

二、网络从业者的职业类型和收入

如图 5–4 所示，在 52 个贫困县中，2018 年、2019 年和 2020 年前 8 个月总收入最多的网络从业者职业类型为视频创作者，总收入分别为 2274.8 万元、10149.1 万元、11682.9 万元；其次为市场拓展员，总收入分别为 1303.5 万元、6466.7 万元、3988.3 万元。如图 5–5 所示，52 个贫困县中，2020 年 1—8 月平均收入最多的网络从业者职业类型为独立剪辑师，平均收入为 63266.3 元；其次为骑手，平均收入为 25488.3 元；第三为自由摄影师，平均收入为 2.1 万元。结合图 5–4 和图 5–5 可以发现：一是总收入最多的职业类型，如视频创作者、市场拓展员，平均收入并不高，而平均收入最高的独立剪辑师，2020 年总收入仅列第八位，主要原因是部分职业门槛较低，从业人员较多，且工作类型覆盖了全职和兼职，导致总收入高而平均收入低的状况；二是不同职业总收入和平均收入差异较大。其中，视频创作者总收入历年占比分别为 55.17%、54.61% 和 69.11%。随着网络空间产业生态的持续下移，新就业和创业机会的增加带动了贫困县网络从业者职业类型的多样化。

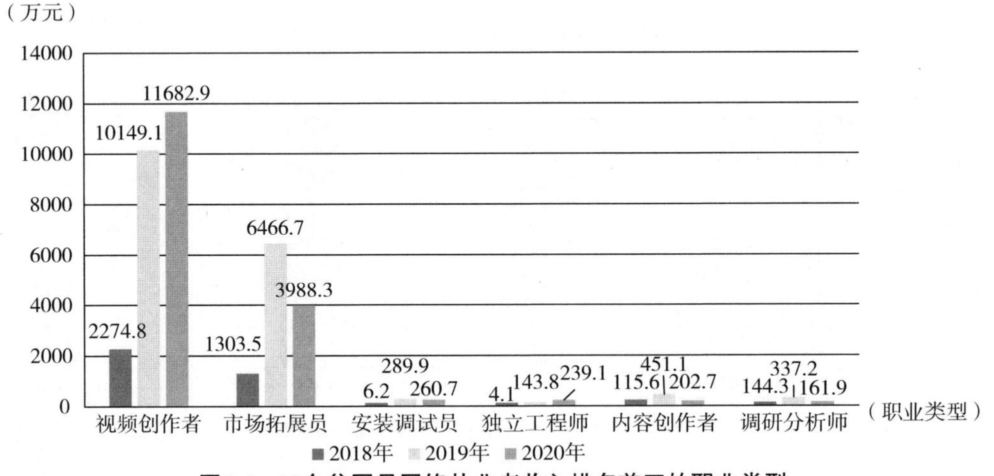

图5-4　52个贫困县网络从业者收入排名前五的职业类型

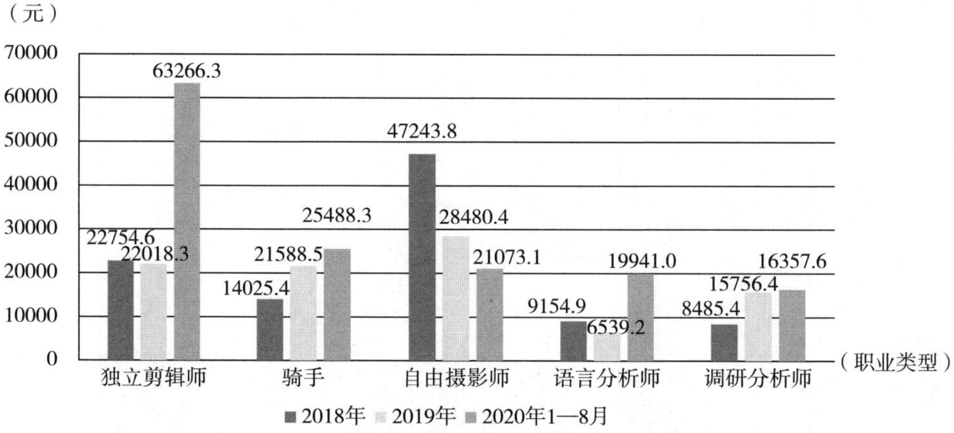

图5-5　52个贫困县从业者平均收入排名前五的职业类型

表 5-1 列出了 52 个贫困县网络从业者 2020 年 1—8 月平均收入排名前五职业类型的地区分布情况。在 22 种职业类型中，甘肃省庆阳市镇原县共有 9 种网络从业者的职业类型平均收入位列前五；甘肃省陇南市礼县和贵州省毕节市赫章县各有 7 种职业类型平均收入位列前五。如表 5-1 所示，排名前五的职业类型在不同县区存在差异。其中，部分平均收入排名前列的职业类型在个别地区存在聚集现象。例如，2020 年骑手职业类型平均收入前三的地区均为广西壮族自治区下属地区。同时，平均收入排名前列的部分职业出现了高度集中的现象。例如，仓储管理员仅聚集在贵州省铜仁市沿河土家族自治县。

三、知识附加程度对网络从业者收入的影响

52 个贫困县网络从业者的职业类型主要包括骑手、独立剪辑师、内容创作者、生活管家、市场拓展员、视频创作者、网约车司机和自由程序员在内的 22 种。11 种职业类型依赖网络从业者的专业知识和技能，4 种职业类型依赖网络从业者对数字和人工智能技术的掌握。其中，视频创作者、内容创作者、调研分析师和独立剪辑师 4 种职业类型既要求网络从

表5-1　2020年1—8月52个贫困县网络从业者平均收入排名前五职业类型地区分布

安装调试员	从江县（贵州）	普格县（四川）	金阳县（四川）	都安瑶族自治县（广西）	兰坪白族普米族自治县（云南）
仓储管理员	沿河土家族自治县（贵州）				
独立工程师	西和县（甘肃）	岷县（甘肃）	望谟县（贵州）	赫章县（贵州）	宁蒗彝族自治县（云南）
独立剪辑师	莎车县（新疆）	礼县（甘肃）	赫章县（贵州）	西和县（甘肃）	西吉县（宁夏）
管理课讲师	赫章县（贵州）	普格县（四川）	昭觉县（四川）		
会场会务员	澜沧拉祜族自治县（云南）	榕江县（贵州）	金阳县（四川）	赫章县（贵州）	镇原县（甘肃）
货运帮手	礼县（甘肃）	镇原县（甘肃）	望谟县（贵州）	赫章县（贵州）	
健身美容师	礼县（甘肃）	镇雄县（云南）	镇原县（甘肃）	赫章县（贵州）	西和县（甘肃）
内容创作者	罗城仫佬族自治县（广西）	通渭县（甘肃）	岷县（甘肃）	泸水市（云南）	阿克陶县（新疆）
骑手	三江侗族自治县（广西）	大化瑶族自治县（广西）	融水苗族自治县（广西）		
生活管家	融水苗族自治县（广西）	镇雄县（云南）	都安瑶族自治县（广西）	通渭县（甘肃）	礼县（甘肃）
市场拓展员	紫云苗族布依族自治县（贵州）	三江侗族自治县（广西）	宁蒗彝族自治县（云南）	屏边苗族自治县（云南）	礼县（甘肃）

续表

安装调试员	从江县（贵州）	普格县（四川）	金阳县（四川）	都安瑶族自治县（广西）	兰坪白族普米族自治县（云南）
视频创作者	策勒县（新疆）	沿河土家族自治县（贵州）	美姑县（四川）	镇雄县（云南）	昭觉县（四川）
调研分析师	纳雍县（贵州）	广南县（云南）	赫章县（贵州）	威宁彝族回族苗族自治县（贵州）	镇雄县（云南）
网约车司机	昭觉县（四川）	沿河土家族自治县（贵州）	都安瑶族自治县（广西）	镇原县（甘肃）	罗城仫佬族自治县（广西）
维保服务者	兰坪白族普米族自治县（云南）	镇原县（甘肃）	沿河土家族自治县（贵州）	紫云苗族布依族自治县（贵州）	罗城仫佬族自治县（广西）
语言分析师	屏边苗族自治县（云南）	西吉县（宁夏）	镇原县（甘肃）		
知识课讲师	镇原县（甘肃）	融水苗族自治县（广西）	从江县（贵州）	榕江县（贵州）	晴隆县（贵州）
自由程序员	镇原县（甘肃）	西吉县（宁夏）	西和县（甘肃）	三江侗族自治县（广西）	美姑县（四川）
自由设计师	普格县（四川）	广南县（云南）	礼县（甘肃）	镇雄县（云南）	罗城仫佬族自治县（广西）
自由摄影师	宕昌县（甘肃）	礼县（甘肃）	镇雄县（云南）	镇原县（甘肃）	会泽县（云南）

业者具备一定的专业知识和技能，也需要网络从业者具备相应的数字技术知识积累①。

本章把各职业类型对专业技能知识和数字技术的要求，作为划分职业类型对知识附加程度的依据②。在网络从业者22种职业类型中，高知识附加型职业类型共4种：视频创作者、内容创作者、调研分析师和独立剪辑师；中知识附加型职业类型共11种：安装调试员、自由程序员、市场拓展员、维保服务者、知识课讲师、管理课讲师、自由设计师、自由摄影师、健身美容师、独立工程师和语言分析师；低知识附加型职业类型共7种，分别为：骑手、网约车司机、货运帮手、仓储管理员、商务辅助员、生活管家和会场会务员。作为高知识附加型行业类型，视频传媒行业不仅要求网络从业者具备相应的视频处理和创作能力，而且需要网络从业者自身拥有数字技术知识的积累。

截至2020年8月31日，在52个贫困县网络从业者职业类型中（见图5–6），高知识附加型职业类型人数最多，共计44.99万人，占比为70.83%；其次为中知识附加型职业类型，共计18.49万人，占比为29.11%；第三是低知识附加型职业，共计396人，占比为0.06%。

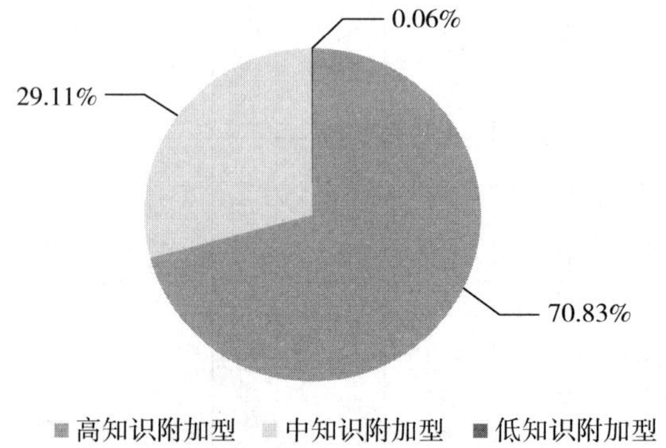

图5-6　52个贫困县网络从业者职业的知识附加类型分布情况

① 本章将各职业能否基于对数字和人工智能技术的掌握程度进一步推动移动互联网从业者增收作为该职业是否要求移动互联网从业者具备数字技术相关知识积累的依据。

② 既要求专业技能知识又要求数字技术知识的职业为高知识附加型职业，只要求专业技能知识或数字技术知识的职业为中知识附加型职业，对专业技能知识和数字技术知识均无要求的职业为低知识附加型职业。

如图 5-7 和图 5-8 所示，在总收入分布上，2020 年 1—8 月 52 个贫困县网络从业者总收入最高的是高知识附加型职业，共计 12104.39 万元；其次为中知识附加型职业，共计 4750.41 万元；最后为低知识附加型职业，共计 50.32 万元。从平均收入看，2020 年 1—8 月 52 个贫困县网络从业者平均收入最高的是低知识附加型职业，为 3931.43 元。通过实际调查发现，之所以出现这种状况，主要是因为高知识附加型和中知识附加型职业的网络从业者多为兼职，而低知识附加型职业人群则为全职。低知识附加型职业网络从业者的主要收入来自为网络平台工作，而高知识和中知识附加型职业网络从业者的网络平台收入只是收入的增加项。同时，包括骑手在内的低知识附加型职业类型因为工作强度高，普遍收入较高。

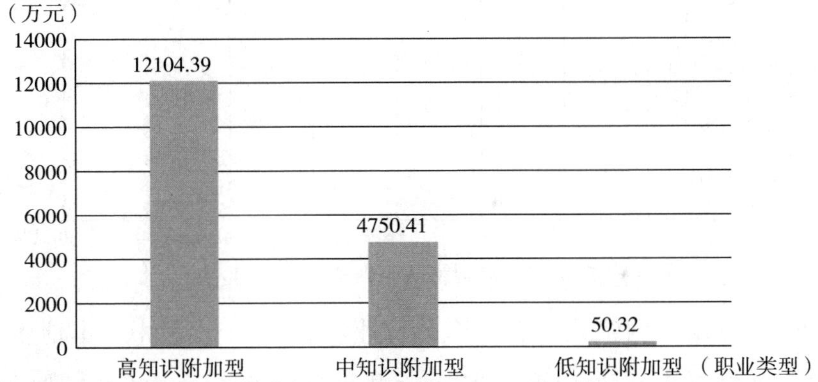

图5-7　2020年1—8月52个贫困县网络从业者知识附加职业类型总收入

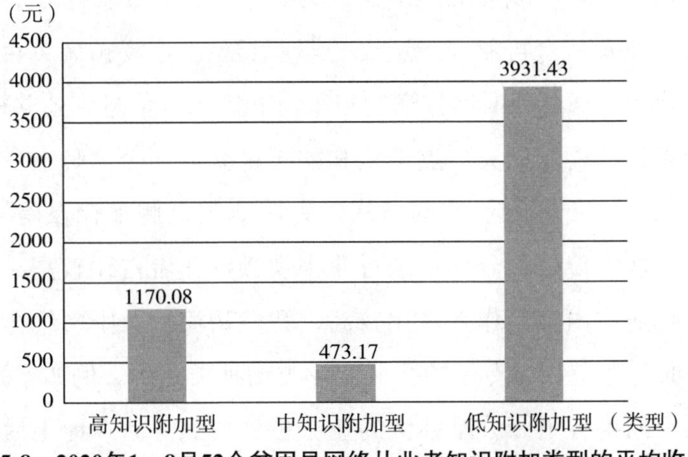

图5-8　2020年1—8月52个贫困县网络从业者知识附加类型的平均收入

四、网络从业者的行业分布

截至2020年8月31日，52个贫困县网络从业者的行业类型共15种（见图5-9）。其中，从业者分布最多的行业分别为网络资讯、分享社区和文化娱乐行业，分别为23.64万人、15.06万人和9.78万人。而在大交通、在线教育和智慧物流行业服务的网络从业者人数相相对较少，分别为436人、373人和174人。

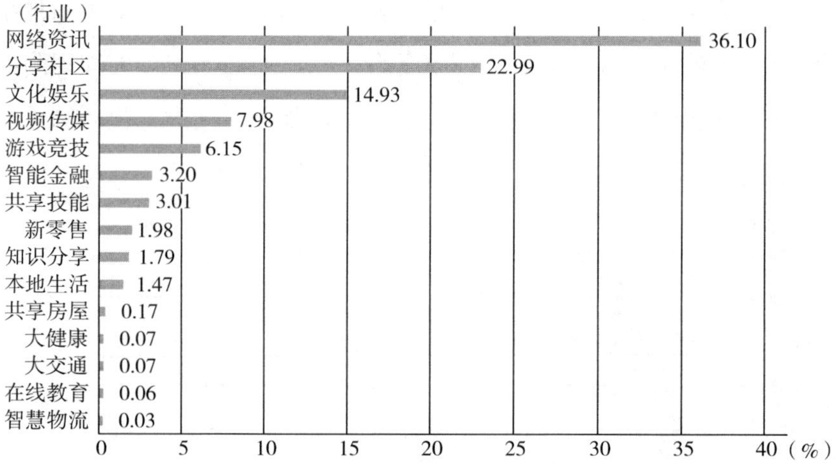

图5-9 52个贫困县网络从业者从事行业的人数占比

52个贫困县网络从业者工作的行业涉及15个。其中，本地生活包含职业类型最多，为17种；其次为共享技能行业，共有13种职业类型；分享社区行业的职业类型最少，为2种。如表5-2所示，市场拓展员是网络从业者从事行业中最重要的职业类型。市场拓展员自主承担带客和推广成本，通过互联网推送销售渠道和产品等信息到公共社交媒体，通过在线渠道、配送服务、点击量和购买量获取佣金，是平台企业最重要的引流渠道。不同行业的网络从业者职业类型侧重存在差异。例如，文化娱乐、视频传媒和分享社区行业中视频创作者占比较高，大健康和网络咨讯行业中内容创作者占比较高，智慧物流行业中网约车司机占比较高。同时，业务相对专一的行业职业类型种类越少。例如，游戏竞技、视频传媒、网络咨讯和分享社区的业务更加聚焦。而本地生活行业则覆盖了服务居民日常生活的大部分领域，需求的职业类型相对较多。

表5-2　　52个贫困县各行业相应职业的网络从业者人数和占比（截至2020年8月31日）

行业	包含职业种类	网络从业者人数排名前五职业类型和占比（%）				
本地生活	17	市场拓展员（74.96）	安装调试员（20.26）	视频创作者（2.31）	调研分析师（0.83）	维保服务者（0.52）
共享技能	13	市场拓展员（97.60）	调研分析师（0.86）	自由设计师（0.60）	自由程序员（0.43）	独立工程师（0.17）
文化娱乐	8	市场拓展员（58.43）	视频创作者（41.37）	会场会务员（0.08）	内容创作者（0.06）	自由摄影师（0.03）
新零售	8	市场拓展员（99.35）	视频创作者（0.29）	自由程序员（0.28）	网约车司机（0.03）	货运帮手（0.02）
大交通	8	市场拓展员（87.76）	安装调试员（4.31）	自由设计师（2.95）	网约车司机（1.81）	维保服务者（1.36）
知识分享	7	市场拓展员（92.44）	内容创作者（6.69）	调研分析师（0.37）	知识课讲师（0.33）	视频创作者（0.14）
在线教育	6	市场拓展员（62.77）	知识课讲师（33.78）	内容创作者（1.60）	生活管家（0.80）	自由摄影师（0.53）
智能金融	6	市场拓展员（95.51）	独立工程师（3.76）	调研分析师（0.36）	生活管家（0.33）	自由程序员（0.03）
智慧物流	5	网约车司机（49.71）	货运帮手（26.86）	骑手（10.29）	独立工程师（6.86）	市场拓展员（6.29）
共享房屋	5	市场拓展员（98.68）	自由设计师（0.79）	调研分析师（0.26）	独立工程师（0.18）	生活管家（0.09）
大健康	5	内容创作者（76.29）	市场拓展员（19.02）	生活管家（2.24）	调研分析师（2.24）	骑手（0.22）
游戏竞技	4	市场拓展员（98.88）	视频创作者（1.07）	自由设计师（0.03）	自由程序员（0.01）	—
视频传媒	4	视频创作者（97.56）	市场拓展员（2.39）	调研分析师（0.04）	自由摄影师（0.01）	—
网络资讯	3	内容创作者（90.03）	市场拓展员（9.96）	视频创作者（0.01）	—	—
分享社区	2	视频创作者（98.54）	市场拓展员（1.46）	—	—	—

图 5-10 显示 2020 年 1—8 月 52 个贫困县各行业网络从业者收入情况。其中，视频传媒行业收入最高，为 19476.39 万元；其次为智能金融行业，为 5377.94 万元；第三为文化娱乐行业，为 3704.63 万元。

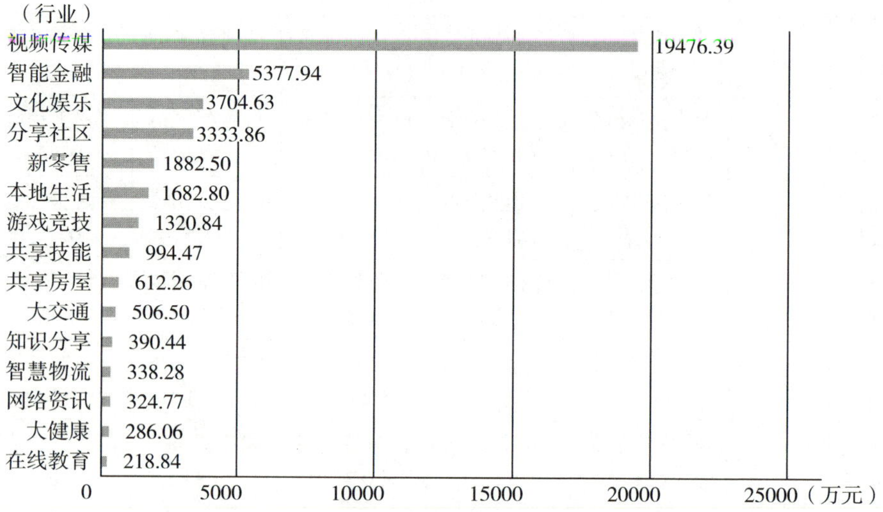

图5-10 52个贫困县各行业网络从业者总收入情况

第三节 网络从业者的网络空间迁移

一、网络空间迁移网络图

随着网络空间产业生态的发展，人类的工作场所突破了物理空间和社会空间限制。为了分析网络从业者的网络空间迁移趋势，本章把采集到的 52 个贫困县网络从业者的户籍所在地作为样本节点，把网络从业者所服务的平台企业注册地作为关系节点。把关系数据输入 Gephi 0.9.2 社会网络分析软件，得到网络从业者网络空间迁移价值网络图（见图 5-11）。

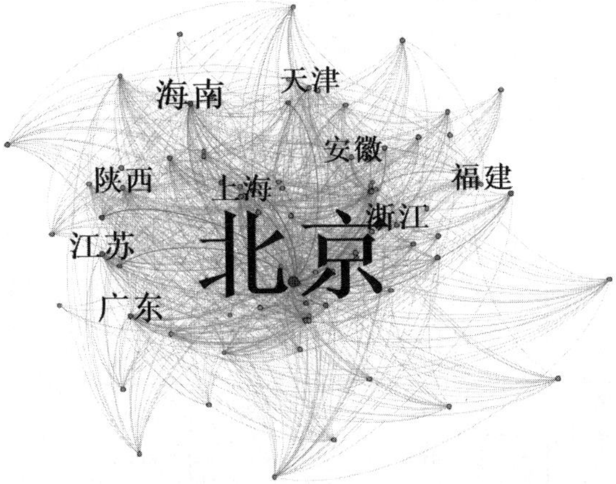

图5-11　52个贫困县网络从业者的网络空间迁移价值网络图

如表 5–3 所示，52 个贫困县网络从业者网络空间迁移价值网络的结构性指标显示，价值网络共计 83 个节点，3138 条关系，网络密度为 0.165，平均度为 13.53。从网络节点的度数中心度看，智能经济发达的东部地区是 52 个贫困县网络从业者网络空间迁移的热点地区。

表5-3　网络从业者的网络空间迁移价值网络的结构性指标

节点数	关系数	网络密度	平均度	网络直径	模块化	平均聚类系数	平均路径长度
83	3138	0.165	13.53	1	0	0	1

二、迁移活跃的地区

在 52 个贫困县网络从业者地区迁移过程中，迁入地区活跃度排名前 10 的地区分别为北京市、海南省、江苏省、广东省、浙江省、新疆维吾尔自治区、上海市、陕西省、四川省、福建省。活跃度排名前 10 的迁出地区为镇雄县、威宁彝族回族苗族自治县、纳雍县、赫章县、镇原县、西吉县、广南县、沿河土家族自治县、都安瑶族自治县和礼县（见表 5–4）。

表5-4　52个贫困县网络从业者迁移活跃度排名前10的迁入和迁出地区

迁入地区	加权度数中心度	迁出地区	度数中心度
北京市	456557	镇雄县	50971
海南省	41617	威宁彝族回族苗族自治县	40808
江苏省	28601	纳雍县	34920
广东省	24703	赫章县	30384
浙江省	21346	镇原县	26085
新疆维吾尔自治区	14275	西吉县	25134
上海市	12017	广南县	24936
陕西省	4581	沿河土家族自治县	22971
四川省	2078	都安瑶族自治县	22452
福建省	1988	礼县	22318

从度数中心度看，网络从业者提供服务的平台企业所在省份较为集中。图5–12显示了截至2020年8月31日52个贫困县网络从业者迁入地区的分布情况。52个贫困县网络从业者共服务了10个省份的平台企业。其中，服务北京市平台企业的网络从业者人数最多，共计45.66万人，占比为74.22%；其次为海南省，共计4.16万人，占比为6.77%。作为智能经济策源地，北京市吸引了大量平台企业注册。值得注意的是，海南省、新疆维吾尔自治区是52个贫困县网络从业者迁入人数较多的地区，主要原因是两地税收优惠政策吸引了网络平台企业的注册[①]。

图5–13列出了截至2020年8月31日52个贫困县网络从业者迁出地区的分布情况。其中，镇雄县网络从业者人数最多，共计5.1万人，占比为8.29%；其次是威宁彝族回族苗族自治县，共计4.08万人，占比为6.63%。从整体上看，52个贫困县迁出地区人数分布差别并不显著。

---

① 如2020年6月23日，财政部、国家税务总局、海关总署联合发布了《关于海南自由贸易港企业所得税优惠政策的通知》，规定在海南自由贸易港设立的旅游业、现代服务业、高新技术产业企业新增境外直接投资取得的所得，免征企业所得税。

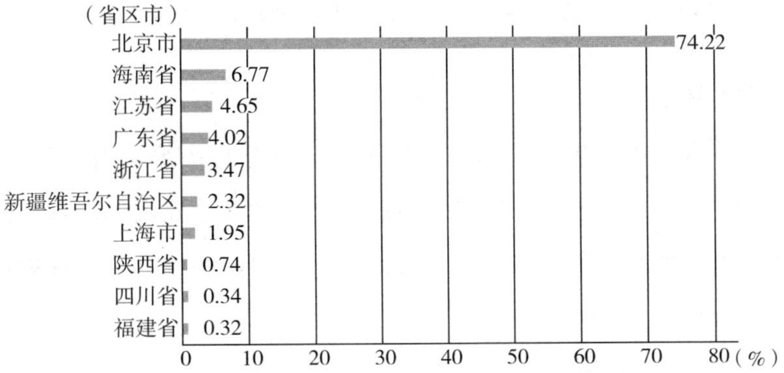

图5-12 52个贫困县网络从业者迁入排名前10的地区[①]

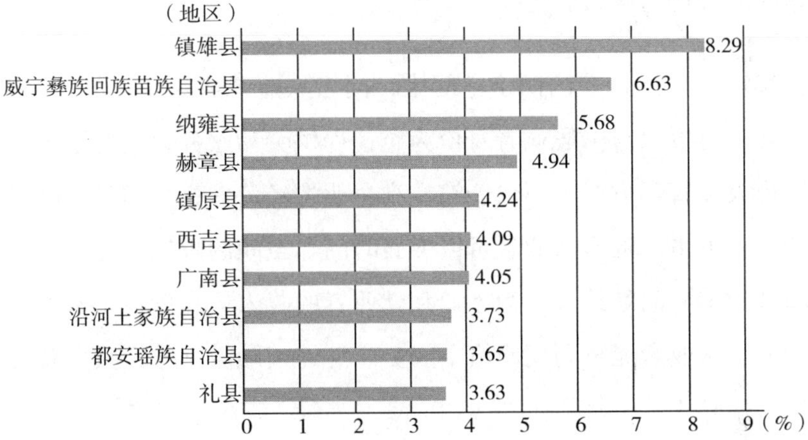

图5-13 52个贫困县网络从业者迁出排名前10的地区[②]

三、网络空间产业生态下移的减贫机制

基于前面的分析，结合研究团队在贫困县的实际调查情况，对网络空间产业生态下移的减贫机制进行了总结。其中，网络空间产业生态下移为农村贫困人口创造出更多的就业和创业机会，是网络减贫的关键机制。

---

① 迁入地区为移动互联网从业者服务的公司所在注册地。
② 迁出地区为移动互联网从业者的户籍所在地。

（一）新型移动互联网平台实现服务要素的在线化和便利化

除了以淘宝和京东为代表的传统互联网平台，近年来推动网络空间产业生态下移的主要是包括美团、今日头条、抖音和快手在内的新型平台。新型平台加速了新一代信息技术与经济社会深度融合发展的进程，推进了互联网的普惠性和便利性，使低收入人群获取知识和技术、实现创业和就业的重要途径。

（二）移动互联网正从微观层面一步步重塑新的产业生态，不断释放贫困地区和农村网络从业者的个人潜力。

在移动互联网构建的网络空间中，网络从业者成为用工的最小单位。网络从业者可以以自由职业者身份为企业提供劳动服务，改变了传统的企业用工形式和管理方式，不仅能够提高企业的经营效率，而且能够提高劳动者的收入水平。网络从业者可以突破时间与空间的限制，劳动不再受所在区域和固定时间的约束，为创业和就业者的收入提高创造了条件。贫困地区的网络从业者能够利用网络空间更广泛的接触需求方，减少对传统流通渠道的依赖。

（三）新型平台创造出更加灵活的就业模式

新型平台企业为具备专业技能的网络从业者提供工作需求和资源对接。例如，安装调试员、自由程序员、维保服务者、知识课讲师、健身美容师、独立工程师、语言分析师等，部分网络从业者在服务平台企业前已经具备专业经验和资质，而平台企业将进一步缩短网络从业者与需求方的距离。同时，新型平台企业创造了新型业态。例如，直播行业的崛起推动了“直播＋带货”模式，外卖行业的崛起带动了“骑手”职业。与传统就业模式相比，网络从业者工作时间相对灵活，农村网络从业者可以把为平台企业工作作为副业来增加收入。

（四）网络空间产业生态下移助力贫困地区产业发展

新型平台通过推动网络空间产业生态下移，为贫困地区产业发展创造条件。例如，新型平台通过对接发达地区和贫困地区企业的协作，实现产业扶贫。新型平台通过网络扶贫馆的搭建，为城市消费者购买贫困地区的优质农副产品建立销售需求。同时，以平台为主导的快递物流体系的发展，降低了农村中小企业的物流成本，助推产业发展。

当然，网络空间产业生态的下移和农村网络空间产业生态的发展仅是减贫的机制之一，政府对贫困地区的对口帮扶、企业的支持、贫困地区政府的积极努力和贫困地区居民的自力更生都发挥了积极作用。如何发挥各方面的积极作用，通过完善农村地区的网络空间产业生态，尤其是培育和完善贫困地区的网络空间产业生态，使之成为攻固脱贫攻坚成果和实施乡村振兴战略的基础工程，让广大的农村居民享受到第四次工业革命带来的新发展机遇，是智能经济发展的重要方向。

第六章

新冠疫情冲击下人工智能和医疗产业的融合发展

医疗产业属于准公共领域，具有经济和社会双重属性。尤其是在新冠疫情冲击下，医疗产业的社会属性更加突出。作为突发公共卫生事件，新冠疫情加速了人工智能和医疗产业的融合，促进了我国智慧医疗产业发展。人工智能在包括传染病防控、新冠辅助诊断、药物和疫苗研发在内医疗领域的应用，成为抗击新冠疫情和保障经济社会健康运行的科技支撑力量。

第一节　研究背景和样本

一、疫情冲击下的中国智慧医疗产业发展

医疗属于准公共卫生资源，具备资源有限性和稀缺性特点（Nancy.S，1987）[①]。医疗资源分配不均带来的“看病难”和“看病贵”是长期以来困扰我们的“社会痛点”问题。《2019 年我国卫生健康事业发展统计公报》数据显示，在全国医院中数量仅占 11.67% 的三甲医院，却承担着 56.75% 的医疗服务。同时，我国的三甲医院主要集中在包括北京、上海和广州在内的一线城市，优质医疗资源分布严重不均。生活水平的提高进一步激发了人们对优质医疗资源和服务的需求。随着新一代信息技术的创新发展，如何运用包括人工智能在内的新一代信息技术化解“社会痛点”，成为人

① Nancy. S. Jecker. *Scarce Medical Resources and Justice*. Braintree, Mass: Pope John Center, 1987.

工智能和医疗产业融合发展的方向。

近年来，人工智能开始在医疗领域得到广泛应用，带来了全球范围医疗产业“双创”热潮。自2010年以来，一批知名医疗设备企业和新创公司利用人工智能技术探索在癌症和心血管疾病诊断领域的商业化应用。据英国知名研究公司IDTechEx预测，到2030年基于图像的人工智能医疗诊断市场规模将超过30亿美元，主要涉及癌症、心血管疾病、呼吸、视网膜和神经退行性疾病领域[①]。

智慧医疗同样是我国近年来“双创”热点领域。企查查的数据显示，近年来中国智慧医疗类企业注册数量持续增长，2016年新增企业数量为927家，到2020年新增企业数量达到2965家[②]。《中国智慧医疗行业洞察2022》中的统计数据表明，2019年中国智慧医疗产业市场规模1580亿元，2020年为2216亿元。

作为突发公共卫生事件，新冠疫情是智能医疗产业快速发展的促进因素。新冠疫情加速了包括大数据、云计算和图形图像识别在内的人工智能技术在医疗领域的应用。中国信息通信研究院发布的《2020人工智能医疗产业发展蓝皮书》指出，“受2020年初新冠疫情影响，人工智能在公共卫生领域特别是传染病的预防与控制方面发挥了重要作用，传染病大数据分析预警系统、疫情排查系统、智能测温机器人、消毒机器人、语音服务机器人等在战‘疫’一线被广泛应用”。人工智能在抗击新冠疫情中的创新应用，进一步推动了我国智慧医疗产业的发展。

二、样本筛选和数据采集

智慧医疗产业是人工智能和医疗行业融合发展的结果。智慧医疗产业发展同样是核心产业部门和融合产业部门多元创新主体相互作用和协同创

① IDTechEx. AI in Medical Diagnostics 2020-2030: Image Recognition, Players, Clinical Applications, Forecasts, 2020.

② 中商产业研究院：中国智慧医疗行业市场前景及投资机会研究报告，2021。

新的过程。掌握核心和关键技术的核心产业部门企业和机构与掌握医疗行业专用技术的企业和机构相互作用和协同创新，共同推动智慧医疗产业的发展。智慧医疗产业的创新主体包括人工智能企业、医疗企业和机构、研究型大学、科研院所、政府、投资机构和其他组织。通过多元创新主体的相互作用和赋能共同推动医疗产业智能化转型升级。

因为医疗产业的社会属性明显，当出现包括新冠疫情在内的重大公共卫生事件时，如何加速推动人工智能和医疗产业融合发展，成为政府和社会关注的焦点问题。新冠疫情暴发以来，政府积极推动核心产业部门和融合产业部门多元异质创新主体的知识、技术重组和互补性创新，加速了创新资源的整合，成为我国智慧医疗产业快速发展的关键驱动因素。

本章运用价值网络分析方法，把新冠疫情冲击下的中国智慧医疗产业发展看作是一个复杂价值网络加速演化过程。通过选取智慧医疗产业核心产业部门人工智能企业样本，运用实际调查和大数据采集方法搜集与样本节点存在技术合作关系的关系节点。通过样本节点和关系节点之间技术合作关系数据量化分析，研究人工智能和医疗产业融合发展的动力和机制。

基于中国新一代人工智能发展战略研究院中国智能经济数据库 2205 家人工智能骨干企业样本，结合公开的中国人工智能医疗创新企业榜单，本章筛选出 68 家智慧医疗企业为样本（见表 6–1）。从技术层次看，68 家样本企业包括三类。第一类是以华为、腾讯和百度为代表的基础层平台企业。它们通过提供大数据、云计算、深度学习技术和通用算法，为智慧医疗产业发展提供基础设施服务、关键软硬件技术和产品。第二类是以科大讯飞、依图科技和商汤科技为代表的技术层企业。它们通过提供语音识别、图形图像识别、计算机视觉技术和智能算法，为智慧医疗产业提供包括认知、感知和机器学习在内的人工智能技术服务。第三类则是以东软集团、平安好医生和浪潮健康为代表的智慧医疗应用层企业。它们作为人工智能技术集成和应用方案提供方，通过与医疗企业和机构合作共同推动人工智能技术和产品在医疗领域的应用。

表6-1　样本节点及所属层次

技术层次	样本节点
基础层	阿里巴巴、阿里云、百度、华为、中国电信、中国移动、中国联通、腾讯
技术层	科大讯飞、依图科技、商汤科技、UCloud
应用层	东软集团、医渡云、零氪科技、达实智能、云知声、新华三、荣科科技、爱医声、QingCloud、森亿智能、Airdoc、推想科技、安德医智、健培、联影医疗、深睿医疗、柏视医疗、汇医慧影、连心医疗、小白世纪、数坤科技、连心医疗、图玛深维、恒道智融 、翼展科技、万里云、透彻影像、智影医疗、恒道智融 、百融云创、钱璟康复、天智航医疗科技、金山云、安翰科技、猎户星空、钛米机器人、恒生电子、竹间智能、同盾科技、晶泰科技、AccutarBio、海尔生物、平安科技、健康有益、春雨医生、平安好医生、华米科技、浪潮健康、华大基因、体素科技、金域医学、中源协和、久远银海、翼方健数、星药科技

本章采集的技术合作关系包括两个基本维度：技术赋能关系和技术输入关系。为了考察技术合作关系应用领域分布，本章进一步将技术合作应用领域划分为第一应用领域、第二应用领域、第三应用领域（见表6–2）。通过技术合作关系应用领域分布，能够清晰地看到新冠疫情冲击下人工智能和医疗产业融合发展的基本结构和特征。

表6-2　智慧医疗产业技术合作应用领域分类

第一应用领域	第二应用领域	第三应用领域
公共卫生	传染病防控	大数据追踪与精准筛查
		传染病大数据分析预警系统
		智能测温
		智能疫情防控机器人
		智能防疫控制系统
		智能应急调度平台
		智能核酸检测
	健康宣教	智能医学科学知识图谱
		健康问题数据清洗与关键词提炼
	卫生监督	智慧综合监管平台
	疫苗接种	疫苗查询与识别
		疫苗溯源

续表

第一应用领域	第二应用领域	第三应用领域
医院管理	电子病例管理	电子病例管理
	智能导诊与分诊	智能导诊与分诊
	质量管理	质量管理
	精细化运营	精细化运营
医学影像	病灶识别与标注	肺炎病灶定量分析
		肺炎智能辅诊
		肺炎预警筛查
		肺炎治疗疗效评价
		智能辅诊
	靶区自动勾画与自适应放疗	靶区自动勾画与自适应放疗
	影像三维重建	影像三维重建
医疗机器人	康复机器人	康复机器人
	手术机器人	辅助手术机器人
		定位和导航手术机器人
	辅助机器人	胶囊机器人
		制药机器人
		诊断机器人
		远程医疗机器人
	医疗服务机器人	看护机器人
		医药物流机器人
		消毒杀菌机器人
药物研发	药物发现	靶点发现与筛选
	药物筛选	化合物筛选与合成
	临床研究	晶型评估
		药理作用评估
		疫苗药物研发
		药物重定向
		优化临床实验
	审批上市	检验审批
		批量生产

续表

第一应用领域	第二应用领域	第三应用领域
健康管理	智能平台	风险识别与疾病预防
		移动医疗与在线问诊
		精神健康识别
	可穿戴设备	可穿戴设备
精准医疗	基因测序	基因测序
	细胞免疫治疗	细胞免疫治疗
	基因编辑	基因编辑
医疗支付	医保支付	医保支付
	商保支付	商保支付
	众筹互助	众筹互助
	医疗分期	医疗分期
	支付工具	支付工具

为了进一步进行动态分析，本章按照新冠疫情暴发的时间节点将人工智能与医疗企业和机构技术合作关系划分为五个阶段：疫情暴发前、初步暴发、暴发阶段、防控常态化和疫情反复及精准防控五个阶段。根据技术合作关系的时间节点变化，研究新冠疫情冲击下人工智能与医疗产业融合发展的逻辑线索。

第二节　智慧医疗产业的企业结构

智慧医疗产业的企业结构不仅包括企业的构成，而且包括人工智能在医疗领域的技术类别和应用领域结构。通过 68 家智慧医疗企业属性数据分析，能够观察我国智慧医疗产业发展的微观结构。

一、创建时间

68 家智慧医疗产业企业创建时间主要集中在 2012 年之后（见图 6–1），尤其在 2014 年至 2017 年之间是企业创建的高峰期，创建企业数占比高达 51.47%。其中，企业创建的年度峰值出现在 2016 年，占比为 13.24%。

2010 年之前创建的智慧医疗企业 26 家。其中，24 家在创建之初属于非初始智慧医疗企业，占比高达 92.30%。2010 年之后，非初始智慧医疗企业通过自主研发和技术引进转型升级为智慧医疗企业。非初始智慧医疗企业大致可以划分为两类：一类是医疗设备制造企业；另一类是医疗软件开发企业。

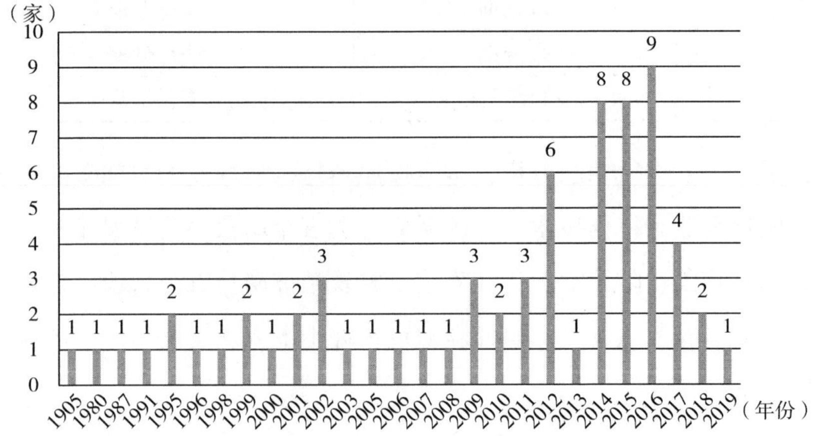

图6-1　68家智慧医疗产业样本企业创建的年度分布

二、地域分布

68 家智慧医疗企业主要分布在京津冀、长江三角洲和珠江三角洲三大城市群，企业数分别为 31 家、16 家和 14 家，占比分别为 45.59%、23.53% 和 20.59%（见图 6–2）。京津冀、长江三角洲和珠江三角洲地区是我国人工智能科技和医疗产业融合发展的前沿地带。尤其是京津冀地区，依托雄厚的人工智能和医疗创新资源，在智慧医疗产业的发展上走在了全国最前列。

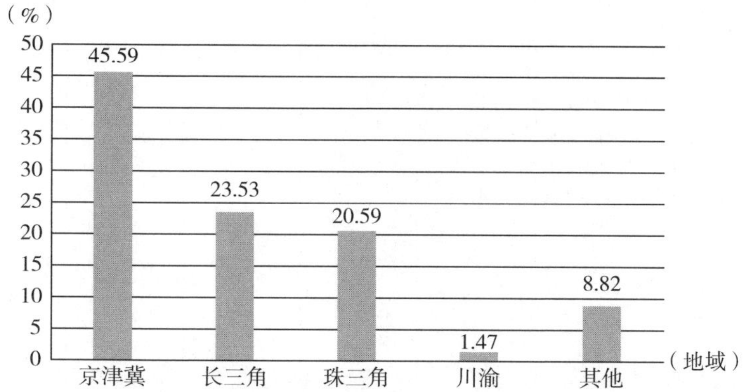

图6-2　68家智慧医疗产业样本企业地域分布

从省份分布看，68 家智慧医疗企业主要集中分布在北京市、广东省、浙江省和上海市。其中，北京市排名第一，数量为 30 家，占比为 44.12%；广东省排名第二，数量为 14 家，占比为 20.59%，主要分布在深圳市和广州市；浙江省排名第三，数量 7 家，占比为 10.29%，主要分布在杭州市；上海市排名第四，数量为 6 家，占比为 8.82%（见图 6–3）。

从城市分布看，排名前列城市是北京市、深圳市、杭州市、上海市和广州市（见图 6–4），分别为 30 家、11 家、7 家、6 家和 3 家，占比分别为 44.12%、16.18%、10.29%、8.82% 和 4.41%。与全国 2205 家人工智能产业骨干企业城市分布相比，智能医疗企业集中分布的城市均属于人工智能技术发展的前沿城市。

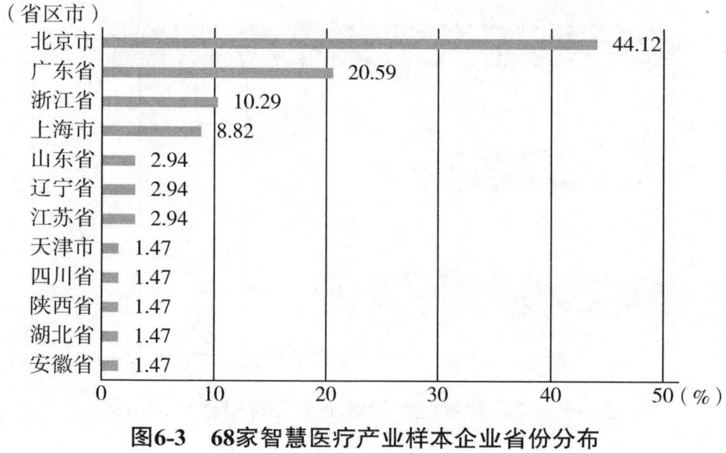

图6-3　68家智慧医疗产业样本企业省份分布

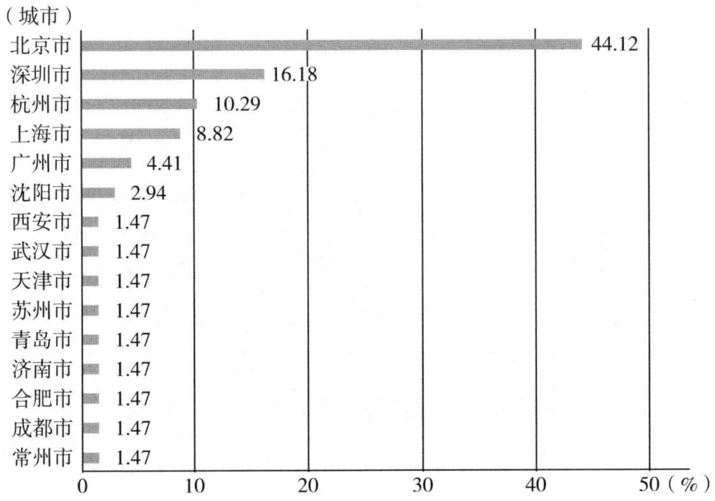

图6-4 68家智慧医疗产业样本企业城市分布

三、销售收入和市值

从可采集到的32家智慧医疗领域上市公司销售收入分布看（见图6-5），销售收入在40亿元以下的上市企业数占比为53.13%；销售收入在40亿～80亿元的上市企业数占比18.75%；销售收入达到80亿元以上的企业占比为28.13%。

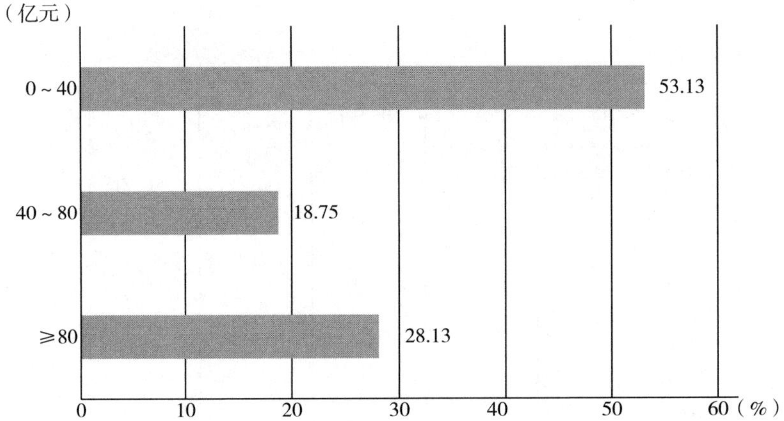

图6-5 32家智慧医疗领域上市公司销售分布情况

从上市公司市值分布来看（见图6–6），市值在100亿元以下的智慧医疗企业数最多，占比达62.50%；其次是市值位于100亿～200亿元和超过400亿元的上市企业，占比均达12.50%；市值在200亿～300亿元和300亿～400亿元市值的企业，占比均为6.25%。

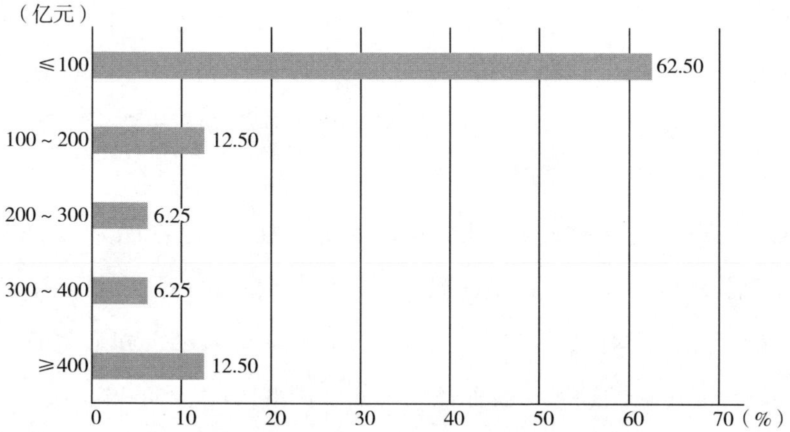

图6-6　32家智慧医疗领域上市公司市值分布

四、技术层次

从技术层次分布看（见图6–7），应用层企业数排名第一，达到55家，占比高达80.88%；排名第二的是基础层，企业数8家，占比11.76%；排名第三的是技术层，企业数5家，占比为7.35%。应用层企业数占比高说明，我国智慧医疗产业的发展是需求牵引的。

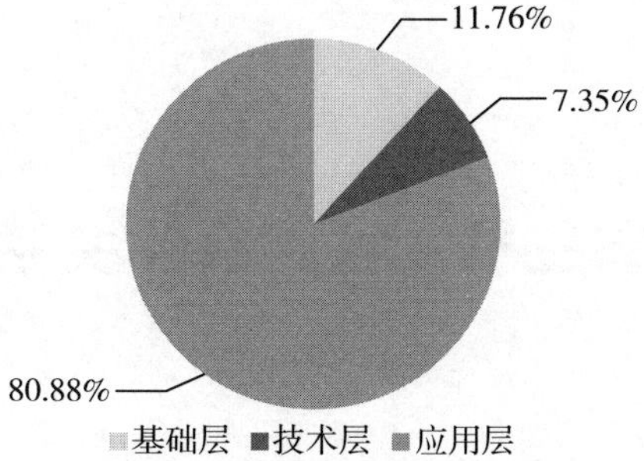

图6-7　68家智慧医疗产业样本企业技术层次分布

五、应用领域

在55家应用层企业中（见图6–8），排名第一的是医学影像领域，企业数19家，占比为34.55%；排名第二和第三的分别是医疗机器人和医院管理，企业数均为10家，占比为18.18%。其中，在医疗机器人细分领域中，康复机器人排名第一，占比为40%；其次是手术机器人，占比为30%。同时，新冠疫情期间包括医药物流机器人和消毒杀菌机器人在内的医疗服务机器人发展迅速。

排名第四的应用领域是健康管理，企业数为7家，占比为12.73%。其中，智能平台和可穿戴设计是健康管理领域主要落地应用项目。排名第五的是精准医疗，企业数为4家，占比为7.27%。排名第六和第七的是药物研发和医疗支付应用领域，企业数均为2家，占比均为3.64%。

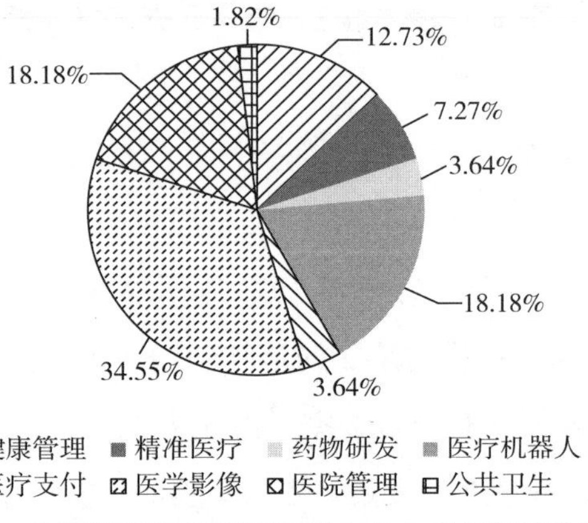

图6-8　55家智慧医疗应用层样本企业应用领域分布

第三节　技术合作关系

基于调查研究和大数据采集，本章共获得样本企业1863条人工智能技术合作关系。其中，技术输入关系540条，占比为28.99%；技术赋能关系1323条，占比为71.01%。通过样本节点和关系节点的人工智能技术合作关系，我们可以清晰地观察到人工智能技术赋能的对象、技术类别和应用领域。

一、技术赋能对象

在价值网络中，人工智能技术的赋能对象是关系节点。从智慧医疗核心产业部门技术赋能对象看（见图6-9），排名第一的是医疗企业，占比为40.77%；排名第二的是医院，占比为31.24%；排名第三的是政府，占比为12.85%；排名第四的是研究型大学，占比为6.20%；排名第五的是科研院所，占比为5.54%。

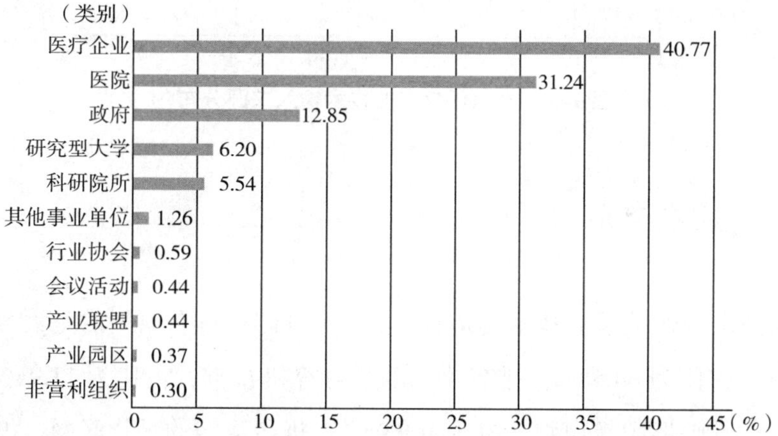

图6-9　智慧医疗产业人工智能技术赋能对象所属类别分布

二、技术输入来源

在价值网络分析中，技术输入来源于关系节点，被赋能者是样本节点[①]。在68家样本企业技术输入来源中，医疗企业排名第一，占比为

① 技术赋能属于人工智能技术，而技术输入则包括人工智能技术和非人工智能技术。

59.26%；排名第二的是医院，占比为 15.37%；排名第三的是研究型大学，占比为 12.04%；排名第四的是科研院所，占比为 9.81%（见图 6-10）。

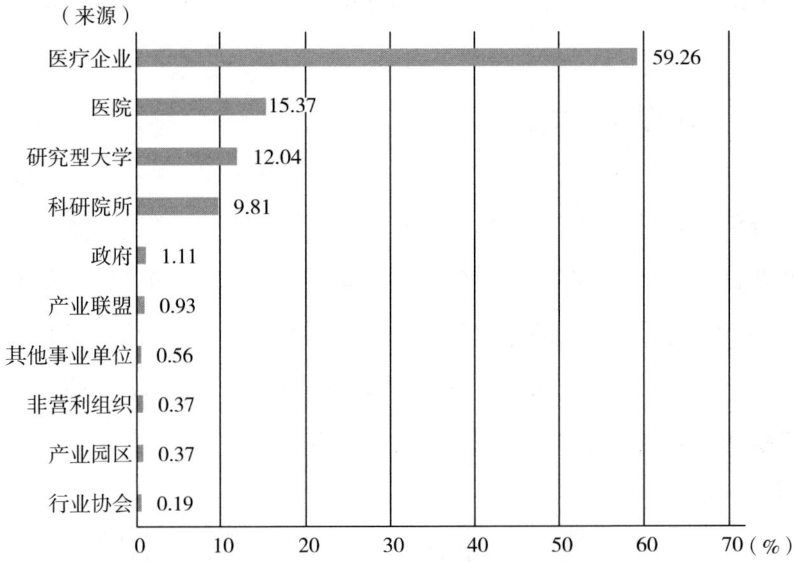

图6-10 智慧医疗产业技术输入来源分布

三、技术类别

从技术合作关系的技术类别看（见图 6-11），排名第一的是大数据与云计算，占比为 44.58%；排名第二的是计算机视觉，占比为 11.94%；排名第三的是图形图像识别，占比为 9.94%；排名第四的是物联网，占比为 9.35%；排名第五的是 5G，占比为 8.23%。大数据与云计算、5G 和物联网属于基础设施和技术，是智慧医疗产业发展的基础。中国信息通信研究院发布的《数字经济发展白皮书》统计数据显示，作为第一批实现 5G 商用的国家，截至 2020 年底，我国有 600 多家三甲医院开展了基于 5G 的包括急诊急救和远程医疗诊断在内的服务。

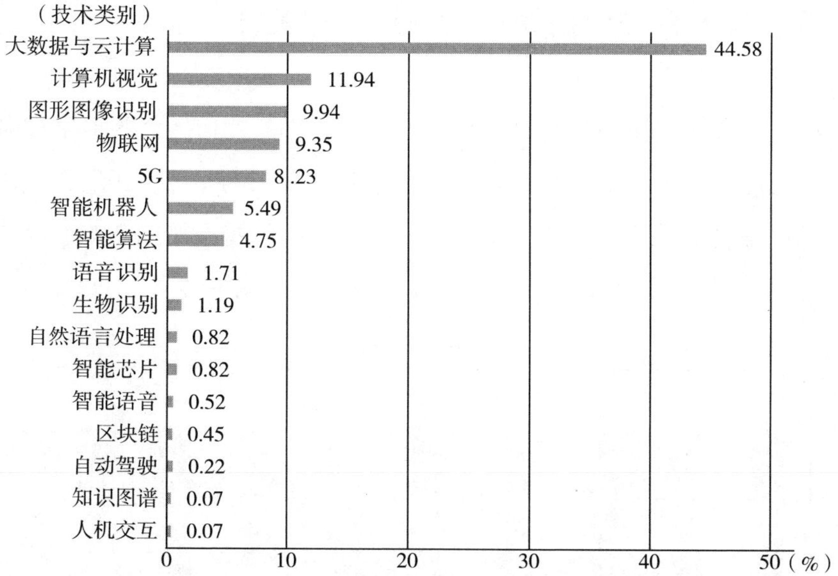

图6-11　智慧医疗产业技术合作的技术类别分布

四、技术合作应用领域分布

从技术合作的应用领域分布看（见图 6–12），排名第一的是医学影像，占比为 24.08%；排名第二的是医院管理，占比为 23.93%；排名第三的是公共卫生，占比为 17.43%；排名第四的是健康管理，占比为 13.00%；排名第五的是药物研发，占比为 8.79%。

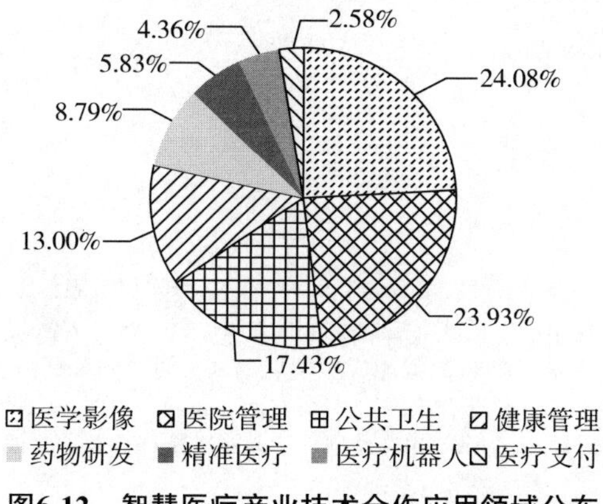

图6-12　智慧医疗产业技术合作应用领域分布

五、技术合作应用领域与疫情的相关性①

从技术合作应用领域与疫情相关性看（见图 6–13），公共卫生排名第一，相关技术合作关系数占比为 90.72%；排名第二的是药物研发，占比为 52.63%；排名第三的是医学影像，占比为 52.63%；排名第四和第五的分别是医疗机器人和健康管理，占比分别为 40.00% 和 26.19%。

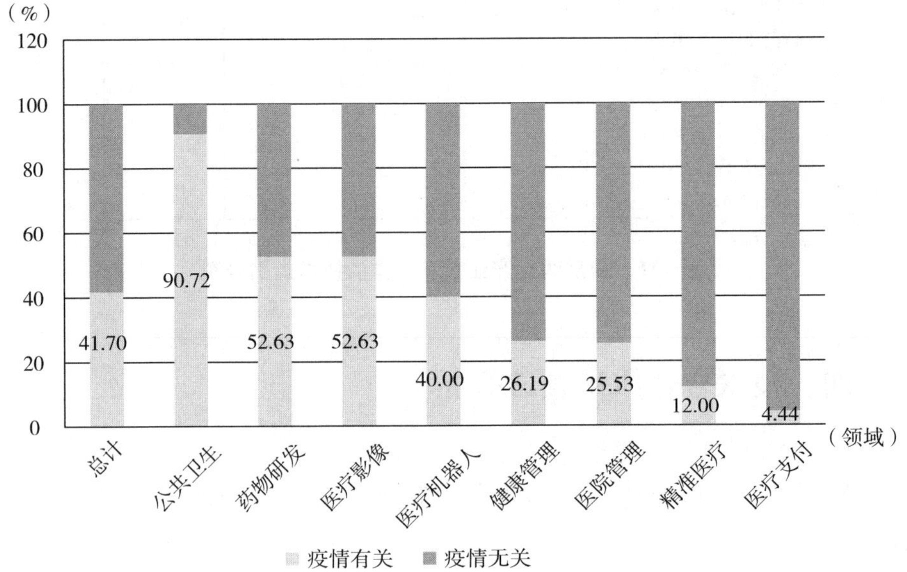

图6-13 技术合作应用领域与疫情相关性占比

① 为了研究新冠疫情冲击对人工智能和医疗产业融合发展关系，本节这部分分析使用“共现”分析方法考察技术合作应用领域与疫情之间的关系。具体统计方法为，当一篇文献（新闻）中同时出现“新冠疫情”和某一人工智能应用领域的词汇时，则统计为疫情与技术合作应用领域相关，计数为“1”；当两者没有出现在一篇文献（新闻）中时，则为不相关，同样计数为“1”。相关数是指疫情与技术合作应用领域出现“共现”统计数与“共现”和“非共现”统计值之和。

第四节　疫情冲击下智慧医疗产业创新生态演化

一、智慧医疗产业创新生态

（一）智慧医疗产业价值网络

将采集的68家人工智能企业二个维度的技术合作关系数据输入Gephi 0.9.2社会网络分析软件[①]，得到智慧医疗产业价值网络结构图（见图6-14）。

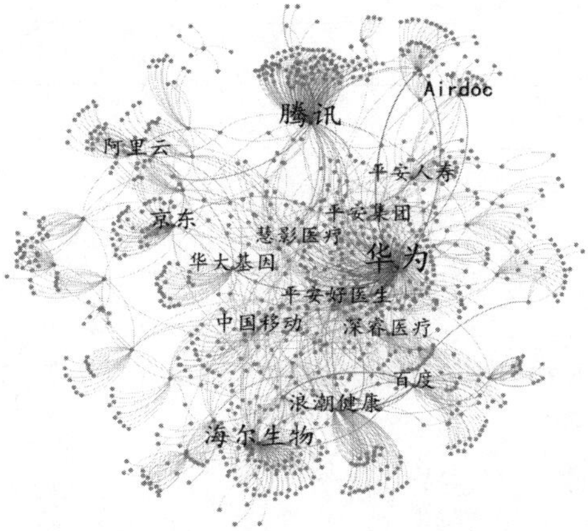

图6-14　智慧医疗产业价值网络结构

表6-3列出了价值网络结构性统计指标。智慧医疗产业价值网络节点数为1045个，关系数1863条，能够大致反映出我国智慧医疗产业创新生态全貌。包括平均度为1.594、平均加权度为1.776、平均聚类系数为0.009和平均路径长度为5.158在内的指标表明，价值网络具备较短的平均路径长度，平均聚类系数大于零，中国智慧医疗产业价值网络的结构是相对集聚的。

① 由于节点数量过多，为能更直接地把握智慧医疗产业价值网络的核心节点与整体结构，图6-14仅保留了度数中心度排名前15的节点。

表6-3 价值网络的结构性统计指标

统计指标	样本节点	关系节点	节点总数	关系数	平均度	平均加权度	网络直径	图密度	模块化	平均聚类系数	平均路径长度
统计值	68	977	1045	1863	1.594	1.776	12	0.002	0.796	0.009	5.158

价值网络的度数中心度分布表明（见图 6–15）表明，中国智慧医疗产业价值网络的结构属于“极核”状，呈现“幂率”分布特征。在中国智慧医疗产业的发展中，少数拥有核心技术的企业和机构是人工智能和医疗产业融合发展的主导者。

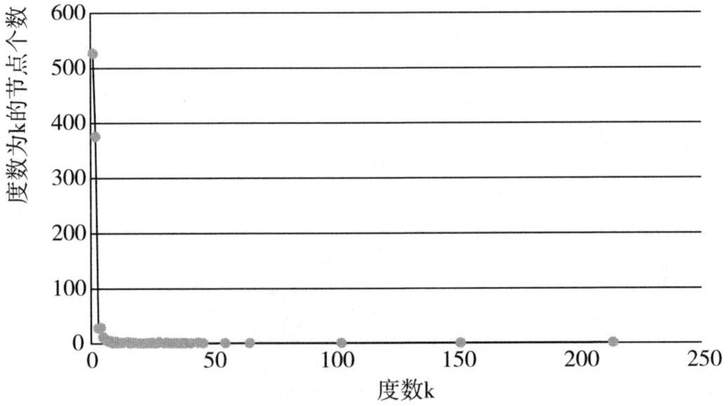

图6-15 智慧医疗产业价值网络度数中心度分布

（二）智慧医疗产业的主导者

表 6–4 列出了智慧医疗产业技术合作关系度数中心度排名前 15 的节点。从样本节点看，排名前 15 的企业是人工智能和医疗产业融合的主导者，具备较强的影响力和辐射力。排名前 15 的企业类型包括两类：第一类是以华为、腾讯、百度、阿里云和京东为代表的人工智能开放创新平台；第二类是以海尔生物、浪潮健康、深睿医疗、华大基因、平安人寿、Airdoc、平安好医生和汇医慧影为代表的智慧医疗产业龙头企业。第一类企业属于典型的人工智能平台，拥有数据生态、算力和通用算法优势；第二类企业则属于掌握智慧医疗产业专用算法和技术的企业，同时拥有医疗

产业专业技术和人工智能技术。

表6-4　智慧医疗产业的主导者

样本节点	度数中心度	关系节点	度数中心度
华为	214	清华大学	11
腾讯	152	中国人民解放军总医院	10
海尔生物	103	北京协和医院	8
京东	65	四川大学华西医院	8
浪潮健康	55	英特尔	7
深睿医疗	46	武汉大学中南医院	7
百度	44	默克集团	6
阿里云	44	赛诺菲（北京）制药有限公司	6
华大基因	41	复旦大学附属眼耳鼻喉科医院	6
平安人寿	39	武汉协和医院	6
中国移动	38	北京大学人民医院	6
Airdoc	37	深圳市第三人民医院	5
平安好医生	36	中日友好医院	5
平安科技	35	华中科技大学同济医学院	5
汇医慧影	34	上海交通大学医学院附属仁济医院	5

从关系节点看，排名前15的企业和机构包括四种类型。第一类是以中国人民解放军总医院、北京协和医院、四川大学华西医院为代表的医院；第二类是以清华大学为代表的研究型大学；第三类是以英特尔为代表的人工智能跨国公司；第四类是以默克集团、赛诺菲（北京）制药有限公司为代表的智慧医疗企业。其中，第一和第四类属于人工智能技术赋能对象。第二类和第三类则属于人工智能技术赋能方。研究型大学和人工智能跨国公司是中国智慧医疗产业创新生态的重要组成部分。

二、疫情冲击下智慧医疗产业创新生态演化

（一）价值网络演化

为了考察新冠疫情对智慧医疗产业的影响，本章把技术合作关系发

生的时间按照疫情发展划分为五个阶段。第一阶段（截至 2019 年 11 月）：疫情暴发前阶段；第二阶段（2019 年 12 月—2020 年 1 月）：疫情初步暴发阶段；第三阶段（2020 年 2 月—2020 年 4 月）：疫情暴发阶段；第四阶段（2020 年 5 月—2021 年 10 月）：疫情防控常态化阶段；第五阶段（2021 年 11 月—2022 年 1 月）：疫情反复与精准防控阶段。

将分阶段技术合作关系数据分别输入 Gephi 0.9.2 社会网络分析软件，得到智慧医疗产业五阶段价值网络结构图（图 6–16、图 6–17、图 6–18、图 6–19、图 6–20）。通过结构性指标变化情况，可以清晰地观察到智慧医疗产业价值网络的结构变化。

图6-16　2019年11月价值网络结构图

图6-17　2020年1月价值网络结构图

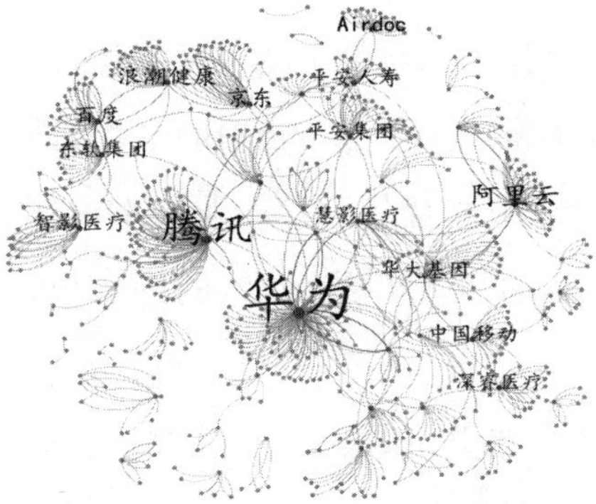

图6-18　2020年4月价值网络结构图

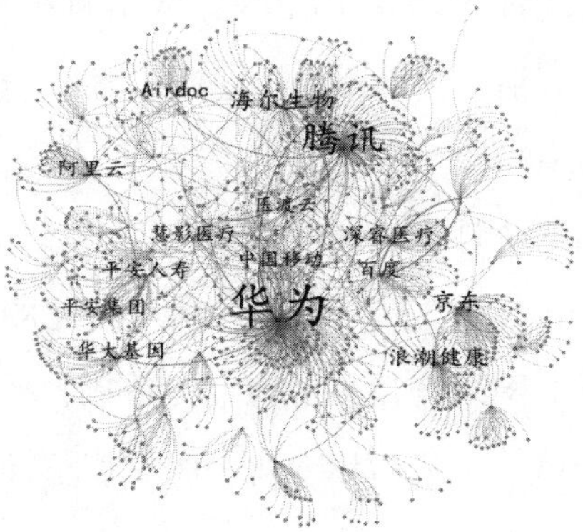

图6-19　2021年10月价值网络结构图

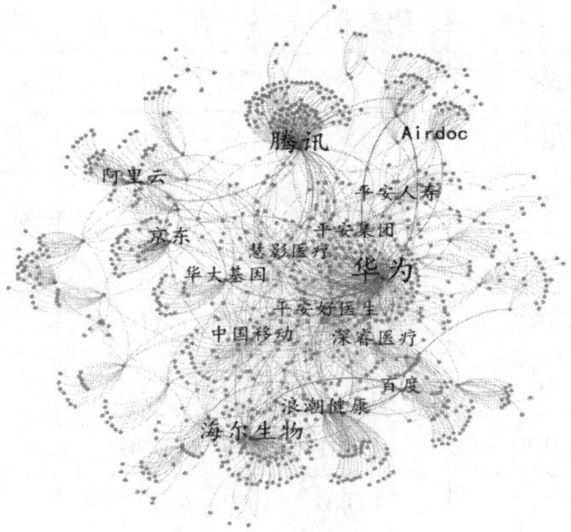

图6-20　2022年1月价值网络结构图

从价值网络节点和边的密度变化看，在第二阶段与第三阶段，无论是网络节点数还是技术合作关系数都出现快速增长的态势。价值网络结构性统计指标表明，在五个发展阶段中，较短的平均路径和平均聚类系数大于零网络结构指标表明，中国智慧医疗产业的发展属于复杂网络的演化过程，异质多元创新主体的知识和技术重组的持续开展是产业发展的关键驱动力。

在第三阶段，关系节点总数、节点总数、总边数、平均度、网络直径、平均聚类系数、平均路径长度指标发生了明显变化（见表 6–5）。关系节点总数环比增长 134.93%，节点总数环比增长 104.04%，总边数环比增长 132.25%，平均度环比增长 13.19%，网络直径环比增长 77.78%，平均聚类系数环比增长五倍，平均路径长度环比增长 94.14%。其中，网络直径、平均路径长度出现峰值。

将五阶段价值网络统计指标的增量变化以“月”为单位进行平均，得到表 6–6。第三阶段节点总数是其他阶段增量变化的 5 倍左右，总边数达到 4 倍左右。平均度、网络直径、平均聚类系数、平均路径长度同样在第三阶段增长量达到峰值。上述指标变化表明，疫情冲击对我国智慧医疗产业带来了明显的结构变化。

表6-5　　智慧医疗产业价值网络结构性统计指标变动情况

统计指标	第一阶段	第二阶段	第三阶段	第四阶段	第五阶段
样本节点总数	68	68	68	68	68
关系节点总数	143	229	538	907	977
节点总数	211	297	606	975	1045
总边数	246	369	857	1733	1863
平均度	1.177	1.251	1.416	1.568	1.594
网络直径	6	9	16	12	12
平均聚类系数	0.000	0.001	0.006	0.009	0.009
平均路径长度	2.372	3.089	5.997	5.229	5.158

表6-6　　智慧医疗产业价值网络结构性统计指标增量变动情况

统计指标	第二阶段	第三阶段	第四阶段	第五阶段
节点总数	28.67	103.00	20.50	23.33
总边数	41.00	162.67	48.67	43.33
平均度	0.02	0.06	0.01	0.01
网络直径	1.00	2.33	–0.22	0.00
平均聚类系数	0.000	0.002	0.000	0.000
平均路径长度	0.24	0.97	–0.04	–0.02

注：由于样本节点总数不变，关系节点总数与节点总数变化趋势一致，由此仅选取节点总数总计指标。

（二）核心产业部门融合类别的演化

图 6–21 展示了不同阶段核心产业部门赋能对象类别的变化。其中，第三阶段医院与政府占比明显增加。在新冠疫情冲击下，人工智能企业和机构对医院和政府的赋能加速了人工智能与医疗产业的融合过程。

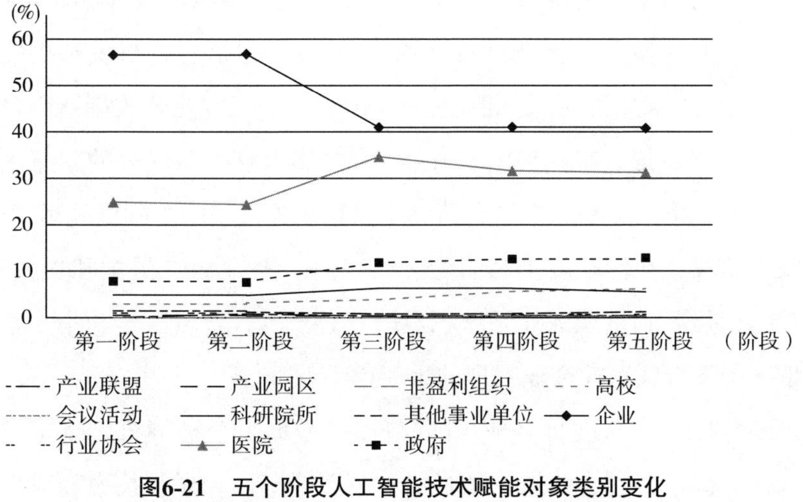

图6-21　五个阶段人工智能技术赋能对象类别变化

图 6–22 描述了不同阶段 68 家样本企业技术输入来源变化情况。其中，第三阶段政府占比出现小幅增长，增长 2.41%。科研院所和高校占比出现较快增长，分别增长 11.65% 和 9.24%。在新冠疫情冲击条件下，高校和科研院所的力量被快速动员起来，成为人工智能和医疗产业融合发展的重要推动力量。

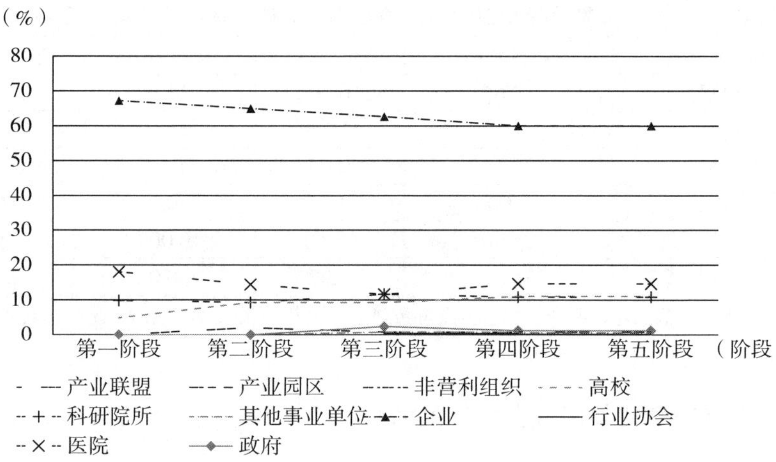

图6-22 五个阶段核心产业部门技术输入来源类别变化情况

（三）核心节点的演化

表 6–7 列出了五个阶段智慧医疗产业价值网络活跃度排名前 15 节点变化情况。第一阶段，活跃度排名前 15 的节点包括三类组织和机构：第一类是以华为、腾讯、百度和阿里云为代表的人工智能开放创新平台；第二类是以平安科技、东软集团、Airdoc 和智影医疗等为代表的智慧医疗产业龙头企业；第三类是以中国电信和中国移动为代表的基础设施运营商。

第二阶段，在活跃度排名前 15 的节点中出现了金域医学和华大基因。依托在基因检测和精准医疗领域积累的核心技术，金域医学和华大基因成为疫情冲击下智慧医疗产业发展的重要推动者。

第三阶段，活跃度排名前 15 的节点中增加了浪潮健康、京东、汇医慧影和深睿医疗。其中，京东依托的智慧医疗子平台属于技术和应用层企业。浪潮健康是健康管理领域的代表性企业。汇医慧影和深睿医疗则是智慧医疗产业医学影像领域的代表性企业。

第四阶段，海尔生物活跃度仅次于华为和腾讯，排名第三。创建于 2019 年 7 月的星药科技，尽管排名没有进入前 15，却是疫情催生的活跃度高的药物研发企业。

表6-7　　智慧医疗产业价值网络活跃度排名前15节点排名变化

第一阶段		第二阶段		第三阶段		第四阶段		第五阶段	
核心节点	度	核心节点	度	核心节点	度	核心节点	度	核心节点	度
华为	33	华为	49	华为	120	华为	211	华为	214
Airdoc	22	腾讯	26	腾讯	86	腾讯	149	腾讯	152
平安人寿	20	智影医疗	26	阿里云	45	海尔生物	64	海尔生物	103
智影医疗	16	Airdoc	24	浪潮健康	31	京东	61	京东	65
平安科技	15	平安人寿	22	百度	29	浪潮健康	55	浪潮健康	55
腾讯	14	平安科技	21	京东	29	深睿医疗	46	深睿医疗	46
荣科科技	12	阿里云	18	智影医疗	27	阿里云	44	百度	44
阿里云	11	平安好医生	13	平安人寿	26	百度	43	阿里云	44
百度	10	百度	12	Airdoc	25	平安人寿	39	华大基因	41
平安好医生	10	金域医学	12	华大基因	24	华大基因	39	平安人寿	39
中国移动	10	荣科科技	12	中国移动	23	Airdoc	35	中国移动	38
中国电信	8	华大基因	11	东软集团	23	汇医慧影	34	Airdoc	37
云知声	7	中国移动	11	平安科技	23	中国移动	33	平安好医生	36
东软集团	6	东软集团	10	汇医慧影	22	平安科技	33	平安科技	35
依图科技	6	依图科技	9	深睿医疗	21	医渡云	31	汇医慧影	34

从五个阶段排名前列的节点变化情况看，以华为、腾讯和百度为代表的人工智能开放创新平台和以平安科技、东软集团和浪潮健康为代表的智慧医疗应用层龙头企业始终是人工智能与医疗产业融合发展的中坚力量。在第三阶段，这些企业的度数中心度均出现明显上升，是疫情冲击下智慧医疗产业最活动的企业。

（四）核心节点技术合作情况演化

表6–8描述了五个阶段智慧医疗产业价值网络活跃度排名前15节点的技术输入和赋能关系占比变化情况。在五个阶段中，排名前15的节点技术赋能关系数量均超过技术输入关系数。

表6-8　　智慧医疗产业价值网络活跃度排名前15的核心节点技术合作情况

演化阶段	关系类别	关系数	占比（%）
第一阶段	技术输入	48	24.49
	技术赋能	148	75.51
第二阶段	技术输入	76	27.64
	技术赋能	199	72.36
第三阶段	技术输入	165	28.50
	技术赋能	414	71.50
第四阶段	技术输入	286	28.26
	技术赋能	726	71.74
第五阶段	技术输入	314	28.91
	技术赋能	772	71.09

以腾讯为例，第三阶段，技术输入关系数占比20.34%，技术赋能关系数占比79.66%。在腾讯技术赋能对象中，排名第一的是企业，占比38.3%；排名第二是医院，占比25.53%；排名第三的是政府，占比8.1%。

同时，腾讯对企业技术赋能的技术类别主要是大数据与云计算，赋能的应用领域主要是公共卫生领域中的传染病防控、大数据追踪与精准筛查、智能防疫控制系统、移动医疗与在线问诊。在新冠疫情暴发阶段，腾讯全面开放战"疫"信息平台，为全球提供包括新冠疫情地图跟踪、新冠智能筛查工具、疫情知识图谱在内的医疗信息化服务。腾讯与华盛昌、赛诺菲和优特云等合作开发智能防疫控制系统，为社会公众提供微医、丁香园等智能在线问诊服务。

在腾讯赋能对象类别中，排名第二的是医院。技术合作类别主要是图形图像识别，应用领域主要是医学影像领域的病灶识别与标注、新冠智能辅诊、新冠预警筛查等。腾讯觅影以肺炎智能辅助诊断模型为基础，利用腾讯天衍实验室的深度学习技术及自监督学习方法，快速开发出新冠影像识别模型，先后技术赋能武汉大学中南医院、湖北方舱医院和武汉市中南医院等医院。排名第三的是政府，技术合作类别为大数据与云计算，应用领域为传染病防控中的大数据追踪与精准筛查、智能防疫控制系统。

再以医学影像头部企业汇医慧影[①]为例，观察人工智能在医学影像领域的技术赋能情况。在第三阶段，汇医慧影技术输入关系占比15.67%，技术赋能关系占比83.33%。通过持续向医院、政府、企业和研究型大学赋能，汇医慧影持续推动人工智能在医学影像领域的应用。在技术赋能对象类别中，医院占比最高，达到73.33%；排名第二和第三的是企业和政府，占比均为13.33%；排名第四的是研究型大学，占比6.67%。

在赋能医院时，汇医慧影的技术合作类别为图形图像识别与计算机视觉，技术应用领域为医学影像中的肺炎智能辅诊。在赋能企业、政府、研究型大学时，汇医慧影的技术合作类别为图形图像识别，技术应用领域为医学影像中的肺炎预警筛查。在疫情冲击下，政府的作用不仅局限于财政资金支持，还包括整合拥有技术创新能力的企业、研究型大学、科研院所的科技创新资源，构建数据和技术共享平台和机制，在提高抗疫能力的同时，促进了智慧医疗产业的发展。

（五）技术合作技术类别的变化

作为通用目的技术，人工智能是包括基础软硬件、算法和数据分析在内的复杂技术体系。人工智能和实体经济融合发展表现为技术体系的复杂化和专用化过程。作为外部扰动因素，新冠疫情的冲击对技术体系的结构演化产生深刻影响。

本章把人工智能技术体系划分为大数据与云计算、图形图像识别、5G、光电技术、计算机视觉、区块链、人机交互、生物识别、物联网、语音识别、知识图谱、智能机器人、智能算法、智能芯片、智能语音、自动驾驶与自然语言处理技术16种技术构成。把智慧医疗产业的技术合作关系按照技术类别进行分类，动态刻画技术合作中技术体系演化趋势（见图6-23）。

---

① 汇医慧影创建于2015年，是一家专注于计算机视觉和深度学习技术应用的医学影像人工智能企业。

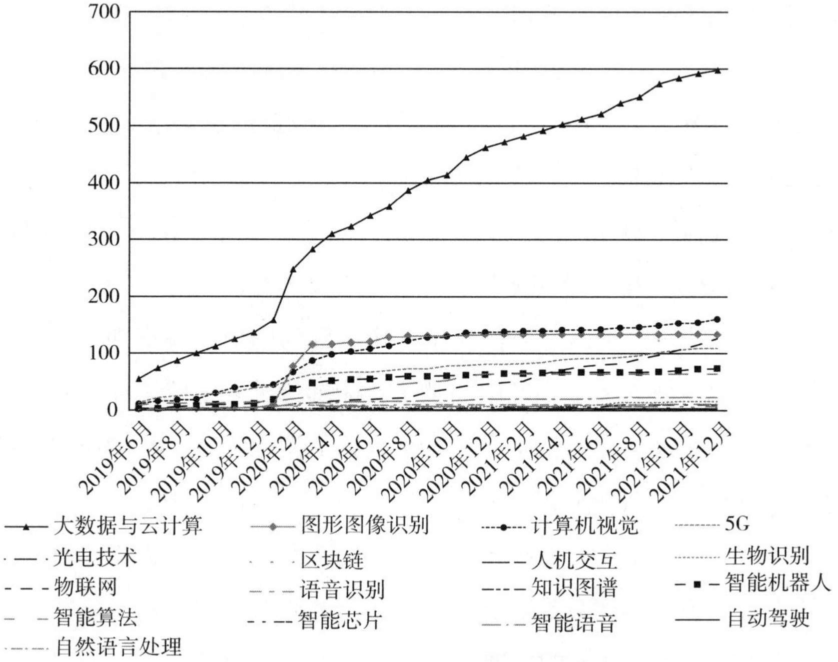

图6-23　智慧医疗产业技术合作中技术类别演化

从第三阶段起，大数据与云计算、图像图像识别、计算机视觉和智能机器人是技术合作中增长最快的技术类别。其中，大数据与云计算技术是智慧医疗产业的基础技术。与第二阶段相比较，第三阶段大数据与云计算技术合作关系数呈现爆发式增长。从第三阶段开始，大数据与云计算技术合作关系数增长趋缓。

疫情暴发之初，大数据与云计算技术主要应用领域为公共卫生领域的大数据追踪与精准筛查、大数据分析预警系统、智能医学科学知识图谱、健康问题数据清洗与关键词提炼等。疫情暴发期间，大数据包括了个人健康状况展示，高危人群画像、人流迁徙路径与规模等。以人工智能开放创新平台百度和5G基础设施运营商中国联通为例，百度地图迁徙大数据平台开放300个城市，包含人流迁徙规模指数、迁徙规模趋势图、迁徙来源地与目的地、来源地与目的地数量排行等，为人口流动迁徙提供了系统全面大数据支撑。中国联通开发了传播风险分析、时空相关分析等多维数据模型，实现对特定区域人群扩散轨迹、确诊人群的接触范围的立体分析。

同时，大数据和云计算技术被应用于包括精准医疗病毒基因测序、疫苗药物研发在内的应用领域。以人工智能开放创新平台百度为例。百度研究院开放线性时间算法 LinearFold 及 RNA 结构预测网站，赋能基因检测机构、人工智能精准医疗企业和防疫中心等。LinearFold 算法极大地缩短了病毒全基因结构预测的时间，提高了新冠疫苗研发效率。

图形图像识别技术和计算机视觉技术是疫情暴发期间技术合作关系数增长较快的技术类别。在第三阶段，图形图像识别和计算机视觉技术技术合作关系数情况增长。

在疫情暴发期间，图形图像识别技术和计算机视觉技术的主要应用领域为医学影像中的病灶识别与标注、新冠病灶定量分析、新冠智能辅诊、新冠预警筛查、智能测温等。

以人工智能开放创新平台华为和智慧医疗应用层企业优刻得为例。新冠疫情期间，华为云联合华中科技大学研发人工智能 CT 影像量化分析系统，赋能武汉协和医院等几十家医院，对新冠发病初期人群进行辅助诊疗，在提升准确率、减轻人为误差率的同时大大提高了对新冠的识别效率。优刻得技术赋能中车集团，研发出人脸识别测温平板，进行无接触、多目标、高精度测温，识别率达到近 100%，为公共卫生领域防疫贡献力量。

智能机器人技术在疫情暴发期间技术合作关系数增长同样明显。智能机器人技术的主要应用领域为智能疫情防控机器人、医疗服务机器人、医药物流机器人和消毒杀菌机器人。以智慧医疗应用层企业钛米机器人和猎户星空为例，疫情暴发期间，钛米机器人研制出新型的消毒杀菌机器人，可自主导航并识别周围环境，运用新型消毒模式，对周围环境的灭菌率达到近 100%。猎户星空携手猎豹移动第一时间推出智能疫情防控机器人，助力医院实现智能导诊与分诊，医疗物资传送、远程在线诊疗、远程操控诊疗，减少医护人员的接触风险。

（六）技术合作应用领域的演化

根据第一节的技术合作关系应用领域分类，按照技术合作关系发生的时间顺序，得到智慧医疗产业技术合作应用领域演化趋势图。图 6-24、图 6-25 和图 6-26 分别刻画了技术合作关系第一、第二和第三应用领域演化情况。

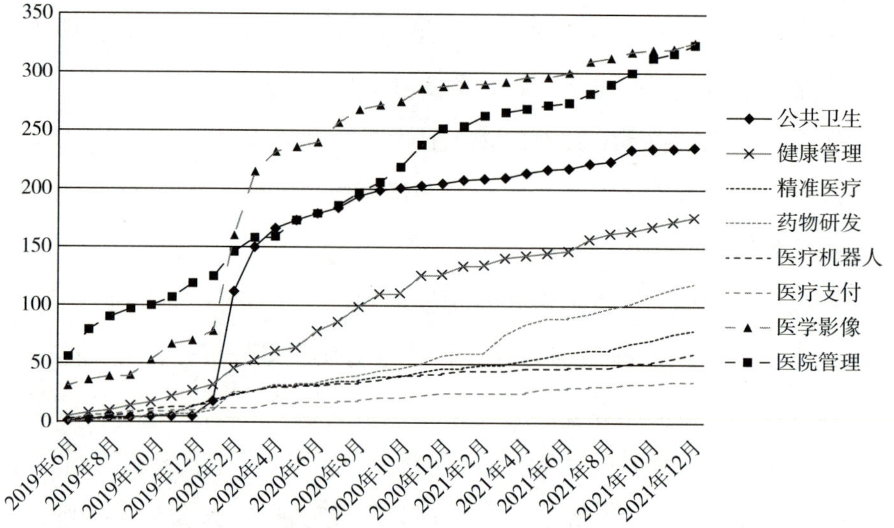

图6-24 智慧医疗产业技术合作第一应用领域演化

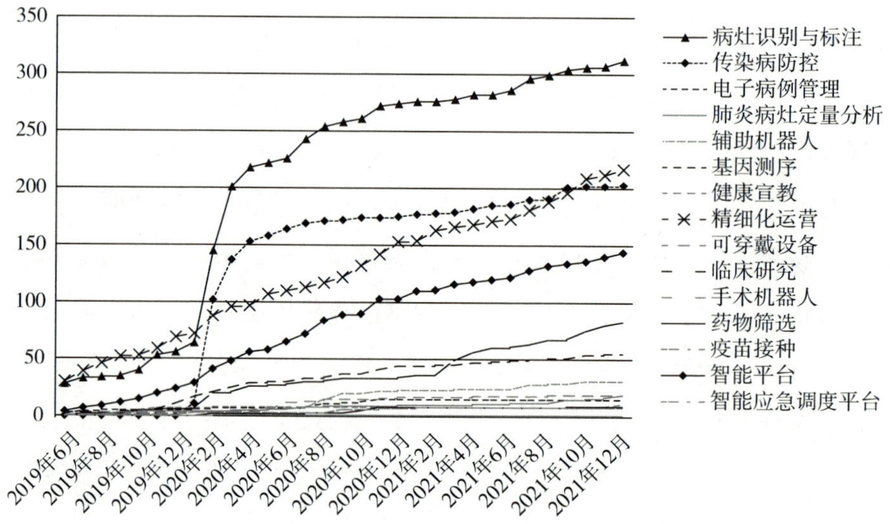

图6-25 智慧医疗产业技术合作第二应用领域演化

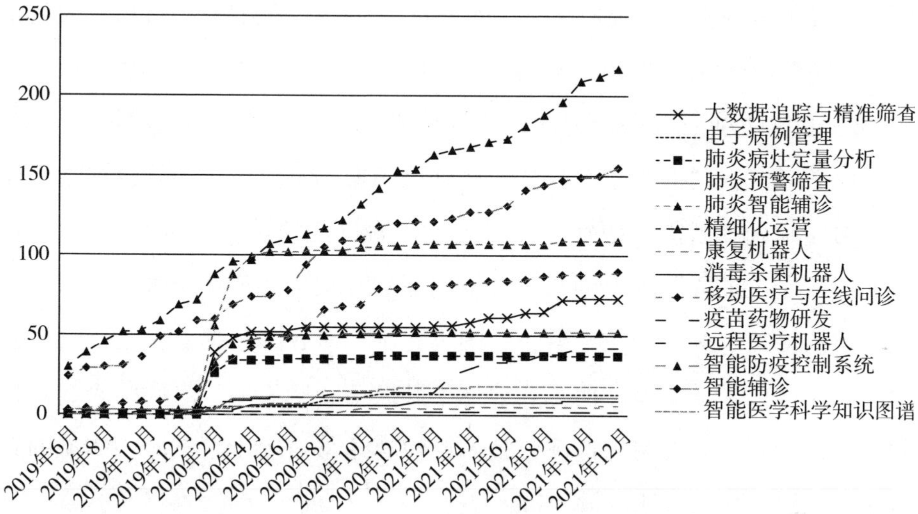

图6-26　智慧医疗产业技术合作第三应用领域演化

在第一应用领域中，医学影像和公共卫生在第三阶段的技术合作关系数快速增长。其中，医学影像应用领域技术合作关系数在第三阶段环比增长 554.55%；公共卫生应用领域在第三阶段技术合作关系增长 315.38%。在疫情防控进入常态化阶段之后，两者的增长速度恢复到稳步增长状态。医院管理和健康管理的技术合作关系同样呈现出高速增长态势。

在第二应用领域中，病灶识别与标注和传染病防控在第三阶段技术合作关系数出现显著增长。病灶识别与标注对应第一应用领域中的医学影像，传染病防控对应第一应用领域中的公共卫生。其中，病灶识别与标注应用领域在第三阶段技术合作关系增长 563.64%；传染病防控应用领域技术合作关系数增长 363.64%。

在第三应用领域中，肺炎智能辅诊、肺炎病灶定量分析、大数据追踪与精准筛查、智能防疫控制系统在第三阶段技术合作关系数呈现显著增长。其中，肺炎智能辅诊、肺炎病灶定量分析对应第二应用领域中的病灶识别与标注，同时对应第一应用领域中的医学影像。大数据追踪与精准筛查、智能防疫控制系统对应第二应用领域中的传染病防控，同时对应第一应用领域中的公共卫生。肺炎智能辅诊应用领域在第三阶段技术合作关系增长 20 多倍；

肺炎病灶定量分析应用领域在第三阶段技术合作关系数增长 12 倍；大数据追踪与精准筛查应用领域在第三阶段（疫情暴发阶段）技术合作关系数增长 5.5 倍；智能防疫控制系统应用领域在第三阶段技术合作关系数增长 1.8 倍。

医学影像领域主要应用的技术类别为图形图像识别、计算机视觉和深度学习，是人工智能与医疗产业最早发生融合的领域。在 2015 年到 2018 年期间，受人工智能技术创新与政策利好的影响，人工智能医学影像企业呈爆发式增长。例如，推想科技、图玛深维和深睿医疗都是在这一阶段创建的。医学影像在疫情之前主要应用于肺结节、脑出血、眼底筛查、骨折和骨龄的检测，在疫情冲击下，技术被快速迁移运用于第三应用领域的新冠智能辅诊和肺炎病灶定量分析。

公共卫生领域主要应用的技术类别为大数据与云计算和自然语言处理技术。其中，第二应用领域中传染病防控受疫情影响最为显著，利用大数据与云计算技术收集和自然语言处理技术处理与新冠疫情相关的信息，借助传播动力学模型、动态感染模型等大数据分析模型，建立包括个人基本社交信息、轨迹迁徙信息、接触暴露信息、交叉感染时间信息等指标在内的多维模型，最后借助深度学习技术不断验证和完善算法模型，预测传染病发展与暴发趋势。疫情期间，以第三应用领域中的大数据追踪与精准筛查和智能防疫控制系统为代表的领域同样发展非常迅速。

医院管理与健康管理应用领域同样随时间的推移而呈现持续快速增长的趋势。智能医院管理帮助医院实现电子病例管理、医疗器械管理等精细化运营，帮助患者实现智能预约、智能导诊和分诊，同时打破了医院、医疗管理机构、健康管理平台的数据壁垒。人工智能在健康管理领域的应用尚处于探索阶段，主要集中在智能平台和可穿戴设备领域。平安好医生是中国目前规模最大的 AI 健康管理平台，涉及风险识别与疾病预防、移动医疗与在线问诊、精神健康识别、消费型医疗等应用领域。华米科技的健康手环是可穿戴设备的代表，通过多维度数据采集，对个人健康实现实时或全生命周期的检测。

三、理论总结和概括

通用目的技术的产业化既是与经济社会全面融合的发展过程，也是一个社会选择过程。因为会引发经济社会的结构性变革，通用目的技术在产业化过程中不仅受经济学一般意义的消费者偏好影响，而且受社会偏好、社会价值和使命的影响。自第二次世界大战以来，技术尤其是通用目的技术的产业化深受社会偏好、社会价值和使命的影响，例如，雷达和青霉素的科技创新。社会偏好、社会价值和使命的增强不仅极大地加速了技术产业化落地速度，而且改变了人类发展的轨迹和命运。

作为通用目的技术，人工智能在医疗领域的应用深受社会偏好、价值和使命的影响。尤其是在人类受到诸如战争、疫情和自然灾害冲击时，政府充分利用社会资源动员能力，以“社会痛点”问题的解决为导向，快速组织和整合多元创新主体协同创新，推动人工智能和实体经济融合发展，进而推动经济社会的发展和进步。而启动这一程序的前提，是动员社会力量解决“社会痛点”推动社会共识达成。

为了从理论上解释“社会痛点”如何引发人工智能通用目的技术加速和经济社会的深度融合，本章构建了一个简单的逻辑框架（见图 6–27）。

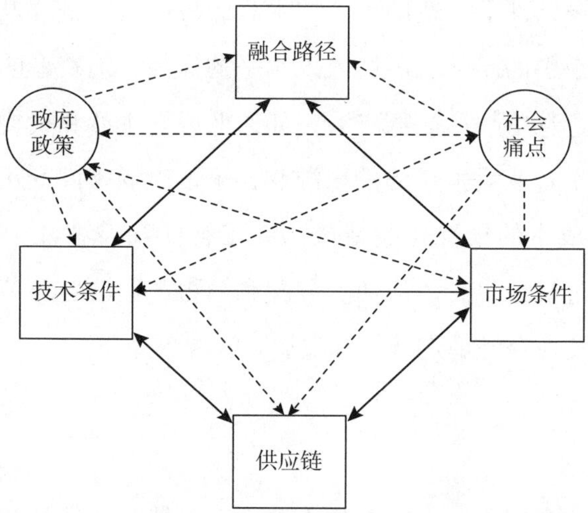

图6-27 “社会痛点”引发的通用目的技术加速和经济融合发展机制逻辑结构图

为了作出科学的理论探索，本章分析的逻辑框架包括两个部分：第一部分是假设不存在“社会痛点”问题时，人工智能通用目的技术和经济社会融合发展的路径是什么。第二部分则假设出现“社会痛点”问题时，人工智能通用目的技术和经济社会融合发展路径如何改变。

如图 6–27 所示，在缺乏“社会痛点”因素影响的情况下，人工智能通用目的技术和经济社会的融合发展由市场条件、技术条件、供应链和政府政策的影响。其中，政府的政策主要是围绕着产业发展、税收增加和提高就业方面的政策。

技术条件是由企业、研究型大学和科研机构的技术储备和技术创新能力所决定的。供应链则是指当技术创新朝向某个路径和领域发展时相关配套产业的响应能力。技术路径的选择和推动深受供应链的影响。在经济全球化条件下，供应链往往是全球化的。在国际关系影响供应链响应的条件下，将会极大地制约技术路径发展。

在没有“社会痛点”问题时，一般而言，市场条件是由消费者和中间产品需求偏好界定的。消费者偏好主要是由居民的收入水平决定的。而中间产品需求的决定和影响因素很复杂，主要由全要素生产率提高需求决定。

在上述假设条件下，通用目的技术和经济社会的融合发展首先是由市场条件的变化牵引的。随着居民收入水平的提高，消费者的需求呈现出个性化和多样化。从中间产品需求看，如何低成本生产和销售客户的个性化和多样化需求是企业竞争优势的来源。在正常市场条件变化诱导的技术发展路径中，低成本的柔性化制造成为人工智能和经济社会融合发展的方向。同时，通过打通生产、流通、分配和销售产业链各环节，提高全要素生产率水平，实现经济稳定增长和发展。

结论 1

在缺乏“社会痛点”影响条件下，人工智能和经济社会融合发展的目标是满足客户的个性化和多样化需求，通过柔性制造和实现需求端与供给端的匹配，提高全要素生产率，实现经济增长和发展。

“社会痛点”的出现首先改变的是市场条件。市场条件的改变表现在两个方面。一是“社会痛点”背后往往是刚性的市场需求，对“社会痛点”的积极响应将会为企业带来盈利空间；二是政府对“社会痛点”的积极响应则会进一步刺激市场需求。无论是政府还是企业对“社会痛点”引发的刚性需求的响应往往是技术创新聚焦在某一特定领域，尤其是公共卫生和国防等领域，可能影响技术创新的可扩展性，从而造成资源浪费或错配。

是否会出现资源错配的情况取决于资源聚焦的技术本身。如果技术属于局部的具体技术，因为本身不具有可拓展性，过度的资源配置将导致浪费。如果技术属于通用目的技术，因为具有可拓展性和多场景应用前景，资源的集中配置可能导致关键和共性技术的突破。

结论 2

“社会痛点”对技术创新的扰动是否会带来资源的错配，取决于技术属性。当“社会痛点”引致通用目的技术创新时，因为技术具有良好的可拓展性和迁移性，对经济增长和发展是积极的。

在解决“社会痛点”问题的过程中，政府的作用凸显。政府的作用集中表现在三个方面。一是通过财政资金的支持加大技术的创新和重组的力度。尤其是在急需的公共安全领域，通过中央和地方政府的财政资金支持，通过运用人工智能技术手段，快速恢复经济社会秩序。二是整合包括研究型大学、科研院所和企业的科技创新资源，对解决“社会痛点”的关键和共性技术实施协同创新。三是对人工智能技术创新而言，政府的力量能够快速打通数据“孤岛”，在基础、技术和应用层之间形成快速反馈，加速技术创新的步伐。

结论 3

政府在解决“社会痛点”问题中加速科技创新步伐中具有积极作用。尤其是对人工智能科技产业的发展而言，实现基础、技术和应用层的数据反馈，是推动科技创新的前提和基础。

“社会痛点”问题的出现和政府的介入，将会影响人工智能和经济社会融合发展的领域。即使在智慧医疗领域同样会因为“社会痛点”问题的具体表现和政府介入而产生应用领域和技术路径的改变。例如，2019—2020 年，以大数据与云计算、图形图像识别为代表的技术和以公共卫生、医学影像为代表的应用领域在疫情冲击下发生了重大改变。而在疫情防控常态化条件下，技术和应用领域重新恢复且出现了新的技术发展领域。这说明，作为通用目的技术，人工智能和经济社会的融合发展受多种因素的影响，“社会痛点”只是改变了具体的技术路径和应用领域。

结论 4

在“社会痛点”和政府介入对人工智能和经济社会的影响中，对具体技术和应用的影响是短期的，但是对基础和技术层的影响是长期的。

这种长期影响表现在两个方面：一是对人工智能通用技术积累的影响。短期内对计算能力、算法和数据的需求，促进了新基础设施的建设和投资预期；二是探索了快速打通基础、技术和应用层数据正反馈的瓶颈。包括在数据资产化机制和制度层面的突破，为人工智能科技产业的发展奠定了基础。

第七章

智慧教育产业的发展

人工智能是引领新一轮科技革命和产业变革的重要驱动力，正深刻改变着人们的生产、生活、学习方式，推动人类社会迎来人机协同、跨界融合、共创分享的智能时代。把握全球人工智能发展态势，找准突破口和主攻方向，培养大批具有创新能力和合作精神的人工智能高端人才，是教育的重要使命。同时，要充分发挥人工智能优势，加快发展伴随每个人一生的教育、平等面向每个人的教育、适合每个人的教育、更加开放灵活的教育。作为一个发展中的人口大国，如何抢抓第四次工业革命的机遇，推动人工智能和教育产业融合发展，实现教育事业高质量发展，是国家教育发展战略的重要内涵。

第一节 研究背景和样本筛选

一、中国智慧教育产业的发展

20 世纪 80 年代以来，随着 IT 技术创新和产业发展，教育信息化走过了 30 多年历程。信息技术在教育中的应用先后经历了三个发展阶段。教育信息化过程积累的知识、技术、模式和经验，为人工智能和教育产业融合发展奠定了基础。

第一阶段为数字化阶段（20 世纪 80 年代末至 90 年代）。以计算机和多媒体为代表的信息技术逐步引入教育过程，开始从之前的广播和电视教学向数字化教学转变。

第二个阶段是网络化阶段（21 世纪前 20 年）。这一阶段的突出特征是互联网技术在教学过程的引入，促进了数字化教育资源的网络教学，新的教育服务和学习形式开始出现。

随着包括大数据、云计算、5G 和人工智能在内的新一代信息技术创新发展，网络教育向智慧教育范式转变，教育信息化进入第三阶段，即智慧教育阶段。作为第四次工业革命的引擎，人工智能不再是人类体力和神经系统的延伸，而是智力系统的延伸。人工智能和教育产业的融合发展正在变革现有教育和学习方式，创造人类教育发展的崭新阶段。

自 2014 年以来，随着新一代信息技术的发展，人工智能在中国教育领域的应用出现在包括智慧校园、智慧教学、智慧课堂、线上教学和英语口语测评在内的诸多应用场景。新冠疫情的暴发，为中国智慧教育发展提供了一个特殊实验场景。腾讯发展发布的《2020 年智慧教育行业及用户洞察报告》指出，受疫情影响，2020 年在线教育呈井喷式增长，2020 年 1—6 月，在线教育投资总规模同比增长 275%。在线教育的发展进一步带动了人工智能技术在教育领域的广泛应用和发展。腾讯研究院发布的《2021 中国教育智能硬件趋势洞察报告》估算，2020 年，教育智能硬件市场规模为 343 亿元，2021 年扩大至 453 亿元。

二、研究样本

（一）样本筛选

为了考察人工智能和教育产业融合发展的动力和机制，基于中国新一代人工智能发展战略研究院中国智能经济数据库，本章筛选出 60 家智慧教育企业作为研究样本（见表 7–1）。60 家样本企业可以划分为三类。第一类是包括华为、腾讯和百度在内的人工智能开发创新平台企业。依托长期技术积累，平台为智慧教育提供基础设施、基础软硬件服务。第二类是初始智慧教育企业，即创建时即掌握人工智能的智慧教育企业。初始智慧教育企业往往拥有包括算法在内的人工智能技术优势。第三类是非初始智慧教育企业，即传统教育企业通过技术和产品研发转型升级为智慧教育企业。这类企业的优势是拥有雄厚的教学教材体系、结构化教学数据和市场渠道。

表7-1　60家智慧教育产业样本企业

企业类型	企业简称	核心技术	应用领域	具体细分领域
平台型企业	华为	大数据、云计算	AI平台	智慧校园建设
	华为云	大数据、云计算	AI平台	智慧校园建设
	腾讯	大数据、云计算	AI平台	智慧校园建设
	腾讯云	大数据、云计算	AI平台	智慧校园建设
	百度	大数据、云计算	AI平台	智慧校园建设
	百度智能云	大数据、云计算	AI平台	智慧校园建设
	阿里巴巴	大数据、云计算	AI平台	智慧校园建设
	阿里云	大数据、云计算	AI平台	智慧校园建设
	钉钉	大数据、云计算	AI平台	智慧校园建设
	科大讯飞	语音识别和自然语言处理	AI平台	英语口语智能测评
非初始智慧教育企业	新东方	语音识别和自然语言处理	智慧教育	在线教育
	奥威亚电子	图形图像识别	智慧教育	线上教育
	珠江钢琴	语音识别和自然语言处理	智慧教育	钢琴陪练
初始智慧教育企业	好未来	大数据、云计算	AI平台	智慧教育和开放平台
	知识印象	机器学习和推荐	智慧教育	拍照搜题
	作业帮	图形图像识别	智慧教育	拍照搜题、智能题库
	猿题库	其他	智慧教育	拍照搜题、智能题库
	英语流利说	语音识别和自然语言处理	智慧教育	英语口语智能测评
	乂学教育	机器学习和推荐	智慧教育	自适应学习引擎
	一起作业网	语音识别和自然语言处理	智慧教育	拍照搜题、智能题库

续表

企业类型	企业简称	核心技术	应用领域	具体细分领域
初始智慧教育企业	凌声芯语音	语音识别和自然语言处理	智慧教育	英语口语智能测评
	口语100，清睿朗信科技	语音识别和自然语言处理	智慧教育	英语口语智能测评
	精准学	大数据、云计算	智慧教育	自适应学习引擎
	沪江网	语音识别和自然语言处理	智慧教育	线上教育
	嘿哈科技	其他	智慧教育	智慧课堂
	高木学习，恒创鑫业	机器学习和推荐	智慧教育	自适应学习引擎
	驰声科技	语音识别和自然语言处理	智慧教育	英语口语智能测评
	VIPKID	机器学习和推荐	智慧教育	教学练测评一体化
	KeeKo，智童时刻	服务机器人	智慧教育	早教机器人
	寻道科技	大数据、云计算	智慧教育	智慧校园建设
	深蓝学院	机器学习和推荐	智慧教育	线上教育
	宾果智能	服务机器人	智慧教育	早教机器人
	爱云校	大数据、云计算	智慧教育	教学练测评一体化
	恒峰信息	大数据、云计算	智慧教育	智慧课堂、智慧校园管理、线上教育
	极课大数据	图形图像识别	智慧教育	智慧教学
	校宝在线	大数据、云计算	智慧教育	智慧校园建设
	OKAY智慧教育	大数据、云计算	智慧教育	教学练测评一体化
	伟东云教育	大数据、云计算	智慧教育	线上教育
	上海易教	物联网	智慧教育	智慧课堂
	蓝墨科技	大数据、云计算	智慧教育	智慧课堂
	三盟科技	大数据、云计算	智慧教育	智慧课堂
	乐外教	大数据、云计算	智慧教育	线上教育
	先声教育	语音识别和自然语言处理	智慧教育	英语口语智能测评
	天波教育	大数据、云计算	智慧教育	智慧校园建设
	精标科技	大数据、云计算	智慧教育	智慧课堂
	悉之教育	大数据、云计算	智慧教育	自适应学习引擎
	大拿科技	图形图像识别	智慧教育	智慧批改
	洋葱数学	大数据、云计算	智慧教育	线上教育

续表

企业类型	企业简称	核心技术	应用领域	具体细分领域
初始智慧教育企业	易听说	语音识别和自然语言处理	智慧教育	英语口语智能测评
	玩瞳科技	图形图像识别	智慧教育	早教机器人
	励步英语	大数据、云计算	智慧教育	线上教育
	工程师爸爸	大数据、云计算	智慧教育	智慧早教
	浪潮教育	大数据、云计算	智慧教育	智慧校园建设
	讯飞皆成	大数据、云计算	智慧教育	智慧校园建设
	阿凡题	大数据、云计算	智慧教育	线上教育、拍照搜题
	米兔智能故事机	硬件	智慧教育	智慧早教
	觅机科技	图形图像识别	智慧教育	智慧早教
	星际酷宝	服务机器人	智慧教育	智慧早教
	音乐笔记	大数据、云计算	智慧教育	钢琴陪练
	影新教育	AR/VR	智慧教育	智慧课堂

（二）样本企业基本情况

60 家智慧教育样本企业的属性数据反映出我国人工智能技术和教育产业融合发展的基本情况。如图 7–1 所示，从 60 家智慧教育样本企业创建时间的分布看，创建时间主要集中在 2012 年至 2016 年，占比为 51.6%，企业创建的峰值出现在 2015 年，占比为 15.0%。其中，成立较早的企业相当大的比例在创建之初不属于智慧教育企业，即非初始人工智能企业，2012 年之后都是通过自主研发和引进人工智能技术转型升级为智慧教育企业。

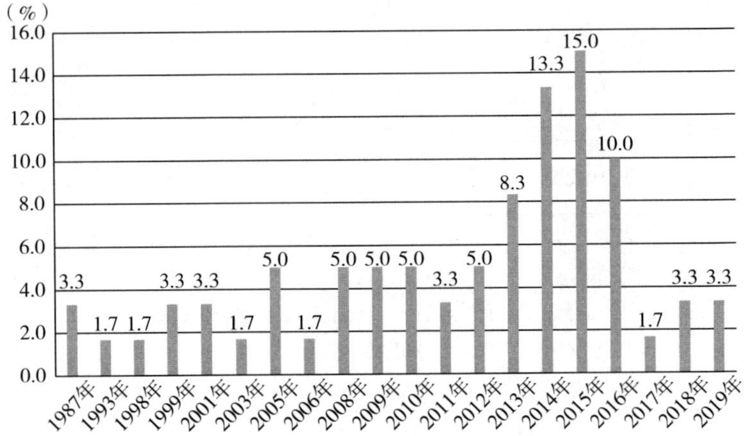

图7-1　智慧教育样本企业创建时间分布

从各省区市的分布看，60家智慧教育企业主要分布在北京市、广东省、上海市、浙江省和江苏省（见图7-2）。其中，北京市占比最高，为38.33%；其次是广东省，占比为25.00%，主要分布在深圳市和广州市；排名第三的是上海市，占比为11.67%；排名第四的是浙江省，占比10.00%；排名第五的是江苏省，占比为6.67%。

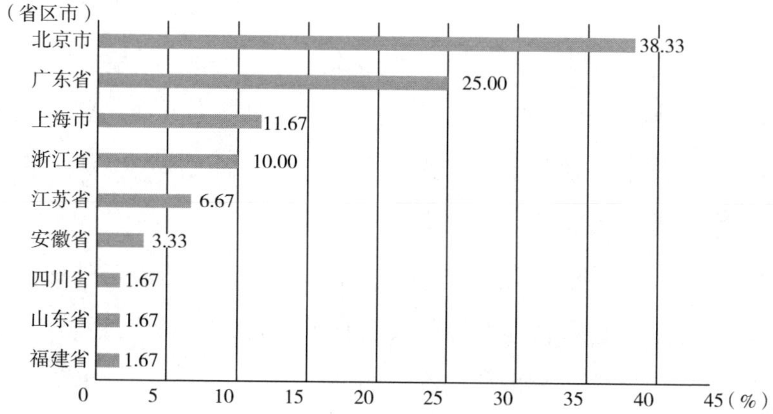

图7-2　60家智慧教育样本企业地区分布

（三）智慧教育应用场景分类

人工智能和教育产业的融合发展表现在人工智能技术在教育过程具体应用场景中的应用。为了考察人工智能技术如何应用于智慧教育，本章把智能教育应用场景进行分类如下。

（1）在线教育。在线教育是以网络为介质的教学方式和活动。在线教育打破了教学过程的地理空间限制，能够优化教育和教学资源的优化配置，实现公平教育。

（2）智慧课堂。智慧课堂通过虚拟教室实现教学活动的实时反馈和优化控制。

（3）英语口语智能测评。通过运用智能语音、自然语言处理和数据挖掘等技术，可以更高效地测试学生的学习水平和能力。

（4）智慧早教。通过包括物联网、智能家居和AR/VR在内的人工智能技术，对儿童实施早期教育。

（5）教育服务平台。基于新一代信息技术通过高效整合教学资源、提高教师与学生的信息应用能力的信息化智慧教育平台。

（6）自适应学习引擎。通过搜集学生学习行为数据，根据对学生当前能力的了解，来规划学生的最优学习路径的技术和服务。

（7）智慧批改。基于图像识别、智能语音、自然语言处理等人工智能技术，帮助老师高效批改客观题、简答题、口算、英语作文等题目。

（8）拍照搜题。通过图像识别技术自动识别学生上传的题目，进而利用数据挖掘等技术检索题目对应的解答并及时反馈给学生，为学生在课后练习中随时提供高效答疑。

（9）钢琴陪练。通过智能语音、计算机视觉、自然语言处理等人工智能技术，对练习者进行智能纠错并对其日常练习进行阶段性测评，生成个性化分析报告，代替教师进行陪练、纠错、督促等工作，在教学过程中充当助教角色，协助配合教师教学工作。

（10）智慧校园建设。智慧校园建设是指以促进信息技术与教育教学融合、提高学与教的效果为目的，以物联网、云计算、大数据分析等新技术为核心技术，提供一种环境全面感知、智慧型、数据化、网络化、协作型一体化的教学、科研、管理和生活服务，并能对教育教学、教育管理进行洞察和预测的智慧学习环境。

（四）数据采集和处理

以60家样本企业为样本节点，通过调查研究和大数据方法搜索和采集与样本节点存在技术合作关系的关系节点和关系数据。技术合作关系包括两个基本维度：技术输入和技术赋能关系。其中，技术输入是指关系节点为样本节点提供技术支持，而技术赋能则是指样本节点为关系节点提供技术支持。

在技术合作关系数据采集的基础上，通过样本节点和关系节点、技术类型和应用领域分类，考察人工智能和教育产业融合发展的重点领域和动力机制。在关系数据量化分析的基础上，进一步研究中国智慧教育产业发展的内在逻辑。

第二节　智慧教育产业价值网络分析

一、价值网络基本结构

将采集的60家智慧教育企业的关系数据输入Gephi 0.9.2社会网络分析软件，得到智慧教育产业价值网络结构图（见图7–3）。表7–2价值网络结构性统计指标表明，基于60家人工智能企业所构建的价值网络节点数为484个，总边数为736条，能够较为全面概括中国智慧教育产业发展的基本结构和形态。包括平均度为1.521、平均聚类系数为0.009和平均路径长度为4.826的价值网络结构性指标显示，中国智慧教育产业价值网络结构属于典型的复杂网络。

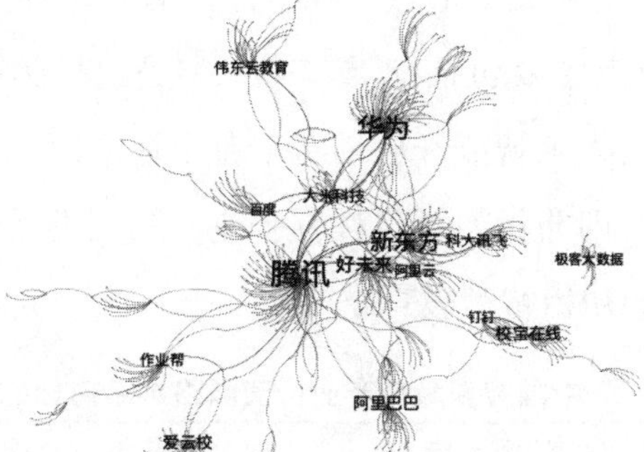

图7-3　智慧教育企业价值网络图

表 7-2　　价值网络的结构性统计指标

统计指标	样本节点总数	关系节点总数	节点总数	总边数	平均度	平均加权度	网络直径	图密度	模块化	平均聚类系数	平均路径长度
统计值	60	424	484	736	1.521	1.521	13	0.003	0.801	0.009	4.826

中国智慧教育产业价值网络度数中心度分布（见图 7–4）指标表明，中国智慧教育产业发展是高度聚集的，表现出明显的“极核”状结构。价值网络节点度数中心度的“幂率”分布特征表明，占比很小的核心节点深刻地影响着中国智慧教育产业发展的结构和方向。

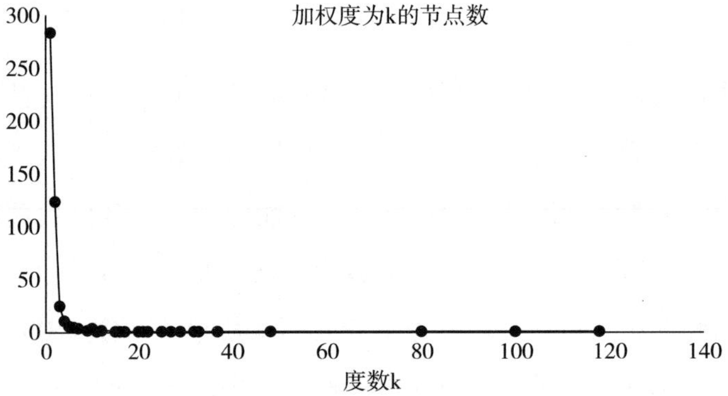

图7-4　中国智慧教育产业价值网络的度数中心度分布

表 7–3 列出了在中国智慧教育产业发展中，技术合作关系度数中心度排名前 10 的样本节点和关系节点。在智慧教育产业价值网络中，活跃度排名前 10 的样本节点主要包括三类。第一类是包括腾讯、华为、阿里巴巴和科大讯飞在内的人工智能开放创新平台企业。第二类是包括新东方在内的传统教育企业，即非初始智慧教育企业。第三类是包括好未来、爱云校、大米科技在内的初始智慧教育企业。

表7-3　　中国智慧教育产业价值网络排名前10的节点

样本节点	度数中心度	关系节点	度数中心度
腾讯	118	北京师范大学	7
华为	100	拓维信息	7

续表

样本节点	度数中心度	关系节点	度数中心度
新东方	80	中国移动	6
好未来	48	清华大学	5
爱云校	37	天津大学	5
阿里巴巴	33	中兴通讯	5
校宝在线	32	中国联通	4
科大讯飞	29	亿达中国	4
大米科技	27	新开普电子	4
伟东云教育	25	儒博科技	4

活跃度排名前10的关系节点主要包括三类企业和机构。第一类是包括北京师范大学、清华大学和天津大学在内的高校和科研院所。第二类是包括中国移动、中国联通在内的运营商，是智慧教育业务的网络基础设施服务提供商。第三类是包括中兴通讯、儒博科技在内的人工智能企业。

二、技术合作关系数据分析

（一）技术合作关系应用领域分布

在人工智能技术合作应用领域中（见图7–5），技术合作关系数排名第一的是智慧校园建设，占比为34.44%；排名第二和第三的是智慧教学和在线教育，占比均为17.00%；排名第四的是智慧课堂，占比为9.27%；排名第五的是英语口语智能测评，占比为6.62%。

平台型企业、初始智慧教育企业和非初始智慧教育企业技术合作关系在智慧教育领域的分布表现出明显的差异性。这与三大类企业前期技术体系和能力积累高度相关。

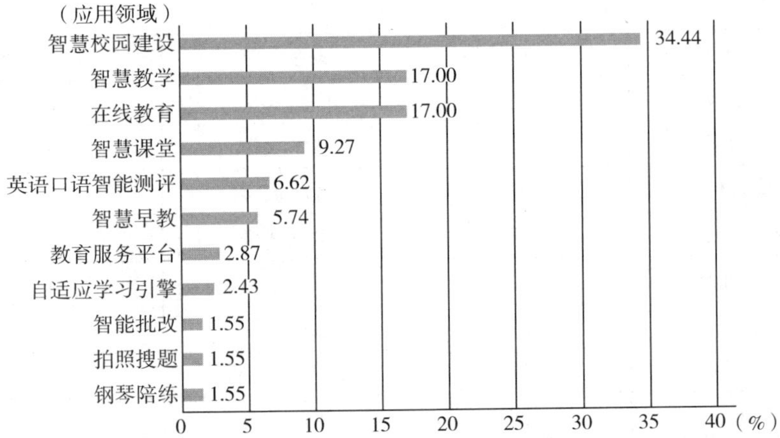

图7-5 技术合作关系应用领域分布

平台类企业在智慧教育的细分领域（见图 7–6）主要集中在校园管理方面。依托流量入口和长期积累的大数据及云计算服务能力，平台企业为学校教务和教学系统提供基础服务。同时，由于缺乏对教育行业相关知识和经验的积累，平台企业在教育服务的内容领域发展则相对薄弱。

在平台类企业的技术合作关系中，排名第一的是智慧校园建设，占比为 38.27%；排名第二的是在线教育，占比为 10.29%；排名第三的是智慧教学，占比为 5.35%。平台企业在智慧校园建设领域的业务布局主要表现在教务管理和校园安防方面。在线上教育领域，尤其在疫情期间，平台企业更多的是为实时直播线上教育提供云服务和 5G 技术支持。

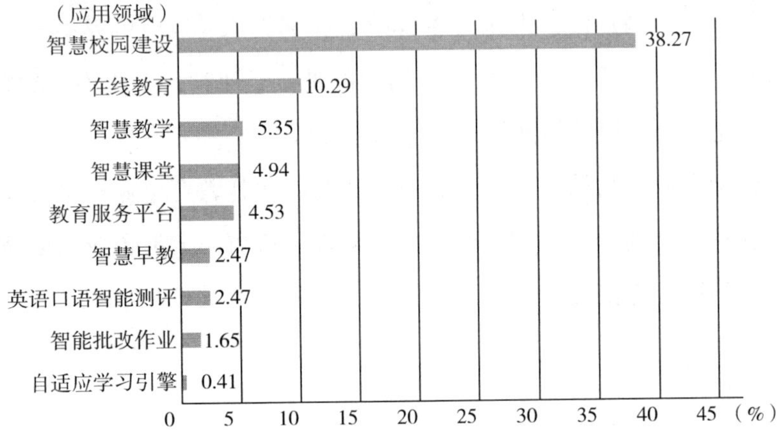

图7-6 平台类企业技术合作关系应用领域分布

初始智慧教育类企业技术合作关系（见图 7–7）主要集中在校园管理和教学细分领域。其中，教学领域的应用偏重于人工智能技术和产品的开发。初始智慧教育类企业都拥有较强的技术能力，为教育机构提供 AI 解决方案通用模块。相比较只是把教育作为自身一个垂直业务板块的平台类企业而言，专注教育业务的初始智慧教育企业对教育行业更加了解，对教学领域的渗透更加深入。其中，排名第一的细分应用领域为智慧校园建设，占比为 23.25%；排名第二的是智慧教学，占比为 21.77%；排名第三的是在线教育，占比为 14.02%。

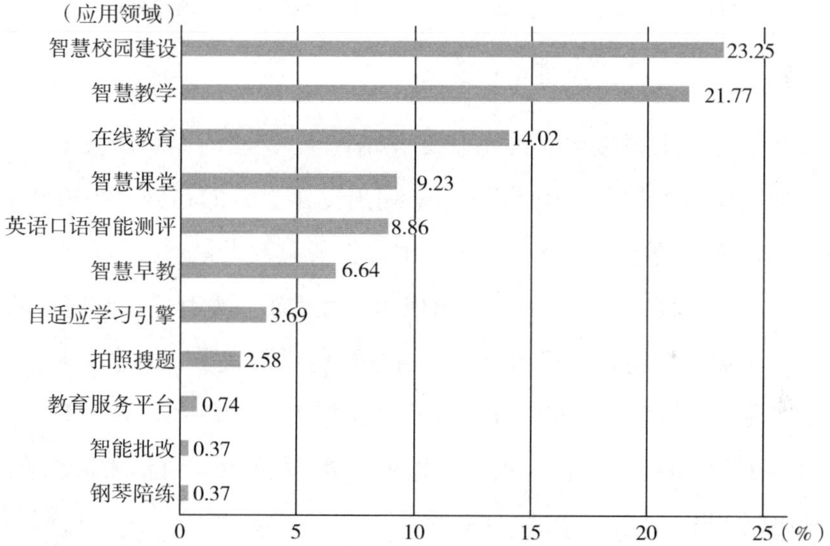

图7-7　初始智慧教育企业技术合作关系应用领域分布

非初始智慧教育类企业技术合作关系的业务领域（见图 7–8）主要集中在教和学两个方面。其中，在教师教学方面偏重于教学内容的开发，而不是技术开发和应用。非初始智慧教育类企业人工智能技术力量相对薄弱，相关技术主要以外购和合作研发为主。其中，排名第一的应用领域是在线教育，占比为 19.72%；排名第二的是钢琴陪练，占比为 8.45%；排名第三的是智慧课堂，占比为 7.04%。

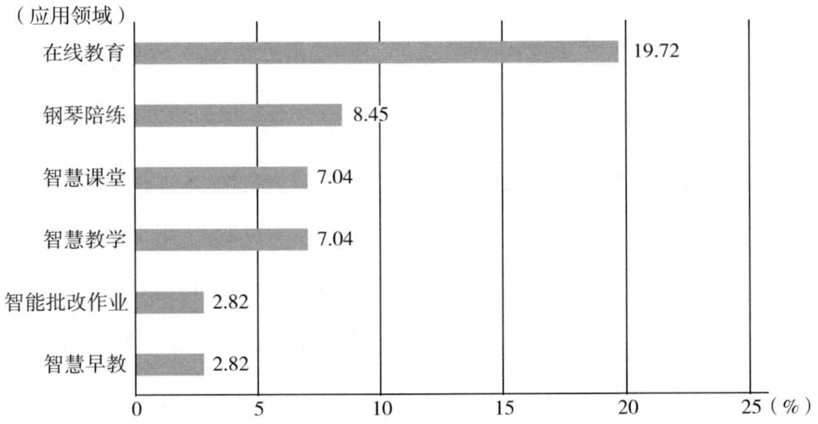

图7-8　非初始智慧教育企业技术合作关系细分应用领域分布

（二）技术合作关系年度增长变化

从技术合作关系数的年度增长变化情况看（见图 7–9），人工智能和教育产业的融合发展从 2014 年开始呈现出逐年上升的趋势。2020 年新冠疫情期间，人工智能和教育产业的技术合作关系数大幅增长。在新冠疫情的冲击下，智慧教育产品和服务需求成为刚性需求。尤其是在政府推动下，人工智能企业纷纷与教育机构合作，通过开展线上教学，加速了人工智能和教育产业的融合发展。2021 年，当疫情防控进入常态化阶段，受“双减”政策影响在线培训业务骤减，人工智能和教育产业的技术合作关系数增长开始出现急剧下降。

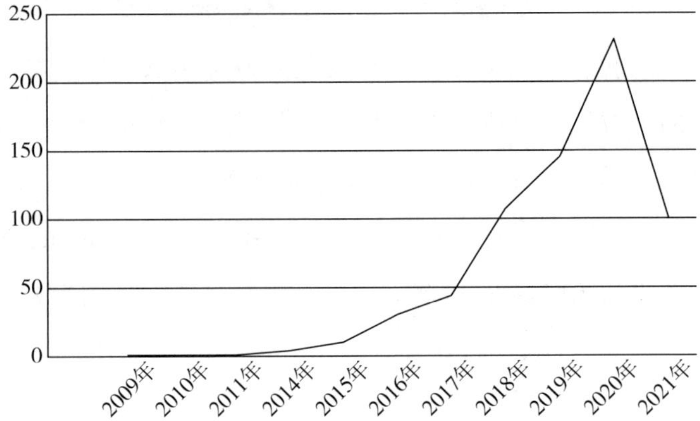

图7-9　技术合作关系整体时间变化趋势

从图 7–10 可以看出，在不同类型关系节点技术合作关系年度变化中，企业之间的技术合作是人工智能和教育产业融合发展的主体。从 2014 年开始，技术合作关系数远超政府、其他事业单位和高校。2021 年随着“双减”政策的出台，企业之间的技术合作关系数急剧下降。尽管与高校的技术合作关系数有所增加，但是主要聚焦在智慧校园和智慧课堂领域。

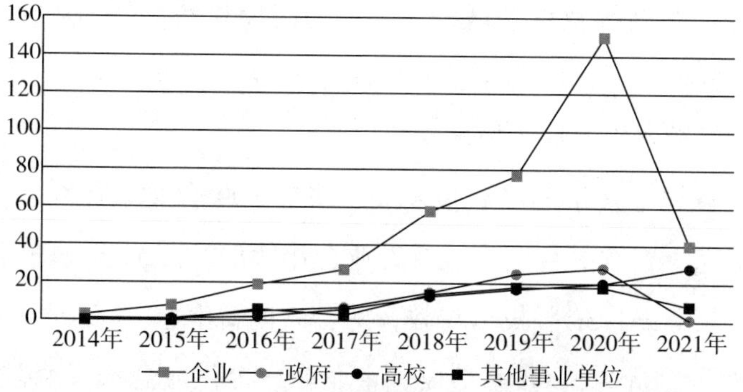

图7-10　不同类型关系节点类型技术合作数的时间变化趋势

（三）不同类别智慧教育企业技术合作关系数年度变化

2014—2021 年，三类智慧教育企业的技术合作关系数整体呈现逐年上升趋势，但不同类型企业的增长速度明显不同。在新冠疫情暴发的 2020 年，平台企业的技术合作关系数增长最快。其中的主要原因是包括华为云、腾讯云在内的平台企业为在线实时直播和教学信息管理提供云服务需求呈现出爆发式增长。2021 年开始，由于受“双减”政策影响，三大类企业的技术合作关系数骤减（见图 7–11）。

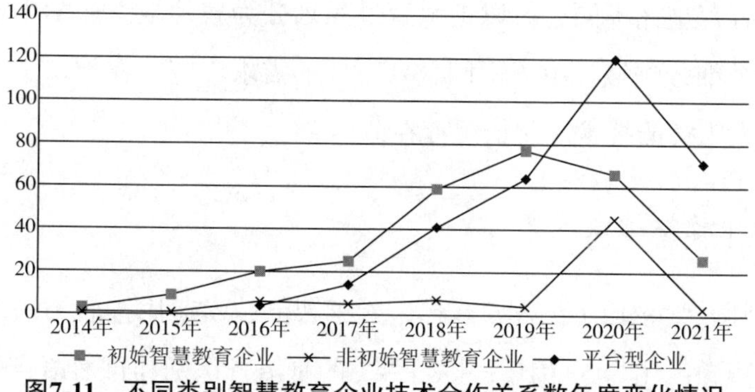

图7-11　不同类别智慧教育企业技术合作关系数年度变化情况

以华为为例，疫情期间华为云推出了“云 + 网校 + 直播平台”的在线教育解决方案。华为云的在线教育解决方案采用云直播方式为老师和学生提供高效课堂教学体验。华为云打通网校云平台和直播平台，除了能够真实还原线下课堂体验之外，可以借助华为云视频技术为线上课堂提供点播视频服务。

在中小学教育领域，华为云通过在线学习中心，提供教师团队便捷线上办公服务。在高等教育领域，华为云为高校免费提供 500 门覆盖 12 大门类在线教学课程，同时为学校开展课件上传、课程公告、远程直播、线上考试等在线学习服务提供技术支撑。

为了保障线上教学的高质量发展，华为云联合文华在线、拓维信息、保利威、泰克、青软等百余家教育行业合作伙伴共同创建“随时学教育联盟”，构建“云 +AI+5G”技术与教育融合的创新生态。“随时学教育联盟”自创建以来，免费为 5000 家学校、企业客户提供应急教学直播，实现课程总量 24 万，线上学员数量超过 5000 万。

在疫情期间，初始智慧教育类企业的技术合作关系数受到的影响不显著，主要因为它们的业务活动在疫情前就已经正常开展。例如，拍照搜题和英语口语测评等业务领域的用户量没有受到疫情影响。同时，在线上教育方面，初始智慧教育企业技术合作关系主要集中在录播业务板块。而疫情的冲击主要集中对学校课堂教学的直播产生重大影响，录播则没有影响。

（四）教学管领域人工智能技术应用

根据教育主体不同，可以把教育过程划分为教师教学、学生学习和教学管理三个细分领域。由于不同教育主体的需求不同，在教、学、管三个不同领域人工智能技术应用情况存在差异。

1. 教师教学领域

在教师教学领域（见图 7–12），人工智能技术应用排名第一的是大数据与云计算，占比为 53.91%；排名第二的是语音识别和自然语言处理，占比为16.80%；排名第三的是智能机器人，占比8.20%。在教师教学领域，大数据与云计算主要应用在智慧教学，例如，在知识图谱方面，大数据与云计算通过为教师提供知识图谱服务的方式实现备课和教学的智能化。

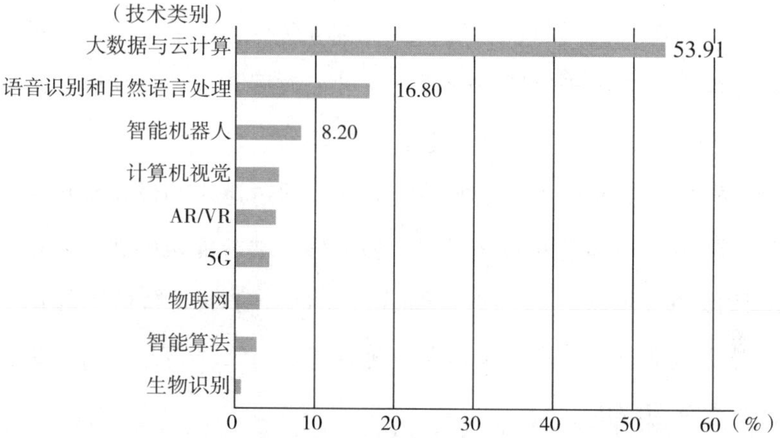

图7-12 教师教学领域人工智能技术应用情况

语音识别和自然语言处理在教师教学领域主要应用在英语口语测评。通过运用语音识别和自然语言处理技术，可以完成从句子流利度、准确度和完整度多维度口语自动测评，精准分析每个单词的发音情况，有效纠正学生的发音问题。口语测评产品替代了教师对学生的口语陪练、口语考试测试和评分统计等相关工作，在提高教师工作效率的同时，实现了口语训练的自适应学习。

智能机器人主要应用在早教领域。其中，早教机器人属于服务型机器人，具有语音识别功能和语音对话功能。早教机器人通过陪伴儿童成长教育，节省了父母陪伴和教育的时间。

计算机视觉在教师教学领域的应用主要体现在智能批改作业上。借助OCR智能图像识别技术，通过纸质作业“秒拍识别批改”，生成多维度的学情数据报告，打破了传统作业批改模式。同时，与人工批改相比，智能批改更加细致和客观。通过即时客观的作业批改，教师能获得学生的精准学情分析，在提高教师工作效率的同时，能够实现学生自适应学习能力的提高。

2. 学生学习领域

在学生学习领域（见图 7-13），人工智能技术合作关系排名第一的是大数据与云计算，占比为 60.00%；排名第二的是计算机视觉，占比为 28.00%；排名第三的是智能算法，占比为 4.00%。在学生学习领域，大数据与云计算主要应用于自适应学习。通过大数据与云计算能够实现精准匹配，为学生定制更加有效的个性化学习方案。

计算机视觉主要运用在拍照搜题方面。通过运用图像识别技术拍照搜题实现试题内容和答案的检索匹配。随着移动端智能机的普及，用户可以随时随地以图片形式存储和查找题目，进而利用 OCR 智能图像识别技术将试题图片识别成可编辑文本信息，进一步通过文本信息进行搜索从而得到试题及答案与解析。

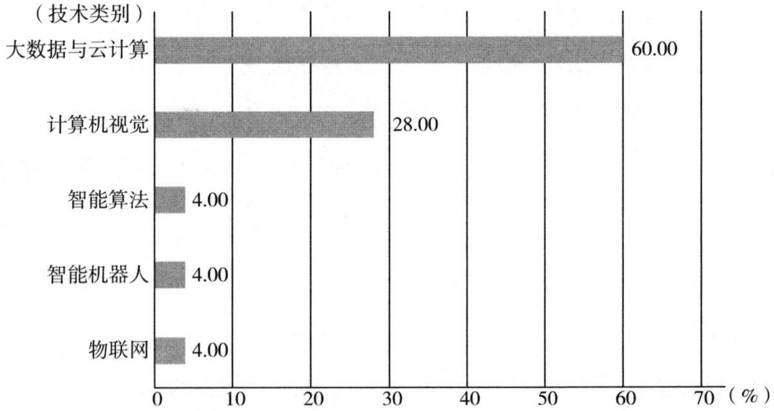

图7-13 学生学习领域人工智能技术应用情况

3. 教学管理领域

在教学管理领域（见图 7-14），大数据与云计算仍然是占比最高的人工智能技术，占比为 86.98%；排名第二的是智能算法，占比为 4.73%；排名第三的是 5G，占比为 3.55%；排名第四的是物联网，占比为 1.18%。

教学管理系统涉及多种人工智能技术集成和应用。大数据与云计算是基础。同时，教学管理系统通过集成包括人脸识别、指纹识别、虹膜识别、指静脉识别和深度学习在内的智能算法，提高教学管理运行的效率。

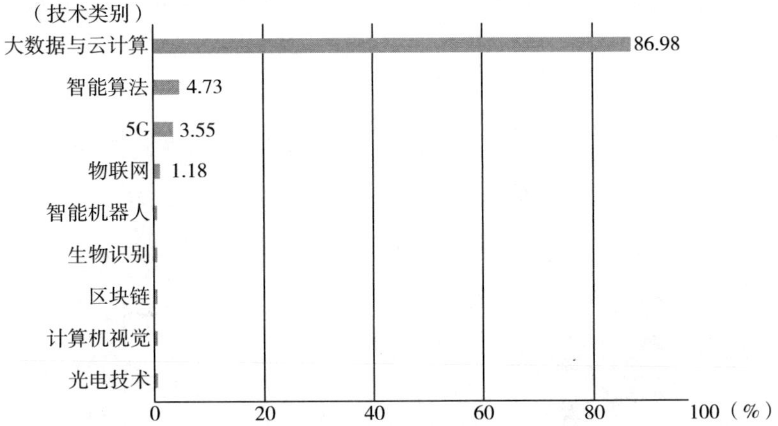

图7-14　教学管理领域人工智能技术应用情况

（五）计算机视觉与语音识别和自然语言处理技术应用年度变化

与大数据与云计算、5G和物联网相比，计算机视觉、语音识别和自然语言处理属于人工智能核心算法，能够充分体现人工智能技术在智慧教育产业中的应用。如图7-15所示，2019年新冠疫情暴发后，计算机视觉、语音识别和自然语言处理技术在智慧教育中的应用快速增长。

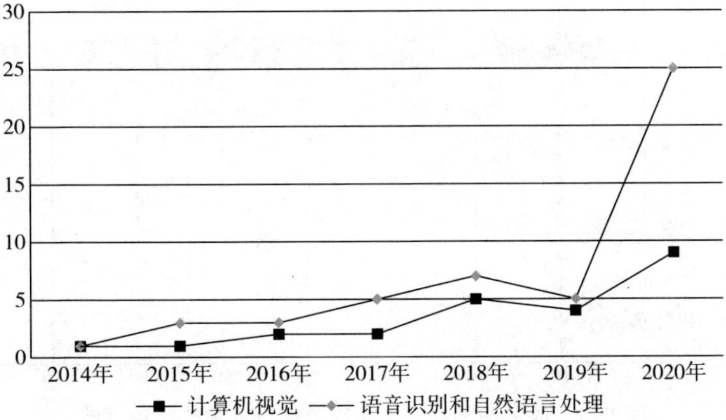

图7-15　计算机视觉与语音识别和自然语言处理技术合作关系数年度变化

如图 7–16 所示，计算机视觉技术主要运用于拍照搜题、智能批改作业和在线教育等业务。计算机视觉技术在上述业务领域的应用满足了疫情期间因学生无法返校上课导致作业批改及答疑等环节线上教学需要。

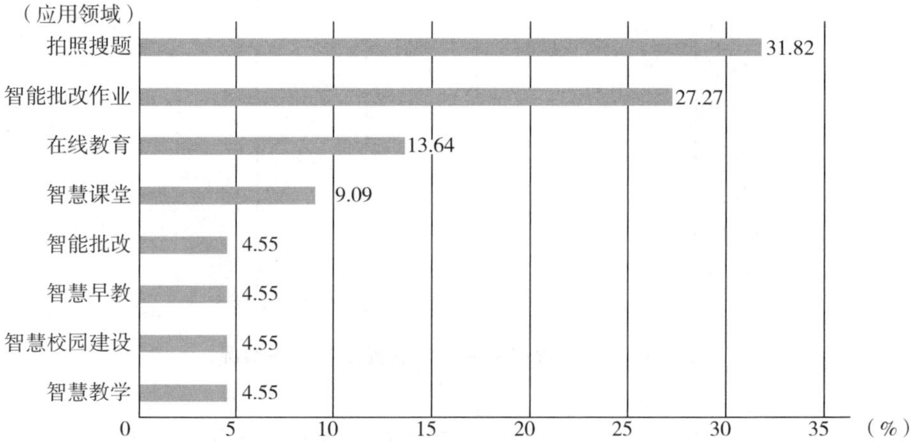

图7-16　计算机视觉技术主要应用领域

语音识别和自然语言处理技术主要用于英语口语智能测评、智慧教学和智慧早教领域（见图 7–17）。口语测评产品替代了教师对学生的口语陪练、口语考试测试及评分统计等工作，弥补了疫情期间英语老师的线下口语教学的缺失。

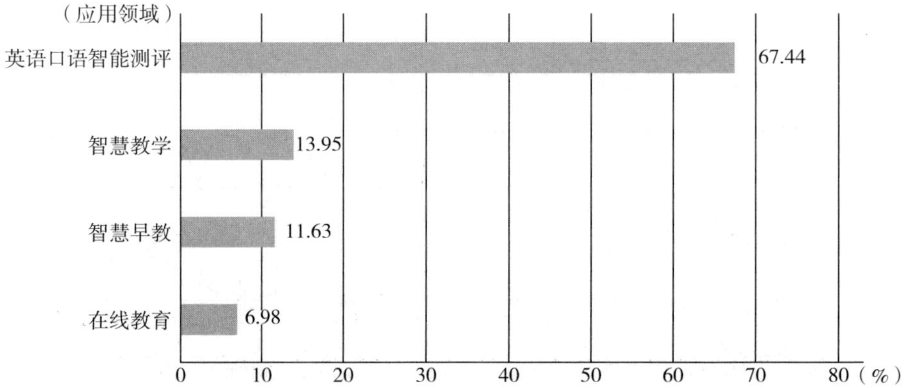

图7-17　语音识别和自然语言处理技术主要应用领域

第三节　智慧教育产业发展的动力和机制

一、人工智能和教育产业融合发展的内在逻辑

基于我国智慧教育产业发展的价值网络分析，可以清晰地看到人工智能正在变革着我国教育发展的格局。尤其是通过网络空间的搭建和教育内容的数字化，为教师的个性化教育和学生的自适应学习创造了新的环境和条件。为了概括和总结人工智能和教育融合发展的关键因素和机制，本节构建了简单的逻辑分析框架（见图 7-18），考察人工智能对教育产业发展的深刻影响。

在传统教育过程中，受教学过程和手段的物理空间限制，教师处于主导地位，学生往往是被动的知识和技能的接受者。处于主导地位的教师资源是高度稀缺的，能够接受优质教育的学生只能是少数。同时，优质教育资源和教师的主导地位制约了学生自适应学习的空间和条件。提高学生的自适应学习能力和教育公平水平，是人工智能和智能深度融合发展的基本动因。

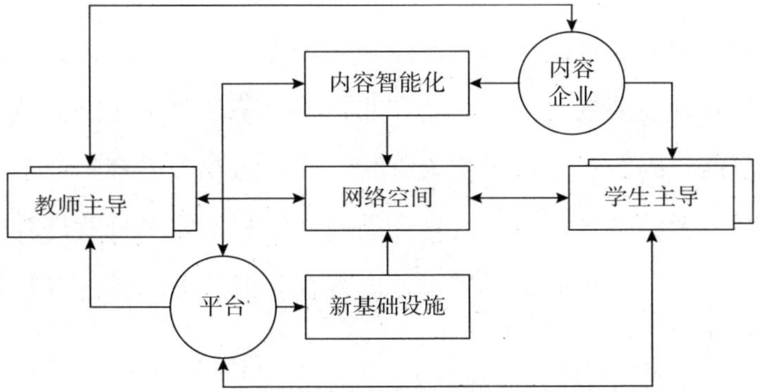

图7-18　人工智能和教育产业融合发展内在逻辑图

为了考察人工智能如何变革教育体系，在分析框架中，除了教师和学生，只包括两类从事智能教育的创新主体：平台企业和内容企业。其中，

平台企业的主要功能通过网络空间的搭建，为智慧教育提供基础设施。内容企业是指运用人工智能技术实现教育内容数字化的创新主体。在现实中，平台和教育企业之间的界限是模糊的。平台往往通过垂直业务子平台的建设，从事教育内容数字化方面的业务。如果垂直业务子平台主要从事教育内容的数字化，则应被看作教育企业。两类创新主体的分工协同共同推动人工智能和教育的深度融合发展。

与传统教育相比，人工智能和教育融合发展的前提和基础是网络空间的搭建。网络空间的存在改变了教师和学生的互动关系和方式。首先，网络空间的出现突破了教育过程的地理空间限制，使教师和学生的交流和互动超越了物理空间限制。其次，网络空间教师和学生的互动在大数据分析下，既可以为学生进行数字画像，也可以实现对教师的数字画像。通过数字画像可以为教育资源和学生的精准匹配创造条件。再次，教师和学生在网络空间的互动，可以使老师专门为学生开发教育内容，满足教育个性化的需求。最后，在网络空间学生不再是被动的接受教育者，而是转变为自适应学习者。教师和教师、教师和学生、学生和学生之间的网络空间非线性互动可以把学习转化为创造知识的过程。

网络空间的搭建和发展仅是人工智能和教育深度融合的前提和基础。从本质上说，智慧教育属于内容产业。能否提供满足学生自适应学习的内容，是智慧教育发展的方向。初始和非初始智慧教育企业是智慧教育的主要内容生产商。内容企业通过把人工智能技术运用于内容生产，创造出适合不同受教育者的教育产品。内容产品的创作和制作本身就是教师和学生互动的结果。根据学生的学习需求，内容企业把教师的教学以智能化的方式固化为产品。

从人工智能和教育的融合发展的实际进展看，受市场制约，许多内容产品仍然是以提高应试教育成绩和减轻教师的工作量为导向的。如何创作出沉浸式的、互动式的、能够适合学生自适应学习的人工智能教育产品仍然是智慧教育努力的方向。

而要创造出适合学生自适应学习的人工智能教育产品不仅取决于内容本身，而且取决于人工智能技术的进步。以图像识别技术为例，目前的技术水平只是停留在识别水平，计算机无法做出推理和决策。而且图像识别依赖于图像的事前标注。随着算力和算法的进步，图像识别正在从识别走向图像知识、推理和决策。随着包括图像和语音知识技术的成熟，内容产品将能够根据学习者的适应能力提供教育内容，真正实现以学生为主导的智慧教育发展。

在人工智能和教育融合发展中，多元创新主体互动带来持续技术和内容创新。其中，平台汇聚的实时在线和可共享数据，为内容企业、教育者和受教育者之间的良性互动提供了精准匹配支撑。为了提供精准匹配，平台通过创建垂直子业务平台、建设开源社区和支持新创企业的方式构建智慧教育产业生态。垂直子业务平台主要是针对教育对象的细分领域创建的。例如，大学教育、中小学教育和职业教育类别。通过垂直子业务平台建设，平台聚集的人工智能技术能够更加聚焦。开源社区建设的目标是为开发者提供软件和硬件支持。开发者既可能是个体开发者和内容企业的开发者，也可能来自传统教育部门甚至是教师和学生。开发者是新创企业的重要来源。通过创建垂直业务子平台、支持开发者进行产品开发和为新创企业提供良好环境，平台企业不断发展和优化智慧教育产业生态，为人工智能和教育的融合发展提供支撑。

上述价值网络图中涉及的创新主体是多元的，不仅包括平台企业的垂直子业务平台，而且包括教育类新创企业和内容企业及开发者社区。通过多元创新主体的协同作用，共同推动人工智能通用技术与教育产业的融合，形成完整的智慧教育产业生态。

二、总结和政策建议

通过对 60 家智慧教育产业企业的价值网络分析，本章的主要结论是，智慧产业的发展开始于2014年包括人工智能在内的新一代信息技术创新应用，人工智能和教育产业的融合发展涉及包括人工智能开放创新平台、初始智慧教育企业和非初始智慧教育企业、研究型大学、学校和其他企业在内的多元创新主体的相互作用和协同创新。尽管新冠疫情的冲击为我国智慧教育产业的发展创造了机遇，但是从融合发展的进程看，如何进一步实现教育公平和提高自适应学习效率，是智慧教育发展的长远目标和方向。本章的政策建议包括：

首先，实现教育公平和提升自适应学习能力，是发展智慧教育产业的方向和目标，同时也是国家教育发展战略的重要支撑。教育的社会属性突出，政府、学校和人工智能企业之间的协作是推动人工智能与教育产业的融合发展的关键。从发展的实际看，在疫情期间，政府在智慧教育产业的发展上发挥了积极作用。如何在疫情防控常态化条件下进一步发挥政府的作用，积极引导人工智能企业在智慧教育产业领域的发展，是智慧教育发展的重要环节。

其次，作为教育活动的主要承担者，学校要加速人工智能技术应用改造教学结构和教育模式。随着人工智能技术的创新应用，依赖常规性技能的教育工作将逐步被人工智能产品和服务所取代，从而对教师的科研和教学能力提出了更高的要求。如何让老师学习和掌握人工智能技术，利用新的手段和工具设计教学活动，是提高教学质量的重要途径。

最后，随着智慧教育产业的发展，人工智能技术和教学内容的结合成为智慧教育发展的基础。因而，产学研的合作是智慧教育产业发展的关键驱动力。推动人工智能平台、智慧教育专业企业和学校之间的合作，实现教学内容的智能化和共享，是发展智慧教育产业的关键动力和机制。

第八章

新型平台的产业赋能

第一节 新型平台

一、新型平台的涌现

联合国贸易和发展会议发布的《2019 年数字经济报告》指出，全球数字经济发展最为引人注目的，是美中两国占全球 70 家最大数字平台市值的 90%，共同发挥引领作用[①]。平台经济的发展使我国智能经济走在了世界前列。而人工智能技术的创新应用和新型平台的发展将进一步推动人工智能和实体经济全面融合，成为驱动经济转型和升级的新引擎。

平台源于互联网的发展，尤其是交互式互联网（Web 2.0）的发展。作为网络空间的搭建者和运营者，平台首先出现在电子商务、搜索引擎、社交和众包领域。在服务线上交易活动的过程中，交易型平台实现了数据和计算的实时在线和可共享，为人工智能技术的创新和应用创造了条件。

近年来，人工智能技术的创新应用带来了平台发展的新变化。以产业赋能为导向的新型平台的出现不仅带动了人工智能和实体经济深度融合发展，而且通过网络空间产业生态的持续下移不断消除“数字鸿沟”，通过赋能创新创业活动，激活社会生产力发展潜力。新型平台来自交易型平台和创新型企业的智能化转型。其中，创新型企业属于在传统产业中具有市场优势地位的龙头企业，通过智能化改造发展为具有产业赋能功能的新型平台。交易型平台通过人工智能技术的创新应用，依托数据生态优势和子

① UNCTAD. Digital Economy Report 2019. https://unctad.org/webflyer/digital-economy-report-2019.

平台建设，成为垂直业务领域产业赋能者，在提供交易服务的同时，为传统产业企业提供包括品牌策划、柔性生产和客户定制在内的技术和服务。

无论是交易型平台的转型升级还是创新型企业的平台化，人工智能技术的应用都发挥着至关重要的作用。因而，新型平台是人工智能技术创新应用的结果。为了推进新型平台的发展，2019 年 8 月，科技部印发了《国家新一代人工智能开放创新平台建设工作指引》（简称“工作指引”），国家新一代人工智能开放创新平台建设将聚焦人工智能重点细分领域，充分发挥行业领军企业、研究机构的引领示范作用，有效整合技术资源、产业链资源和金融资源，持续输出人工智能核心研发能力的重要创新载体。从“工作指引”的要求看，人工智能开放创新平台建设的主要目标是为实体经济进行产业赋能，属于典型的新型平台。

2017 年 11 月，科技部公布了第一批国家新一代人工智能开放创新平台建设名单。其中，依托百度公司建设自动驾驶国家新一代人工智能开放创新平台；依托阿里云公司建设城市大脑国家新一代人工智能开放创新平台；依托腾讯公司建设医疗影像国家新一代人工智能开放创新平台；依托科大讯飞公司建设智能语音国家新一代人工智能开放创新平台。

2018 年 9 月，科技部宣布依托商汤集团建设智能视觉国家新一代人工智能开放创新平台。2019 年 8 月，科技部公布第二批国家新一代人工智能开放创新平台，依托上海依图网络科技有限公司建设视觉计算平台，依托上海明略人工智能（集团）有限公司建设营销智能平台，依托华为技术有限公司建设基础软硬件平台，依托中国平安保险（集团）股份有限公司建设普惠金融平台，依托杭州海康威视数字技术股份有限公司建设在线视频感知平台，依托北京京东世纪贸易有限公司建设智能供应链平台，依托北京旷视科技有限公司建设图像感知平台，依托北京奇虎科技有限公司建设安全大脑平台，依托北京世纪好未来教育科技有限公司建设智慧教育平台，依托北京小米移动软件有限公司建设智能家居平台。

从建设和发展的实践看，人工智能开放创新平台是新型平台。通过通用技术创新和产业赋能，人工智能开放创新平台建设的目标是推动人工智能和实体经济深度融合发展。通过对 15 家国家级人工智能开放创新平台产业赋能情况的分析，能够认识新型平台发展的现状和趋势，为发展平台经济和推动智能经济发展提供理论支撑。

为了考察平台及其主导的产业生态如何进行产业赋能，本章选择科技部认定的 15 家国家级人工智能开放创新平台为研究样本。通过关系数据量化分析，考察 15 家人工智能开放创新平台产业赋能的领域和方式。

二、15 家人工智能开放创新平台的价值网络

把采集的 15 家人工智能开放创新平台的关系数据输入 Gephi 0.9.2 社会网络分析软件，得到价值网络拓扑结构图（见图 8–1）。表 8–1 的统计分析说明，15 家人工智能开放创新平台的节点总数为 6789，关系数为 11020，价值网络平均度为 1.62，模块度为 0.59，平均聚类系数为 0.13，平均路径长度为 2.87。价值网络的统计指标表明，15 家人工智能开放创新平台具有极强的辐射和带动能力，是中国智能经济发展的中坚力量。

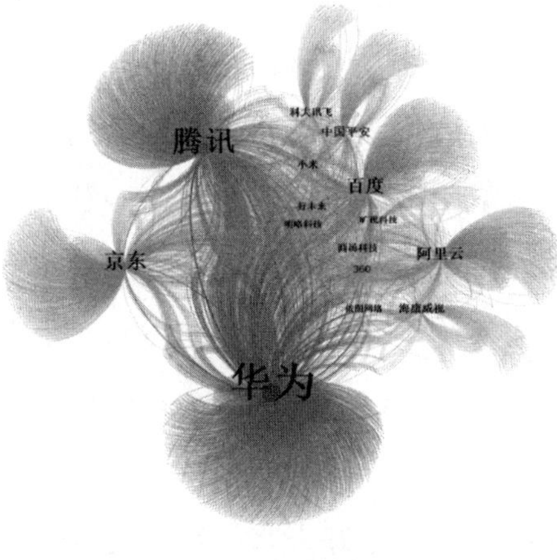

图8-1 15家人工智能开放创新平台价值网络图[①]

① 为突出价值网络核心节点的重要性，仅显示15家新一代人工智能开放创新平台的节点标签。

表8-1　　15家人工智能开放创新平台价值网络结构性统计指标

统计指标	统计值
样本节点总数	15
价值网络图节点总数	6789
价值网络图关系总数	11020
平均度	1.62
模块度	0.59
平均聚类系数	0.13
平均路径长度	2.87

三、节点的活跃度

表8–2列出了人工智能开放创新平台构成的价值网络中，度数中心度排名前15的样本节点和关系节点。从样本节点看，华为、腾讯、京东、百度和阿里云是最活跃的人工智能开放创新平台，通过数字化和智能化技术赋能产业，推动人工智能和实体经济深度融合发展，孵化出新技术、新产品、新业态和新模式，引发了一系列组织和制度变革，是中国智能经济发展的关键主导者。

表8-2　　人工智能开放创新平台价值网络活跃度排名前15的节点

样本节点	加权度	关系节点	加权度
华为	5368	美国英特尔公司	86
腾讯	3878	清华大学	66
京东	1769	中国联合网络通信集团有限公司	55
百度	1498	中国移动通信集团有限公司	44
阿里云	1033	美国英伟达公司	42
中国平安	467	美国高通公司	38
360	320	美的集团股份有限公司	36
海康威视	304	中国电信股份有限公司	35
小米	270	东华软件股份公司	34
科大讯飞	243	北京大学	30
依图网络	160	上海交通大学	29
商汤科技	142	美国微软公司	27

续表

样本节点	加权度	关系节点	加权度
旷视科技	97	浙江大学	26
明略科技	70	北京永洪商智科技有限公司	26
好未来	45	浪潮集团有限公司	24

发挥关键作用的关系节点主要包括四类机构：一是以英特尔、英伟达、高通和微软为代表的国外基础软硬件企业；二是以中国联通、中国移动和中国电信为代表的网络基础设施服务商；三是以清华大学、北京大学、上海交通大学和浙江大学为代表的高校与科研院所；四是以美的集团、东华软件、永洪科技和浪潮集团为代表的国内高科技企业。作为价值网络的重要组成部分，四类创新主体通过技术创新和人才培养支撑中国智能经济的健康发展。

四、关系数据

表 8–3 列出了 15 家人工智能开放创新平台价值网络关系数据的分类统计结果。从技术关系维度看，技术输入方属于国内企业和机构的占比为 89.49%，属于国外企业和机构的占比为 10.51%；技术赋能对象属于国内企业和机构的占比为 93.26%，属于国外企业和机构的占比为 6.74%。可见，15 家人工智能开放创新平台主导的产业创新生态是高度开放的。

在前期学习经验中，来自国内高校和科研院所的占比达 73.28%，来自国外高校和科研院所的占比为 26.72%；在前期工作经验中，来自国内企业和机构的占比达 89.33%，来自国外企业和机构的占比为 10.67%。国外高校是 15 家人工智能开放创新平台核心人力资本的重要来源。

在 15 家人工智能开放创新平台的投融资关系中，融资次数占比 14.26%，投资次数占比为 85.74%。投融资关系数的对比表明，15 家人工智能开放创新平台通过投资和收购行为构建平台 / 子平台主导的产业生态系统，对产业进行赋能。

表8-3　　15家人工智能开放创新平台价值网络关系数据分类统计

	类别	关系数	占比（%）
技术关系	技术输入	3549	100.00
	国内	3176	89.49
	国外	373	10.51
	技术赋能	11769	100.00
	国内	10976	93.26
	国外	793	6.74
人力资本关系	前期学习经验	131	100.00
	国内	96	73.28
	国外	35	26.72
	前期工作经验	478	100.00
	国内	427	89.33
	国外	51	10.67
投融资关系	投融资次数	631	100.00
	融资次数	90	14.26
	投资次数	541	85.74

第二节　新型平台的技术合作关系

一、技术合作关系

在技术合作关系中（见图8–2），技术输入关系占比23.17%，技术赋能关系占比76.83%。在技术输入关系中（见图8–3），89.49%来自国内，10.51%来自国外。在技术赋能关系中，93.26%的赋能对象是国内企业和机构，6.74%的赋能对象是国外企业和机构。从技术输入和技术赋能的对比看，15家人工智能开放创新平台具有强大的辐射能力，是产业数字化的关键推动者。

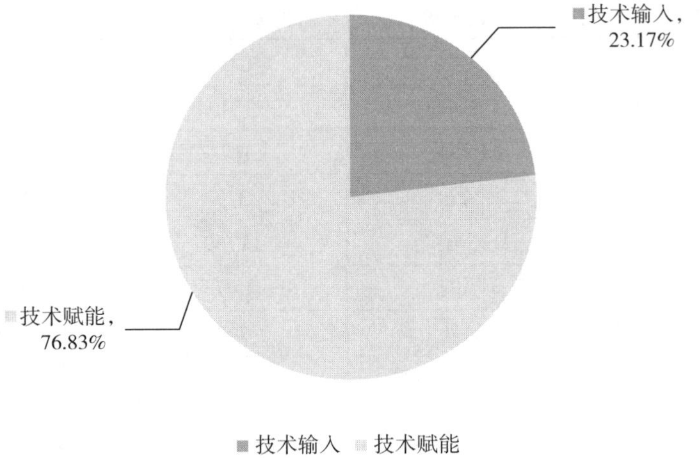

图8-2　15家人工智能开放创新平台技术合作关系比较

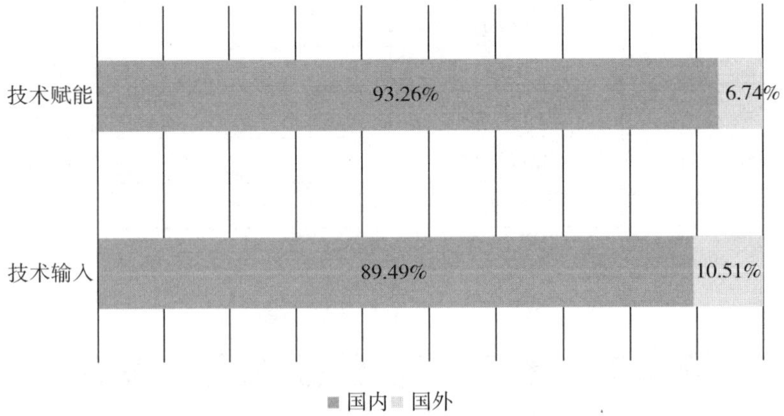

图8-3　15家人工智能开放创新平台技术输入和技术赋能国内外占比

技术输入和技术赋能均排名前5的样本企业分别为华为、腾讯、京东、百度和阿里云（见表8-4）。其中，华为无论是在技术输入方面还是在技术赋能方面的表现都非常突出。在融合发展阶段，以华为为代表的基础软硬件平台正在发挥越来越重要的作用。

表8-4　15家人工智能开放创新平台技术合作关系排名前15的节点

企业名称	技术输入数	企业名称	技术赋能数
华为	1210	华为	4042

续表

企业名称	技术输入数	企业名称	技术赋能数
腾讯	740	腾讯	3087
京东	389	京东	1364
百度	387	百度	1078
阿里云	277	阿里云	748
中国平安	127	中国平安	330
小米	88	360	231
海康威视	85	海康威视	213
360	69	小米	150
科大讯飞	67	科大讯飞	150
依图网络	40	商汤科技	117
商汤科技	24	依图网络	115
旷视科技	18	旷视科技	77
明略科技	18	明略科技	45
好未来	10	好未来	22

在 15 家人工智能开放创新平台产业赋能价值网络中（见表 8–5），技术输入关系数排名前列的关系节点主要包括四类企业和机构：一是包括英特尔、高通、英伟达和微软在内的在基础软硬件领域的国外知名企业；二是包括清华大学、北京大学、上海交通大学和浙江大学在内的高校和科研院所；三是包括中国联通、中国电信、中国移动在内的基础通信设施服务供应商；四是包括东华软件、中软国际、永洪科技和高新兴在内的国内软硬件企业。

技术赋能关系数排名前列的关系节点主要包括五类企业和机构：一是包括英特尔、微软和英伟达在内的国外基础软硬件企业；二是包括清华大学、北京大学和上海交通大学在内的高校和科研院所；三是包括中国联通、中国电信、中国移动在内的基础通信设施服务供应商；四是包括东华软件和长安汽车在内的高科技和传统产业企业；五是以重庆市政府、深圳市政府和上海市政府为代表的地方政府。从技术赋能的对象看，15 家人工智能开放创新平台的赋能对象是泛在化的，不仅包括智能经济核心产业部门企业、大学和科研机构，而且包括融合产业部门的企业和政府。通过广泛赋能，15 家开放创新平台不断推动人工智能和实体经济的深度融合发展。

表8-5　　技术输入与技术赋能关系数排名前15的关系节点

企业名称	技术输入数	企业名称	技术赋能数
英特尔	45	英特尔	41
清华大学	30	中国联通	38
高通	28	清华大学	36
中国联通	19	中国电信	34
英伟达	19	微软	26
中国电信	15	中国移动	26
微软	13	英伟达	23
东华软件	12	东华软件	22
北京大学	12	长安汽车	21
上海交通大学	12	重庆市政府	20
中国移动	11	深圳市政府	19
浙江大学	11	北京大学	18
中软国际	11	中国农业银行	18
永洪科技	10	上海市政府	18
高新兴	9	上海交通大学	17

二、技术赋能的地域分布

从 15 家人工智能开放创新平台技术赋能关系节点的国际分布看（见表 8-6），排名第一的是美国，关系数占比为 2.35%；排名第二的是德国，关系数占比 0.67%；排名第三的是英国，关系数占比为 0.51%。

表8-6　　15家人工智能开放创新平台技术赋能的关系节点排名前15的国家

国别	技术赋能数	技术赋能数占比（%）
美国	277	2.35
德国	79	0.67
英国	60	0.51

续表

国别	技术赋能数	技术赋能数占比（%）
日本	46	0.39
法国	33	0.28
韩国	26	0.22
新加坡	22	0.19
瑞士	19	0.16
意大利	17	0.14
荷兰	17	0.14
印度	14	0.12
泰国	12	0.10
马来西亚	12	0.10
西班牙	11	0.09
俄罗斯	11	0.09

从样本节点看，在15家人工智能开放创新平台中，对国外企业和机构技术赋能关系排名第一的是小米，占比为14.00%；排名第二的是阿里云，占比为8.29%；排名第三的是腾讯，占比为7.35%；排名第四和第五的分别是商汤科技和百度，占比为6.84%和6.68%（见图8–4）。

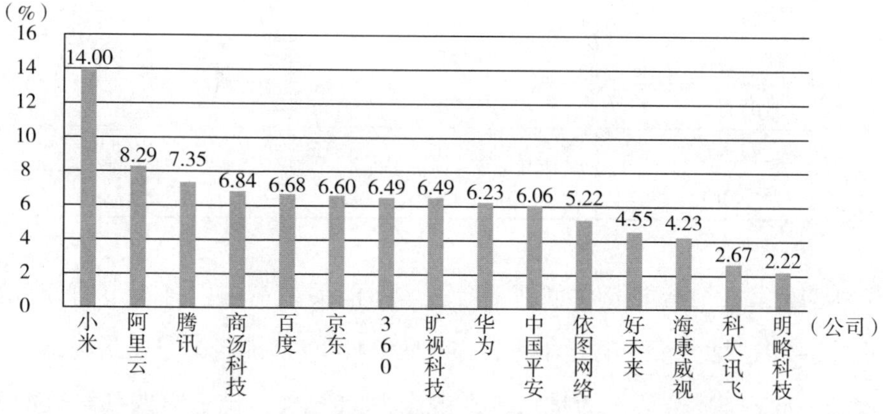

图8-4　15家人工智能开放创新平台技术赋能的国外关系数占比[①]

① 某企业技术赋能的国外关系数占比=该企业技术赋能的国外关系数/该企业技术赋能的总关系数。

从 15 家人工智能开放创新平台技术赋能关系在国内各省份的分布看（见表 8–7），排名第一的是北京市，占比为 22.64%；排名第二的是广东省，占比为 20.55%；排名第三的是上海市，占比为 8.76%；排名第四和第五的分别是浙江省和江苏省，占比为 5.62% 和 5.17%。其中，排名前三的北京市、广东省和上海市技术赋能关系数占比达到 51.95%，是中国智能经济发展的核心区域。

表8-7　15家人工智能开放创新平台技术赋能关系排名前15的省份

省份	技术赋能数	技术赋能数占比（%）
北京市	2485	22.64
广东省	2256	20.55
上海市	962	8.76
浙江省	617	5.62
江苏省	567	5.17
山东省	421	3.84
四川省	368	3.35
重庆市	279	2.54
福建省	278	2.53
湖北省	264	2.41
陕西省	252	2.30
湖南省	212	1.93
河南省	208	1.90
安徽省	202	1.84
天津市	183	1.67

从 15 家人工智能开放创新平台技术赋能关系在国内各省市的分布看（见图 8–5），排名第一的是华为，占比为 34.53%；排名第二的是腾讯，占比为 26.06%；排名第三的是京东，占比为 11.61%；排名第四和第五的分别是百度和阿里云，占比为 9.17% 和 6.25%。

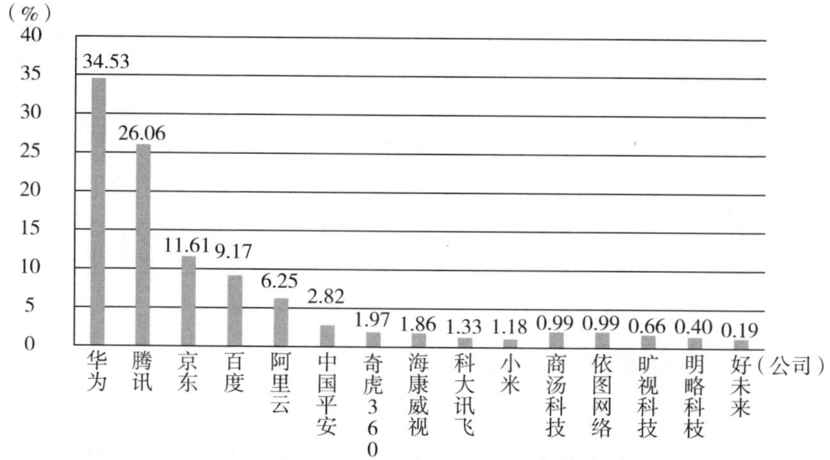

图8-5 15家人工智能开放创新平台国内技术赋能关系占比[①]

从15家人工智能开放创新平台技术赋能关系在国内城市分布看（见表8–8），排名第一的是深圳市，占比为11.98%；排名第二的是广州市，占比为5.48%；排名第三的是杭州市，占比为3.95；排名第四的是成都市，占比为2.42%；排名第五和第六的是南京市和西安市，分别占比为2.24%和2.06%。其中，15家人工智能开放创新平台对深圳市企业和机构的技术赋能关系占比最高，充分说明深圳市在智能经济发展上走在了全国前列。

表8-8 15家人工智能开放创新平台技术赋能的关系节点排名前15的国内城市

城市	技术赋能数	技术赋能数占比（%）
深圳市	1315	11.98
广州市	602	5.48
杭州市	434	3.95
成都市	266	2.42
南京市	246	2.24
西安市	226	2.06
武汉市	213	1.94
长沙市	159	1.45
青岛市	137	1.25
苏州市	137	1.25

① 某企业技术赋能的省份关系数占比=该企业技术赋能的省份关系数/全部企业技术赋能的省份总关系数。

续表

城市	技术赋能数	技术赋能数占比（%）
厦门市	128	1.17
济南市	126	1.15
郑州市	113	1.03
合肥市	112	1.02
福州市	109	0.99

三、技术赋能的产业分布

从 15 家人工智能开放创新平台对三次产业的技术赋能看（见图 8–6），关系数排名第一的是第三产业，占比为 78.44%；排名第二的是第二产业，占比为 20.93%；排名第三的是第一产业[①]，占比为 0.63%。可见，15 家人工智能开放创新平台重点赋能对象集中在第三产业。

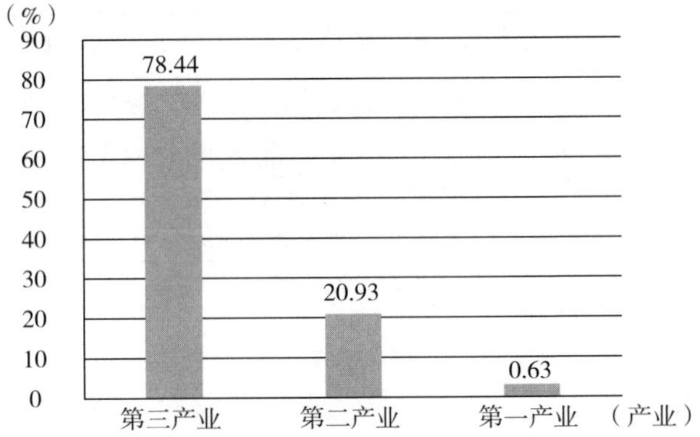

图8-6 15家人工智能开放创新平台技术赋能三次产业分布

从 15 家人工智能开放创新平台对第二产业技术赋能的细分领域看（见图 8–7），排名第一的是制造业，占比为 87.66%；排名第二的是电力、热力、燃气及水生产和供应业，占比为 5.97%；排名第三的是建筑业，占比为 4.69%；排名第四的是采矿业，占比为 1.68%。制造业的数字化和智能化转型，是人工智能和实体经济融合发展的重点领域。

① 其中，第一产业仅包含农、林、牧、渔业。

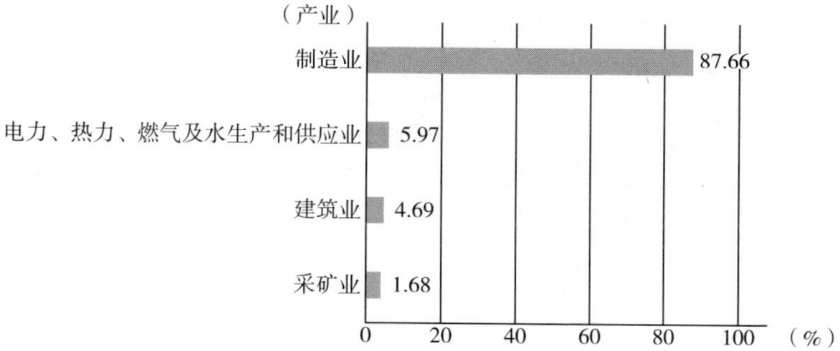

图8-7 15家人工智能开放创新平台技术赋能的第二产业细分领域分布

在15家人工智能开放创新平台对制造业技术赋能的细分领域中（见图8-8），排名第一的是计算机、通信和其他电子设备制造业，占比为31.52%；排名第二的是汽车制造业，占比为24.79%；排名第三的是电气机械和器材制造业，占比为6.73%。其中，15家人工智能开放创新平台对计算机制造和汽车制造的技术赋能显著高于其他行业。

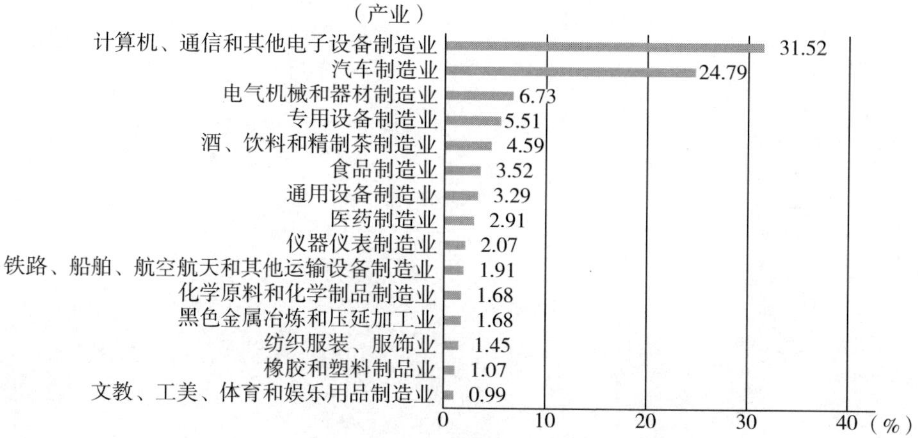

图8-8 15家人工智能开放创新平台对制造业技术赋能的细分领域

在15家人工智能开放创新平台对第三产业细分领域的技术赋能中（见图8-9），排名第一的是信息传输、软件和信息技术服务业，占比为30.47%；排名第二的是科学研究和技术服务业，占比为19.79%；排名第三的是金融业，占比为10.84%。

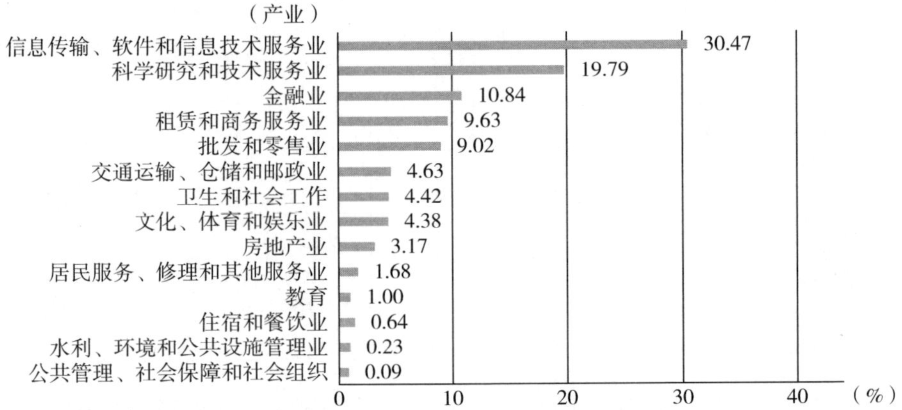

图8-9　15家人工智能开放创新平台对第三产业细分领域技术赋能情况

第九章

人工智能新型研发机构

作为通用目的技术，人工智能科技创新不仅具有学科交叉和应用场景广泛特征，而且涉及技术和社会“双重”属性。为了推进人工智能和实体经济的深度融合，需要在基础研究、应用开发和规模生产（应用）之间加速建立创新循环。适应产业智能化需求，构建政产学研用协同创新的新型研发机构成为加快人工智能科技产业发展的重要战略举措，是科技体制改革的方向。

以产业需求为导向，通过政产学研用协同创新，新型研发机构是推进从基础研究到应用开发再到规模生产形成创新循环的创新网络组织和风险分摊机制。2017 年国家《新一代人工智能发展规划》发布以来，以北京、上海、广东、江苏和浙江为代表的人工智能发展前沿地区，先后出台政策创建和支持新型研发机构开展人工智能领域共性关键技术的研发和产业化，推进人工智能科技产业的发展。

为了响应国家人工智能发展战略，北京市聚焦高端芯片和基本算法领域布局一批新型研发机构。其中，北京智源人工智能研究院和北京量子信息科学研究院是人工智能基础研究领域的代表。上海市在人工智能领域先后布局建设了近 10 家人工智能领域新型研发机构。其中的代表是上海期智研究院和上海树图区块链研究院。依托人工智能小镇，浙江省重点建设包括之江实验室、阿里巴巴达摩院（杭州）科技有限公司、西湖大学（浙江西湖高等研究院）、北京航空航天大学杭州创新研究院、浙江大学杭州国际科创中心、浙江省北大信息技术高等研究院、华为杭州研究所和中电海康研究院（中电海康集团有限公司）在内的新型研发机构。

与其他省区市相比，广东是最早建设新型研发机构的地区。1996 年 12 月，深圳市政府和清华大学联合创建的深圳清华大学研究院被称为我国第一家新型研发机构。深圳清华大学研究院依托清华大学科技创新能力服务深圳市社会经济发展，开启了中国新型研发机构建设和发展的先河。近年来，为了推动人工智能科技创新和产业发展，广东省不仅创建了以鹏城实验室和深圳人工智能与机器人研究院为代表的人工智能领域新型研发机构，而且支持现有的新型研发机构开展人工智能研发活动。尤其是把人工智能与广东优势产业的深度融合发展作为突破口，通过大力发展新型研发机构推动人工智能科技产业发展。

第一节　广东省人工智能新型研发机构的发展

在广东省正式公布的 276 家新型研发机构中，存在人工智能产业赋能关系的机构数为 121 家。其中 45 家[①] 人工智能产业赋能关系相对密集，占 120 家机构全部人工智能产业赋能关系数的 80%。同时，结合 2017—2019 年广东省设立的广东省级实验室和深圳市新型基础研究机构名单，进一步筛选出 8 家与人工智能直接相关且关系数据较为密集[②] 的机构为样本。它们分别为深圳市人工智能与机器人研究院、深圳量子科学与工程研究院、深圳数字生命研究院、深港脑科学创新研究院、鹏城实验室、人工智能与数字经济广东省实验室（深圳）、人工智能与数字经济广东省实验室（广州）和深圳市大数据研究院。因而，本章选取 52 家机构作为样本，考察人工智能新型研发机构在推进人工智能和实体经济深度融合发展中的作用和机制。

---

① 为了使样本选择具有代表性，首先对广东省276家新型研发机构进行数据采集和分析。其次根据所得到的数据进行初步统计得到有121家新型研发机构在数字经济和实体经济融合中发挥作用，然后对121家新型研发机构采集的数据进行分析判断，最终选取45家新型研发机构作为研究对象。所选取的45家新型研发机构所采集的人工智能相关数据占121家新型研发机构采集全部有效数据的87%以上。

② 因为8家机构成立时间相对较晚，有的尚处于创建期。从关系数据的采集情况，8家机构的人力资本和技术输入数据较为完整。

一、基本情况

从广东省52家人工智能新型研发机构的成立时间来看（见图9–1），1996年由深圳市政府和清华大学共建的深圳清华大学研究院是我国最早成立的新型研发机构。其中，2015年是广东省52家人工智能新型研发机构创建数量最多的年份。

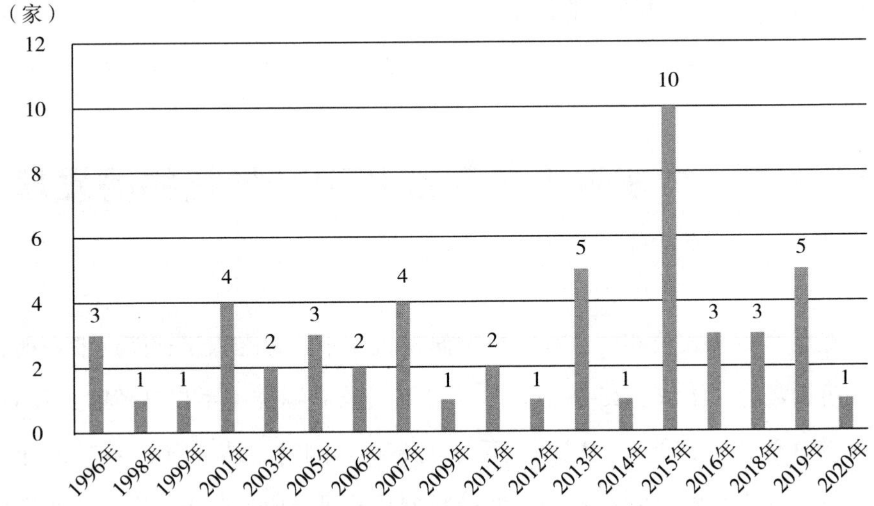

图9-1 广东省52家人工智能新型研发机构成立时间分布

广东省52家人工智能新型研发机构的城市分布主要集中在深圳、广州、东莞和佛山。其中，深圳18家，占比为34.62%；广州17家，占比为32.69%；东莞8家，占比为15.38%；佛山4家，占比为7.69%（见图9–2）。

广东省52家人工智能新型研发机构的注册资金在1000万~5000万元的家数占比最高，为42.86%，主要是事业单位性质；注册资金数在10000万元以上的新型研发机构数量占比为24.49%，事业单位和企业性质机构占比相当；注册资金数在0~500万元和500万~1000万元的新型研发机构数量占比均为12.24%和8.16%；注册资金数在5000万~10000万元的新型研发机构均为事业单位性质（见图9–3）。

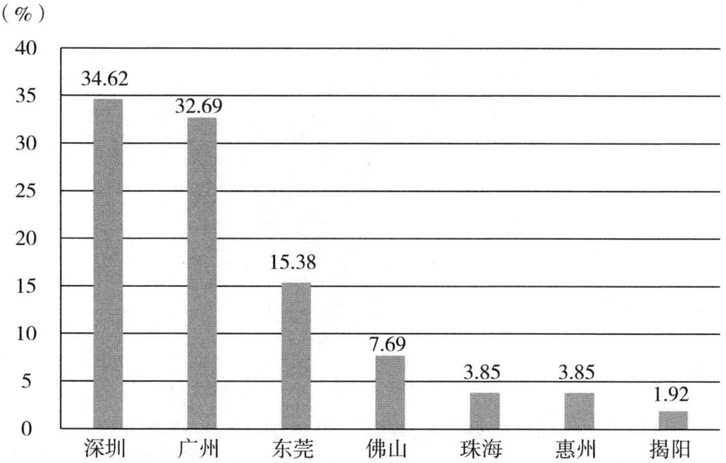

图9-2 52家广东省新型研发机构的城市分布

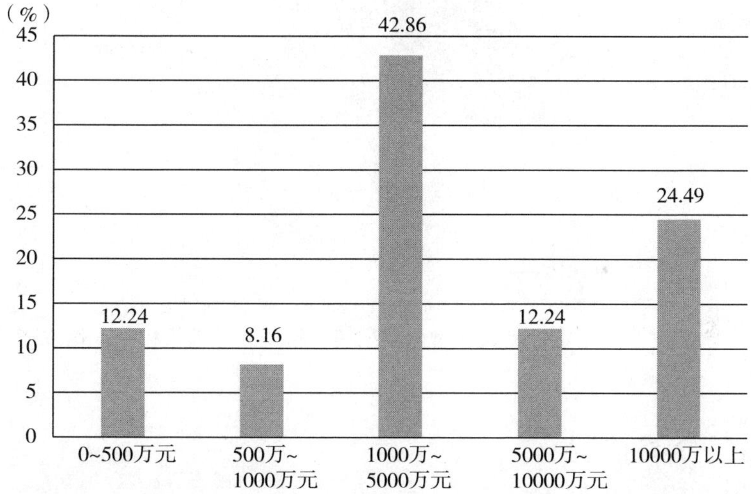

图9-3 广东省52家人工智能新型研发机构的注册资金①情况

从专利申请②看（见图9–4），专利数在0 ~ 100项和100 ~ 500项的新型研发机构数量最多，占比均为42.00%。其中，专利申请数量排名前两位的新型研发机构分别为中国科学院深圳先进技术研究院和清华大学深圳研究生院。从软件著作权拥有的情况看（见图9–5），软件著作权数量在0 ~ 10项的机构占比最多，为42.86%。

① 注册资金数据来源于天眼查、企查查等网站。

② 专利和软件著作权数据主要来源于天眼查、佰腾网和新型研发机构官方网站。

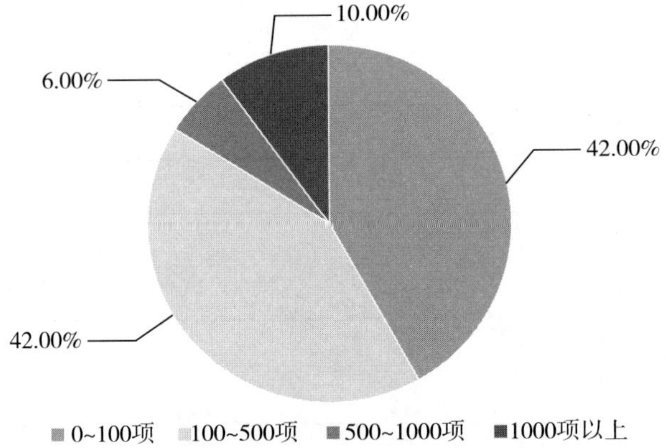

图9-4 广东省52家人工智能新型研发机构专利申请数情况

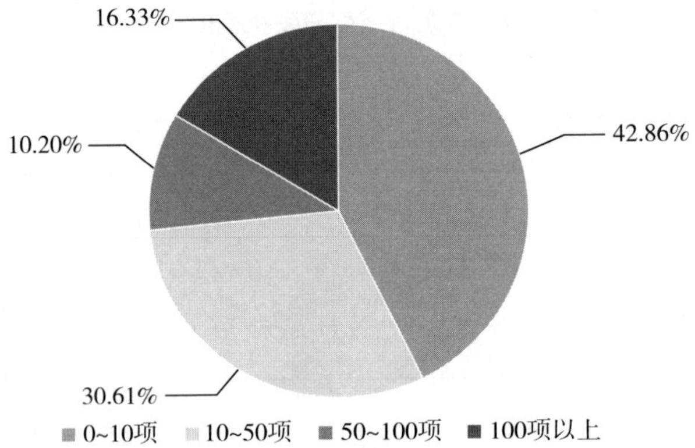

图9-5 广东省52家人工智能新型研发机构软件著作权获取情况

二、分类情况

根据2019年科技部印发的《关于促进新型研发机构发展的指导意见》，新型研发机构可以注册为科技类民办非企业单位[①]（社会服务机构）、事业单位和企业。广东省52家人工智能新型研发机构中事业单位性质的机构数量最多，共33家，占比为63.46%；其次为企业性质，共14家，占比为26.92%；民办非企业性质的机构数量相对较少，共5家，占比为

① 1998年10月，国务院颁布了《民办非企业单位登记管理暂行条例》，将民办非企业单位界定为：企业事业单位、社会团体和其他社会力量及公民个人利用非国有资产举办的，从事非营利性社会服务活动的社会组织。

9.62%（见图 9–6）。

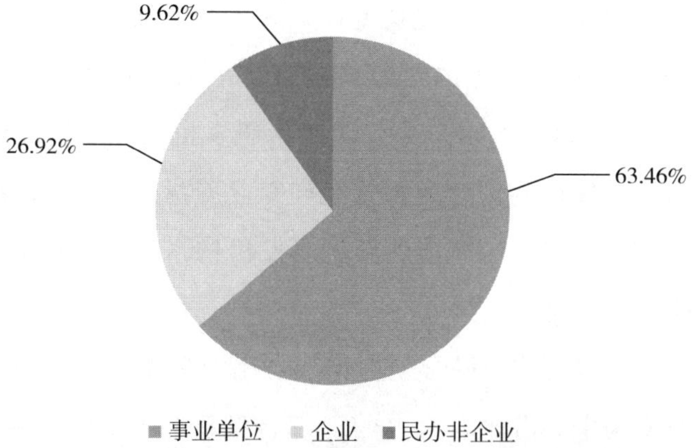

图9-6　广东省52家人工智能新型研发机构的注册类型情况

从建设单位的组成看，广东省 52 家人工智能新型研发机构呈现多元化特征。从建设单位的数量看，75% 的新型研发机构至少由 2 家单位共建，25% 的新型研发机构建设单位为 1 家[①]。建设单位的类型主要有政府、高校、科研院所和企业（见图 9–7）。其中，共建单位中包括政府的机构数量最多，占比为 59.62%；其次为包含高校的机构，占比为 51.92%；排名第三的是含企业类型的机构，占比为 36.54%；含科研院所类型的机构数量相对较少，占比为 23.08%。

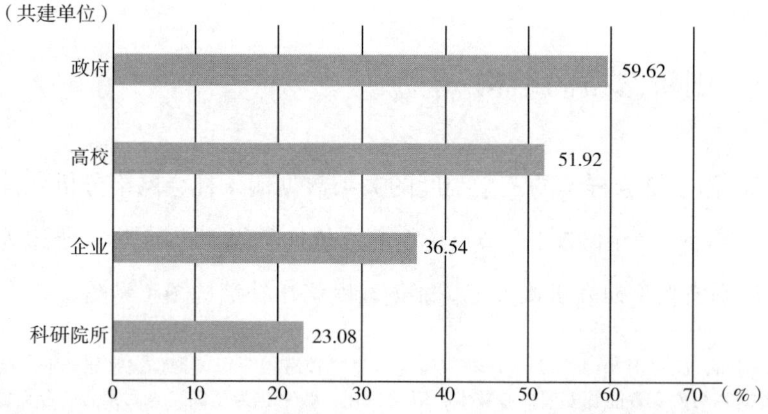

图9-7　广东省52家人工智能新型研发机构包含不同共建单位类型的占比

① 仅由一家单位主办的新型研发机构主要是企业性质的机构。

从52家人工智能新型研发机构涉及的人工智能应用领域看，24家新型研发机构（占比为46.15%）主要专注于人工智能某一特定领域进行科技创新；28家新型研发机构（占比为53.85%）的人工智能赋能领域是多元化的。为了更好地考察52家人工智能新型研发机构人工智能产业赋能情况，本章将新型研发机构划分为综合型和专业型两类。其中，综合型是指在两个或多个产业应用领域赋能的新型研发机构，专业型则是指仅在一个产业领域赋能的新型研发机构。

深圳的新型研发机构以综合型为主，占比为72.22%。广州的新型研发机构则以专业型为主，占比为52.94%。综合型新型研发机构主要为事业单位性质，占比为85.71%，大多由高校、科研院所和政府共建。专业型新型研发机构主要为企业性质，占比为50%，由企业自建或政府、高校、科研院所与企业共建。其中，专业型新型研发机构的产业赋能领域以创建企业所在行业为主，在产业智能化中发挥着引领作用[①]。

第二节 广东省人工智能新型研发机构创新网络

一、创新网络的结构

将采集的52家样本的三个维度的关系数据输入社会网络分析软件Gephi 0.9.2中，得到一个由2202个节点（企业、机构和组织）和4667条边（关系）组成的广东省新型研发机构人工智能创新网络拓扑结构图（见图9–8）。

① 例如，成立于2013年1月的广东三维家信息科技有限公司，聚焦大家居产业，通过云计算、大数据和AI人工智能等多项核心技术，以信息化、数字化为基础，为大家居产业提供云软件解决方案，服务网点已覆盖国内外100多个城市。三维家以C++为底层开发语言，以3D家居云设计系统、3D家居云制造系统、数控系统为核心，开发贯穿家居设计、营销、生产、管理全流程的软件系统，链接行业数字化生态全链路，为大家居产业提供前后端一体化解决方案，让家居设计更便捷更真实，让家居生产更精准更高效，帮助企业降本增效，推动家居产业数字化升级。

图9-8　广东省52家人工智能新型研发机构人工智能创新网络结构图①

如图 9–8 所示，广东省新型研发机构人工智能创新网络在结构上表现出小世界网络特征。表 9–1 列出了广东省 52 家人工智能新型研发机构人工智能创新网络的结构性指标。在 52 家机构创新网络的平均度为 1.523，模块度为 0.757，平均聚类系数为 0.029，平均路径长度为 5.566。图 9–9 列出的创新网络节点度数中心度分布情况。

表9-1　广东省52家人工智能新型研发机构人工智能创新网络结构性统计指标

统计指标	样本节点数	平均度	模块度	平均聚类系数	平均路径长度
统计值	52	1.523	0.757	0.029	5.566

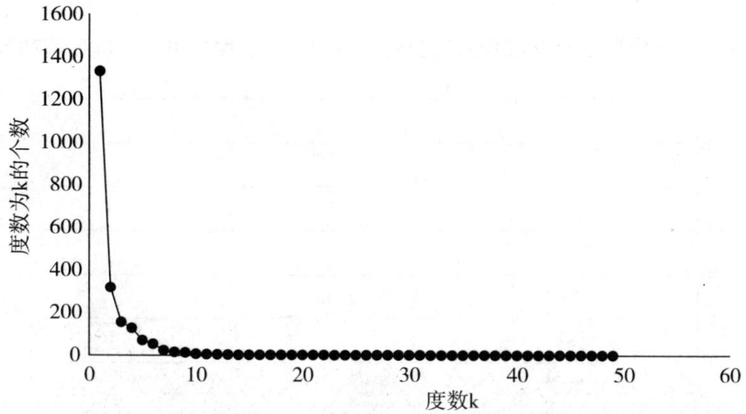

图9-9　广东省52家人工智能新型研发机构人工智能创新网络节点度数中心度分布情况

① 为了更加清晰地显示主要节点的关系结构，图9–8创新网络图中仅显示了度数中心度大于30的23个节点名称（包含了样本节点和关系节点）。

图 9–10 和图 9–11 列出了广东省 52 家人工智能新型研发机构人工智能创新网络度数中心度排名前 20 的节点（包括样本节点和关系节点）。度数中心度排名前列的节点主要包括三类：一是以深圳先进院、鹏城实验室和三维家为代表的新型研发机构；二是以清华大学、香港科技大学、北京大学和中国科学院为代表的研究型大学和科研院所；三是以华为和腾讯为代表的人工智能开放创新平台。从创新网络的结构看，从事人工智能基础研究的研究型大学、新型研发机构和人工智能开放创新平台构成了新型研发机构人工智能创新网络的主导者。它们之间相互协同，通过技术和产品创新进行产业赋能，共同推动人工智能和实体经济的深度融合发展。

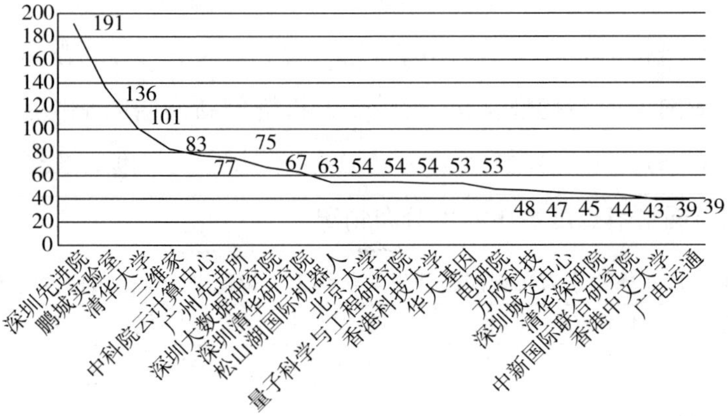

图9-10 广东省新型研发机构人工智能创新网络节点度数中心度排名前20节点

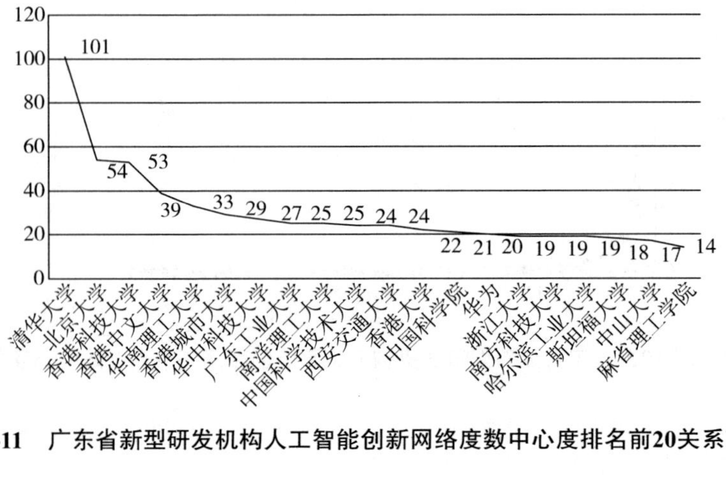

图9-11 广东省新型研发机构人工智能创新网络度数中心度排名前20关系节点

表 9–2 对广东省新型研发机构人工智能创新网络的关系数据进行了分类统计。在技术输入关系中，85.32% 来自国内大学、科研机构和企业，14.68% 来自国外大学、科研机构和企业；在技术赋能关系中，96.69% 对国内大学、科研机构和企业赋能，3.31% 对国外大学、科研院所和企业赋能。在核心人力资本关系中，核心人力资本在国内高校和科研院所获取前期学习经验的比重达到 65.08%，在国外高校和科研院所获取前期学习经验的比重高达 34.92%。从前期工作经验看，来自国内企业和其他机构的比重为 63.37%，来自国外企业和其他机构的比重为 36.63%。在投融资关系中，融资关系数占比为 29.04%，投资关系数占比为 70.96%。

表9-2　　广东省新型研发机构人工智能创新网络关系数据分类统计

	类别	关系数	占比（%）
技术关系	技术输入	361	100
	国内	308	85.32
	国外	53	14.68
	技术赋能	605	100
	国内	585	96.69
	国外	20	3.31
核心人力资本关系	前期学习经历	882	100
	国内	574	65.08
	国外	308	34.92
	前期工作经历	808	100
	国内	512	63.37
	国外	296	36.63
投融资关系	投融资次数	272	100
	投资	193	70.96
	融资	79	29.04

无论是从技术输入还是从核心人力资本的前期学习和工作经验看，广东省新型研发机构人工智能创新网络是高度开放的。尤其是核心人力资本的国外前期学习和工作经验占比高达 34.92% 和 36.63%，充分显示广东省

新型研发机构人工智能研发活动是全球创新网络的重要环节。投资关系数远高于融资关系数表明，广东省新型研发机构不仅从事基础研究和应用开发，而且还发挥着创业孵化和风险投资功能。而后一种功能是新型研发机构推进人工智能科技产业化和产业智能化的重要途径。

二、技术合作分析

在广东省 52 家新型研发机构人工智能技术合作关系中（见图 9–12），技术输入和技术赋能关系数占比分别为 37.37% 和 62.63%。其中，综合型新型研发机构的技术输入和技术赋能关系数占比分别为 17.49% 和 35.40%，专业型新型研发机构的技术输入和技术赋能关系数占比分别为 19.88% 和 27.23%。无论是从总体样本还是从分类样本看，技术赋能关系数占比均高于技术输入关系数，其中，综合型新型研发机构的技术赋能关系数高于专业型新型研发机构[①]。

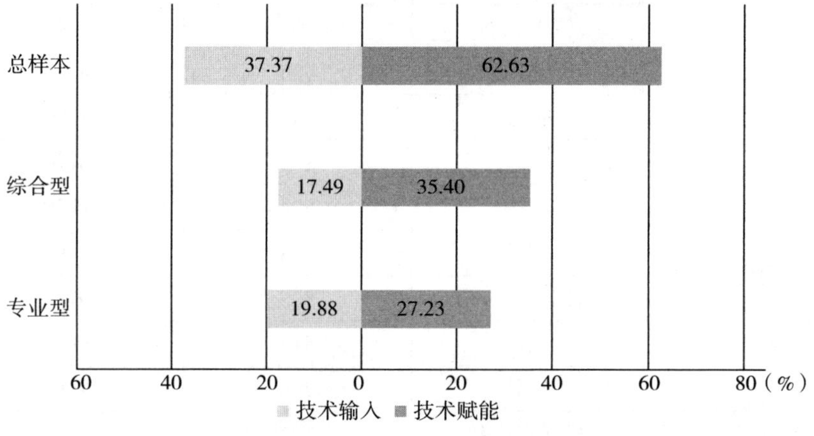

图9-12 广东省新型研发机构人工智能创新网络技术合作关系分类占比

（一）技术输入

广东省新型研发机构人工智能技术输入的主要来源是研究型大学、企

---

① 实际调查表明，专业型新型研发机构的技术赋能关系数小于综合型新型研发机构的主要原因，是前者的产业赋能更多地表现为产业智能化赋能，尚处于专用性技术积累期。

业和科研院所，占比分别为54.02%、31.86%和13.30%（见图9-13）。研究型大学主要从事基础研究和人才培养，为新型研发机构提供基础和前沿知识及技术支持，新型研发机构则根据产业需求对研究型大学的基础研究进行应用开发研究，对企业和产业赋能。

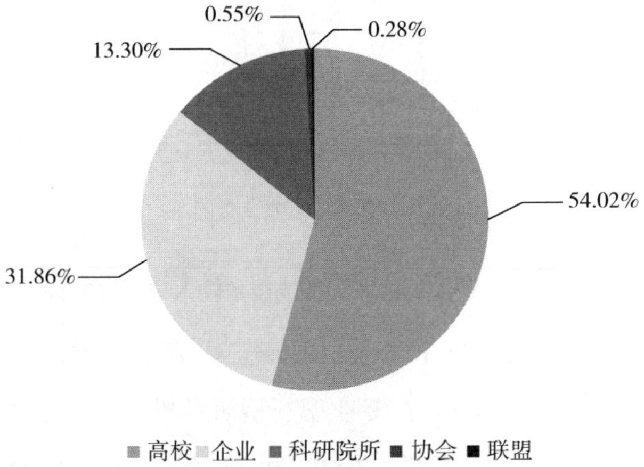

图9-13　广东省新型研发机构人工智能技术输入关系节点的类型占比

研究型大学与新型研发机构之间主要通过共建实验室、研究院、研发中心和人才联合培养等方式开展技术合作（见图9-14）。其中，技术输入关系数排名前列的研究型大学为香港科技大学、清华大学、广东工业大学、中山大学、华南理工大学、香港城市大学、香港中文大学、华中科技大学、香港大学和北京航空航天大学。其中，广东工业大学、中山大学、华南理工大学、香港科技大学、香港城市大学、香港大学和香港中文大学都是位于粤港澳大湾区的研究型大学，其他的则是人工智能基础研究领域的国内著名研究型大学。对新型研发机构进行技术输入的科研院所主要是中国科学院。作为从事科学技术研究的国家队，中国科学院为新型研发机构提供基础研究和前沿技术支持。

为新型研发机构提供人工智能技术输入的企业主要是包括华为和腾讯在内的人工智能开放创新平台。它们为新型研发机构提供包括基础软硬件、算力和算法支持。以中国移动、中国电信和中国联通为代表的电信企业，则为新型研发机构提供包括5G在内的网络基础设施和技术服务。

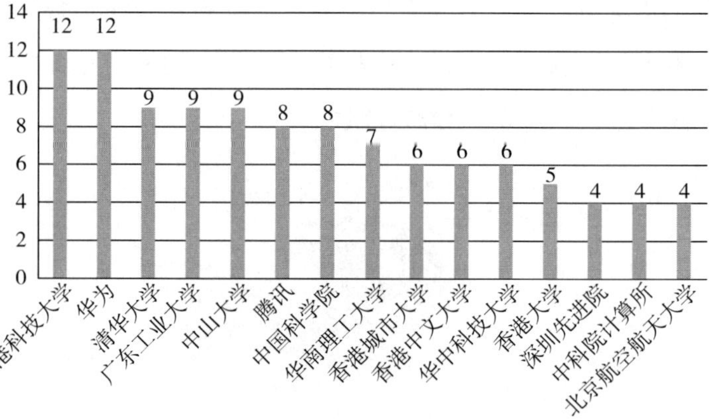

图9-14 广东省新型研发机构人工智能技术输入排名前15的关系节点

综合型新型研发机构技术输入主要来自研究型大学，占比为55.03%，其次是企业，占比为25.44%。在专业型新型研发机构技术输入来源结构中，研究型大学和企业的占比分别为53.13%和37.50%（见图9-15）。与综合型新型研发机构相比，专业型新型研发机构技术输入来源中企业的占比较高。

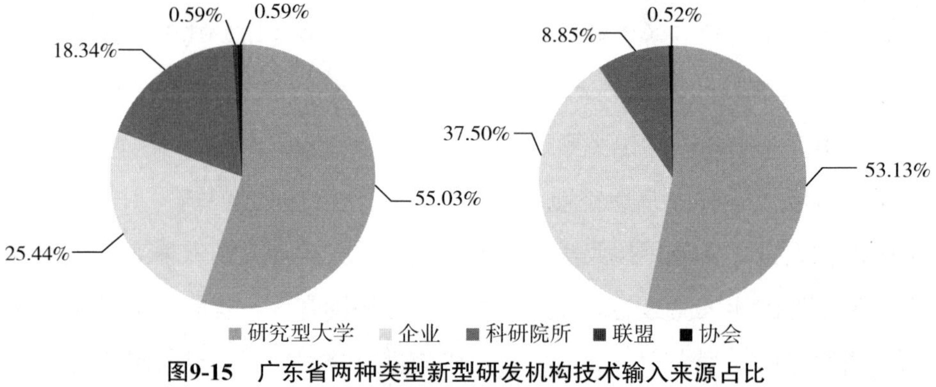

图9-15 广东省两种类型新型研发机构技术输入来源占比

（二）技术赋能

图9-16描述了广东省新型研发机构人工智能技术赋能对象的分布情况。其中，新型研发机构技术赋能对象主要是企业和政府，技术赋能关系数占比分别为65.95%和19.67%。从技术赋能企业类型看，广东省新型研

发机构对人工智能企业技术赋能关系数占比为 38.60%，对传统企业技术赋能关系数占比为 61.40%（见图 9-17）。广东省新型研发机构对传统企业的人工智能技术赋能关系数占比明显高于人工智能企业。因而，广东省新型研发机构人工智能技术赋能更侧重于产业智能化。

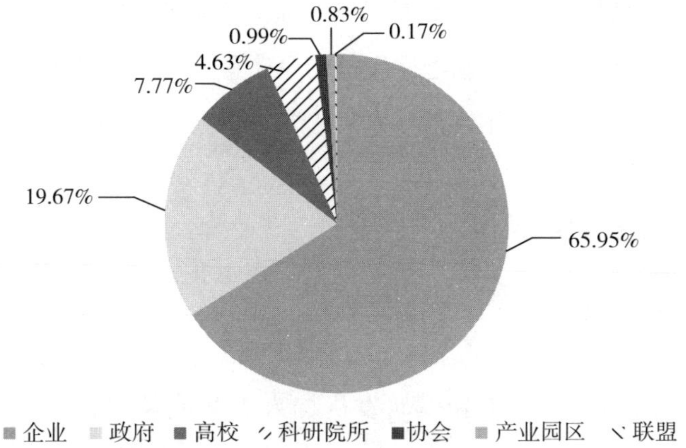

图9-16　广东省新型研发机构人工智能技术赋能关系节点类型占比

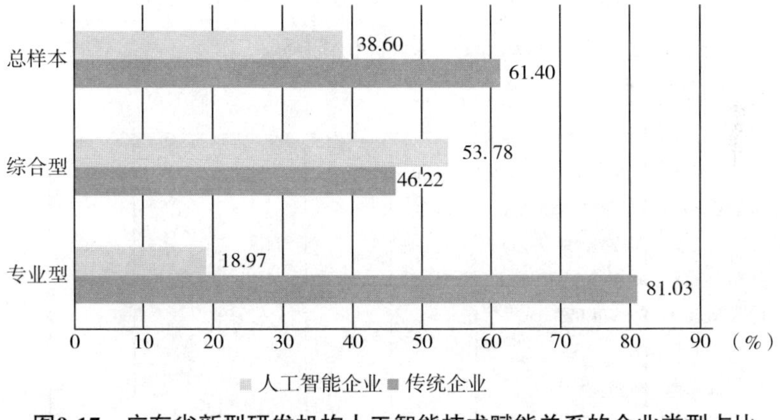

图9-17　广东省新型研发机构人工智能技术赋能关系的企业类型占比

如图 9-17 所示，从两类新型研发机构技术赋能企业的类型看，综合型新型研发机构对人工智能企业和传统企业的技术赋能关系数占比分别为 53.78% 和 46.22%，而专业型新型研发机构对人工智能企业和传统企业的技术赋能关系数占比分别为 18.97% 和 81.03%。在两类新型研发机构中，专业型新型研究机构侧重对传统企业技术赋能，而综合型新型研发机构则侧重对人工智能企业进行技术赋能。通过分工协作，两种类型新型研发机构共同推动人工智能科技产业化和产业智能化。

通过共建联合实验室和合同研发方式，综合型新型研发机构对人工智能企业技术赋能，推动人工智能科技产业化。同时，综合型新型研发机构通过新企业孵化和技术转移方式赋能传统企业，推动产业的智能化。与综合型新型研发机构相比，专业型新型研发机构更注重人工智能通用技术的专用化，通过产品研发和实验验证在垂直业务领域赋能传统企业，推动产业的智能化。

三、合作的技术和应用领域

（一）技术领域

图 9-18 描述了广东省新型研发机构人工智能技术合作关系的技术领域分布。其中，排名第一的是大数据与云计算，占比 64.40%；排名第二的是物联网技术，占比为 20.66%；排名第三至第五的是智能机器人、VR、智能算法，占比分别为 11.76%、9.45% 和 5.05%①。

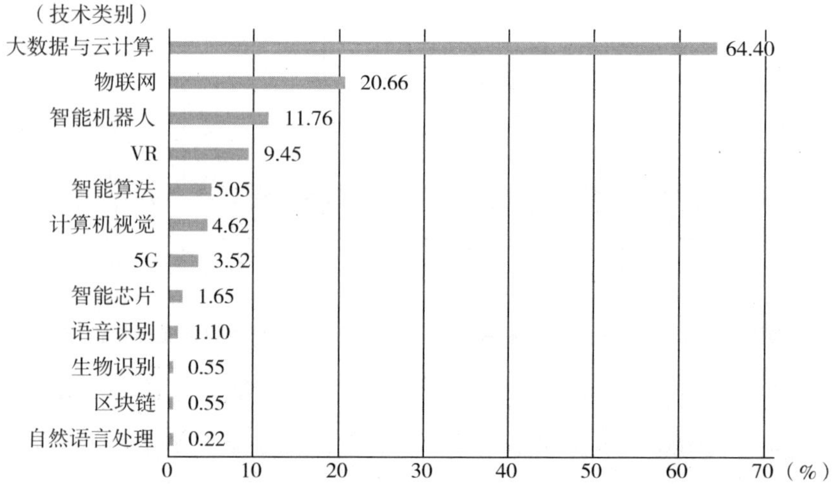

图9-18 广东省新型研发机构人工智能技术合作技术领域分布

① 图中的智能算法包括机器学习、深度学习和联邦学习在内的除计算机视觉、语音识别、自然文字识别和生物识别之外的算法。

（二）应用领域

图 9–19 描述了广东省新型研发机构人工智能技术合作的应用领域分布。其中，排名第一的是智能制造，占比为 24.73%；排名第二的是智慧医疗，占比为 22.64%；排名第三至第五的分别是智慧城市、智能家居和智慧交通，占比分别为 14.62%、13.41% 和 8.35%。在智能制造领域，排名前三的技术类别为大数据与云计算、物联网和智能机器人。在智慧医疗领域，排名前列的技术类别是大数据与云计算、计算机视觉。

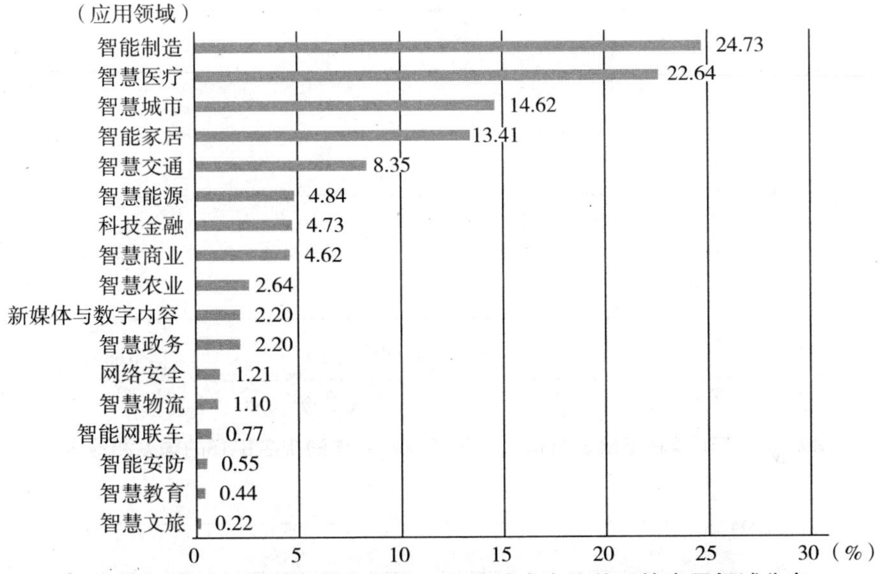

图9-19　广东省新型研发机构人工智能技术合作关系的应用领域分布

四、技术合作的地域分布

图 9–20、图 9–21 和图 9–22 描述了广东省新型研发机构人工智能技术合作的地域分布情况。技术合作关系排名前五的国家和地区是广东、北京、香港、美国和浙江，占比分别为 52.31%、12.75%、4.18%、3.30% 和 2.86%。从技术输入关系的地域分布看，排名前五的国家和地区是广东、北京、香港、美国和浙江，占比分别为 33.24%、20.22%、9.42%、8.03%

和 3.88%。从技术赋能关系的地域分布看，排名前五的地区是广东、北京、上海、江苏和山东，占比分别为 61.49%、8.26%、2.81%、2.64% 和 2.31%。

从技术合作关系地域分布看，广东省新型研发机构人工智能创新网络是高度开放的。尤其是表现在技术输入关系上，除了广东和香港，国内外人工智能科技产业发达的北京、浙江、上海和美国是技术输入的主要来源地。而从技术赋关系看，新型研发机构通过技术创新主要对广东省当地企业和机构赋能。

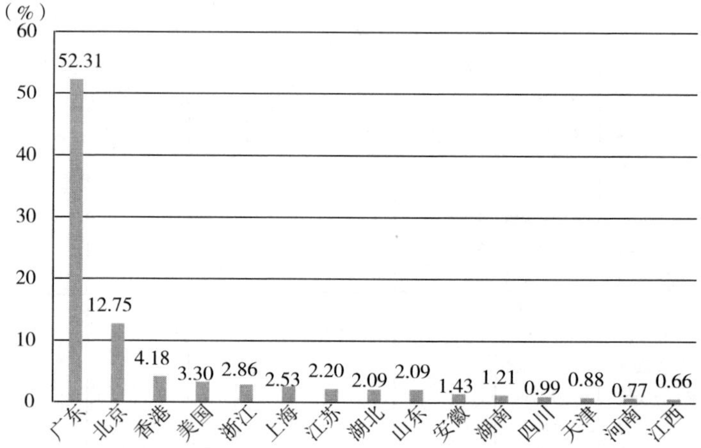

图9-20 广东省新型研发机构人工智能技术合作的排名前15的国家和地区

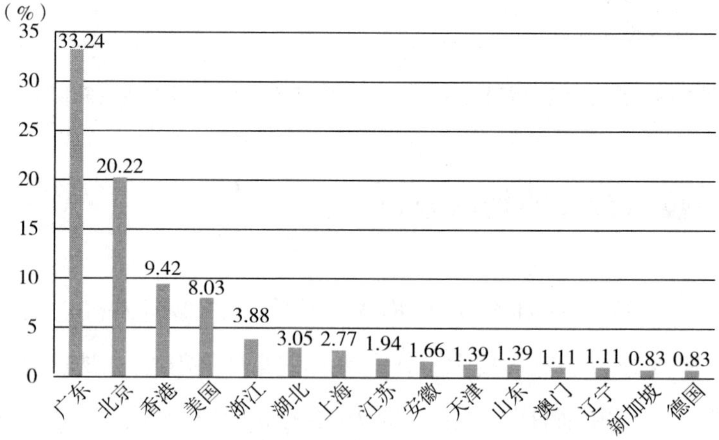

图9-21 广东省新型研发机构人工智能技术输入排名前15的国家和地区

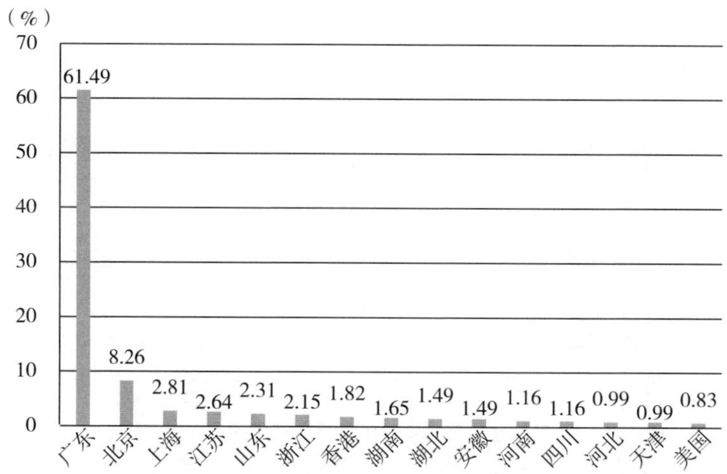

图9-22　广东省新型研发机构技术赋能排名前15的国家和地区

五、核心人力资本来源

核心人力资本是新型研发机构从事研发活动和产业赋能的基础。对于新型研发机构而言，核心人力资本关系在本质上属于技术输入关系。广东省 52 家人工智能新型研发机构人工智能研发领域的核心人力资本主要来自国内外知名大学和科研机构。从国内地区分布看（见图 9-23），排名第一的是北京，人力资本关系数为 316 条，占比为[①]18.70%；排名第二的是广东，关系数为 184 条，占比为 10.89%；排名第三到第五的分别是香港、湖北和上海，关系数分别为 149 条、65 条和 45 条，占比分别为 8.82%、3.85% 和 2.66%。从国外分布看（见图 9-24），排名第一的是美国，人力资本关系数为 325 条，占比为 19.23%；排名第二的是加拿大，关系数为 57 条，占比为 3.37%；排名第三到第五的分别是英国、新加坡和日本，关系数分别为 47 条、33 条和 30 条，占比分别为 2.78%、1.95% 和 1.78%。从核心人力资本的国内外分布看，美国是广东省新型研发机构人工智能核

① 人力资本关系数占比表示某地区人力资本关系数占人力资本关系总数的比重。

心人力资本的重要来源地。

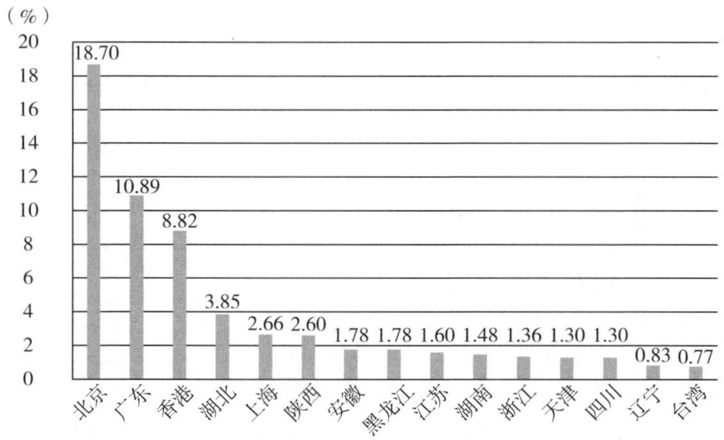

图9-23 广东省新型研发机构人工智能领域核心人力资本国内来源排名前15的地区

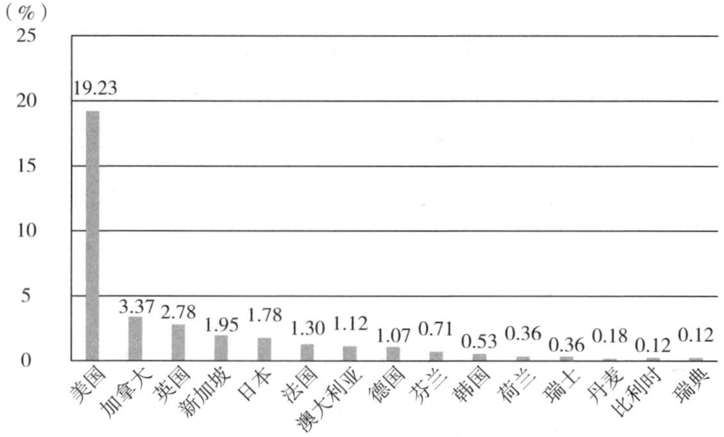

图9-24 广东省新型研发机构人工智能领域核心人力资本来源排名前15的国家

从核心人力资本获取前期学习和工作经验的国内机构看（见图9-25），清华大学排名第一，关系数为105条，占比为6.21%；北京大学排名第二，关系数为64条，占比为3.79%；排名第三到第五的机构是香港科技大学、香港中文大学和华南理工大学，关系数分别为48条、39条和30条，占比分别为2.84%、2.31%和1.78%。从国外机构看为（见图9-26），新加坡南洋理工大学排名第一，关系数为25条，占比为1.48%；

美国斯坦福大学排名第二，关系数为 18 条，占比为 1.07%；排名第三到第五的机构是美国麻省理工学院、美国哈佛大学和美国明尼苏达大学，关系数分别为 13 条、12 条和 11 条，占比分别为 0.77%、0.71% 和 0.65%。

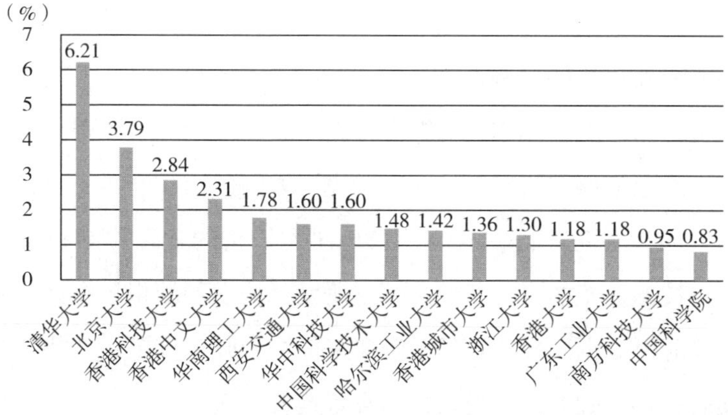

图9-25　广东省新型研发机构人工智能核心人力资本来源排名前15的国内机构

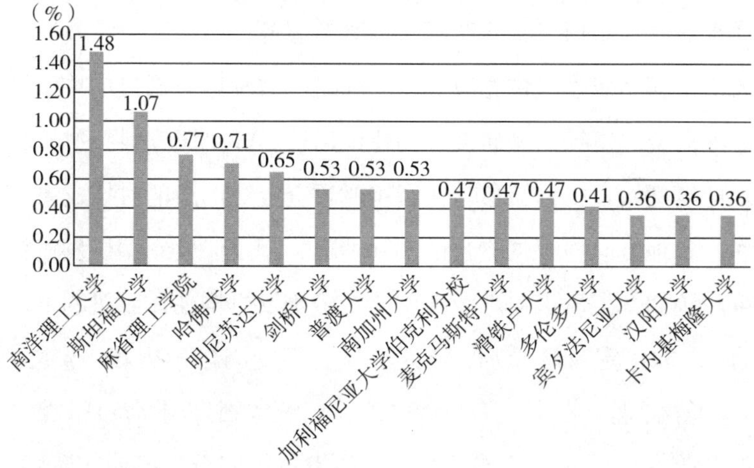

图9-26　广东省新型研发机构人工智能核心人力资本来源排名前15的国外机构

从核心人力资本前期学习和工作经验的来源分布看，广东省新型研发机构从事人工智能研发活动的人才和技术来源是高度开放的。从处于人工智能基础研究前沿领域的国内外高校和科研院所引进高水平科研人才，是广东省发展人工智能科技产业的重要支撑。通过高水平人才引进和研发活动，搭建起基础研究和产业应用之间的知识和技术转移桥梁，实现了的产学研用协同创新。

六、投融资关系

在新型研发机构的投融资关系中，政府是主要投资方。尤其是研究型大学和科研机构与政府合作创建的综合型新型研发机构的主要资金来源是政府投资。对于专业型新型研发机构而言，投资方则包括政府、企业和基金会。

与传统事业单位不同，政府对新型研发机构的管理体制和机制进行了创新。在科技部发布的《关于促进新型研发机构发展的指导意见》中，明确提出地方政府可根据区域创新发展需要采取综合政策措施，支持新型研发机构建设发展：在基础条件建设、科研设备购置、人才住房配套服务及运行经费等方面给予支持，推动新型研发机构有序建设运行；采用创新券等支持方式，推动企业向新型研发机构购买研发创新服务；组织开展绩效评价，根据评价结果给予新型研发机构相应支持。同时，鼓励地方通过中央引导地方科技发展专项资金，支持新型研发机构建设运行。鼓励国家科技成果转化引导基金，支持新型研发机构转移转化利用财政资金等形成的科技成果。

同时，各地方政府根据各自的实际情况，制定激励新型研发机构发展的创新政策。例如，上海市对事业性质的新型研发机构在体制机制上试点“三不一综合”，即不定行政级别、不定编制、不受岗位设置和工资总额限制，实行综合预算管理。根据上海科改“25 条”的规定，上海市科委对包括上海期智研究院在内的人工智能领域新型研发机构实行“机构式资助”方式，即对科研机构给予稳定经费支持，其科研人员不必费时费力申请竞争性项目，可以在资金充裕的环境中潜心研究、探索科学前沿的“无人区”。

在投资关系中，新型研发机构通过创建孵化器的方式对新创企业进行投资。2019 年的东莞市新型研发机构的统计数据表明，当地 32 家新型研发机构累计服务企业超过 2 万家，引进孵化企业 1400 家。松山湖国际机器人研究院 90% 以上的孵化团队被成功孵化为科技型创新公司。

附表9-1

广东省52家新型研发机构基本情况

机构名称	所在地	机构性质	主要技术	主要应用领域	所属类型
中国科学院深圳先进技术研究院	深圳	事业单位	大数据、云计算、区块链、计算机视觉等	智慧城市、智慧交通、智慧医疗等	综合型
鹏城实验室	深圳	事业单位	大数据、云计算、物联网、5G、智能算法等	智慧城市、智慧交通、网络安全等	综合型
东莞中国科学院云计算产业技术创新与育成中心	东莞	事业单位	大数据、云计算	智慧城市、智慧交通、智慧物流等	综合型
清华大学深圳研究生院	深圳	事业单位	大数据、云计算、物联网	智慧城市、智慧医疗、智慧能源等	综合型
广州中国科学院先进技术研究所	广州	事业单位	物联网、智能机器人、计算机视觉	智慧医疗、智能网联车、智能制造	综合型
深圳市大数据研究院	深圳	事业单位	大数据、云计算	智慧城市、智慧医疗、科技金融等	综合型
深圳清华大学研究院	深圳	事业单位	物联网、大数据、云计算、智能芯片	智慧城市、智能医疗、智能制造	综合型
深圳量子科学与工程研究院	深圳	事业单位	大数据、云计算	智能制造、智慧城市	综合型
深港产学研基地	深圳	事业单位	大数据、云计算、智能机器人、计算机视觉	智能制造、科技金融、智慧医疗	综合型
香港城市大学深圳研究院	深圳	事业单位	大数据、云计算	智慧城市、智能制造、智慧医疗	综合型
中新国际联合研究院	广州	事业单位	计算机视觉、智能算法、大数据、云计算	智慧城市、智慧交通、科技金融	综合型
香港科技大学深圳研究院	深圳	事业单位	大数据、云计算、物联网	智能制造、智慧能源	综合型
清华珠三角研究院	广州	事业单位	大数据、云计算、物联网	智慧城市、智慧能源、智能制造	综合型
香港中文大学深圳研究院	深圳	事业单位	大数据、云计算、智能机器人、智能算法	智能制造、智慧物流、科技金融	综合型

续表

机构名称	所在地	机构性质	主要技术	主要应用领域	所属类型
惠州市广工大物联网协同创新研究院有限公司	惠州	企业	物联网	智能制造、新媒体与数字内容	综合型
广州市香港科大霍英东研究院	广州	民非	大数据、云计算、物联网	智能制造、智慧政务、智慧能源	综合型
广东省大湾区集成电路与系统应用研究院	广州	事业单位	智能芯片	智能制造、智慧医疗、智能网联车	综合型
珠海深圳清华大学研究院创新中心	珠海	事业单位	物联网、大数据、云计算、智能芯片	智慧城市、智能制造、智能网联车	综合型
东莞深圳清华大学研究院创新中心	东莞	事业单位	大数据、云计算、物联网	智慧城市、智能制造、智慧能源	综合型
广州超级计算中心	广州	事业单位	大数据、云计算	智慧城市、智慧医疗、科技金融	综合型
东莞华南设计创新院	东莞	事业单位	大数据、云计算、物联网、VR	智能制造、智能家居、智慧城市	综合型
东莞电子科技大学电子信息工程研究院	东莞	事业单位	大数据、云计算、区块链、5G	智能制造、智慧商业、智慧城市	综合型
国家超级计算深圳中心（深圳云计算中心）	深圳	事业单位	大数据、云计算	智能制造、智慧医疗、智慧政务	综合型
广东电子工业研究院有限公司	东莞	企业	5G、大数据、云计算	科技金融、智慧商业、智慧交通	综合型
广东省新一代通信与网络创新研究院	广州	民非	5G、物联网	智慧城市、智能制造、智慧交通	综合型
人工智能与数字经济广东省实验室（广州）	广州	事业单位	大数据、云计算、智能芯片、机器学习	智慧医疗、智慧能源、智能制造	综合型
人工智能与数字经济广东省实验室（深圳）	深圳	事业单位	大数据、云计算、机器学习	智慧医疗、智慧城市、智能制造	综合型

续表

机构名称	所在地	机构性质	主要技术	主要应用领域	所属类型
深圳市人工智能与机器人研究院	深圳	事业单位	机器学习、计算机视觉、智能机器人、物联网	智能制造、科技金融、智慧医疗	综合型
广东三维家信息科技有限公司	广州	企业	VR	智能家居	专业型
广州广电运通货币处理研究院	广州	企业	大数据、云计算	科技金融	专业型
中国科学院广州生物医药与健康研究院	广州	事业单位	计算机视觉、大数据、云计算	智慧医疗	专业型
佛山智能装备技术研究院	佛山	事业单位	智能机器人	智能制造	专业型
TCL集团工业研究院	惠州	企业	智能算法、物联网、大数据、云计算	智能制造	专业型
深圳市燃气集团燃气技术研究院	深圳	企业	物联网	智慧能源	专业型
佛山市南海区广工大数控装备协同创新研究院	佛山	事业单位	物联网	智能制造	专业型
深圳市城市交通规划设计研究中心	深圳	企业	大数据、云计算	智慧交通	专业型
深圳华大基因研究院	深圳	事业单位	大数据、云计算	智慧医疗	专业型
广东省智能机器人研究院	东莞	事业单位	智能机器人、物联网	智能制造	专业型
丽珠集团生物医药研究院	珠海	企业	大数据、云计算	智慧医疗	专业型
东莞松山湖国际机器人研究院有限公司	东莞	企业	智能机器人	智能制造	专业型
广州市大湾区虚拟现实研究院	广州	民非	VR	新媒体与数字内容	专业型

续表

机构名称	所在地	机构性质	主要技术	主要应用领域	所属类型
东莞华中科技大学制造工程研究院	东莞	事业单位	物联网	智能制造	专业型
广州金域医学检验中心有限公司	广州	企业	大数据、云计算	智慧医疗	专业型
巨轮股份智能制造装备研究院	揭阳	企业	智能机器人	智能制造	专业型
佛山中国科学院产业技术研究院	佛山	事业单位	智能机器人	智能制造	专业型
深圳数字生命研究院	深圳	民非	大数据、云计算	智慧医疗	专业型
深港脑科学创新研究院	深圳	事业单位	大数据、云计算、计算机视觉、机器学习	智慧医疗	专业型
广东省赛莱拉干细胞研究院	广州	民非	大数据、云计算	智慧医疗	专业型
方欣科技有限公司	广州	企业	区块链、大数据、云计算	智慧税务	专业型
华南智能机器人创新研究院	佛山	事业单位	物联网、智能机器人	智能制造	专业型
广州智能装备研究院有限公司	广州	企业	智能机器人	智能制造	专业型
广东方纬科技有限公司	广州	企业	大数据、云计算	智慧交通	专业型

第十章

中国新一代人工智能科技产业区域竞争力评价

作为通用目的技术（General Purpose Technology），人工智能科技产业的发展正在成为决定和影响区域经济发展水平的关键因素。受区域之间经济转型升级过程中创造的智能化需求强度、产业基础、学术生态、投融资环境和创新生态的影响，人工智能科技产业发展表现出在四大经济圈和热点城市加速聚集的态势。本章在科学评估人工智能科技产业区域发展和竞争力现状的同时，分析决定和影响人工智能科技产业区域发展的关键因素和动力机制，系统考察各地区促进产业发展政策体系的有效性和环境状况。

第一节 研究设计和方法

一、研究方法

在研究中，我们把人工智能科技产业的发展看作一个复杂适应系统。区域人工智能科技产业兴起和发展是包括企业、大学和非大学科研机构、投资者、链接者和政府在内的多元创新主体相互联系和作用过程中的涌现现象。多元创新主体互动所形成的创新生态系统是区域人工智能科技产业活力和竞争力的基础。从创新生态系统的视角，本章从产业基础和发展环境两个方面的企业能力、学术生态、资本环境、国际开放度、链接能力和政府响应能力6个维度构建指标体系，评价中国新一代人工智能科技产业的区域发展潜力和竞争力水平。

二、样本数据库

基于创新生态系统的视角，新一代人工智能科技产业区域发展竞争力评价的数据库包括2205家人工智能企业、3741个投资者（投资机构和非投资机构）①、295所AI大学和123家非大学科研机构、444家产业联盟或行业协会、在中国境内召开的总计1708次会议、31个省区市出台的577项相关政策和1073家人工智能产业园区规划建设情况②。

通过实际调查和大数据相结合的方法采集数据，并建立样本数据库。样本数据库的数据包括两类：属性数据和关系数据。属性数据是指包括人工智能企业在内的创新主体的成立时间、所属地区和销售收入等方面的信息；关系数据则是指样本企业与其他节点发生的关系和互动规则方面的信息。

三、指标体系

人工智能科技产业区域竞争力评价指标体系（见表10–1）中的6项一级指标和10项二级指标分别为：企业能力方面的企业规模和企业创新能力、学术生态方面的AI大学创新能力和非大学科研机构创新能力、资本环境方面的融资和投资、国际开放度方面的核心人力资本开放度和技术开放度、链接能力方面的链接者和政府响应能力方面的政府响应。在二级指标之下，再从数量和质量两个维度设立相应的24项三级指标。

---

① 投资者的样本来自2205家企业关系数据中作为关系节点的投资方，包括投资机构和非投资机构。

② 本章数据采集时间截至2020年12月。其中，会议和政策两个维度数据的采集时间截至2019年12月。会议是指在中国境内召开的以“人工智能”和“机器人”为主题的会议。政策指各地政府出台的规划、实施意见和行动计划政策信息，来自各省区市和重点城市的政府官网。产业联盟包括国家和地方成立的人工智能和机器人相关的产业联盟组织，主要来自网络公开数据筛选。

表10-1　　人工智能科技产业区域竞争力评价指标体系及其权重

一级指标	权重	二级指标	权重	三级指标	权重
企业能力	0.4368	企业规模	0.2045	企业数量	0.1782
				企业平均估值 / 市值	0.0263
		企业创新能力	0.2323	企业平均专利数	0.1304
				基础层和技术层企业数	0.0629
				技术赋能关系数	0.0390
学术生态	0.2127	AI大学创新能力	0.1084	AI大学数	0.0607
				平均国内论文数	0.0040
				平均国际论文数	0.0146
				平均专利数	0.0291
		非大学科研机构创新能力	0.1042	机构数	0.0607
				平均国内论文数	0.0072
				平均国际论文数	0.0072
				平均专利数	0.0291
资本环境	0.1865	融资	0.1383	融资关系数	0.0195
				融资额	0.1188
		投资	0.0482	投资关系数	0.0482
国际开放度	0.0776	核心人力资本开放度	0.0294	前期国际学习经验	0.0091
				前期国际工作经验	0.0203
		技术开放度	0.0481	国际技术输入关系数	0.0438
				国际技术赋能关系数	0.0043
链接能力	0.0512	链接者	0.0512	会议数	0.0085
				产业联盟数	0.0427
政府响应能力	0.0352	政府响应	0.0352	产业园区数	0.0293
				出台政策数	0.0059

（一）企业能力

在企业能力评价中，选择了企业规模和企业创新能力 2 项二级指标和 5 项三级指标。其中企业规模指数由企业数量、企业平均估值 / 市值 2 项三级指标构成。

企业数指标使用 2205 家人工智能企业在各地区的分布情况进行测度。企业平均估值 / 市值指标用各区域有效样本企业的平均估值 / 市值进行测度。

企业创新能力指标包括 3 项三级指标：企业平均专利数、基础层和技术层[①]企业数和技术赋能关系数。

企业平均专利数指标用各区域有效样本企业的平均专利数进行测度。企业层次指标使用各区域基础层和技术层样本企业的数量进行测度。企业技术赋能关系数指标则用各区域样本企业技术关系中的赋能关系数进行测度。

（二）学术生态

学术生态包括 2 项二级指标和 8 项三级指标。2 项二级指标分别为 AI 大学创新能力和非大学科研机构创新能力。

AI 大学创新能力指标包括 4 项三级指标，分别为 AI 大学数、平均国内论文数、平均国际论文数和平均专利数。非大学科研机构创新能力指标包括 4 项三级指标，分别为机构数、平均国内论文数、平均国际论文数和平均专利数。相关指标由选取的 295 所 AI 大学和 123 所非大学科研机构在各区域的实际分布数测度，发表论文总数由各区域有效样本的论文总数测度，拥有专利总数由各区域有效样本的专利总数测度。

（三）资本环境

资本环境包括 2 项二级指标和 3 项三级指标。2 项二级指标分别为融资和投资。

融资指标包括融资关系数和融资额 2 项三级指标。投资指标包括投资关系数 1 项三级指标。其中，投资、融资关系数量指标由 2205 家样本企业各区域投融资关系总数测度，而企业融资额指标用各区域有效样本企业的融资总额进行测度。

---

① 人工智能基础层和技术层企业是指提供包括大数据、云计算、边缘计算和智能芯片在内的基础技术和包括核心算法在内的核心技术企业。与应用层企业相比，基础层和技术层企业具有更强的创新和辐射带动能力。

（四）国际开放度

国际开放度测度的是区域人工智能科技产业发展中的国际资源整合能力，设置了2项二级指标：核心人力资本开放度和技术开放度。

核心人力资本开放度包括2项三级指标：前期国际学习经验和前期国际工作经验。技术开放度包括2项三级指标：国际技术输入关系数和国际技术赋能关系数。前期国际学习经验和工作经验、国际技术输入和赋能数指标主要用2205家样本企业人力资本和技术关系数据的区域分布进行测度。

（五）链接能力

链接者是一类特殊的创新主体和活动，它通过把包括企业、开发者、大学、非大学科研机构和政府在内的多元创新主体连接起来，促进多元创新主体之间的合作与交流，是智能科技和经济发展的黏合剂和催化剂。区域链接者的活跃程度往往反映一个区域智能经济创新和发展的活力。链接者指标包括会议数和产业联盟数2项三级指标。会议数指标用区域内举办的智能会议的数量测度，产业联盟数指标则用区域产业联盟的数量测度。

（六）政府响应能力

政府响应能力指标测度的是政府在区域人工智能科技产业发展中的积极引领和推动作用。政府响应指标包括2项三级指标：出台政策数和产业园区数。产业园区数则用近年来各地方规划和建设的人工智能和机器人产业园的数量进行测度。

（七）数据计算

人工智能科技产业区域竞争力综合评分的统计计算方法包括三个步骤。

1. 确定各级指标权重

本章采用层次分析法计算各级指标权重，其优点在于符合系统性原则，简洁实用，所需定量信息较少，只需将同一层次的指标进行两两比较即可得出最终结果。本章采用 yaahp 软件（版本 12.1）构建层次模型，输入判断矩阵，权重计算结果见表 10–2。

表10-2　　一致性检验

区域竞争力	企业能力	学术生态	资本环境	国际开放度	链接能力	政府响应能力
0.0514	0.0297	0.0351	0.0370	0.0438	0.0000	0.0000

各级指标的一致性比例均在 0.1 以下，表明通过了一致性检验，权重设置较为合理。

2. 标准化处理

为了消除各指标量纲影响，本章借鉴联合国开发计划署人类发展指数（Human Development Index，HDI）的最小值—最大值方法，对各指标进行标准化处理。单项指标得分值的计算公式如下：

$$X_{ij}^{'} = \frac{X_{ij} - MinX_{ij}}{MaxX_{ij} - MinX_{ij}} \times 100$$

其中 X_{ij} 为第 i 个省份的第 j 个指标的得分，X 为指标值。需要注意的是，按照上述计算方法，计算的指数值更多的表示同一时期不同区域创新水平的相对差距和排序情况。

3. 计算得分

根据确定的三级指标权重和单项指标得分计算出二级指标的评分，并根据二级指标的权重计算出一级指标的评分，根据一级指标的权重计算出产业区域竞争力的总评分。根据综合评分和分项指标评分情况，编制中国新一代人工智能科技产业区域竞争力指数排名。

第二节　人工智能科技产业区域竞争力总体评价指数

一、综合排名情况

从中国人工智能科技产业区域竞争力指数综合排名看（见图 10–1），北京市、广东省、上海市、浙江省、江苏省、山东省在人工智能科技产业的发展上位于第一梯队，分值分别为 82.37、65.50、36.05、27.62、24.44、23.35。位于第二梯队的省区市包括四川省、安徽省、湖南省、辽宁省、天津市、福建省、湖北省，分值分别为 14.79、13.79、13.63、12.17、11.90、11.88、11.40。

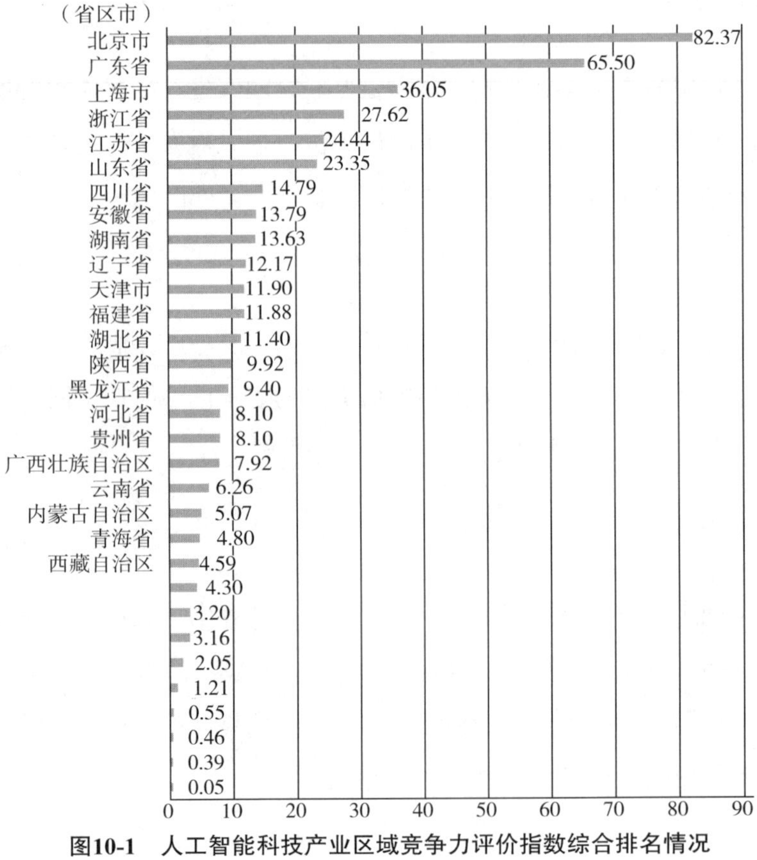

图10-1　人工智能科技产业区域竞争力评价指数综合排名情况

综合评分中（见表10–3），2021年排名相比2020年上升的省份为：江苏省、四川省、安徽省、湖南省、福建省、重庆市、河南省、江西省、贵州省、广西壮族自治区、宁夏回族自治区；下降的省份为：山东省、辽宁省、陕西省、黑龙江省、吉林省、河北省、山西省、云南省、甘肃省、西藏自治区。

企业能力总评分中，2021年排名相比2020年上升的省份为：广东省、上海市、安徽省、天津市、湖北省、重庆市、河南省、吉林省、江西省、贵州省；下降的省份为：北京市、山东省、四川省、辽宁省、陕西省、黑龙江省、山西省、新疆维吾尔自治区、云南省、甘肃省、内蒙古自治区、海南省、青海省、宁夏回族自治区、西藏自治区。

学术生态总评分中，2021年排名相比2020年上升的省份为：山东省、四川省、安徽省、湖南省、河南省、江西省、广西壮族自治区、新疆维吾尔自治区；下降的省份为：广东省、上海市、浙江省、辽宁省、重庆市、陕西省、吉林省、河北省、山西省、云南省、甘肃省、内蒙古自治区、海南省、青海省、宁夏回族自治区、西藏自治区。

资本环境总评分中，2021年排名相比2020年上升的省份为：广东省、山东省、四川省、湖南省、湖北省、河南省、河北省、江西省、海南省；下降的省份为：上海市、浙江省、辽宁省、天津市、陕西省、黑龙江省、吉林省、山西省、新疆维吾尔自治区、云南省、甘肃省、内蒙古自治区、青海省、宁夏回族自治区、西藏自治区。

国际开放度总评分中，2021年排名相比2020年上升的省份为：上海市、山东省、四川省、福建省、湖北省、贵州省；下降的省份为：浙江省、安徽省、辽宁省、天津市、重庆市、陕西省、河南省、黑龙江省、吉林省、江西省、山西省、广西壮族自治区、新疆维吾尔自治区、云南省、甘肃省、内蒙古自治区、海南省、青海省、宁夏回族自治区、西藏自治区。

链接能力总评分中，2021年排名相比2020年上升的省份为：浙江省、四川省、湖南省、辽宁省、福建省、重庆市、陕西省、江西省、山西省、云南省、甘肃省；下降的省份为：山东省、安徽省、天津市、湖北省、河南省、黑龙江省、河北省、贵州省、广西壮族自治区、内蒙古自治区、宁夏回族自治区。

政府响应能力总评分中，2021 年排名相比 2020 年上升的省份为：北京市、上海市、浙江省、湖南省、天津市、福建省、河南省、黑龙江省、吉林省、江西省、贵州省、甘肃省、内蒙古自治区、海南省；下降的省份为：山东省、四川省、安徽省、辽宁省、湖北省、重庆市、陕西省、河北省、广西壮族自治区、新疆维吾尔自治区、云南省。

表10-3 人工智能科技产业区域竞争力评价指数2021年及2020年分项排名情况

省份	综合评分		企业能力总评分		学术生态总评分		资本环境总评分		国际开放度总评分		链接能力总评分		政府响应能力总评分	
	2021年	2020年	2021年	2020年	2021年	2020年	2021年	2020年	2021年	2020年	2021年	2020年	2021年	2020年
北京市	1	1	2	1	1	1	1	1	1	1	1	1	8	10
广东省	2	2	1	2	7	6	2	4	2	2	2	2	1	1
上海市	3	3	3	4	4	3	3	2	3	4	3	3	4	6
浙江省	4	4	5	5	5	4	4	3	4	3	5	6	3	4
江苏省	5	6	6	6	2	2	5	5	5	5	4	4	2	2
山东省	6	5	4	3	8	11	8	9	11	12	7	5	5	3
四川省	7	8	14	12	3	9	9	12	9	11	9	11	15	11
安徽省	8	9	9	10	11	13	10	10	10	9	12	8	7	5
湖南省	9	10	7	7	15	16	11	13	14	14	8	10	12	13
辽宁省	10	7	11	9	9	8	13	11	8	6	15	20	23	19
天津市	11	11	10	11	14	14	12	7	12	7	11	9	14	15
福建省	12	15	8	8	18	18	6	6	7	10	10	15	17	20
湖北省	13	13	12	13	12	12	7	8	6	15	17	14	16	14
重庆市	14	16	13	16	16	15	14	14	13	8	6	7	10	9
陕西省	15	12	21	17	6	5	17	16	20	13	16	17	19	17
河南省	16	19	15	19	17	20	18	22	19	16	13	12	6	8
黑龙江省	17	14	20	14	10	10	22	17	21	16	19	16	26	27
吉林省	18	17	17	23	13	7	25	23	22	16	23	23	22	23
河北省	19	18	18	18	20	19	16	20	16	16	14	13	9	7

续表

省份	综合评分		企业能力总评分		学术生态总评分		资本环境总评分		国际开放度总评分		链接能力总评分		政府响应能力总评分	
	2021年	2020年	2021年	2020年	2021年	2020年	2021年	2020年	2021年	2020年	2021年	2020年	2021年	2020年
江西省	20	22	22	23	19	22	19	23	25	16	19	22	11	16
贵州省	21	26	16	21	25	25	15	15	15	16	21	18	18	21
山西省	22	21	19	15	24	23	24	18	26	16	18	19	24	24
广西壮族自治区	23	25	23	23	21	25	23	23	17	16	27	21	13	12
新疆维吾尔自治区	24	24	24	20	23	24	21	19	23	16	29	29	28	25
云南省	25	20	27	23	22	17	26	23	27	16	22	26	20	18
甘肃省	26	23	29	23	26	21	29	23	27	16	23	27	21	22
内蒙古自治区	27	27	28	23	27	25	28	23	27	16	26	24	25	26
海南省	28	28	26	22	29	25	20	21	18	16	25	25	27	28
青海省	29	29	31	23	28	25	29	23	27	16	29	29	29	29
宁夏回族自治区	30	31	25	23	29	25	27	23	23	16	28	27	31	31
西藏自治区	31	30	30	23	29	25	29	23	27	16	29	29	30	30

二、分项评价指数排名情况

（一）企业能力评价指数排名情况

在企业能力评价中（见图 10-2），广东省、北京市位于第一梯队，评分分别为 37.68、31.62；上海市、山东省、浙江省位于第二梯队，评分分别为 15.37、13.93、12.47。

企业能力的二级指标中，企业规模指标评分排名前 5 的省份分别是北京市、广东省、上海市、浙江省、江苏省，评分分别为 18.36、17.40、9.06、6.29、4.31；企业创新能力指标评分排名前 5 的省份分别是广东省、北京市、山东省、湖南省、上海市，评分分别为 20.28、13.26、12.59、6.34、6.31。

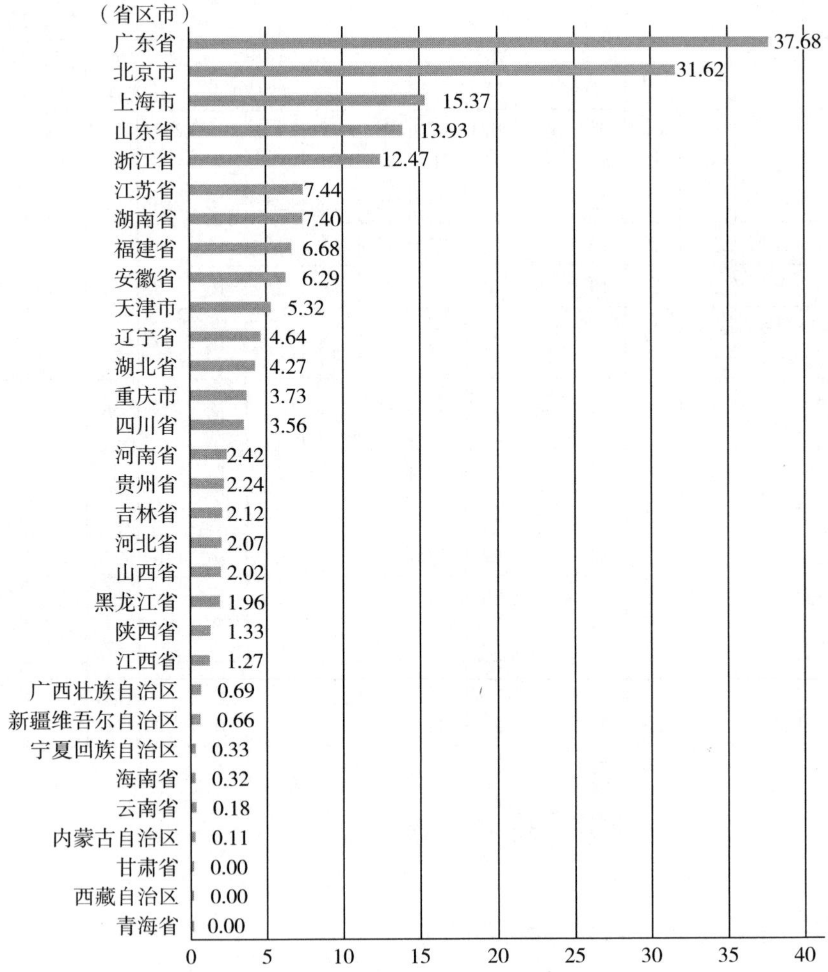

图10-2 企业能力评价指数区域排名情况

（二）学术生态评价指数排名情况

从学术生态评价指数的排名看（见图 10–3），北京市位于第一梯队，评分为 18.41，遥遥领先于其他省份。北京市是 AI 大学和非大学科研机构分布最为密集的地区。排在第二梯队的省份包括江苏省、四川省、上海市、浙江省、陕西省、广东省、山东省、辽宁省、黑龙江省、安徽省、湖北省、吉林省，评分分别为 9.71、9.36、7.66、7.31、7.19、7.02、6.56、6.47、5.79、5.50、5.46、5.34。

学术生态的二级指标中，AI大学创新能力指标评分排名前5的省份分别是江苏省、北京市、上海市、山东省、陕西省，评分分别为8.87、8.73、6.22、6.09、6.06；非大学科研机构创新能力指标评分排名前5的省份分别是北京市、四川省、吉林省、辽宁省、上海市，评分分别为9.67、3.65、2.28、2.11、1.45。

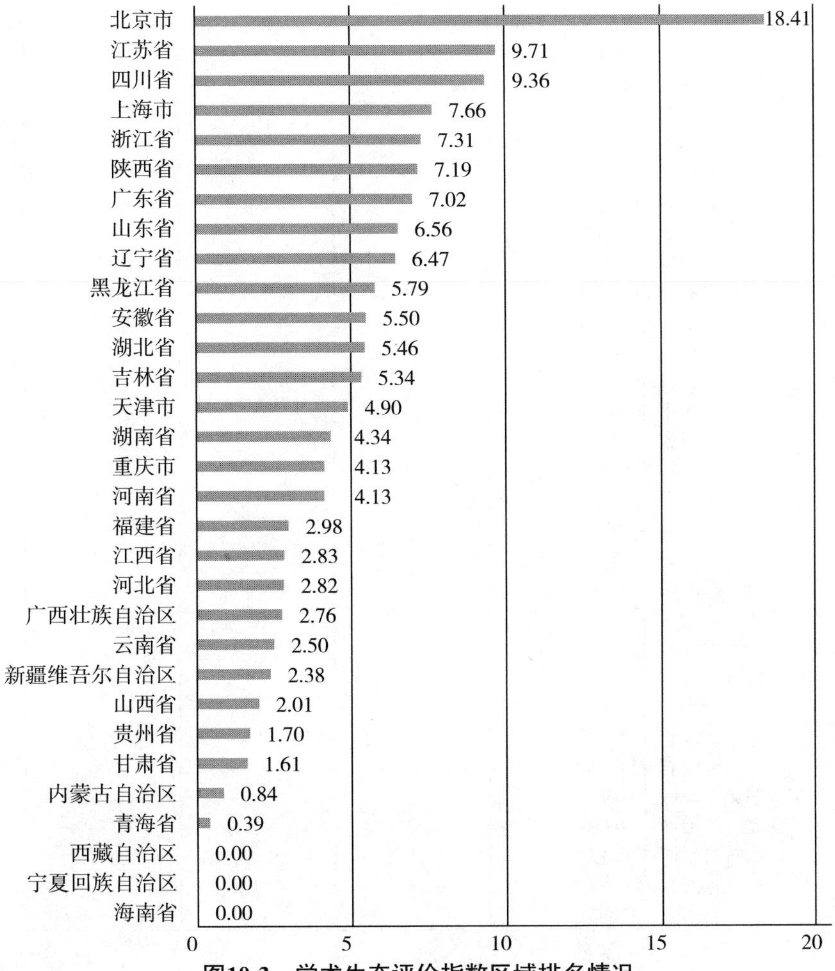

图10-3　学术生态评价指数区域排名情况

（三）资本环境评价指数排名情况

从资本环境评价指数排名看（见图10–4），北京市位于第一梯队，评分为18.62；广东省、上海市位于第二梯队，评分分别为7.34、6.32。

资本环境的二级指标中，投资指标评分排名前5的省份分别是广东省、北京市、上海市、江苏省、浙江省，评分分别为4.82、4.79、1.89、1.27、1.20；融资指标评分排名前5的省份分别是北京市、上海市、广东省、浙江省、江苏省，评分分别为13.83、4.43、2.52、1.51、1.43。

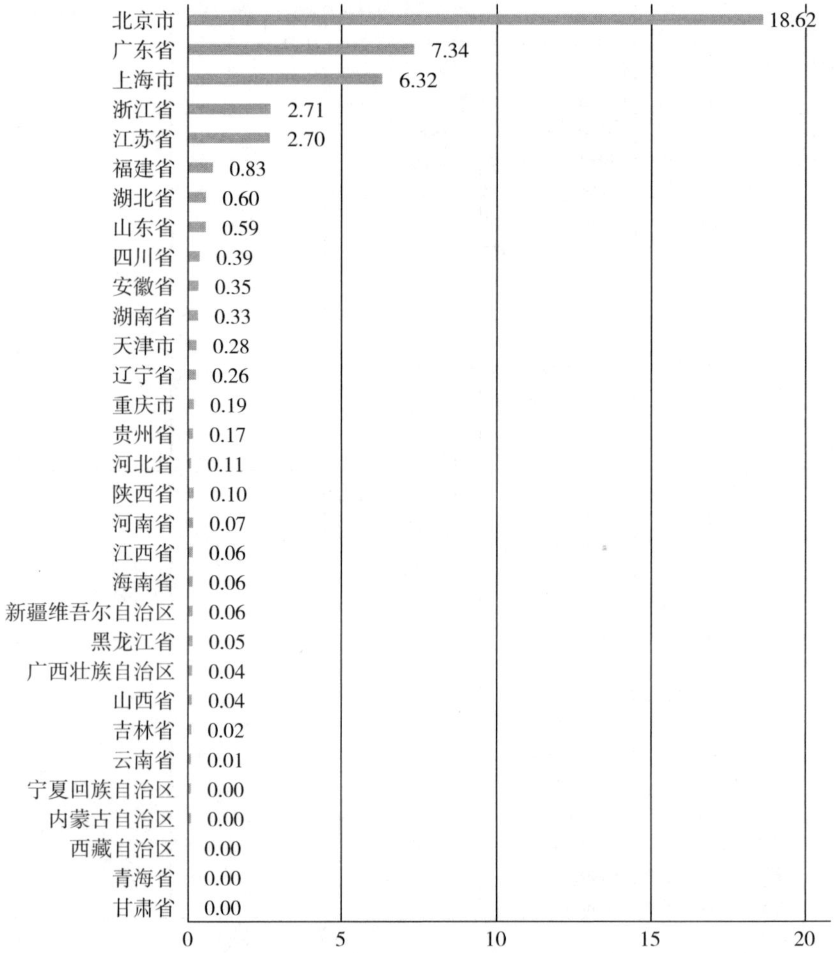

图10-4 资本环境评价指数区域排名情况

（四）国际开放度评价指数排名情况

从国际开放度评价指数排名看（见图10-5），北京市、广东省位于第一梯队，评分分别为7.70、6.62；上海市、浙江省位于第二梯队，评分分别为 3.16、2.12。

国际开放度的二级指标中，核心人力资本开放度指标评分排名前 5 的省份分别是北京市、广东省、上海市、浙江省、江苏省，评分分别为 2.94、2.03、1.18、0.54、0.39；技术开放度指标评分排名前 5 的省份分别是北京市、广东省、上海市、浙江省、江苏省，评分分别为 4.76、4.59、1.98、1.57、0.54。

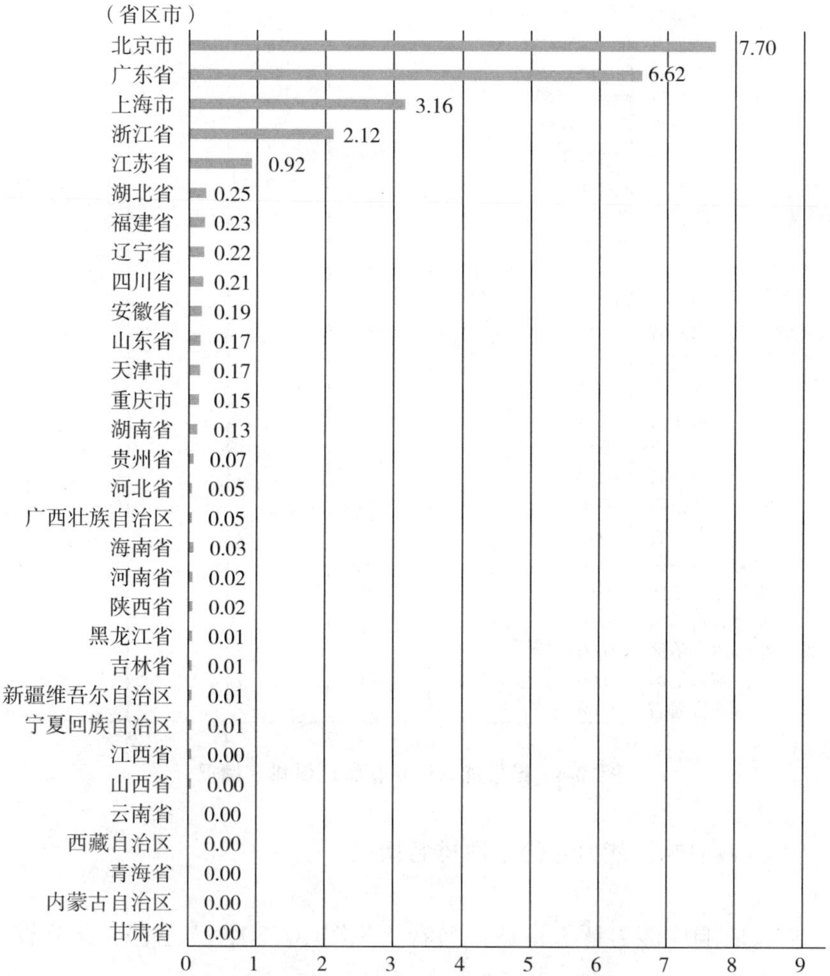

图10-5　国际开放度评价指数区域排名情况

（五）链接能力评价指数排名情况

从链接能力评价指数排名看（见图 10-6），北京市、广东省位于第一梯队，评分分别为 5.12、3.61；上海市、江苏省、浙江省位于第二梯队，评分分别为 2.26、1.41、1.22。

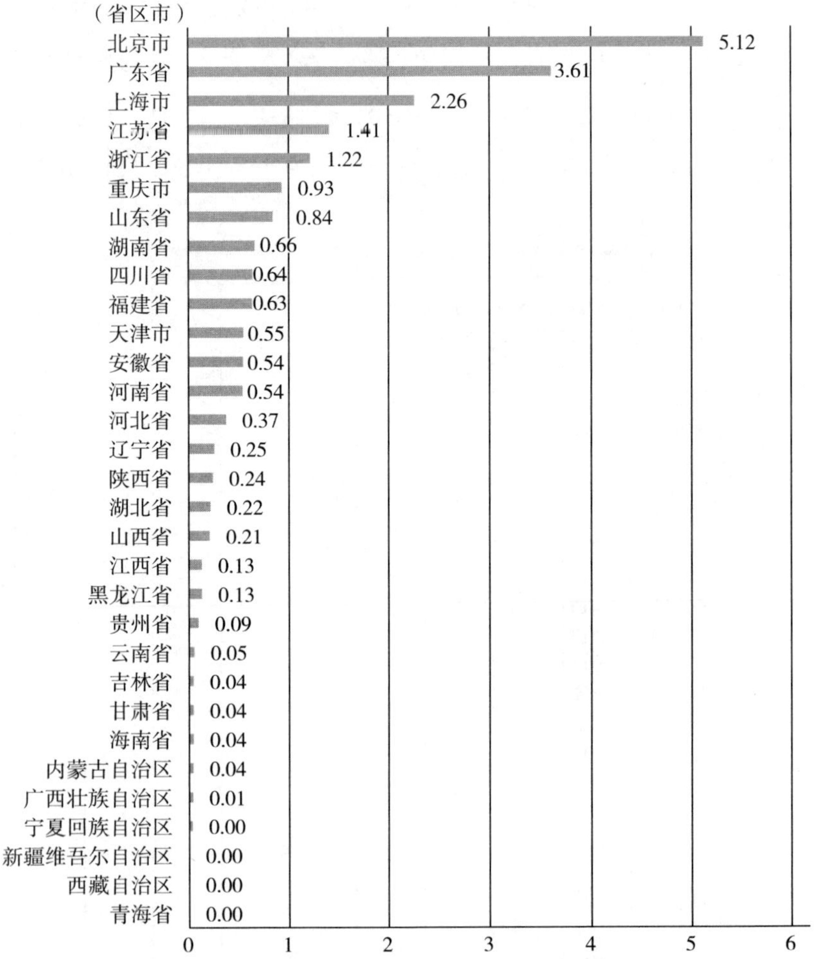

图10-6 链接能力评价指数区域排名情况

（六）政府响应能力评价指数排名情况

从政府响应能力评价指数排名看（见图 10-7），广东省、江苏省、浙江省、上海市、山东省位于第一梯队，评分为 3.23、2.26、1.80、1.27、1.27；河南省、安徽省、北京市、河北省、重庆市、江西省、湖南省、广西壮族自治区、天津市、四川省、湖北省、福建省、贵州省、陕西省位于第二梯队，评分分别为 0.93、0.91、0.90、0.84、0.78、0.78、0.77、0.75、0.68、0.63、

0.61、0.53、0.53、0.52。

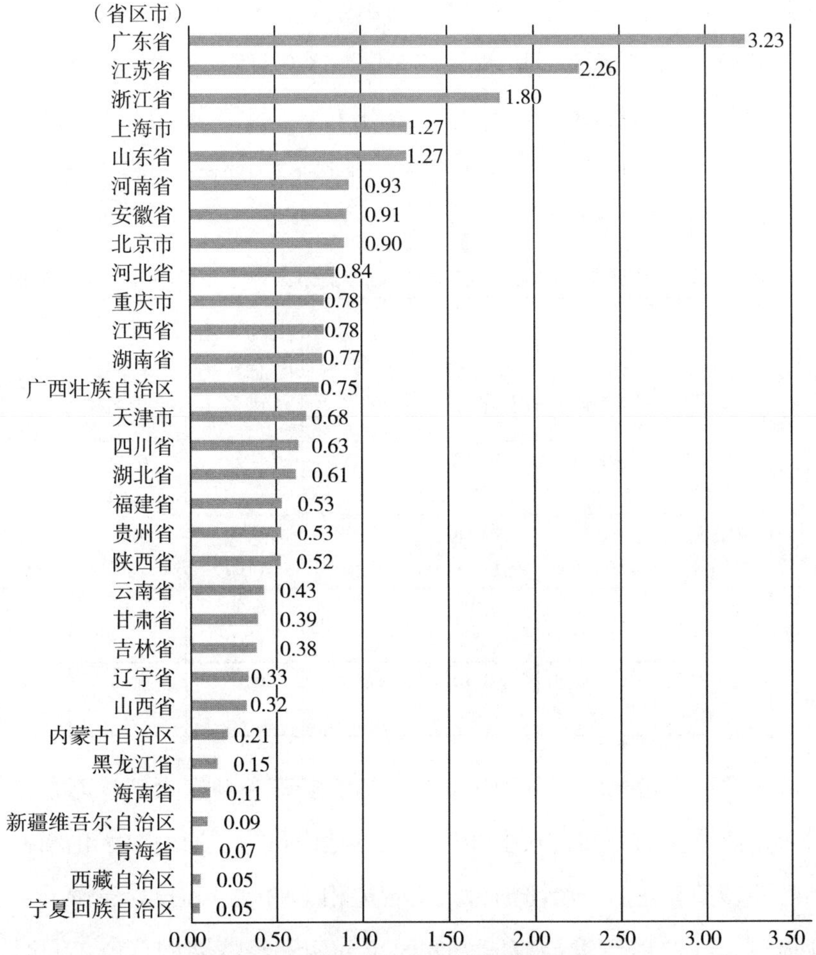

图10-7　政府响应能力评价指数排名情况

第三节　四大经济圈人工智能科技产业区域竞争力评价指数排名情况

一、总体分析

依据企业能力、学术生态、资本环境、国际开放度、链接能力、政府响应能力 6 项一级指标的排名情况，本章对四大经济圈人工智能科技产业区域竞争力进行综合评价。表 10–4 列出了四大经济圈的总体和各项一级指标的评分与排名情况。其中，长三角地区总评分为 101.90 分，位列四大经济圈首位，与 2020 年相比排名上升 1 位；京津冀地区 100.52 分位列第二，与 2020 年相比下降 1 位；珠三角地区 65.50 分位列第三；川渝地区 24.71 分位列第四，排名与 2020 年相比没有发生变化。

表10-4 四大经济圈人工智能科技产业区域竞争力评价指数评分及排名情况

经济圈	综合评分（排名）	企业能力总评分（排名）	学术生态总评分（排名）	资本环境总评分（排名）	国际开放度总评分（排名）	链接能力总评分（排名）	政府响应能力总评分（排名）
京津冀	100.52（2）	39.01（2）	26.13（2）	19.00（1）	7.92（1）	6.04（1）	2.42（3）
长三角	101.90（1）	41.57（1）	30.18（1）	12.08（2）	6.39（3）	5.42（2）	6.25（1）
珠三角	65.50（3）	37.68（3）	7.02（4）	7.34（3）	6.62（2）	3.61（3）	3.23（2）
川渝	24.71（4）	7.29（4）	13.49（3）	0.59（4）	0.35（4）	1.57（4）	1.41（4）

从 6 项一级指标的评分和排名情况看，长三角地区人工智能企业分布相对于京津冀较为分散，众多经济发达的地级市为了通过数字化和智能化推动经济转型和发展，纷纷出台人工智能相关的政策和规划建设人工智能产业园区，在政府政策响应能力方面位列四大经济圈的首位。同时，在企业能力和学术生态方面也位居第一，其中企业能力方面排名与 2020 年相比上升 1 位。此外，资本环境和链接能力位列第二，国际开放度位列第三，与 2020 年相比下降 1 位。

京津冀地区综合评分与长三角地区相差不大，在资本环境、国际开放度和链接能力方面位列四大经济圈首位，企业能力排名第二，与 2020 年相比下降 1 位，学术生态方面排名第二，是创新生态系统最为完善和富有活力的区域。京津冀地区的政府响应能力指标则列四大经济圈的第三位。

珠三角地区在国际开放度和政府响应能力方面位列第二，其中国际开放度方面与2020年相比上升1位，而其余的四项一级指标都相对落后，尤其在学术生态方面，珠三角地区得分低于京津冀地区、长三角地区和川渝地区。与京津冀地区、长三角地区和川渝地区相比，学术生态是制约珠三角地区人工智能科技产业发展的关键因素。

川渝地区作为我国西部人工智能科技产业的聚集地，近年来正在加大力度发展智能经济和人工智能科技产业，其主要优势在于拥有相对较好的学术生态基础（仅次于京津冀和长三角地区，优于珠三角地区）。与其他三大经济圈相比，川渝经济圈需要在企业能力、资本环境、国际开放度、链接能力和政府响应能力方面有所加强。

二、企业能力

在企业能力指标排名方面（见表10–5），长三角地区位列第一，京津冀地区位列第二，珠三角地区位列第三，川渝地区位列第四。与2020年企业能力指标排名相比，长三角地区上升2位，京津冀地区下降1位，珠三角地区下降1位。从企业能力指标的五个分项指标的排名情况看，四大经济圈在人工智能企业发展方面表现出不同的特点。京津冀地区在企业平均估值/市值、基础层和技术层企业数方面均位列第一，在企业平均专利数方面则位列第三，说明京津冀地区人工智能企业密集而活跃，但企业平均规模不大，而企业数量和技术赋能关系方面与2020年相比均下降1位。长三角地区在企业数量方面位列第一，与2020年相比上升1位。在技术赋能关系数方面则位列第三，其他三个分项指标均位列第二，其中企业平均估值/市值与2020年相比上升1位。珠三角地区在企业平均专利数和技术赋能关系数方面位列第一，其中技术赋能关系数与2020年相比上升1位，但在其他三项指标方面均位列第三。因而，与京津冀和长三角地区相比，尽管珠三角地区人工智能企业的总量偏少，但是企业平均规模相对较大，平均研发实力较强。川渝地区五项指标均落后于其他经济圈，企业能力相对薄弱。

表10-5　　四大经济圈企业能力评价指数排名情况

	京津冀	长三角	珠三角	川渝
企业数量	2	1	3	4
企业平均估值/市值	1	2	3	4
企业平均专利数	3	2	1	4
基础层和技术层企业数	1	2	3	4
技术赋能关系数	2	3	1	4

京津冀、长三角、珠三角和川渝四大经济圈的人工智能企业数量为2000家，占全部样本总数的90.70%（见图10–8）。其中，长三角地区人工智能企业数量为672家，占全部人工智能企业数量的30.48%，在四大经济圈居于首位，与2020年相比上升1位。其中，上海市人工智能企业数量为314家，占整个长三角地区的46.73%。京津冀地区人工智能企业数量为656家，占全部人工智能企业总数的29.75%，位居四大经济圈第二，与2020年相比下降1位。珠三角地区人工智能企业数量为596家，主要集中在广州市、深圳市、珠海市、东莞市和佛山市5个城市，其中深圳市人工智能企业数量最多，为308家，占整个珠三角地区的51.68%。川渝地区人工智能企业主要集中分布于成都和重庆两地，其中成都55家，占川渝地区全部人工智能企业数的72.37%。

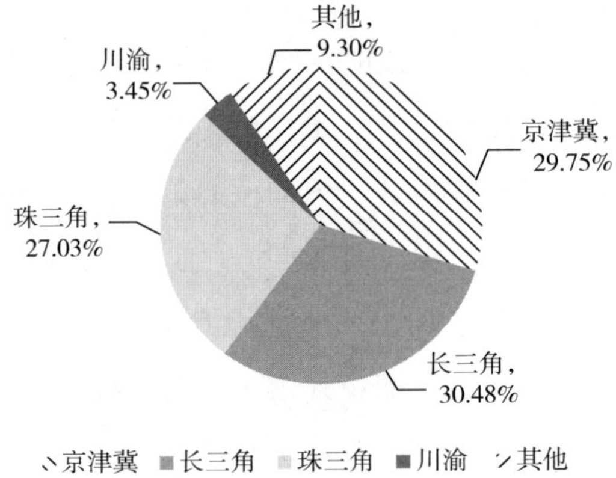

图10-8　四大经济圈和其他区域人工智能企业数量分布

从人工智能企业的产业层次看（见图 10–9），京津冀地区基础层和技术层企业共 116 家，位列四大经济圈之首。其次是长三角地区，共 111 家；珠三角地区为 60 家，位列第三；川渝地区为 8 家，位列第四。

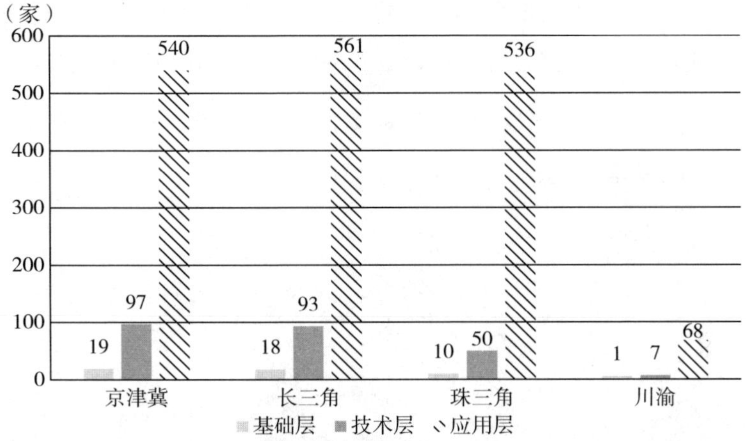

图10-9　四大经济圈人工智能企业层次数量分布

从技术赋能关系数的分布看（见图 10–10），四大经济圈的技术赋能总数为 45630 条，占全部样本技术赋能数的 92.56%，其中珠三角地区占比为 32.60%，排名第一，与 2020 年相比上升 1 位；京津冀地区占比为 32.12%，排名第二，与 2020 年相比下降 1 位；长三角地区占比为 25.93%，排名第三；川渝地区技术赋能相对较少，占比为 1.90%，排名第四。

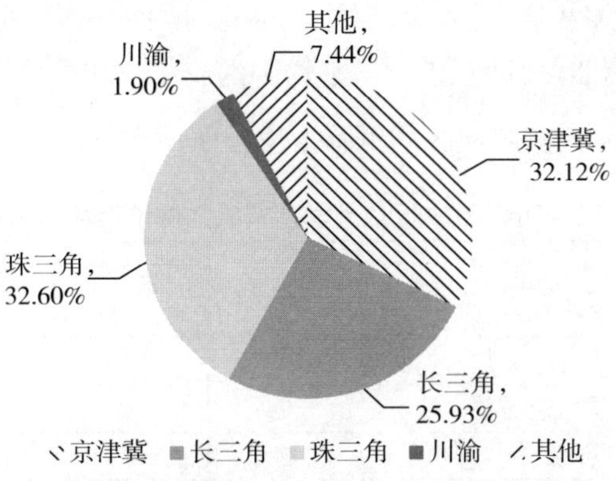

图10-10　四大经济圈人工智能企业技术赋能关系数分布

三、学术生态

在AI大学创新能力指标排名方面，长三角地区位列第一，京津冀地区排名第二，川渝地区排名第三，珠三角地区排名第四。四大经济圈的AI大学总数占全部样本总量的49.49%（见图10–11），其中，长三角地区占比最高，为23.39%，京津冀占比其次，为14.24%，川渝地区排名第三，为7.80%，珠三角地区排名第四，为4.07%。

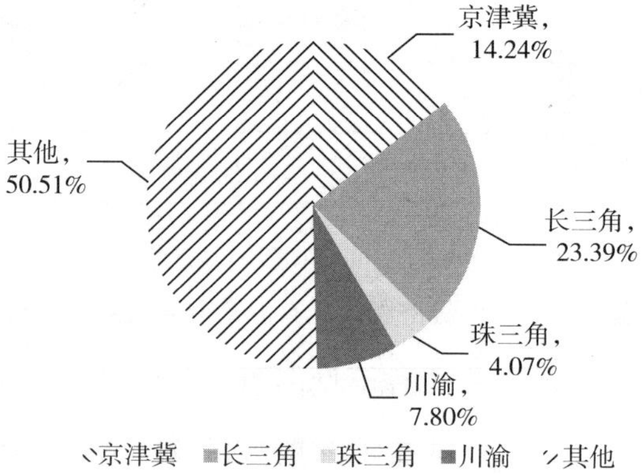

图10-11　四大经济圈AI大学数量分布

由表10–6可以看出，四大经济圈无论是在AI大学数、平均国内论文数、平均国际论文数还是在平均专利数方面都表现出长三角地区AI大学创新能力最优，排名第一，京津冀地区其次，排名第二，川渝地区排名第三，珠三角地区排名第四。其中AI大学平均国内论文数和平均国际论文数排名情况与2020年相比，京津冀地区均下降1位，而长三角地区均上升1位。

表10-6　四大经济圈AI大学创新能力评价指数排名情况

	京津冀	长三角	珠三角	川渝
AI大学数	2	1	4	3
AI大学平均国内论文数	2	1	4	3
AI大学平均国际论文数	2	1	4	3
平均专利数	2	1	4	3
AI大学创新能力排名	2	1	4	3

在非大学科研机构排名方面（见图10–12），四大经济圈总体科研机

构数约占全部样本的 85.37%。其中京津冀地区位列第一，占比为 60.16%，长三角地区排名第二，占比为 18.70%，珠三角和川渝地区分列第三和第四，占比分别为 4.88% 和 1.63%。

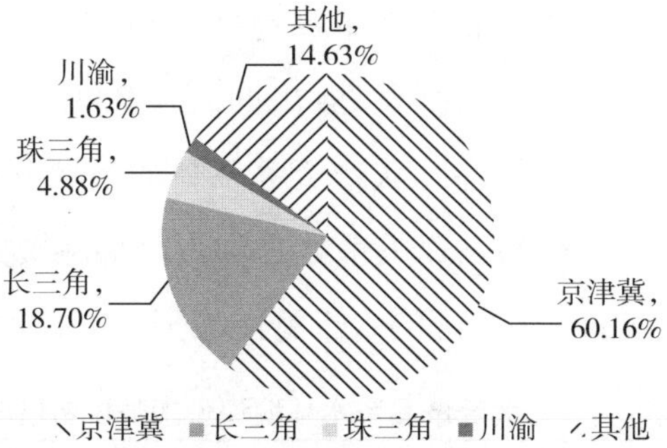

图10-12　四大经济圈非大学科研机构数量分布

从非大学科研机构创新能力评价分项指数排名情况看（见表 10–7），京津冀地区在机构数和平均专利数两项指标中位列第一，其中平均专利数排名与 2020 年相比上升 2 位，科研机构数量多，实力较强。川渝地区虽然科研机构数较少，仅位列第四，但其机构平均国内论文数和平均国际论文数均位列第一，其中机构平均国际论文数排名与 2020 年相比上升 3 位，此外平均专利数排名第二，说明其单个科研机构具有较强的科研实力。长三角地区机构数位列第二，机构平均国内论文和国际论文数及平均专利数均位列第三，其中平均国内论文数排名与 2020 年相比上升 1 位，而平均专利数下降 2 位。珠三角地区非大学科研机构创新能力相较于其他地区（京津冀地区、长三角地区和川渝地区）较弱，与 2020 年相比，机构平均国内论文数排名下降 1 位，平均国际论文数排名则下降 2 位。

表10-7　　四大经济圈非大学科研机构创新能力评价指数排名情况

	京津冀	长三角	珠三角	川渝
机构数	1	2	3	4
机构平均国内论文数	2	3	4	1
机构平均国际论文数	2	3	4	1
平均专利数	1	3	4	2
非大学科研机构创新能力排名	1	2	4	3

四、资本环境

四大经济圈人工智能企业的融资额占我国全部人工智能企业融资总额的 95.49%，且主要集中分布于京津冀地区、长三角地区和珠三角地区（见表 10–8）。从融资总额占比可以看出四大经济圈人工智能科技产业对资本具有强大的吸引力。另外，从融资关系数的区域分布情况可以看出，四大经济圈人工智能企业的融资关系数之和占全部融资关系数的 91.64%，四大经济圈几乎吸收了中国全部的人工智能投资。

表10-8　　　　四大经济圈资本环境评价指数排名情况

	京津冀	长三角	珠三角	川渝
融资关系数	1	2	3	4
融资额	1	2	3	4
投资关系数	1	3	2	4

从四大经济圈投融资额分布情况看（见图 10–13、图 10–14），京津冀地区无论是在融资金额还是在投融资关系数方面，都位列四大经济圈之首，其中融资金额占比为 58.91%，融资关系数和对外投资关系数的占比分别为 38.52% 和 30.00%。其次是长三角地区，融资金额占比为 28.31%，融资关系数和对外投资关系数的占比分别为 32.96% 和 27.47%。珠三角地区

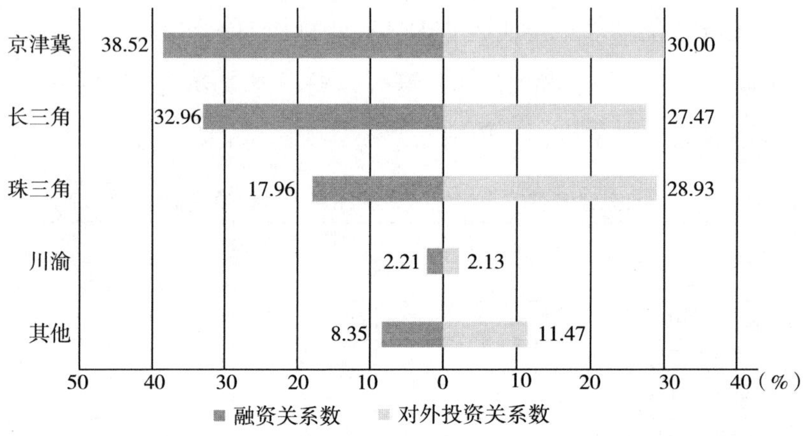

图10-13　四大经济圈及其他区域人工智能企业投融资关系数分布

融资金额占比为 7.70%，融资关系数和对外投资关系数的占比分别为 17.96% 和 28.93%，对外投资关系数排位第二，与 2020 年相比上升 1 位。川渝地区三项指标排名均列第四，融资额和投融资关系数相对较少。

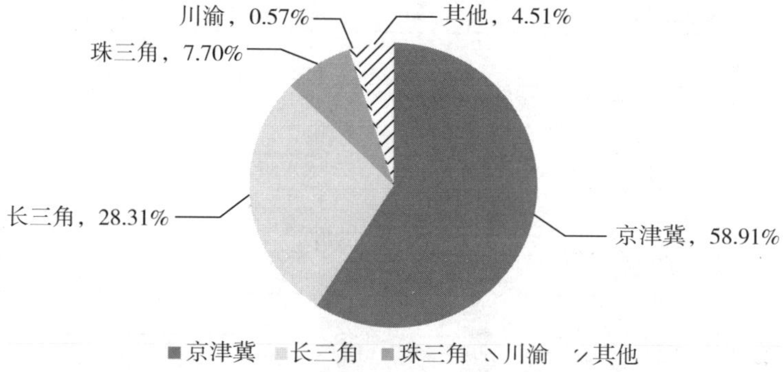

图10-14　四大经济圈及其他区域人工智能企业融资金额分布

五、国际开放度

在国际开放度总指标排名方面（见表 10–9），京津冀地区位列第一，珠三角地区位列第二，长三角地区位列第三，川渝地区位列第四。与 2020 年相比，珠三角地区排名上升 1 位，长三角地区排名下降 1 位。从前期国际学习经验和工作经验数量看（见图 10–15），四大经济圈的国际学习经验和工作经验数量分别占我国全部区域总量的 92.54% 和 94.12%，其中，京津冀地区国际学习经验与国际工作经验数位列四大经济圈之首，占比分别为 32.20% 和 42.42%。长三角地区国际工作经验数排名第二，国际学习经验数排名第三，占比分别为 26.23% 和 27.62%；珠三角地区国际学习经验数排名第二，国际工作经验数排名第三，占比分别为 29.97% 和 23.01%。川渝地区相对排名靠后，占比分别为 2.75% 和 2.46%。

表10-9　四大经济圈国际开放度评价指数排名情况

	京津冀	长三角	珠三角	川渝
前期国际学习经验	1	3	2	4

续表

	京津冀	长三角	珠三角	川渝
前期国际工作经验	1	2	3	4
国际技术输入关系数	1	3	2	4
国际技术赋能关系数	2	3	1	4

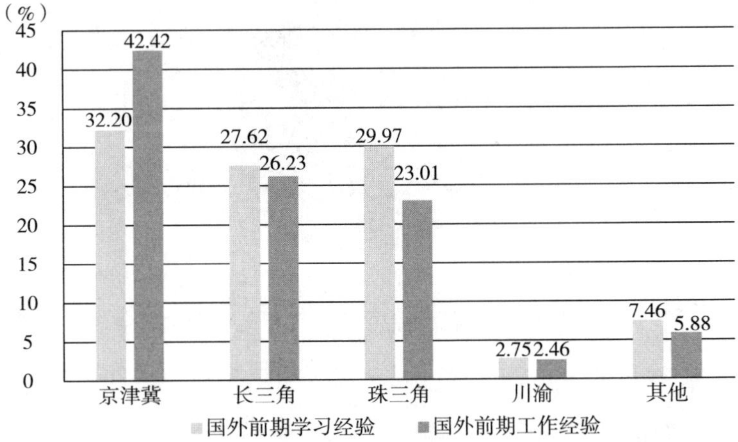

图10-15　四大经济圈国外前期学习经验和工作经验区域分布

国际技术输入和技术赋能关系数方面（见图 10-16），四大经济圈占比同样超过 90%。其中，京津冀地区国际技术输入数位列四大经济圈之首，占比为 33.49%。国际技术赋能方面珠三角地区位列首位，技术赋能关系数占比为 34.92%，与 2020 年相比排名上升 1 位。与其他经济圈相比川渝地区两项指标占比相对较低，分别为 1.05% 和 0.82%。

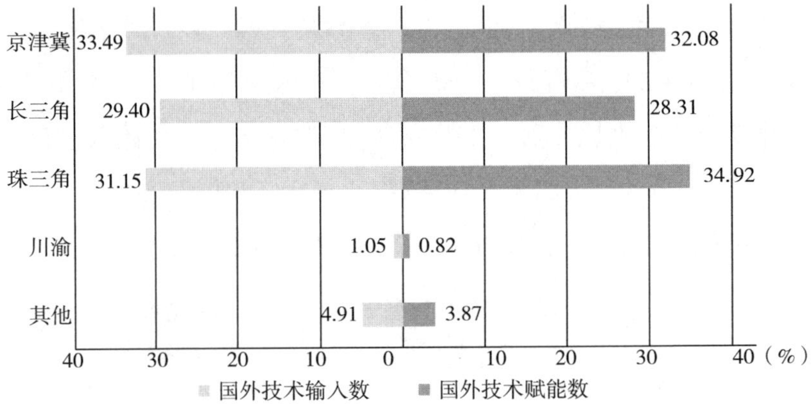

图10-16　四大经济圈国际技术合作关系区域分布

六、链接能力

从包括会议和产业联盟在内的链接者的区域分布情况看，四大经济圈链接者数量约占全国链接者样本总量的 87.64%。产业联盟数量方面，四大经济圈的人工产业联盟数量之和约占全国产业联盟样本总量的 68.42%。其中，京津冀地区产业联盟数量最多，占比为 28.60%；长三角地区排名第二，占比为 24.77%；珠三角地区排名第三，占比为 17.12%；川渝地区排名第四，占比为 7.88%。在会议数量方面，排在前两位的是长三角和京津冀地区，占比分别为 34.31% 和 31.73%。珠三角和川渝地区占比相对较低，分别为 18.68% 和 5.33%（见表 10–10、图 10–17）。

表10-10　　四大经济圈链接能力评价指数排名情况

	京津冀	长三角	珠三角	川渝
会议数	2	1	3	4
产业联盟数	1	2	3	4
链接能力排名	1	2	3	4

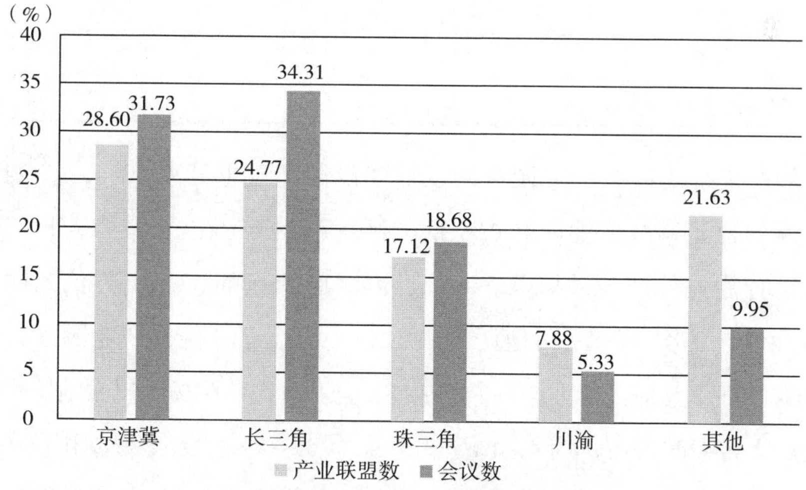

图10-17　四大经济圈及其他区域人工智能会议和产业联盟分布

七、政府响应能力

从政策的具体分布情况看，截至 2019 年 12 月 31 日，长三角地区共出台 103 项人工智能相关政策，占政策总数的 17.49%，位列四大经济圈首位（见表 10–11）。其中，出台政策最多的省份是浙江省，出台了 33 项政策；其次是江苏省，出台了 28 项政策；安徽省和上海市分别出台了 25 项和 17 项政策。截至 2019 年 12 月 31 日，四大经济圈出台政策数量排名第二位的京津冀地区，共出台了 88 项政策，占政策总数的 14.94%。其中，北京市出台政策最多，出台了 32 项政策；其次是天津市，出台了 29 项政策；河北省则出台了 27 项政策。川渝地区共出台 37 项政策，其中重庆市 21 项，四川省 16 项。珠三角地区政策出台数量相对较少，广东省共出台 21 项政策。除四大经济圈之外，其他地区在统计期内同样出台了促进人工智能发展方面的相关政策，总数占全部样本的 57.72%。

表10-11　四大经济圈政府响应能力评价指数排名情况

	京津冀	长三角	珠三角	川渝
产业园区数	3	1	2	4
出台政策数	2	1	4	3
政府响应能力排名	3	1	2	4

从人工智能科技产业园区的规划建设情况看（见图 10–18），四大经济圈人工智能科技产业园区占全部园区总量的 67.66%。其中，长三角地区人工智能科技产业园区共 356 个，占园区总量的 33.18%，位列四大经济圈首位。其次是珠三角地区，共 221 个人工智能科技产业园区，占比 20.60%。京津冀地区产业园区数量共 82 个，占比 7.64%。川渝地区产业园区数量排名第四，占比为 6.24%。另外，有 32.34% 的人工智能科技产业园区分布在除四大经济圈之外的其他区域。总体来看，我国人工智能科技产业园区地域分布较为广泛，共分布在我国的 29 个省区市。

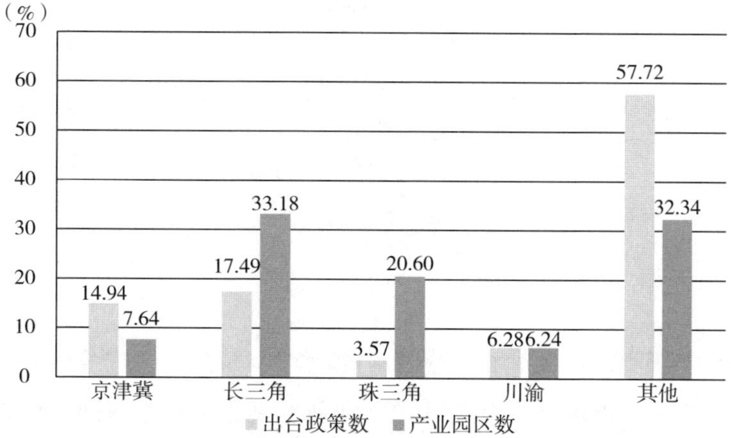

图10-18　四大经济圈及其他区域人工智能政策数和产业园区数分布

第四节　省区市人工智能科技产业区域竞争力评价指数分析

一、北京市

在全国人工智能科技产业区域竞争力综合排名中，北京市位列第一，分值高达 82.37，与 2020 年排名相比保持不变。在 6 项一级指标中，除企业能力排名第二和政府响应能力排名第八外，学术生态、资本环境、国际开放度和链接能力 4 项指标均列全国各省区市之首（见图 10–19），相比 2020 年排名，其中企业能力和政府响应分别下降 1 位、上升 2 位。

如表 10–12 所示，在企业能力 2 项二级指标中，企业规模、企业创新能力排名分别为第一和第二，相比 2020 年排名分别保持不变、上升 1 位。在企业规模 2 项三级指标中，北京市企业数量、企业平均估值 / 市值分别排名第一和第五，相比 2020 年排名分别保持不变、下降 4 位。在企业创

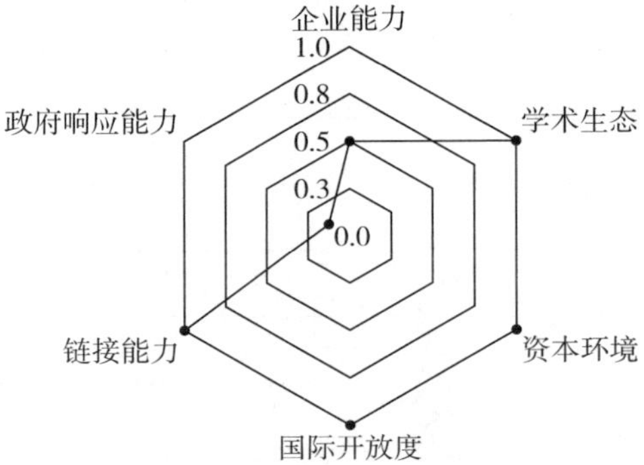

图10-19 北京市人工智能科技产业区域竞争力评价指数各一级指标雷达图[①]

新能力 3 项三级指标中，企业平均专利数、基础层和技术层企业数、技术赋能关系数分别排名第八、第一和第二，相比 2020 年排名分别保持不变、保持不变、下降 1 位。截至 2020 年底，北京市人工智能企业数量共计 628 家，占 2205 家全部人工智能企业数量的 28.48%，人工智能企业平均估值 / 市值总额为 207.93 亿元，位列全国各省区市第五，低于天津市、福建省、浙江省、湖北省，主要原因在于北京市人工智能科技产业的企业数量多，估值 / 市值总额高，但平均规模相对较小。

表10-12 北京市人工智能科技产业区域竞争力评价指数排名情况

总排名（得分）	一级指标	排名	二级指标	排名	三级指标	排名
1（82.37）	企业能力	2	企业规模	1	企业数量	1
					企业平均估值 / 市值	5
			企业创新能力	2	企业平均专利数	8
					基础层和技术层企业数	1
					技术赋能关系数	2
	学术生态	1	AI大学创新能力	2	AI大学数	2
					平均国内论文数	2
					平均国际论文数	2
					平均专利数	4
			非大学科研机构创新能力	1	机构数	1
					平均国内论文数	4
					平均国际论文数	3
					平均专利数	1

① 各省区市雷达图中各项一级指标的数值为其一级指标排名数值的倒数，雷达图中所有指标的最大值均为1，排名越靠后，排名数值越大，雷达图中指标的数值越小。

续表

总排名（得分）	一级指标	排名	二级指标	排名	三级指标	排名
1（82.37）	资本环境	1	融资	1	融资关系数	1
					融资额	1
			投资	2	投资关系数	2
	国际开放度	1	核心人力资本开放度	1	前期国际学习经验	1
					前期国际工作经验	1
			技术开放度	1	国际技术输入关系数	1
					国际技术赋能关系数	2
	链接能力	1	链接者	1	会议数	1
					产业联盟数	1
	政府响应能力	8	政府响应	8	产业园区数	11
					出台政策数	3

在企业创新能力方面，北京市人工智能企业的平均专利数排名第八，相比2020年排名维持不变，但低于广东省、山东省、湖南省、安徽省、福建省、辽宁省和浙江省。一方面是因为北京市人工智能企业数量多，专利数少的企业数量占比较高，导致平均专利数不占优势；另一方面，广东省、山东省、湖南省、安徽省、福建省、辽宁省和浙江省的人工智能企业数量相对于北京市较少，专利数量较高的人工智能企业数量较多。例如，广东省的华为、湖北省的易瓦特无人机和山东省的海尔集团。北京市人工智能企业中包括16家基础层企业和97家技术层企业，基础层和技术层企业数量之和为113家，位列全国第一。在基础层企业中既包括中星微电子、紫光股份等在内的智能芯片研发企业，也包括腾讯云、百度等在内的提供大数据云计算等数据基础设施服务的人工智能企业。在技术层企业中，占比最高的两项核心技术是大数据、云计算和人脸、步态、表情识别，占比分别为29.90%和18.56%。其中，大数据、云计算类的典型人工智能企业为腾讯云和金山云，人脸、步态、表情识别类典型企业包括商汤科技和旷视科技。北京市人工智能企业的技术赋能关系数位列全国第二，相比2020年排名下降1位。

在学术生态2项二级指标中，北京市AI大学创新能力、非大学科研机构创新能力分别排名第二和第一，相比 2020 年排名分别下降 1 位、保持不变。在 AI 大学创新能力 4 项三级指标上，AI 大学数、平均国内论文数、平均国际论文数和平均专利数分别排名第二、第二、第二和第四，相比 2020 年排名分别下降 1 位、上升 3 位、保持不变、上升 6 位。在非大学科研机构创新能力 4 项三级指标中，机构数、平均国内论文数、平均国际论文数和平均专利数分别排名第一、第四、第三和第一，相比 2020 年排名分别保持不变、下降 2 位、下降 1 位、上升 5 位。在 AI 大学创新能力方面，北京市 AI 大学数排名第二，拥有 23 所 AI 大学，低于江苏省的 26 所。北京 AI 大学平均国内论文数和平均国际论文数均排名第二，分别低于新疆维吾尔自治区、黑龙江省。北京市 AI 大学平均专利数排名第四，低于黑龙江省、江苏省、浙江省。清华大学、北京航空航天大学和北京邮电大学是北京市人工智能领域专利数最多的大学科研机构。在非大学科研机构创新能力方面，北京市非大学科研机构数排名第一，机构数量为 73 个。北京市非大学科研机构平均国内论文数和平均国际论文数排名第四和第三，平均专利数排名第一。无论大学及非大学的论文总数还是专利总数，北京市都均位居前列。科技创新资源的高度聚集，是北京市学术生态优势突出的关键因素。

在资本环境 2 项二级指标中，融资和投资分别排名第一和第二，相比 2020 年排名分别维持不变、下降 1 位。其中，融资关系数、融资额同样位居第一，与 2020 排名相比保持不变，但投资关系数排名第二，相比 2020 年排名下降 1 位。从人工智能企业融资关系数来看，车和家、滴滴出行和乐视体育是北京市融资关系数最多的企业。IDG 资本、红杉资本中国、腾讯投资是北京市最活跃的投资机构。IDG 资本累计投资了北京市 82 家人工智能企业，红杉资本中国累计投资了北京市 74 家人工智能企业，腾讯投资累计投资了北京市 68 家人工智能企业。从人工智能企业投资关系数来看，中国电信和新东方是北京市投资关系数最多的样本企业。

在国际开放度 2 项二级指标中，北京市人工智能企业核心人力资本开放度和技术开放度都位居第一，与 2020 年排名相比，保持不变。其中，4

项三级指标前期国际学习经验和工作经验、国际技术输入关系数和赋能关系数，前三项排名第一，与2020年排名相比保持不变，国际技术赋能关系数排名第二，相比2020年排名下降1位。国际学习经验方面，排名前10的AI大学中除了一所来自新加坡国立大学外，其余9所均来自美国。其中，拥有美国斯坦福大学前期学习经验的人员数量最多，其次是包括美国西北大学、美国加利福尼亚大学伯克利分校、美国圣路易斯华盛顿大学、美国卡内基梅隆大学在内的多所人工智能领域的世界顶尖高校；在前期国际工作经验方面，排名前10的企业同样以美国企业为主导。其中，来自微软的前期工作经验数最多，其次是包括谷歌、IBM、摩托罗拉、宝洁、摩根大通在内的国际知名高科技企业。在国际技术输入方面，英特尔是对北京市人工智能企业技术输入最多的国际企业。另外，包括高通、微软、英伟达、IBM在内的多家国外人工智能领域的优势企业和高校同样为北京市人工智能科技产业的发展提供了技术支持。在国际技术赋能方面，技术赋能前10位的企业和机构包括英特尔、微软、高通、英伟达、三星、IBM等。

在链接能力2项三级指标中，会议数和产业联盟数位列全国第一，与2020年排名相比保持不变。在产业联盟方面，北京市拥有人工智能科技产业联盟105个。

在政府响应能力二级指标中，政府响应排名第八，相比2020年排名上升2位。从政府响应能力2项三级指标上看，产业园区数和出台政策数分别排名第十一和第三，相比2020年排名分别上升2位、保持不变。虽然在人工智能产业园区数量方面，北京市与包括广东、江苏、浙江等在内的其他省份相比，排名并不靠前，但其作为国家科技创新中心，在人工智能科技产业园区的规划和建设方面拥有丰富的科技创新资源。

从区域产业力竞争力评价指数各项指标看，北京市依然是中国人工智能科技产业发展的引领者，技术扩散广泛辐射到全国各地。在人工智能科技产业的发展上，北京市不仅拥有科技创新资源优势，而且拥有数据生态和应用场景优势。尤其是依托互联网中心和独特产业的优势，在数字内容和新媒体、科技金融和智慧城市领域获得了飞速发展。从在人工智能领域的地位看，北京市应当紧紧抓住建设具有全球影响力的科技创新中心的历史机遇，以人工智能科技产业发展为抓手，加速引领新发展格局的形成和发展。

二、广东省

广东省的人工智能科技产业区域竞争力综合排名居全国第二，分值为65.50，与2020年排名相比保持不变。在6项一级项指标上，企业能力、学术生态、资本环境、国际开放度、链接能力和政府响应排名分别为第一、第七、第二、第二、第二和第一，相比2020年排名分别上升1位、下降1位、上升2位、保持不变、保持不变和保持不变。其中，在政府响应能力方面，广东省具有绝对优势。相比较而言，学术生态是广东省的短板（见图10–20）。

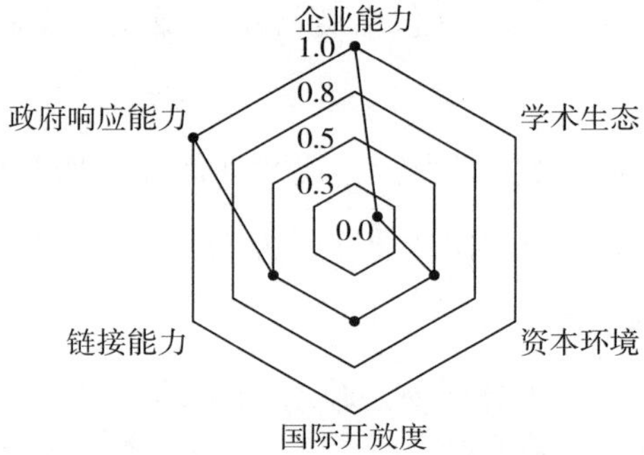

图10-20　广东省人工智能科技产业区域竞争力评价指数各一级指标雷达图

表10-13　　广东省人工智能科技产业区域竞争力评价指数排名情况

总排名（得分）	一级指标	排名	二级指标	排名	三级指标	排名
2（65.50）	企业能力	1	企业规模	2	企业数量	2
					企业平均估值／市值	6
			企业创新能力	1	企业平均专利数	1
					基础层和技术层企业数	2
					技术赋能关系数	1

续表

总排名（得分）	一级指标	排名	二级指标	排名	三级指标	排名
2（65.50）	学术生态	7	AI大学创新能力	8	AI大学数	13
					平均国内论文数	4
					平均国际论文数	4
					平均专利数	5
			非大学科研机构创新能力	6	机构数	3
					平均国内论文数	7
					平均国际论文数	4
					平均专利数	11
	资本环境	2	融资	3	融资关系数	2
					融资额	3
			投资	1	投资关系数	1
	国际开放度	2	核心人力资本开放度	2	前期国际学习经验	2
					前期国际工作经验	2
			技术开放度	2	国际技术输入关系数	2
					国际技术赋能关系数	1
	链接能力	2	链接者	2	会议数	3
					产业联盟数	2
	政府响应能力	1	政府响应	1	产业园区数	1
					出台政策数	14

如表 10–13 所示，在企业能力 2 项二级指标中，企业规模、企业创新能力排名分别为第二、第一，较 2020 年排名保持不变。在企业规模 2 项三级指标上，企业数量和企业平均估值 / 市值排名分别为第二和第六，较 2020 年排名分别保持不变、下降 4 位。在企业创新能力 3 项三级指标中，企业平均专利数、基础层和技术层企业数、技术赋能关系数的排名分别为第一、第二和第一，相比 2020 年排名分别上升 1 位、保持不变、上升 1 位。截至 2020 年底，广东省的人工智能企业数为 596 家，仅次于北京。596 家人工智能企业主要分布于深圳、广州、珠海等市，其中 308 家位于深圳市，占比高达 51.68%。

从企业创新能力方面看，广东省596家人工智能企业的平均专利数为630项，位列全国第一，相比2020年排名上升1位。其中专利数量最高的人工智能企业是华为。广东省基础层和技术层企业数量之和仅次于北京市，基础层企业10家，代表性企业分别为华为、腾讯和深信服科技。技术层企业50家，代表性企业为大疆创新、云从科技和云天励飞。从基础层和技术层企业的核心技术分布看，分布最为集中的AI核心技术为大数据、云计算和人脸、步态、表情识别技术。其中，大数据、云计算技术领域的核心企业包括神州数码、深信服科技和锟云科技。人脸、步态和表情识别技术领域的核心企业包括云天励飞、码隆科技和图谱科技。从技术赋能关系看，广东省人工智能企业技术赋能关系数较多的人工智能企业不仅包括腾讯、华为和大疆创新在内的技术平台型企业，而且包括比亚迪、和而泰和达实智能在内的智能制造、智能汽车类企业。

在学术生态2项二级指标中，AI大学和非大学科机构创新能力排名分别为第八和第六，相比2020年排名分别下降3位、上升2位。在AI大学创新能力4项三级指标上，AI大学数、平均国内论文数、平均国际论文数和平均专利数排名分别为第十三、第四、第四和第五，相比2020年排名分别下降10位、上升9位、上升8位、上升8位。在非大学科研机构创新能力4项三级指标中，机构数、平均国内论文数、平均国际论文数和平均专利数排名分别为第三、第七、第四和第十一，相比2020年排名分别维持不变、上升1位、下降1位、维持不变。广东省拥有12所AI大学和6所非大学科研机构，其中以中山大学、暨南大学、华南师范大学和华南理工大学为典型代表。

在资本环境2项二级指标中，融资和投资分别排在第三和第一位，相比2020年排名均上升1位。在3项三级指标中，融资关系数、融资额、投资关系数排名分别为第二、第三和第一，相比2020年排名均上升1位。在对广东省人工智能企业的投资机构中，排名前列的是松禾资本、深创投、同创伟业和创新工场。在融资关系数方面，排名前列的分别是华大基因和柔宇科技。从融资额看，排名前列的人工智能企业分别是工业富联、动景计算机、柔宇科技、华大基因、大疆创新、比亚迪和乐信集团。

在国际开放度 2 项二级指标中，核心人力资本开放度和技术开放度排名均为第二，与 2020 年排名相比维持不变。在核心人力资本 2 项三级指标中，前期国际学习经验和前期国际工作经验排名均为第二，与 2020 年排名相比保持不变。在技术开放度 2 项三级指标中，国际技术输入关系数和国际技术赋能关系数排名分别为第二和第一，与 2020 年排名相比分别保持不变、上升 1 位。在国际学习经验方面，广东省人工智能企业的核心人力资本来自美国斯坦福大学、加利福尼亚大学和新加坡国立大学的前期学习经验数最多。同时，包括美国麻省理工学院、加利福尼亚大学伯克利分校、伊利诺伊大学、纽约州立大学在内的国际知名高校同样是广东省人工智能核心人力资本的来源地。在前期国际工作经验方面，广东省人工智能企业核心人力资本在微软和 IBM 工作过的人数最多。在国外技术输入方面，广东省人工智能企业与包括英特尔、高通、英伟达、微软和 IBM 在内的国际知名企业存在着技术输入关系。同时，广东省人工智能企业与英特尔、高通、微软和三星电子之间存在着技术赋能关系。

在链接能力 2 项三级指标中，广东省人工智能领域的会议数和产业联盟排名分别为第三和第二，与 2020 年排名相比保持不变。

在政府响应能力 2 项三级指标中，广东省人工智能领域的产业园区数和出台政策数排名分别为第一和第十四，相比 2020 年排名均保持不变。相较于广东省其他城市，深圳市在人工智能发展规划制定和实施方面，具有很强的超前性。

从区域产业竞争力各项指标看，广东省人工智能科技产业的发展表现出强烈的内生驱动性。作为先进制造业基地，广东省在转型升级过程中创造出了强烈的市场需求。通过政府和中介组织的推动，广东省的人工智能科技产业发展走在了全国的前列。通过人工智能新型研发机构的建设和发展，广东省正在通过引进和集聚科技创新资源，弥补学术生态的不足。

三、上海市

上海市的人工智能科技产业区域竞争力综合排名位列全国第三，分值为36.05，与2020年排名相比保持不变。从6项二级指标看，企业能力、学术生态、资本环境、国际开放度、链接能力和政府响应能力排名分别为第三、第四、第三、第三、第三和第四，与2020年排名相比分别上升1位、下降1位、下降1位、上升1位、保持不变和上升2位。其中，资本环境是上海市的优势，学术生态、政府响应能力则相对较弱（见图10–21）。

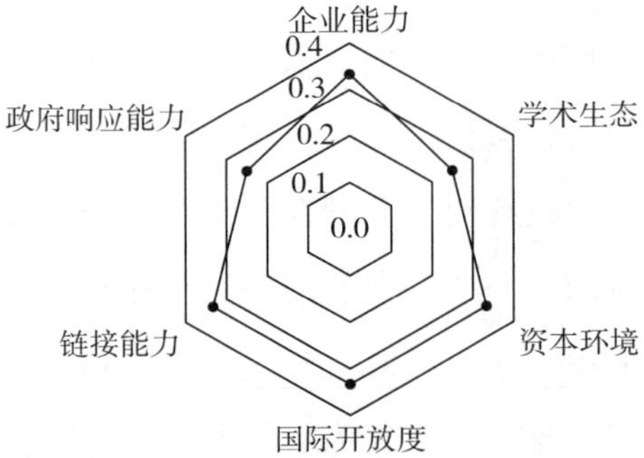

图10-21　上海市人工智能科技产业区域竞争力评价指数各一级指标雷达图

表10-14　上海市人工智能科技产业区域竞争力评价指数排名情况

总排名（得分）	一级指标	排名	二级指标	排名	三级指标	排名
3（36.05）	企业能力	3	企业规模	3	企业数量	3
					企业平均估值/市值	12
			企业创新能力	5	企业平均专利数	10
					基础层和技术层企业数	3
					技术赋能关系数	4
	学术生态	4	AI大学创新能力	3	AI大学数	5
					平均国内论文数	3
					平均国际论文数	3
					平均专利数	7
			非大学科研机构创新能力	5	机构数	2
					平均国内论文数	10
					平均国际论文数	8
					平均专利数	9

续表

总排名（得分）	一级指标	排名	二级指标	排名	三级指标	排名
3（36.05）	资本环境	3	融资	2	融资关系数	3
					融资额	2
			投资	3	投资关系数	3
	国际开放度	3	核心人力资本开放度	3	前期国际学习经验	3
					前期国际工作经验	3
			技术开放度	3	国际技术输入关系数	3
					国际技术赋能关系数	3
	链接能力	3	链接者	3	会议数	2
					产业联盟数	3
	政府响应能力	4	政府响应	4	产业园区数	4
					出台政策数	18

如表 10–14 所示，在企业能力 2 项二级指标中，企业规模和企业创新能力排名第三和第五，相比 2020 年排名分别保持不变、上升 1 位。在企业规模 2 项三级指标中，企业数量和企业平均估值 / 市值排名分别为第三和第十二，相比 2020 年排名分别保持不变和下降 6 位。在企业创新能力 3 项三级指标中，企业平均专利数、基础层和技术层企业数、技术赋能关系数排名分别为第十、第三和第四，相比 2020 年排名分别上升 4 位、保持不变和保持不变。上海市的人工智能企业共 314 家，其中专利数最高的两家企业为展讯通信和联影医疗，分别为 5013 项和 2844 项。在 314 家人工智能企业中，基础层和技术层企业 53 家，其中 9 家基础层企业和 44 家技术层企业。

在学术生态指标 2 项二级指标中，AI 大学和非大学科研机构创新能力排名第三和第五，相比 2020 年排名分别上升 1 位、保持不变。在 AI 大学创新能力 4 项三级指标中，AI 大学数、平均国内论文数、平均国际论文数和平均专利数排名分别为第五、第三、第三和第七，相比 2020 年排名分别下降 1 位、保持不变、上升 3 位、上升 2 位。在非大学科研机构创新能力 4 项三级指标中，机构数、平均国内论文数、平均国际论文数和平均专利数排名分别为第二、第十、第八和第九，相比2020年排名分别保持不变、上升6位、下降2位、下降1位。上海市共有16所AI大学，低于江苏省、北京市、山东省和四川省。同时，上海市有9所非大学科研机构，数量仅次于北京市。

在资本环境2项二级指标中，融资和投资排名第二和第三，相对2020排名均保持不变。在3项三级指标中，融资关系数、融资额和投资关系数排名分别为第三、第二和第三，相比2020年排名分别下降1位、保持不变、保持不变。其中获投金额最高的四家上海市人工智能企业分别是饿了么、蔚来汽车、陆金所和紫光展锐。获投关系数最多的四家企业分别是蔚来汽车、思路迪、星环科技和壁仞科技。从投资者活跃度来看，红杉资本中国、腾讯投资和IDG资本是最为活跃的机构，分别投资了30家、26家和24家人工智能企业。

在国际开放度2项二级指标中，核心人力资本开放度和技术开放度排名均为第三位，较2020年排名分别保持不变、上升1位。在4项三级指标中，前期国际学习经验、前期国际工作经验、国际技术输入关系数和国际技术赋能关系数排名均为第三位，相比2020年排名分别保持不变、保持不变、上升1位、上升1位。在核心人工智能前期国际学习经验方面，包括美国哈佛大学、新加坡国立大学、美国麻省理工学院、英国曼彻斯特大学在内的多所国际人工智能领域顶尖大学为上海市人工智能科技产业提供了核心人力资本。在前期国际工作经验方面，来自微软的技术人员数量最多。同时，谷歌、麦肯锡、摩根士丹利和甲骨文也是上海市人工智能产业核心人力资本的重要来源。在国际技术输入方面，微软对上海市人工智能企业提供的技术输入最多，除此之外，包括英特尔、高通、英伟达、亚马逊在内的国外企业和组织机构也为上海市人工智能企业提供相关技术支持。从国际技术赋能看，上海市人工智能企业的技术赋能对象是包括微软、英特尔、英伟达和高通在内的多家国外企业。

在链接能力2项三级指标中，上海市人工智能领域相关会议数和产业联盟数分别排名第二和第三。

在政府响应能力 2 项三级指标中，上海市人工智能产业园区数和出台政策数分别排名第四和第十八。

从区域产业竞争力评价指数各项指标看，上海市的人工智能学术生态和资本环境优越，为人工智能科技产业的发展提供了保障。通过世界人工智能大会的召开，上海市正在加速人工智能科技产业的发展。尤其是在建设具有全球影响力的科技创新中心的过程中，上海市把人工智能科技产业的发展作为重要方向，将深入推动人工智能科技与实体经济融合。

四、浙江省

浙江省的人工智能科技产业区域竞争力综合排名位列全国第四，分值为 27.62，相比 2020 年排名维持不变。在 6 项一级指标中，企业能力、学术生态、资本环境、国际开放度、链接能力和政府响应能力排名分别为第五、第五、第四、第四、第五和第三，相比 2020 年排名分别保持不变、下降 1 位、下降 1 位、下降 1 位、上升 1 位和上升 1 位。从各项指标排名看，政府响应能力是浙江省的优势，企业能力、学术生态和链接能力是弱项（见图 10–22）。

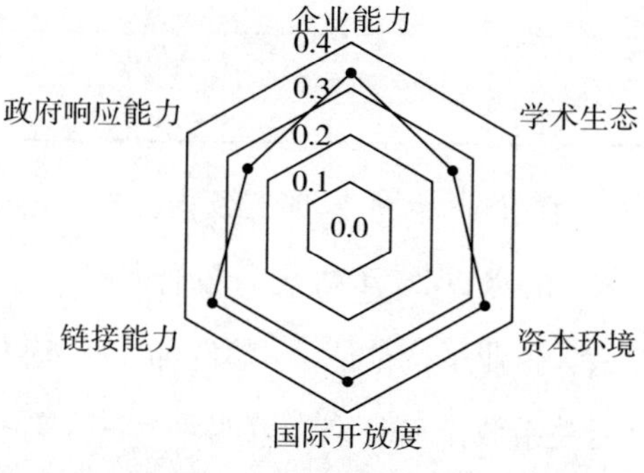

图10-22 浙江省人工智能科技产业区域竞争力评价指数各一级指标雷达图

表10-15　　浙江省人工智能科技产业区域竞争力评价指数排名情况

总排名（得分）	一级指标	排名	二级指标	排名	三级指标	排名
4（27.62）	企业能力	5	企业规模	4	企业数量	4
					企业平均估值 / 市值	3
			企业创新能力	6	企业平均专利数	7
					基础层和技术层企业数	4
					技术赋能关系数	3
	学术生态	5	AI大学创新能力	6	AI大学数	7
					平均国内论文数	13
					平均国际论文数	7
					平均专利数	3
			非大学科研机构创新能力	8	机构数	3
					平均国内论文数	9
					平均国际论文数	5
					平均专利数	13
	资本环境	4	融资	4	融资关系数	4
					融资额	5
			投资	5	投资关系数	5
	国际开放度	4	核心人力资本开放度	4	前期国际学习经验	4
					前期国际工作经验	4
			技术开放度	4	国际技术输入关系数	4
					国际技术赋能关系数	4
	链接能力	5	链接者	5	会议数	4
					产业联盟数	5
	政府响应能力	3	政府响应	3	产业园区数	3
					出台政策数	2

如表 10–15 所示，在企业能力 2 项二级指标中，企业规模和企业创新能力排名第四和第六，相比 2020 年排名分别保持不变、下降 2 位。在 5 项三级指标中，企业数量、企业平均估值 / 市值、企业平均专利数、基础层和技术层企业数、技术赋能关系数排名分别为第四、第三、第七、第四和第三，相比 2020 年排名分别保持不变、保持不变、下降 3 位、保持不变和保持不变。浙江省人工智能企业共计 197 家，其中基础层企业 5 家，技术层企业 23 家。

基础层企业的代表是阿里云，技术层企业的代表包括海康威视和才云科技。

在学术生态2项二级指标位中，AI大学和非大学科研机构创新能力排名第六和第八，相比2020年排名分别下降3位、上升1位。在AI大学创新能力4项三级指标中，AI大学数、平均国内论文数、平均国际论文数和平均专利数分别排别第七、第十三、第七和第三，相比2020年排名分别下降2位、上升7位、上升6位、上升3位。在非大学科研机构创新能力4项三级指标中，机构数、平均国内论文数、平均国际论文数和平均专利数排名为第三、第九、第五和第十三，相比2020年排名分别上升3位、上升3位、上升2位、下降4位。浙江省拥有14所AI大学和6所非大学科研机构。

在资本环境2项二级指标中，融资和投资排名分别为第四和第五，相比2020年排名分别下降1位、保持不变。在3项三级指标中，融资关系数、融资额和投资关系数排名分别为第四、第五和第五，相比2020年排名分别维持不变、下降2位、保持不变。浙江省表现活跃的投资者包括海康威视、恒生电子、大华股份、阿里巴巴、正泰电器、新再灵科技和巨星科技。其中，海康威视最为活跃，共投资了65家人工智能相关企业。浙江省获投金额最多的四家人工智能企业是口碑、网易云音乐、合众汽车和阿里云。

在国际开放度2项二级指标中，核心人力资本和技术开放度均排名第四，相比2020年排名分别保持不变、下降1位。在4项三级指标中，前期国际学习经验、前期国际工作经验、国际技术输入关系数和国际技术赋能关系数排名均为第四，相比2020年排名分别保持不变、保持不变、下降1位、下降1位。在前期国际学习经验方面，包括美国哥伦比亚大学、斯坦福大学、匹兹堡大学、麻省理工学院和罗格斯大学等在内的国际知名大学都为浙江省人工智能企业输送了大量人力资本。在国际工作经验方面，浙江省人工智能企业中有多位来自微软、谷歌、麦肯锡和瑞士银行等国外知名企业和机构的核心工作人员。在国际技术输入方面，浙江省主要的技术来源是包括英特尔、英伟达、微软、IBM、惠普在内的多家国际科技企业及包括新加坡南洋理工大学等在内的多所高校。从国际技术赋能看，浙江省人工智能企业的技术赋能对象包括英特尔、微软和 IBM 在内的多家国外企业。

在链接能力 2 项三级指标中，会议数和产业联盟数排名分别为第四和第五。浙江省共有 25 个人工智能科技产业联盟，主要分布在杭州市和宁波市。

在政府响应能力 2 项三级指标中，浙江省人工智能产业园区数和出台政策数排名第三和第二。

从区域产业竞争力评价指数各项指标看，总体而言，除了链接能力，在其他指标上浙江省名列前茅。在企业能力方面，依托阿里巴巴和阿里云在内的基础层和技术层企业，浙江省在人工智能科技产业的发展上走在了全国的前列。近年来，依托阿里巴巴达摩院、之江实验室和人工智能小镇建设，浙江省加速吸引和集聚基础研究和核心技术开发方面的创新资源，使浙江省在人工智能科技产业的发展上始终走在全国前列。

五、江苏省

江苏省人工智能科技产业区域竞争力综合排名位列全国第五，分值为 24.44，相比 2020 年排名上升 1 位。在 6 项一级指标中，企业能力、学术生态、资本环境、国际开放度、链接能力和政府响应能力分别排名第六、第二、第五、第五、第四和第二（见图 10–23、表 10–16），相比 2020 年排名均保持不变。

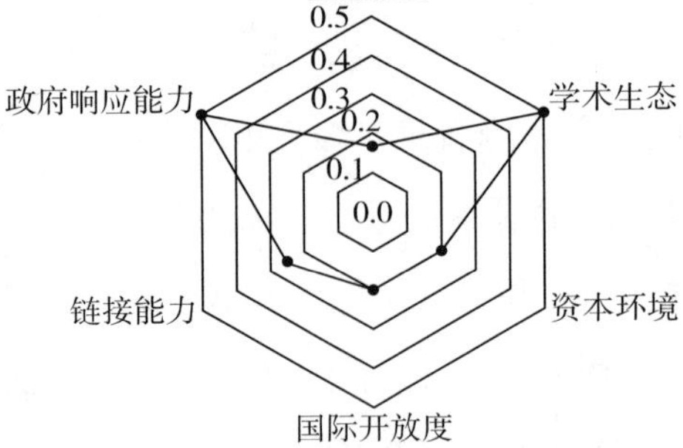

图10-23　江苏省人工智能科技产业区域竞争力评价指数各一级指标雷达图

表10-16　　江苏省人工智能科技产业区域竞争力评价指数排名情况

总排名（得分）	一级指标	排名	二级指标	排名	三级指标	排名
5（24.44）	企业能力	6	企业规模	5	企业数量	5
					企业平均估值 / 市值	11
			企业创新能力	11	企业平均专利数	19
					基础层和技术层企业数	5
					技术赋能关系数	5
	学术生态	2	AI大学创新能力	1	AI大学数	1
					平均国内论文数	6
					平均国际论文数	6
					平均专利数	2
			非大学科研机构创新能力	12	机构数	5
					平均国内论文数	14
					平均国际论文数	8
					平均专利数	12
	资本环境	5	融资	5	融资关系数	5
					融资额	4
			投资	4	投资关系数	4
	国际开放度	5	核心人力资本开放度	5	前期国际学习经验	5
					前期国际工作经验	5
			技术开放度	5	国际技术输入关系数	5
					国际技术赋能关系数	5
	链接能力	4	链接者	4	会议数	5
					产业联盟数	4
	政府响应能力	2	政府响应	2	产业园区数	2
					出台政策数	6

在企业能力 2 项二级指标中，企业规模和企业创新能力排名分别为第五和第十一，相比 2020 年排名分别保持不变、下降 1 位。在 5 项三级指标中，企业数量、企业平均估值 / 市值、企业平均专利数、基础层和技术层企业数、技术赋能关系数排名分别为第五、第十一、第十九、第五和第

五，相比2020年排名分别保持不变、下降4位、下降4位、保持不变和上升1位。江苏省人工智能企业共计144家，其中基础层企业4家，技术层企业20家，基础层企业较少。技术层的典型企业包括金石机器人、华捷艾米和思必驰。

在学术生态2项二级指标中，AI大学和非大学科研机构创新能力排名分别为第一和第十二，相比2020年排名分别上升1位和保持不变。在AI大学创新能力4项三级指标中，AI大学数、平均国内论文数、平均国际论文数和平均专利数排名分别为第一、第六、第六和第二，相比2020年排名分别上升1位、上升3位、上升5位和上升3位。在非大学科研机构创新能力4项三级指标中，机构数、平均国内论文数、平均国际论文数和平均专利数排名分别为第五、第十四、第八和第十二，相比2020年排名分别下降1位、下降5位、上升2位和上升1位。江苏省AI大学数量排名第一，拥有包括南京大学、东南大学、南京航空航天大学、河海大学、南京理工大学和江苏大学在内的26所AI大学。

在资本环境2项二级指标中，融资和投资排名分别为第五和第四，与2020年相比均未变化。在3项三级指标中，融资关系数、融资额和投资关系数排名分别为第五、第四和第四，相比2020年排名分别保持不变、上升1位和保持不变。江苏省较为活跃的投资者包括苏宁易购和浩鲸科技。其中，苏宁易购最为活跃，共投资了374家人工智能相关企业。

在国际开放度2项二级指标中，核心人力资本和技术开放度排名均为第五，相比2020年分别保持不变和上升1位。在4项三级指标中，前期国际学习经验、前期国际工作经验、国际技术输入关系数和国际技术赋能关系数排名均为第五，相比2020年除国际技术赋能关系数上升1位外，其余指标均保持不变。

在链接能力2项三级指标中，江苏省人工智能领域会议数和产业联盟数排名分别为第五和第四，相比2020年排名均保持不变。江苏省共有31个人工智能科技产业联盟，重点分布在南京市、苏州市、无锡市、南通市、扬州市。其中，南京市和苏州市分别有 10 个产业联盟。

在政府响应能力 2 项三级指标中，江苏省人工智能产业园区数和出台政策数排名分别为第二和第六，与 2020 年排名相比均保持不变。

在发展人工智能科技产业上，江苏省的潜力巨大，不仅拥有丰富的科技创新资源，而且拥有雄厚的产业基础。作为制造业强省，江苏省应把握人工智能机遇，积极推进传统制造业转型升级，推动互联网、大数据、人工智能和实体经济深度融合，努力培育出具有全球竞争力的人工智能产业集群。

六、山东省

山东省的人工智能科技产业区域竞争力综合排名第六，相比 2020 年排名下降 1 位，分值为 23.35。在 6 项一级指标中，企业能力、学术生态、资本环境、国际开放度、链接能力和政府响应能力排名分别为第四、第八、第八、第十一、第七、第五，相比 2020 年排名分别下降 1 位、上升 3 位、上升 1 位、上升 1 位、下降 2 位、下降 2 位。其中，企业能力、政府响应能力排名较靠前，链接能力、学术生态、资本环境、国际开放度则处于全国中上游水平（见图 10–24）。

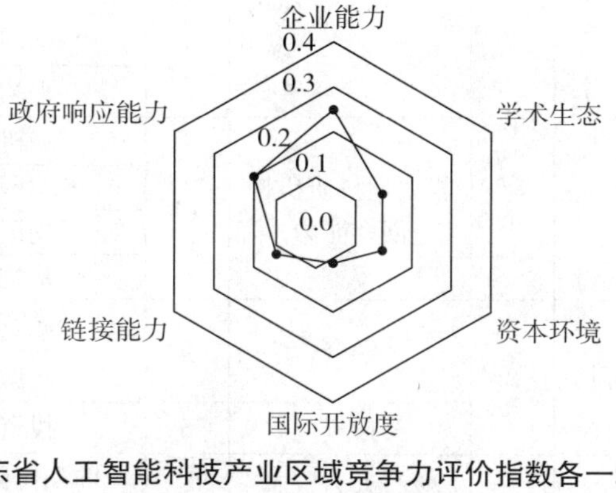

图10-24　山东省人工智能科技产业区域竞争力评价指数各一级指标雷达图

如表 10–17 所示，在企业能力 2 项二级指标中，企业规模和企业创新能力排名分别为第十和第三位，相比 2020 年排名分别排名不变、下降 1

位。在5项三级指标中，企业数量、企业平均估值/市值、企业平均专利数、基础层和技术层企业数、技术赋能关系数排名分别为第七、第十七、第二、第七、第六，相比2020年排名分别上升3位、下降6位、下降1位、排名不变、上升3位。海尔集团公司、浪潮云信息技术股份公司、山东健康医疗大数据有限公司、青岛慧拓智能机器有限公司、浪潮集团有限公司是山东省人工智能企业的代表。其中，浪潮云信息技术股份公司是浪潮集团有限公司控股子公司，是一家全球领先的云服务商，面向政府机构和企业组织，提供覆盖IaaS、PaaS、DaaS、政府应用、企业应用在内的全方位服务。海尔集团、山东新北洋信息技术股份有限公司、浪潮软件集团有限公司的人工智能专利数较多，分别达到11778项、1871项、1381项。

表10-17　山东省人工智能科技产业区域竞争力评价指数排名情况

<table>
<tr><th>总排名（得分）</th><th>一级指标</th><th>排名</th><th>二级指标</th><th>排名</th><th>三级指标</th><th>排名</th></tr>
<tr><td rowspan="20">6（23.35）</td><td rowspan="5">企业能力</td><td rowspan="5">4</td><td rowspan="2">企业规模</td><td rowspan="2">10</td><td>企业数量</td><td>7</td></tr>
<tr><td>企业平均估值/市值</td><td>17</td></tr>
<tr><td rowspan="3">企业创新能力</td><td rowspan="3">3</td><td>企业平均专利数</td><td>2</td></tr>
<tr><td>基础层和技术层企业数</td><td>7</td></tr>
<tr><td>技术赋能关系数</td><td>6</td></tr>
<tr><td rowspan="8">学术生态</td><td rowspan="8">8</td><td rowspan="4">AI大学创新能力</td><td rowspan="4">4</td><td>AI大学数</td><td>3</td></tr>
<tr><td>平均国内论文数</td><td>25</td></tr>
<tr><td>平均国际论文数</td><td>18</td></tr>
<tr><td>平均专利数</td><td>18</td></tr>
<tr><td rowspan="4">非大学科研机构创新能力</td><td rowspan="4">14</td><td>机构数</td><td>5</td></tr>
<tr><td>平均国内论文数</td><td>14</td></tr>
<tr><td>平均国际论文数</td><td>8</td></tr>
<tr><td>平均专利数</td><td>15</td></tr>
<tr><td rowspan="3">资本环境</td><td rowspan="3">8</td><td rowspan="2">融资</td><td rowspan="2">9</td><td>融资关系数</td><td>6</td></tr>
<tr><td>融资额</td><td>12</td></tr>
<tr><td>投资</td><td>6</td><td>投资关系数</td><td>6</td></tr>
<tr><td rowspan="4">国际开放度</td><td rowspan="4">11</td><td rowspan="2">核心人力资本开放度</td><td rowspan="2">13</td><td>前期国际学习经验</td><td>12</td></tr>
<tr><td>前期国际工作经验</td><td>14</td></tr>
<tr><td rowspan="2">技术开放度</td><td rowspan="2">8</td><td>国际技术输入关系数</td><td>8</td></tr>
<tr><td>国际技术赋能关系数</td><td>9</td></tr>
</table>

续表

<table>
<tr><th>总排名（得分）</th><th>一级指标</th><th>排名</th><th>二级指标</th><th>排名</th><th>三级指标</th><th>排名</th></tr>
<tr><td rowspan="4">6（23.35）</td><td rowspan="2">链接能力</td><td rowspan="2">7</td><td rowspan="2">链接者</td><td rowspan="2">7</td><td>会议数</td><td>11</td></tr>
<tr><td>产业联盟数</td><td>7</td></tr>
<tr><td rowspan="2">政府响应能力</td><td rowspan="2">5</td><td rowspan="2">政府响应</td><td rowspan="2">5</td><td>产业园区数</td><td>5</td></tr>
<tr><td>出台政策数</td><td>10</td></tr>
</table>

在学术生态 2 项二级指标中，AI 大学和非大学科研机构创新能力排名分别为第四和第十四，相比 2020 年排名分别上升 5 位、排名不变。在 AI 大学创新能力 4 项三级指标中，AI 大学数、平均国内论文数、平均国际论文数和平均专利数分别排名第三、第二十五、第十八、第十八，相比 2020 年排名分别上升 4 位、下降 3 位、上升 1 位、下降 7 位。在非大学科研机构创新能力 4 项三级指标中，机构数、平均国内论文数、平均国际论文数和平均专利数排名分别为第五、第十四、第八、第十五，相比 2020 年排名分别下降 1 位、下降 10 位、排名不变、排名不变。

在资本环境 2 项二级指标中，融资和投资排名分别为第九位和第六位，相比 2020 年排名分别上升 4 位，上升 1 位。在 3 项三级指标中，融资关系数、融资额和投资关系数排名分别为第六、第十二、第六位，相比 2020 年排名分别上升 5 位、上升 3 位、上升 1 位。

在国际开放度 2 项二级指标中，核心人力资本开放度和技术开放度排名分别为第十三和第八，相比 2020 年排名分别下降 3 位、上升 5 位。在 4 项三级指标中，前期国际学习经验、前期国际工作经验、国际技术输入关系数和国际技术赋能关系数排名分别为第十二、第十四、第八、第九，相比 2020 年排名分别下降 4 位、下降 3 位、上升 5 位、上升 1 位。

在链接能力 2 项三级指标中，会议数和产业联盟数排名分别为第十一和第七，产业联盟排名相比 2020 年下降 2 位。其中，代表性人工智能产业联盟包括山东省人工智能产教联盟、山东省人工智能产业技术创新战略联盟、山东省工业机器人产业技术创新战略联盟、山东省智能制造产业技术创新战略联盟等。

在政府响应能力2项三级指标中，产业园区数和出台政策数排名分别为第五和第十，产业园区数排名相比2020年下降2位。目前山东省出台的政策主要是关于数字经济和人工智能领域的支持性政策。山东省人工智能产业园区数排名位居全国第五。青岛市、潍坊市、济南市、济宁市、烟台市等地已经规划建设了70个人工智能科技产业园区。

山东省是制造业强省，推动人工智能和实体经济的深度融合发展，是发展的重点方向。山东省应该围绕核心技术研发，加强与国内外高校、科研院所和企业之间的交流，积极引进和集聚人工智能企业和高科技人才，助力山东省经济转型和发展。

七、四川省

四川省的人工智能科技产业区域竞争力综合排名第七，相比2020年排名上升1位，分值为14.79。在6项一级指标中，企业能力、学术生态、资本环境、国际开放度、链接能力和政府响应能力排名分别为第十四、第三、第九、第九、第九、第十五，相比2020年排名分别下降2位、上升6位、上升3位、上升2位、上升2位、下降4位。其中，学术生态指标排名较为靠前，资本环境、国际开放度、链接能力三项指标排在中上游，企业能力和政府响应能力指标排名均处在中等水平（见图10–25）。

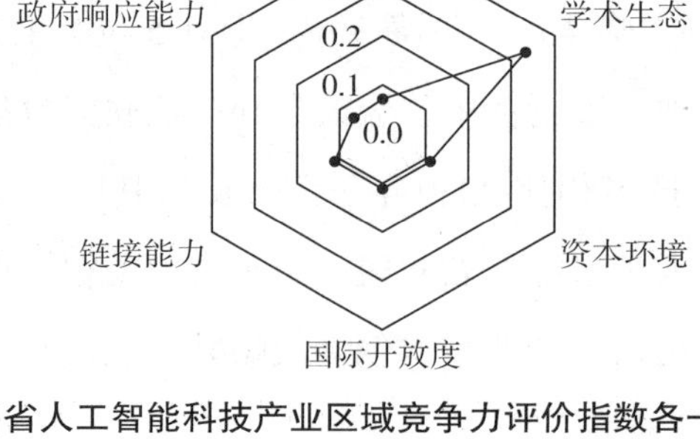

图10-25　四川省人工智能科技产业区域竞争力评价指数各一级指标雷达图

如表 10–18 所示，在企业能力 2 项二级指标中，企业规模和企业创新能力排名分别为第八和第十七，相比 2020 年排名分别排名不变、下降 5 位。在 5 项三级指标中，企业数量、企业平均估值 / 市值、企业平均专利数、基础层和技术层企业数、技术赋能关系数排名分别为第六、第十九、第二十、第六、第七，相比 2020 年排名分别排名不变、下降 6 位、下降 10 位、排名不变、上升 5 位。

表10-18　　四川省人工智能科技产业区域竞争力评价指数排名情况

<table>
<tr><th>总排名（得分）</th><th>一级指标</th><th>排名</th><th>二级指标</th><th>排名</th><th>三级指标</th><th>排名</th></tr>
<tr><td rowspan="23">7（14.79）</td><td rowspan="5">企业能力</td><td rowspan="5">14</td><td rowspan="2">企业规模</td><td rowspan="2">8</td><td>企业数量</td><td>6</td></tr>
<tr><td>企业平均估值 / 市值</td><td>19</td></tr>
<tr><td rowspan="3">企业创新能力</td><td rowspan="3">17</td><td>企业平均专利数</td><td>20</td></tr>
<tr><td>基础层和技术层企业数</td><td>6</td></tr>
<tr><td>技术赋能关系数</td><td>7</td></tr>
<tr><td rowspan="8">学术生态</td><td rowspan="8">3</td><td rowspan="4">AI大学创新能力</td><td rowspan="4">7</td><td>AI大学数</td><td>4</td></tr>
<tr><td>平均国内论文数</td><td>11</td></tr>
<tr><td>平均国际论文数</td><td>15</td></tr>
<tr><td>平均专利数</td><td>10</td></tr>
<tr><td rowspan="4">非大学科研机构创新能力</td><td rowspan="4">2</td><td>机构数</td><td>12</td></tr>
<tr><td>平均国内论文数</td><td>1</td></tr>
<tr><td>平均国际论文数</td><td>1</td></tr>
<tr><td>平均专利数</td><td>2</td></tr>
<tr><td rowspan="3">资本环境</td><td rowspan="3">9</td><td rowspan="2">融资</td><td rowspan="2">10</td><td>融资关系数</td><td>8</td></tr>
<tr><td>融资额</td><td>14</td></tr>
<tr><td>投资</td><td>9</td><td>投资关系数</td><td>9</td></tr>
<tr><td rowspan="4">国际开放度</td><td rowspan="4">9</td><td rowspan="2">核心人力资本开放度</td><td rowspan="2">8</td><td>前期国际学习经验</td><td>9</td></tr>
<tr><td>前期国际工作经验</td><td>7</td></tr>
<tr><td rowspan="2">技术开放度</td><td rowspan="2">10</td><td>国际技术输入关系数</td><td>10</td></tr>
<tr><td>国际技术赋能关系数</td><td>11</td></tr>
<tr><td rowspan="2">链接能力</td><td rowspan="2">9</td><td rowspan="2">链接者</td><td rowspan="2">9</td><td>会议数</td><td>6</td></tr>
<tr><td>产业联盟数</td><td>10</td></tr>
<tr><td rowspan="2">政府响应能力</td><td rowspan="2">15</td><td rowspan="2">政府响应</td><td rowspan="2">15</td><td>产业园区数</td><td>11</td></tr>
<tr><td>出台政策数</td><td>20</td></tr>
</table>

在学术生态2项二级指标中，AI大学和非大学科研机构创新能力排名分别为第七和第二，相比2020年排名分别上升3位、上升5位。在AI大学创新能力4项三级指标中，AI大学数、平均国内论文数、平均国际论文数和平均专利数排名分别为第四、第十一、第十五、第十，相比2020年排名分别上升6位、下降9位、下降11位、下降6位。在非大学科研机构创新能力4项三级指标中，机构数、平均国内论文数、平均国际论文数和平均专利数排名分别为第十二、第一、第一、第二，相比2020年排名分别上升3位、排名不变、上升4位、上升2位。四川省拥有包括电子科技大学、四川大学和西南交通大学在内的17所AI大学。中国科学院光电技术研究所是四川省非大学科研院所的代表。在人工智能基础研究和技术研发方面，电子科技大学与四川大学表现最为突出。电子科技大学下设人工智能研究中心、智能工程实验室、机器智能研究所等多个研究机构，发表人工智能相关领域国内论文85篇，国际论文1418篇，人工智能专利持有量58887项。四川大学发表人工智能相关领域国内论文180篇，国际论文1146篇，人工智能专利持有量22266项。

在资本环境2项二级指标中，融资和投资排名分别为第十和第九位，相比2020年排名分别上升1位、上升3位。在3项三级指标中，融资关系数、融资额和投资关系数分别排名第八、第十四、第九，相比2020年排名分别上升1位、排名不变、上升3位。

在国际开放度2项二级指标中，核心人力资本和技术开放度排名分别为第八、第十，相比2020年排名分别上升5位、排名不变。在4项三级指标中，前期国际学习经验、前期国际工作经验、国际技术输入关系数和国际技术赋能关系数排名分别为第九、第七、第十、第十一，相比2020年排名分别上升2位、上升4位、下降2位、下降1位。

在链接能力2项三级指标中，会议数和产业联盟数排各分别为第六和第十，其中产业联盟数排名相比2020年上升1位。在人工智能产业联盟方面，四川省主要有13个产业联盟，集中分布在成都市。

在政府响应能力 2 项三级指标中，人工智能产业园区数和出台政策数排名分别为第十一和第二十，其中产业园区数排名相比 2020 年下降 2 位。在人工智能相关产业园区建设方面，四川省规划和建设了包括成都机器人产业园、四川省大数据产业基地、成都智能信息产业园、特种智能机器人生产基地、中国科技城激光产业园、格力成都产业园等在内的 31 个产业园。

从区域产业竞争力评价指数各项指标看，在学术生态，尤其是非大学科研机构创新能力方面，四川省具有显著优势，企业能力、政府响应能力是四川省的短板。四川省应依托学术生态优势，加强高校、科研院所与企业间的产学研合作，从而推动人工智能与实体经济深度融合，加快人工智能科技产业的发展步伐。同时，需要发挥政府的积极作用，加快设计人工智能产业发展专项政策，推动人工智能科技产业发展。

八、安徽省

安徽省人工智能科技产业区域竞争力综合排名第八，相比 2020 年排名上升 1 位，分值为 13.79。从 6 项一级指标看，企业能力排名第九，相比 2020 年排名上升 1 位；学术生态排名第十一，相比 2020 年排名上升 2 位；资本环境排名第十，与 2020 年排名相同；国际开放度排名第十，相比 2020 年排名下降 1 位；链接能力排名第十二，相比 2020 年排名下降 4 位；政府响应能力排名第七，相比 2020 年排名下降 2 位。在一级指标排名中，政府响应能力排名超过综合排名，属于安徽省人工智能科技产业发展的优势项目（见图 10–26）。

如表 10–19 所示，在企业能力 2 项二级指标中，企业规模和企业创新能力排名分别为第十二和第七，相比 2020 年排名分别上升 1 位、排名不变。在企业规模 2 项三级指标看，企业数量和企业平均估值 / 市值排名分别为第十三和第七，相比 2020 年排名分别上升 2 位、上升 1 位。在企业创新能力 3 项三级指标上，企业平均专利数、基础层和技术层企业数、技术赋能关系数分别排名第四、第七和第九，相比 2020 年排名分别上升 3 位、上升 3 位、下降 4 位。其中，科大讯飞作为安徽省人工智能科技产业代表性企业，创新能力尤为突出，是中国智能经济发展中最有影响力和辐射力的 30 家企业之一。

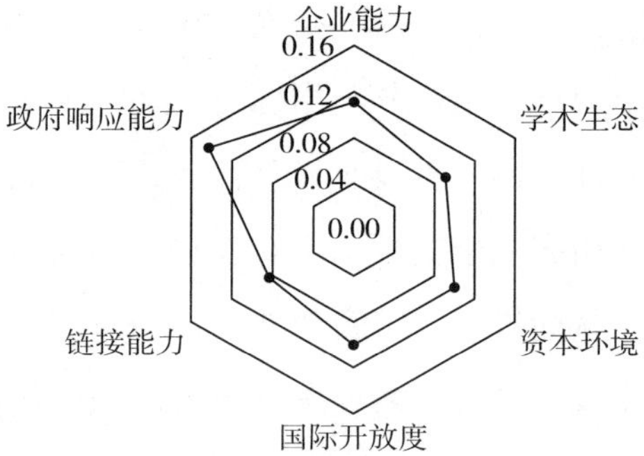

图10-26　安徽省人工智能科技产业区域竞争力评价指数各一级指标雷达图

表10-19　安徽省人工智能科技产业区域竞争力评价指数排名情况

总排名（得分）	一级指标	排名	二级指标	排名	三级指标	排名
8（13.79）	企业能力	9	企业规模	12	企业数量	13
					企业平均估值 / 市值	7
			企业创新能力	7	企业平均专利数	4
					基础层和技术层企业数	7
					技术赋能关系数	9
	学术生态	11	AI大学创新能力	13	AI大学数	9
					平均国内论文数	16
					平均国际论文数	17
					平均专利数	16
			非大学科研机构创新能力	7	机构数	5
					平均国内论文数	6
					平均国际论文数	7
					平均专利数	6
	资本环境	10	融资	12	融资关系数	12
					融资额	9
			投资	10	投资关系数	10

续表

<table>
<tr><th>总排名（得分）</th><th>一级指标</th><th>排名</th><th>二级指标</th><th>排名</th><th>三级指标</th><th>排名</th></tr>
<tr><td rowspan="8">8（13.79）</td><td rowspan="4">国际开放度</td><td rowspan="4">10</td><td rowspan="2">核心人力资本开放度</td><td rowspan="2">17</td><td>前期国际学习经验</td><td>16</td></tr>
<tr><td>前期国际工作经验</td><td>16</td></tr>
<tr><td rowspan="2">技术开放度</td><td rowspan="2">6</td><td>国际技术输入关系数</td><td>6</td></tr>
<tr><td>国际技术赋能关系数</td><td>8</td></tr>
<tr><td rowspan="2">链接能力</td><td rowspan="2">12</td><td rowspan="2">链接者</td><td rowspan="2">12</td><td>会议数</td><td>14</td></tr>
<tr><td>产业联盟数</td><td>10</td></tr>
<tr><td rowspan="2">政府响应能力</td><td rowspan="2">7</td><td rowspan="2">政府响应</td><td rowspan="2">7</td><td>产业园区数</td><td>6</td></tr>
<tr><td>出台政策数</td><td>9</td></tr>
</table>

在学术生态 2 项二级指标中，AI 大学创新能力和非大学科研机构创新能力排名分别为第十三和第七，相比 2020 年排名分别上升 4 位、下降 1 位。在 AI 大学创新能力 4 项三级指标上，AI 大学数、平均国内论文数、平均国际论文数和平均专利数排名分别为第九、第十六、第十七和第十六，相比 2020 年排名分别上升 1 位、下降 8 位、下降 8 位、上升 5 位。在非大学科研机构创新能力 4 项三级指标上，机构数、平均国内论文数、平均国际论文数和平均专利数排名分别为第五、第六、第七和第六，相比 2020 年排名分别上升 2 位、下降 2 位、上升 4 位、下降 3 位。安徽省共有以中国科学技术大学、合肥工业大学和安徽大学为代表的 13 所 AI 大学。其中，中国科学技术大学拥有 119 篇人工智能国内论文，1335 篇人工智能国际论文，9308 项专利。同时，安徽省的非大学科研机构创新能力排名前列，中国科学院合肥智能机械研究所、中国科学院合肥物质科学研究院等研究院所表现突出。

在资本环境 2 项二级指标中，融资和投资排名分别为第十二和第十，相比 2020 年排名分别下降 3 位、上升 1 位。在融资 2 项三级指标中，融资关系数和融资额分别排名第十二和第九，与 2020 年排名相同。在投资 1 项三级指标上，投资关系数排名第十，相比 2020 年排名上升 1 位。其中，科大讯飞不仅是著名的人工智能企业，而且是安徽省内人工智能领域最为活跃的投资者。

在国际开放度2项二级指标中，核心人力资本开放度和技术开放度排名分别为第十七和第六，相比2020年排名分别下降7位、上升1位。在核心人力资本开放度2项三级指标上，前期国际学习经验和前期国际工作经验关系数排名均为全国第十六，相比2020年排名分别下降8位、下降5位。在技术开放度2项三级指标中，国际技术输入关系数和技术赋能关系数排名分别为第六、第八，相比2020年排名分别上升1位、下降1位。

在链接能力2项三级指标中，会议数和产业联盟数排名分别为第十四和第十，其中产业联盟数相比2020年排名下降2位。截至2020年底，安徽省共有13家产业联盟，如安徽省5G产业发展联盟、中国高效智能物流生态联盟、安徽省机器人产业发展联盟等。

在政府响应能力2项三级指标中，人工智能产业园区数和出台政策数排名分别为第六和第九，相比2020年排名分别下降1位、排名不变。截至2020年底，安徽省共有41个人工智能产业园区，园区数量前3名的城市分别是合肥市13个、马鞍山市6个、芜湖市5个。

从产业竞争力评价指数各项指标看，安徽省的政府响应能力一级指标排名超过在全国的综合排名，二级指标中企业创新能力、非大学科研机构创新能力、技术开放度、政府响应较强。在产业竞争力评价指数中排名靠前的指标多与中国科学技术大学、中国科学院相关院所及科大讯飞的发展相关。为了推动人工智能和实体经济的深度融合发展，安徽省要加快引进人工智能企业，加速产业集聚。尤其是依托现有的学术生态优势和产业优势，推动科研成果的产出和应用。

九、湖南省

湖南省人工智能科技产业区域竞争力综合排名第九，相比 2020 年排名上升 1 位，分值为 13.63。在 6 项一级指标上，企业能力排名第七，与 2020 年排名相同；学术生态排名第十五，相比 2020 年排名上升 1 位；资本环境排名第十一，相比 2020 年排名上升 2 位；国际开放度排名第十四，与 2020 年排名相同；链接能力排名第八，相比 2020 年排名上升 2 位；政府响应能力排名第十二，相比 2020 年排名上升 1 位。企业能力、链接能力排名相对较高，资本环境、政府响应能力排名中上游，学术生态、国际开放度两项指标处于中等水平（见图 10–27）。

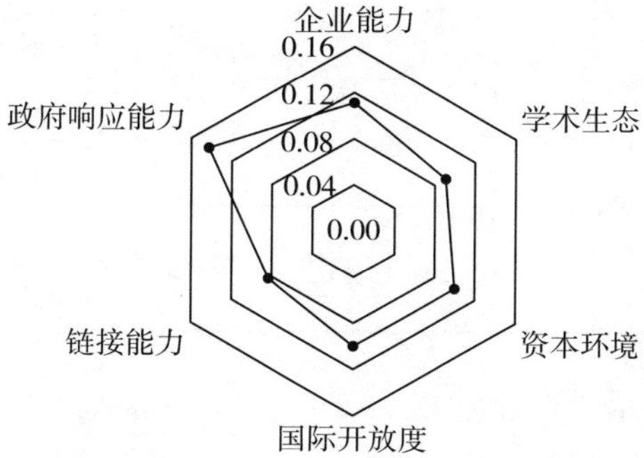

图10-27　湖南省人工智能科技产业区域竞争力评价指数各一级指标雷达图

表10-20　湖南省人工智能科技产业区域竞争力评价指数排名情况

总排名（得分）	一级指标	排名	二级指标	排名	三级指标	排名
9（13.63）	企业能力	7	企业规模	11	企业数量	10
					企业平均估值 / 市值	8
			企业创新能力	4	企业平均专利数	3
					基础层和技术层企业数	7
					技术赋能关系数	14
	学术生态	15	AI大学创新能力	12	AI大学数	9
					平均国内论文数	19
					平均国际论文数	12
					平均专利数	15

续表

总排名（得分）	一级指标	排名	二级指标	排名	三级指标	排名
9（13.63）	学术生态	15	非大学科研机构创新能力	17	机构数	12
					平均国内论文数	16
					平均国际论文数	8
					平均专利数	17
	资本环境	11	融资	8	融资关系数	11
					融资额	8
			投资	12	投资关系数	12
	国际开放度	14	核心人力资本开放度	12	前期国际学习经验	13
					前期国际工作经验	11
			技术开放度	12	国际技术输入关系数	12
					国际技术赋能关系数	12
	链接能力	8	链接者	8	会议数	18
					产业联盟数	8
	政府响应能力	12	政府响应	12	产业园区数	9
					出台政策数	12

如表 10–20 所示，在企业能力 2 项二级指标中，湖南省的企业规模和企业创新能力分别排名第十一和第四，相比 2020 年排名分别为不变、上升 1 位。在企业规模 2 项三级指标上，企业数、企业平均估值 / 市值排名分别为第十和第八，相比 2020 年排名分别为不变、上升 6 位。在企业创新能力 3 项三级指标看，企业平均专利数、基础层和技术层企业数、技术赋能关系数排名分别为第三、第七和第十四，相比 2020 年排名，企业平均专利数、基础层和技术层企业数排名不变，技术赋能关系数上升 1 位。

在学术生态 2 项二级指标中，AI 大学和非大学科研机构创新能力分别排名第十二和第十七，相比 2020 年排名分别上升 1 位、排名不变。在 AI 大学创新能力 4 项三级指标中，AI 大学数、平均国内论文数、平均国际论文数和平均专利数排名分别为第九、第十九、第十二和第十五，相比 2020 年排名分别上升 1 位、下降 13 位、下降 9 位、排名不变。在非大学科研机构4项三级指标中，机构数、平均国内论文数、平均国际论文数和平均专利数排名分别为第十二、第十六、第八和第十七，相比2020年排名分别下降5位、下降12位、上升3位、下降14位。湖南省的9所AI大学中，中南大学、国防科技大学、湖南大学三所高校在国际AI论文发表数量上排名前列，且在人工智能领域具有很强的基础研究能力。

在资本环境2项二级指标中，融资和投资排名分别为第八和第十二，相比2020年排名分别上升2位、上升1位。在融资的2项三级指标上，融资关系数和融资额排名分别为第十一和第八，相比2020年排名分别下降2位、上升2位。在投资1项三级指标中，投资关系数排名第十二，相比2020年排名上升1位。

在国际开放度2项二级指标中，核心人力资本开放度和技术开放度排名均为第十二，相比2020年排名分别上升2位、排名不变。在核心人力资本开放度2项三级指标上，前期国际学习经验和前期国际工作经验排名第十三和第十一，相比2020年排名分别上升1位、排名不变。在技术开放度2项三级指标上，国际技术输入关系数和国际技术赋能关系数排名均处于第12位，相比2020年排名分别下降1位、上升1位。

在链接能力的2项三级指标中，会议数和产业联盟数排名第十八和第八，相比2020年分别排名不变、上升1位。截至2020年底，湖南省拥有16个产业联盟，如湖南人工智能创新联盟、湖南智慧安防联盟、长沙市机器人产业技术创新战略联盟、国际机器人与人工智能产学研联盟，等等。

在政府响应能力2项三级指标中，人工智能产业园区数和出台政策数分别排名第九和第十二，相比2020年排名分别上升2位、排名不变。截至2020年底，湖南共有34家人工智能相关产业园区，主要分布在长沙市。

从产业竞争力评价指数各项指标看，企业能力及链接能力是湖南省发展人工智能科技产业的优势所在，学术生态、国际开放度两项指标的排名提升空间较大。作为中部地区的重要省份，湖南省需要从科研、教育和产业各个领域，加强与国内外人工智能科技产业发展前沿地区的交流合作，培育产业创新生态。同时，积极引进和集聚人工智能企业和高端人才，积累核心人力资本，提升创新能力。发挥市场的基础作用和政府的积极作用，共同推动湖南省人工智能科技产业的发展。

十、辽宁省

辽宁省的人工智能科技产业区域竞争力综合排名第十，相比 2020 年排名下降 3 位，分值为 12.17。在 6 项一级指标中，企业能力、学术环境、资本环境、国际开放度、链接能力和政府响应能力排名分别为第十一、第九、第十三、第八、第十五、第二十三，相比 2020 年排名分别下降 2 位、下降 1 位、下降 2 位、下降 2 位、上升 5 位、下降 4 位。其中，国际开放度、学术生态是辽宁省发展人工智能科技产业的优势，链接能力、政府响应能力则是弱项（见图 10–28）。

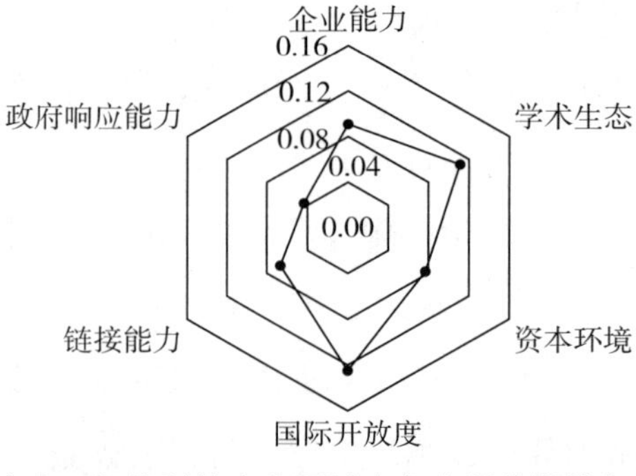

图10-28 辽宁省人工智能科技产业区域竞争力评价指数各一级指标雷达图

如表 10–21 所示，从企业能力 2 项二级指标看，企业规模和企业创新能力排名第十三和第九，相比 2020 年排名均下降 1 位。在 5 项三级指标中，企业数量、企业平均估值 / 市值、企业平均专利数、基础层和技术层企业数、技术赋能关系数排名分别为第十四、第十、第六、第十二、第十三，相比 2020 年排名分别下降 2 位、下降 1 位、排名不变、下降 2 位、下降 6 位。

表10-21　　辽宁省人工智能科技产业区域竞争力评价指数排名情况

总排名（得分）	一级指标	排名	二级指标	排名	三级指标	排名
10（12.17）	企业能力	11	企业规模	13	企业数量	14
					企业平均估值 / 市值	10
			企业创新能力	9	企业平均专利数	6
					基础层和技术层企业数	12
					技术赋能关系数	13
	学术生态	9	AI大学创新能力	11	AI大学数	9
					平均国内论文数	26
					平均国际论文数	11
					平均专利数	13
			非大学科研机构创新能力	4	机构数	9
					平均国内论文数	3
					平均国际论文数	2
					平均专利数	4
	资本环境	13	融资	17	融资关系数	16
					融资额	17
			投资	11	投资关系数	11
	国际开放度	8	核心人力资本开放度	8	前期国际学习经验	9
					前期国际工作经验	7
			技术开放度	9	国际技术输入关系数	9
					国际技术赋能关系数	7
	链接能力	15	链接者	15	会议数	18
					产业联盟数	15
	政府响应能力	23	政府响应	23	产业园区数	19
					出台政策数	24

在学术生态 2 项二级指标中，AI 大学和非大学科研机构创新能力排名第十一和第四，相比 2020 年排名分别上升 1 位、下降 1 位。在 AI 大学创新能力 4 项三级指标中，AI 大学数、平均国内论文数、平均国际论文数和平均专利数排名分别为第九、第二十六、第十一、第十三，相比 2020 年分别排名不变、下降 12 位、下降 4 位、上升 3 位。在非大学科研机构创新能力 4 项三级指标中，机构数、平均国内论文数、平均国际论文数和平均专利数排名分别为第九、第三、第二、第四，相比 2020 年排名分别下

降2位、下降2位、下降1位、上升1位。辽宁省AI大学共13所，包括大连理工大学、东北大学、大连海事大学、沈阳航空航天大学等。非大学科研机构有3所，分别是中国科学院沈阳自动化研究所、中国科学院沈阳计算技术研究所、大连理工大学人工智能大连研究院。

在资本环境2项二级指标中，融资和投资排名第十七和第十一，相比2020年排名分别下降2位、下降3位。在3项三级指标中，融资关系数、融资额和投资关系数排名分别为第十六、第十七和第十一，相比2020年排名分别下降2位、下降4位、下降3位。

在国际开放度2项二级指标中，核心人力资本和技术开放度排名第八和第九，相比2020年排名分别下降2位、下降4位。在4项三级指标中，前期国际学习经验、前期国际工作经验、国际技术输入关系数和国际技术赋能关系数排名分别为第九、第七、第九、第七，相比2020年排名分别下降3位、排名不变、下降4位、下降2位。

在链接能力2项三级指标中，会议数和产业联盟数排名第十八和第十五，其中产业联盟数排名比2020年上升5位。在产业联盟规划建设方面，辽宁省目前的产业联盟有2016年成立的沈阳市机器人产业联盟，2017年成立的科技部机器人产业技术创新战略联盟，2020年成立的沈阳市机器人与智能制造协会、大连人工智能机器人智慧体育联盟，2021年最新成立的大连市车联网产业创新联盟、智慧港口创新联盟。

在政府响应能力2项三级指标中，人工智能产业园区和出台政策数分别排名第十九和第二十四，与先进地区相比，差距较大，其中人工智能产业园区数量排名比2020年下降2位。其中，人工智能产业园区共15个，主要集中于沈阳市。

从区域产业竞争力评价指数各项指标看，国际开放度、学术生态是辽宁省的优势，链接能力、资本环境和政府响应能力较为薄弱。此外，在AI大学创新能力下的三级指标平均国内论文数方面，辽宁省存在明显短板。辽宁省需要在保持学术生态、国际开放度优势的基础上，发挥政府的作用，积极出台针对性政策，帮助优化企业的资本环境；通过建设产业园区、成立产业联盟、举办会议等方式加强企业间交流、促进合作，营造更优质的产业集聚环境。

十一、天津市

天津市的人工智能科技产业区域竞争力综合排名位居全国第十一，分值为 11.90。在 6 项二级指标中，企业能力、学术生态、资本环境、国际开放度、链接能力和政府响应能力排名分别位列第十、第十四、第十二、第十二、第十一和第十四。相比 2020 年排名分别上升 1 位、不变、下降 5 位、下降 5 位、下降 2 位、上升 1 位。其中，企业能力是天津市的强项，学术生态和政府响应能力是弱项（见图 10–29）。

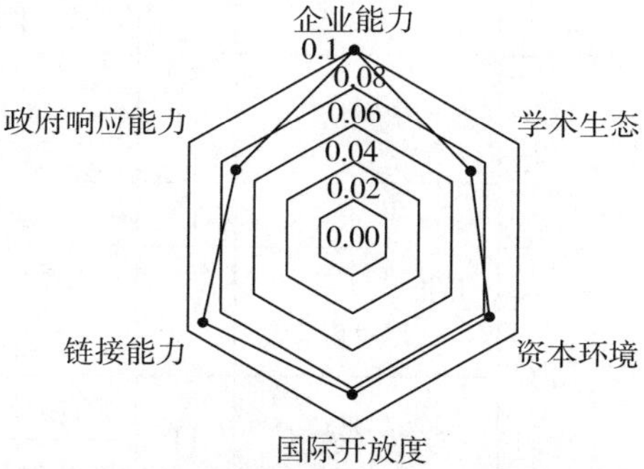

图10-29 天津市人工智能科技产业区域竞争力评价指数各一级指标雷达图

如表 10–22 所示，在企业能力 2 项二级指标中，企业规模和创新能力排名第六和第十三，相比 2020 年排名分别保持不变、下降 2 位。在 5 项三级指标中，企业数量、企业平均估值 / 市值、企业平均专利数、基础层和技术层企业数、技术赋能关系数排名分别为第十一、第一、第十五、第十三和第十一。相比 2020 年排名分别下降 3 位、上升 3 位、下降 6 位、下降 6 位、下降 1 位。

表10-22 天津市人工智能科技产业区域竞争力评价指数排名情况

总排名（得分）	一级指标	排名	二级指标	排名	三级指标	排名
11（11.90）	企业能力	10	企业规模	6	企业数量	11
					企业平均估值 / 市值	1
			企业创新能力	13	企业平均专利数	15
					基础层和技术层企业数	13
					技术赋能关系数	11
	学术生态	14	AI大学创新能力	14	AI大学数	15
					平均国内论文数	9
					平均国际论文数	9
					平均专利数	9
			非大学科研机构创新能力	13	机构数	12
					平均国内论文数	12
					平均国际论文数	8
					平均专利数	7
	资本环境	12	融资	11	融资关系数	9
					融资额	13
			投资	12	投资关系数	12
	国际开放度	12	核心人力资本开放度	11	前期国际学习经验	7
					前期国际工作经验	11
			技术开放度	11	国际技术输入关系数	11
					国际技术赋能关系数	9
	链接能力	11	链接者	11	会议数	13
					产业联盟数	10
	政府响应能力	14	政府响应	14	产业园区数	18
					出台政策数	4

在学术生态 2 项二级指标中，AI 大学和非大学科研机构创新能力排名第十四和第十三，相比 2020 年排名分别下降 3 位、上升 5 位。在 AI 大学创新能力 4 项三级指标中，AI 大学数、平均国内论文数、平均国际论文数和平均专利数排名分别为第十五、第九、第九、第九，相比 2020 年排名

分别上升 1 位、下降 5 位、下降 4 位、下降 7 位。在非大学科研机构创新能力 4 项三级指标中，机构数、平均国内论文数、平均国际论文数和平均专利数排名分别为第十二、第十二、第八、第七。相比 2020 年排名分别上升 1 位、上升 6 位、上升 3 位、上升 11 位。

在资本环境 2 项二级指标中，融资和投资排名第十一和第十二，相比 2020 年排名分别下降 4 位、上升 2 位。在 3 项三级指标中，融资关系数、融资额和投资关系数排名第九、第十三和第十二。相比 2020 年排名分别下降 3 位、下降 6 位、下降 2 位。

在国际开放度 2 项二级指标中，核心人力资本开放度和技术开放度排名均为第十一，相比 2020 年排名分别下降 4 位、下降 3 位。4 项三级指标中前期国际学习经验、前期国际工作经验、国际技术输入关系数和国际技术赋能关系数排名分别为第七、第十一、第十一和第九。相比 2020 年排名分别不变、下降 3 位、下降 3 位、下降 2 位。天津市国际开放度前中期国际学习经验位于全国前列，是天津市发展人工智能产业的优势所在。

在链接能力 2 项三级指标中，会议数和产业联盟数排名为第十三和第十。相比 2020 年排名分别为不变、下降 1 位。截至 2020 年底，天津市共有 13 个产业联盟，其中 2020 年新成立 6 家。

在政府响应能力 2 项三级指标中，人工智能产业园区数和出台政策数排名第十八和第四。产业园区数在全国排名较为靠后。截至 2019 年底，天津市共出台人工智能相关政策 29 项，其中 2019 年出台 11 项，2020 共规划建设了 18 家人工智能产业园，2020 年新规划了 11 家。

从区域产业竞争力评价指数各项指标看，企业能力和链接能力是天津市人工智能科技产业发展的优势所在，学术生态和政府响应制约天津市智能产业发展的瓶颈。如何更好定位政府的服务职能，发挥政府这只“看不见的手”在资源配置中的作用，提升政府的服务能力是天津市发展人工智能产业的关键所在。同时天津市应加大力度建设本市的学术生态，提升人工智能基础学科的理论研究水平和技术转化能力，为人工智能产业的长远发展提供最基础的支撑作用。除此之外，天津市有一定的企业能力和链接能力方面的优势，应借助这个优势，扩大企业规模，增进企业创新能力，借助产业联盟助力天津发展。

十二、福建省

福建省人工智能科技产业区域竞争力指数综合排名第十二，分值为11.89。从6项一级指标看，企业能力排名第八，学术生态排名第十八，资本环境排名第六，国际开放度排名第七，链接能力排名第十，政府响应能力排名第十七，仅有国际开放度、链接能力、政府响应能力三项指标相比2020年排名发生变化，分别上升3位、上升5位、上升3位。在一级指标排名中，企业能力、资本环境和国际开放度排名超过综合排名（见图10-30），属于福建省人工智能科技产业发展的优势项目。

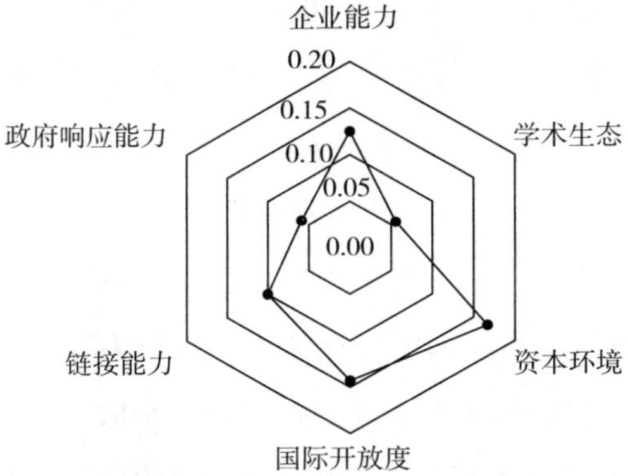

图10-30　福建省人工智能科技产业区域竞争力评价指数各一级指标雷达图

如表10–23所示，在企业能力2项二级指标中，企业规模和企业创新能力排名分别为第七和第八，相比2020年排名分别保持不变、上升1位。在企业规模2项三级指标看，企业数量和企业平均估值/市值排名分别为第九和第二，相比2020年排名分别下降1位、上升6位。在企业创新能力3项三级指标上，企业平均专利数、基础层和技术层企业数、技术赋能关系数分别排名第五、第十一和第十，相比 2020 年排名变化不大。

表10-23　福建省人工智能科技产业区域竞争力评价指数排名情况

<table>
<tr><th>总排名（得分）</th><th>一级指标</th><th>排名</th><th>二级指标</th><th>排名</th><th>三级指标</th><th>排名</th></tr>
<tr><td rowspan="23">12（11.89）</td><td rowspan="5">企业能力</td><td rowspan="5">8</td><td rowspan="2">企业规模</td><td rowspan="2">7</td><td>企业数量</td><td>9</td></tr>
<tr><td>企业平均估值 / 市值</td><td>2</td></tr>
<tr><td rowspan="3">企业创新能力</td><td rowspan="3">8</td><td>企业平均专利数</td><td>5</td></tr>
<tr><td>基础层和技术层企业数</td><td>11</td></tr>
<tr><td>技术赋能关系数</td><td>10</td></tr>
<tr><td rowspan="8">学术生态</td><td rowspan="8">18</td><td rowspan="4">AI大学创新能力</td><td rowspan="4">18</td><td>AI大学数</td><td>19</td></tr>
<tr><td>平均国内论文数</td><td>12</td></tr>
<tr><td>平均国际论文数</td><td>13</td></tr>
<tr><td>平均专利数</td><td>12</td></tr>
<tr><td rowspan="4">非大学科研机构创新能力</td><td rowspan="4">18</td><td>机构数</td><td>18</td></tr>
<tr><td>平均国内论文数</td><td>16</td></tr>
<tr><td>平均国际论文数</td><td>8</td></tr>
<tr><td>平均专利数</td><td>18</td></tr>
<tr><td rowspan="3">资本环境</td><td rowspan="3">6</td><td rowspan="2">融资</td><td rowspan="2">6</td><td>融资关系数</td><td>10</td></tr>
<tr><td>融资额</td><td>6</td></tr>
<tr><td>投资</td><td>7</td><td>投资关系数</td><td>7</td></tr>
<tr><td rowspan="4">国际开放度</td><td rowspan="4">7</td><td rowspan="2">核心人力资本开放度</td><td rowspan="2">6</td><td>前期国际学习经验</td><td>6</td></tr>
<tr><td>前期国际工作经验</td><td>6</td></tr>
<tr><td rowspan="2">技术开放度</td><td rowspan="2">14</td><td>国际技术输入关系数</td><td>14</td></tr>
<tr><td>国际技术赋能关系数</td><td>14</td></tr>
<tr><td rowspan="2">链接能力</td><td rowspan="2">10</td><td rowspan="2">链接者</td><td rowspan="2">10</td><td>会议数</td><td>12</td></tr>
<tr><td>产业联盟数</td><td>9</td></tr>
<tr><td rowspan="2">政府响应能力</td><td rowspan="2">17</td><td rowspan="2">政府响应</td><td rowspan="2">17</td><td>产业园区数</td><td>17</td></tr>
<tr><td></td><td></td><td></td><td></td><td></td><td>出台政策数</td><td>17</td></tr>
</table>

在学术生态 2 项二级指标中，AI 大学创新能力和非大学科研机构创新能力排名均为第十八，相比 2020 年排名分别保持不变、上升 1 位。在 AI 大学创新能力 4 项三级指标上，AI 大学数、平均国内论文数和平均国际论文数和平均专利数排名分别为第十九、第十二、第十三和第十二，相比

2020年排名分别下降9位、上升7位、上升3位、上升5位。在非大学科研机构创新能力4项三级指标上，机构数、平均国内论文数、平均国际论文数和平均专利数排名分别为第十八、第十六、第八和第十八，相比2020年排名分别下降14位、上升3位、上升11位、上升7位。

在资本环境2项二级指标中，融资和投资排名第六和第七，相比2020年排名分别保持不变、下降1位。在融资2项三级指标中，融资关系数和融资额分别排名第十和第六，融资关系数相比2020年排名下降2位。

在国际开放度2项二级指标中，核心人力资本开放度和技术开放度排名全国第六和第十四，相比2020年排名分别上升3位、下降3位。在核心人力资本开放度2项三级指标上，前期国际学习经验和前期国际工作经验关系数排名均为全国第六，相比2020年排名均上升2位。在技术开放度2项三级指标中，国际技术输入关系数和技术赋能关系数排名均为第十四，相比2020年排名分别下降3位、下降4位。

在链接能力2项三级指标上，会议数和产业联盟数排名分别为第十二和第九。截至2020年底，福建省有15家智能家居产业联盟，2020年新成立5家。

在政府响应能力2项三级指标中，人工智能产业园区数和出台政策数排名均为第十七。在人工智能产业园区的规划建设方面，福建省人工智能和机器人方面的产业园区共21个，分别分布在晋江市、福州市、厦门市和莆田市等，相比2020年增加13个。

从区域产业竞争力评价指数各项指标看，福建省的企业能力、资本环境、国际开放度和链接能力4项一级指标排名超过在全国的综合排名。三级指标中，突出的指标是企业平均估值/市值、企业平均专利数、融资额、投资关系数、前期国际学习经验和前期国际工作经验。国家在人工智能领域的前期基础研究，对福建省人工智能科技产业的发展发挥了积极作用。

对福建省而言，如何充分利用国家基础研究积累的科技创新资源，引进和集聚人工智能企业和产业，是今后发展的方向。通过“双创”活动的开展，孵化和衍生出更多的人工智能企业是福建省工作的重心。

十三、湖北省

湖北省的人工智能科技产业区域竞争力综合排名位列全国第十三，分值为 11.40，相比 2020 年排名下降 5 名。在 6 项一级指标中，企业能力、学术生态、资本环境、国际开放度、链接能力和政府响应能力排名分别为第十二、第十二、第七、第六、第十七和第十六，相比 2020 年排名分别上升 1 位、不变、上升 1 位、上升 9 位、下降 3 位、下降 2 位。在各项指标中，资本环境和国际开放度是湖北省的强项，链接能力和政府响应能力是弱项（见图 10–31）。

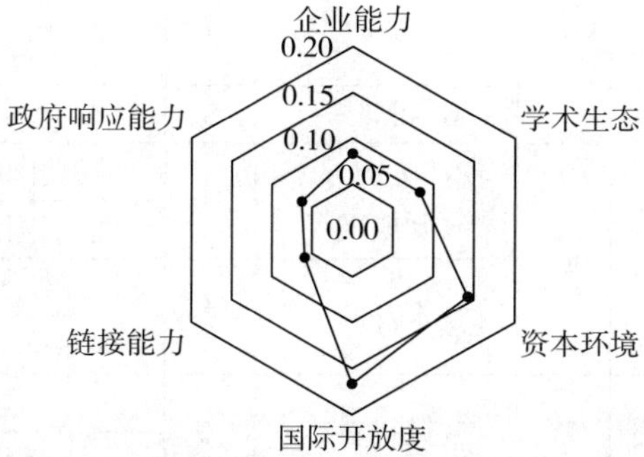

图10-31　湖北省人工智能科技产业区域竞争力评价指数各一级指标雷达图

如表 10–24 所示，在企业能力 2 项二级指标中，企业规模和企业创新能力排名第九和第十二，相比 2020 年排名分别保持不变、上升 3 位。在 5 项三级指标中，企业数量、企业平均估值 / 市值、企业平均专利数、基础层和技术层企业数、技术赋能关系数排名分别为第八、第四、第十一、第七和第八，相比 2020 年排名分别下降 1 位、上升 6 位、上升 2 位、上升 3 位、上升 5 位。湖北省共有人工智能企业 14 家，其中技术层企业数 2 家，分别是虹识技术和库柏特。

表10-24　湖北省人工智能科技产业区域竞争力评价指数排名情况

总排名（得分）	一级指标	排名	二级指标	排名	三级指标	排名
13（11.40）	企业能力	12	企业规模	9	企业数量	8
					企业平均估值 / 市值	4
			企业创新能力	12	企业平均专利数	11
					基础层和技术层企业数	7
					技术赋能关系数	8
	学术生态	12	AI大学创新能力	9	AI大学数	7
					平均国内论文数	5
					平均国际论文数	5
					平均专利数	8
			非大学科研机构创新能力	18	机构数	18
					平均国内论文数	16
					平均国际论文数	8
					平均专利数	18
	资本环境	7	融资	7	融资关系数	7
					融资额	7
			投资	8	投资关系数	8
	国际开放度	6	核心人力资本开放度	10	前期国际学习经验	9
					前期国际工作经验	10
			技术开放度	7	国际技术输入关系数	7
					国际技术赋能关系数	6
	链接能力	17	链接者	17	会议数	7
					产业联盟数	18
	政府响应能力	16	政府响应	16	产业园区数	15
					出台政策数	16

在学术生态 2 项一级指标中，AI 大学和非大学科研机构创新能力排名分别为第九和第十八，相比 2020 年排名分别下降 1 位、上升 1 位。在 AI 大学创新能力 4 项三级指标中，AI 大学数、平均国内论文数、平均国际论文数和平均专利数排名第七、第五、第五和第八，相比 2020 年排名分别上升 1 位、上升 1 位、上升 5 位、不变。在非大学科研机构创新能力 4 项三级指标中，机构数、平均国内论文数、平均国际论文数，平均专利数

排名分别为第十八、第十六、第八和第十八，相比2020年排名分别上升1位、上升3位、上升3位、不变。湖北省的AI大学包括华中科技大学、武汉大学、武汉理工大学和武汉工程大学。

在资本环境2项二级指标中，融资和投资排名均为第八，相比2020年排名分别保持不变、上升1位。在3项三级指标中，融资关系数、融资额和投资关系数排名分别为第七、第七和第八，相比2020年排名分别为不变、上升1位、上升1位。从投资关系看，湖北省最活跃的投资者是华中数控，湖北省获投金额最高的三家人工智能企业是华中数控、三丰智能和易瓦特。

在国际开放度2项二级指标中，核心人力资本开放度和技术开放度排名分别为第十和第七，相比2020年排名分别上升4位、上升7位。在4项三级指标中，前期国际学习经验、前期国际工作经验、国际技术输入关系数和国际技术赋能关系数排名分别为第九、第十、第七和第六，相比2020年排名分别上升5位、上升1位、上升6位、上升1位。

在链接能力2项三级指标中，人工智能会议数和产业联盟数排名分别为第七和第十八。湖北省拥有4个人工智能科技产业联盟分别为：中国光谷人工智能产业联盟、人工智能产业标准联盟、中国畜牧业协会智能畜牧分会和自动驾驶城市示范与产业协同创新联盟，均位于武汉。

政府响应能力2项三级指标中，人工智能产业园区数和出台政策数分别排名第十五和第十六。在人工智能产业园区的规划建设方面，湖北省人工智能和机器人方面的产业园区共26个，相比2020年增加19个。

从区域产业竞争力评价指数各项指标看，湖北省拥有良好的产业发展和基础研究基础。链接能力和政府响应能力不足是制约湖北省人工智能科技产业发展的主要因素。依托良好的基础研究优势和产业发展基础，积极推动政产学研用协同，建立更加开放的创新生态系统，是湖北省发展人工智能科技产业的关键。

十四、重庆市

重庆市人工智能科技产业区域竞争力的综合排名第十四，分值为9.92，相比2020年排名上升2位。在6项一级指标中，企业能力、学术生态、资本环境、国际开放度、链接能力和政府响应能力排名分别为第十三、第十六、第十四、第十三、第六和第十。相比2020年排名分别上升3位、下降1位、不变、下降5位、上升1位、下降1位。其中重庆市的人工智能链接能力具有一定的优势（见图10–32）。

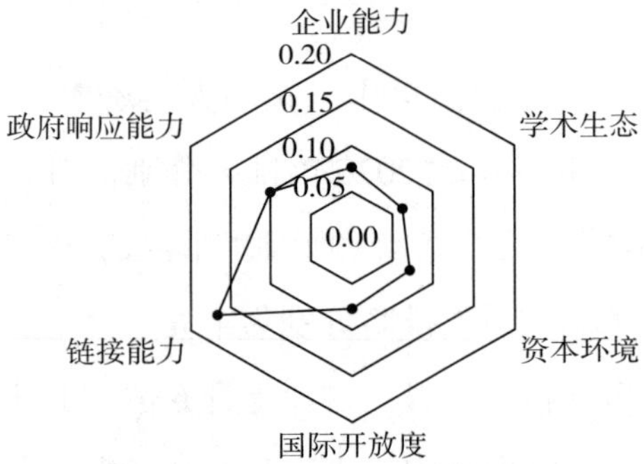

图10-32 重庆市人工智能科技产业区域竞争力评价指数各一级指标雷达图

如表10–25所示，从企业能力2项二级指标看，企业规模和企业创新能力排名分别为第十四和第十，相比2020年排名分别保持不变、上升7位。在企业规模2项三级指标中，企业数量、企业平均估值/市值排名分别为第十二和第十六，相比2020年排名分别上升1位、不变。在企业创新能力3项三级指标上，企业平均专利数、基础层和技术层企业数、技术赋能关系数排名分别为第九、第十五和第十二，相比2020年排名分别上升9位、下降5位、下降4位。在人工智能科技产业发展上，重庆市的人工智能企业数量偏少，企业估值偏低。在企业创新能力方面，重庆市的技术赋能关系数排名相对靠前。

表10-25　　重庆市人工智能科技产业区域竞争力评价指数排名情况

总排名（得分）	一级指标	排名	二级指标	排名	三级指标	排名
14（9.92）	企业能力	13	企业规模	14	企业数量	12
14（9.92）	企业能力	13	企业规模	14	企业平均估值 / 市值	16
14（9.92）	企业能力	13	企业创新能力	10	企业平均专利数	9
14（9.92）	企业能力	13	企业创新能力	10	基础层和技术层企业数	15
14（9.92）	企业能力	13	企业创新能力	10	技术赋能关系数	12
14（9.92）	学术生态	16	AI大学创新能力	16	AI大学数	21
14（9.92）	学术生态	16	AI大学创新能力	16	平均国内论文数	7
14（9.92）	学术生态	16	AI大学创新能力	16	平均国际论文数	10
14（9.92）	学术生态	16	AI大学创新能力	16	平均专利数	11
14（9.92）	学术生态	16	非大学科研机构创新能力	11	机构数	12
14（9.92）	学术生态	16	非大学科研机构创新能力	11	平均国内论文数	5
14（9.92）	学术生态	16	非大学科研机构创新能力	11	平均国际论文数	8
14（9.92）	学术生态	16	非大学科研机构创新能力	11	平均专利数	5
14（9.92）	资本环境	14	融资	13	融资关系数	13
14（9.92）	资本环境	14	融资	13	融资额	11
14（9.92）	资本环境	14	投资	14	投资关系数	14
14（9.92）	国际开放度	13	核心人力资本开放度	7	前期国际学习经验	8
14（9.92）	国际开放度	13	核心人力资本开放度	7	前期国际工作经验	7
14（9.92）	国际开放度	13	技术开放度	15	国际技术输入关系数	15
14（9.92）	国际开放度	13	技术开放度	15	国际技术赋能关系数	13
14（9.92）	链接能力	6	链接者	6	会议数	9
14（9.92）	链接能力	6	链接者	6	产业联盟数	6
14（9.92）	政府响应能力	10	政府响应	10	产业园区数	8
14（9.92）	政府响应能力	10	政府响应	10	出台政策数	14

在学术生态 2 项二级指标中，AI 大学和非大学科研机构创新能力排名分别为第十六和第十一，相比 2020 年排名均保持不变。在 AI 大学创新能力 4 项三级指标中，AI 大学数、平均国内论文数、平均国际论文数和平均专利数排名第二十一、第七、第十和第十一，相比 2020 年排名分别下

降11位、上升9位、上升5位、上升3位。在非大学科研机构创新能力4项三级指标中，机构数、平均国内论文数、平均国际论文数、平均专利数排名分别为第十二、第五、第八、第五，相比2020年排名分别上升1位、上升4位、上升3位、上升5位。重庆市的代表性AI大学是重庆大学。同时，坐落在重庆市的中国科学院重庆绿色智能技术研究院，具有较强的基础研究和技术研发能力。

在资本环境2项二级指标中，融资和投资分别排名第十三和第十四，相比2020年排名分别下降1位、上升2位。在融资2项三级指标中，融资关系数和融资额分别排名第十三和第十一，融资关系数相比2020年排名上升1位。

在国际开放度2项二级指标中，核心人力资本开放度和技术开放度分别排名全国第七和第十五，相比2020年排名分别上升1位、下降6位。在核心人力资本开放度2项三级指标上，前期国际学习经验和前期国际工作经验关系数排名分别为第八、第七，相比2020年排名分别上升3位、下降1位。在技术开放度2项三级指标中，国际技术输入关系数和技术赋能关系数排名分别为第十五、第十三，相比2020年排名分别下降7位、下降4位。

在链接能力的2项三级指标中，会议数和产业联盟数排名分别为第九和第六。链接能力方面，重庆市表现突出。截至2020年底，重庆市拥有产业联盟共有22个，主要是智能制造领域的产业联盟。

政府响应能力二级指标，排名第十。重庆市产业园区共36个，其中两江机器人产业园、“中国智谷”（重庆）科技园和中德产业园水土智能园是重庆市有影响力的产业园区，相比2020年增加23个。

从区域产业竞争力评价指数各项指标看，在人工智能科技产业的发展上与重庆直辖市发展的要求存在差距。如何以人工智能科技产业发展为抓手，推动建设具有全球影响力的西部科技创新中心，加快经济转型升级和新旧动能转换的步伐，是重庆市面临的机遇和挑战。

十五、陕西省

陕西省的人工智能科技产业区域竞争力综合排名第十五，分值为9.40，相比2020年排名下降3位。从6项一级指标的分值看，全国排名靠前的是学术生态，位列第六，相比2020年排名下降1位。其次是链接能力，排名全国第十六，相比2020年排名上升1位。政府响应能力全国排名第十九，相比2020年排名下降2位。国际开放度、企业能力、资本环境在全国排名分别为第二十、第二十一、第二十七，相比2020年排名分别下降7位、下降4位、下降1位（见图10–33、表10–26）。

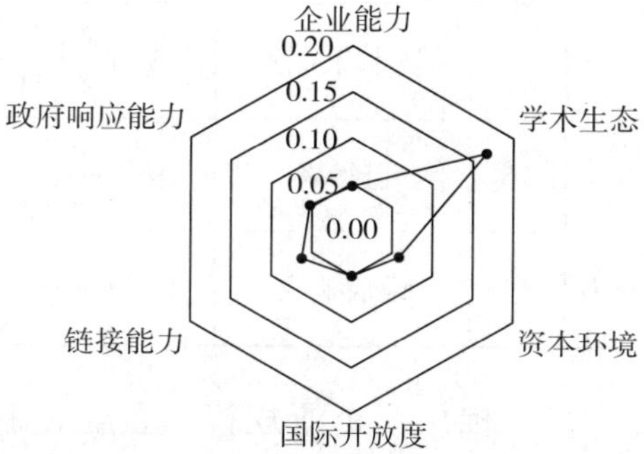

图10-33　陕西省人工智能科技产业区域竞争力评价指数各一级指标雷达图

表10-26　陕西省人工智能科技产业区域竞争力评价指数排名情况

总排名（得分）	一级指标	排名	二级指标	排名	三级指标	排名
15（9.40）	企业能力	21	企业规模	16	企业数量	15
					企业平均估值 / 市值	21
			企业创新能力	22	企业平均专利数	22
					基础层和技术层企业数	15
					技术赋能关系数	16
	学术生态	6	AI大学创新能力	5	AI大学数	5
					平均国内论文数	8
					平均国际论文数	8
					平均专利数	6

续表

总排名（得分）	一级指标	排名	二级指标	排名	三级指标	排名
15（9.40）	学术生态	6	非大学科研机构创新能力	9	机构数	5
					平均国内论文数	11
					平均国际论文数	6
					平均专利数	10
	资本环境	27	融资	18	融资关系数	15
					融资额	19
			投资	16	投资关系数	16
	国际开放度	20	核心人力资本开放度	17	前期国际学习经验	16
					前期国际工作经验	15
			技术开放度	23	国际技术输入关系数	21
					国际技术赋能关系数	22
	链接能力	16	链接者	16	会议数	15
					产业联盟数	16
	政府响应能力	19	政府响应	19	产业园区数	5
					出台政策数	8

企业能力2项二级指标中，企业规模、企业创新能力分别排名第十六、第二十二，相比2020年排名分别下降1位、下降4位。在企业规模2项三级指标上，企业数量排名全国第十五，企业平均估值／市值排名全国第二十一，相比2020年排名分别下降2位、下降3位。在企业创新能力3项三级指标上，企业平均专利数排名第二十二，基础层和技术层企业数排名全国第十五，技术赋能关系数排名全国第十六，相比2020年排名分别下降5位、下降5位、上升1位。

在学术生态2项二级指标中，AI大学创新能力、非大学科研机构创新能力分别排名第五、第九，相比2020年排名分别上升2位、下降5位。从AI大学创新能力4项三级指标看，陕西省的AI大学数量位居全国前列，排名第五，平均国内论文数排名第八，平均国际论文数排名第八，平均专利数排名第六，相比2020年排名分别上升1位、上升9位、上升2

位、上升6位。其中，西安交通大学、西安电子科技大学和西北工业大学都属于国内知名的AI大学。非大学科研机构创新能力4项三级指标机构数、平均国内论文数、平均国际论文数和平均专利数分别位居全国第五、第十一、第六和第十，相比2020年排名分别上升4位、下降4位、上升5位、下降8位。

在资本环境2项二级指标中，融资和投资两项二级指标分别排名第十八和第十六，相比2020年排名均下降2位。其中，融资2项三级指标中，融资关系数和融资额分别排名第十五和第十九，相比2020年排名均下降2位。在投资1项三级指标中，投资关系数排名第十六，相比2020年排名下降2位。

在国际开放度2项二级指标中，核心人力资本和技术开放度分别排名第十七和第二十三，相比2020年排名分别下降5位、下降9位。在核心人力资本开放度2项三级指标中，核心人力资本的前期国际学习和工作经验分别排名全国第十六和第十五，相比2020年排名均下降5位。在技术开放度2项三级指标中，国际技术输入关系和国际技术赋能关系数排名分别为第二十一、第二十二，相比2020年排名分别下降8位、下降9位。

在链接能力2项三级指标中，会议数和产业联盟数分别排名全国第十五和第十六。截至2020年底，陕西省内共有5家产业联盟，其中2020年新成立3家。

在政府响应能力2项三级指标中，陕西省的人工智能产业园区数和出台政策数分别排在全国的第五和第八。截至2020年底，陕西省共有人工智能相关产业园区23家，其中2020年新增12家。

从区域产业竞争力评价指数各项指标看，在人工智能科技产业的发展上，陕西省学术生态优势明显，链接能力处于全国中等水平，企业能力、资本环境、国际开放度和政府响应能力与先进地区相比，差距较大。

陕西省发展人工智能科技产业需要在企业能力、资本环境、国际开放度和政府响应能力方面努力。注重市场与政府作用相结合，既要通过市场力量培育人工智能相关企业，也要由政府加快人工智能产业联盟的规划建设、政策的出台和会议的组织，共同助力人工智能科技产业的发展。

十六、河南省

河南省人工智能科技产业区域竞争力综合排名第十六，分值为 8.10，相比 2020 年排名上升 3 位。在 6 项一级指标中，企业能力、学术生态、资本环境、国际开放度、链接能力和政府响应能力排名分别为第十五、第十七、第十八、第十九、第十三和第六，相比 2020 年排名分别上升 4 位、上升 3 位、上升 4 位、下降 3 位、下降 1 位和上升 2 位。其中河南省的政府响应能力排名相对较靠前（见图 10–34、表 10–27）。

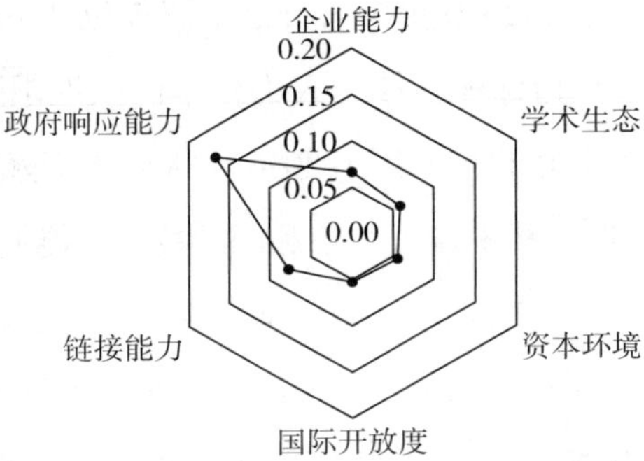

图10-34 河南省人工智能科技产业区域竞争力评价指数各一级指标雷达图

从企业能力 2 项二级指标中，企业规模和企业创新能力排名分别为第十七和第十四，相比 2020 年排名分别下降 1 位和上升 5 位。在企业规模 2 项三级指标中，企业数量、企业平均估值 / 市值排名分别为第十六和第十八，企业数量排名保持不变，企业平均估值 / 市值相比 2020 年排名下降 1 位。在企业创新能力 3 项三级指标中，企业平均专利数、基础层和技术层企业数、技术赋能关系数排名分别为第十二、第十五和第十七，相比 2020 年排名分别上升 7 位、下降 5 位和上升 4 位。在人工智能科技产业发展上，河南省的人工智能企业数量偏少，企业平均估值偏低。

表10-27　　河南省人工智能科技产业区域竞争力评价指数排名情况

总排名（得分）	一级指标	排名	二级指标	排名	三级指标	排名
16（8.10）	企业能力	15	企业规模	17	企业数量	16
					企业平均估值 / 市值	18
			企业创新能力	14	企业平均专利数	12
					基础层和技术层企业数	15
					技术赋能关系数	17
	学术生态	17	AI大学创新能力	15	AI大学数	9
					平均国内论文数	20
					平均国际论文数	25
					平均专利数	20
			非大学科研机构创新能力	16	机构数	10
					平均国内论文数	12
					平均国际论文数	8
					平均专利数	16
	资本环境	18	融资	20	融资关系数	20
					融资额	22
			投资	18	投资关系数	18
	国际开放度	19	核心人力资本开放度	23	前期国际学习经验	22
					前期国际工作经验	21
			技术开放度	17	国际技术输入关系数	17
					国际技术赋能关系数	17
	链接能力	13	链接者	13	会议数	16
					产业联盟数	10
	政府响应能力	6	政府响应	6	产业园区数	7
					出台政策数	4

在学术生态 2 项二级指标中，AI 大学和非大学科研机构创新能力排名分别为第十五和第十六，AI 大学创新能力相比 2020 年排名上升 5 位，非大学科研机构创新能力排名保持不变。在 AI 大学创新能力 4 项三级指标中，AI 大学数、平均国内论文数、平均国际论文数和平均专利数排名分别为第九、第二十、第二十五和第二十，相比 2020 年排名分别上升 10 位、

下降 8 位、下降 4 位和下降 2 位。在非大学科研机构创新能力 4 项三级指标中，机构数、平均国内论文数、平均国际论文数和平均专利数排名分别为第十、第十二、第八和第十六，相比 2020 年排名分别下降 1 位、下降 1 位、上升 3 位和保持不变。河南省的 AI 大学有 13 所，非大学科研机构有 2 所，分别为河南省时空大数据产业技术研究院和中国空空导弹研究院。

在资本环境 2 项二级指标中，融资和投资排名分别为第二十和第十八，融资排名保持不变，投资相比 2020 年排名上升 4 位。在融资和投资 3 项三级指标中，融资关系数、融资额和投资关系数排名分别为第二十、第二十二和第十八，相比 2020 年排名分别下降 3 位、下降 1 位和上升 4 位。

在国际开放度 2 项二级指标中，核心人力资本开放度和技术开放度排名分别为第二十三和第十七，相比 2020 年分别下降 9 位和下降 1 位。在核心人力资本开放度 2 项三级指标中，前期国际学习经验和前期国际工作经验排名分别为第二十二和第二十一，相比 2020 年分别下降 8 位和下降 10 位。在技术开放度 2 项三级指标中，国际技术输入关系数和国际技术赋能关系数排名均为第十七，相比 2020 年均上升 1 位。

在链接能力的 2 项三级指标中，会议数和产业联盟数排名分别为第十六和第十，产业联盟数相比 2020 年排名上升 1 位。截至 2020 年底，河南省拥有产业联盟 13 个。

政府响应能力二级指标排名第六。在政府响应 2 项三级指标中，人工智能产业园区数和出台政策数分别排名第七和第四，产业园区数相比 2020 年排名上升 2 位。出台政策数排名较为靠前。

从区域产业竞争力评价指数各项指标看，除了政府响应能力之外的其他五个指标排名都非常靠后。因此，如何以人工智能科技产业发展为抓手，加快经济转型升级是河南省面临的机遇和挑战。

十七、黑龙江省

黑龙江省在人工智能科技产业区域竞争力综合排名第十七，分值为8.10，相比2020年排名下降3位。在6项一级指标上，企业能力、学术生态、资本环境、国际开放度、链接能力和政府响应能力排名分别为第二十、第十、第二十二、第二十一、第十九和第二十六，相比2020年排名分别下降6位、保持不变、下降5位、下降5位、下降3位和上升1位。其中，学术生态一级指标排名最高（见图10–35、表10–28）。

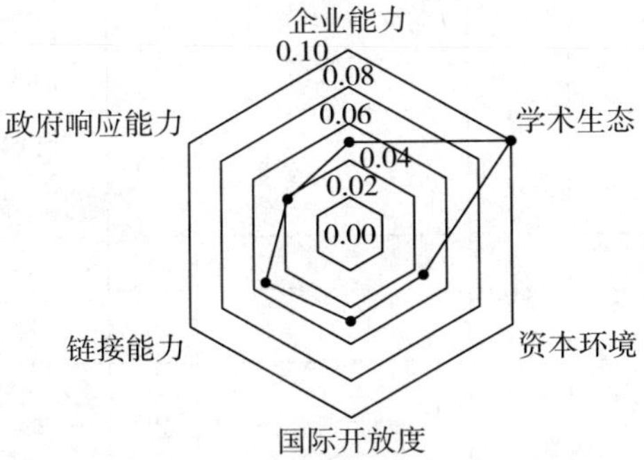

图10-35　黑龙江省人工智能科技产业区域竞争力评价指数各一级指标雷达图

表10-28　黑龙江省人工智能科技产业区域竞争力评价指数排名情况

总排名（得分）	一级指标	排名	二级指标	排名	三级指标	排名
17（8.10）	企业能力	20	企业规模	15	企业数量	20
					企业平均估值 / 市值	9
			企业创新能力	20	企业平均专利数	18
					基础层和技术层企业数	21
					技术赋能关系数	19
	学术生态	10	AI大学创新能力	10	AI大学数	23
					平均国内论文数	22
					平均国际论文数	1
					平均专利数	1

续表

总排名（得分）	一级指标	排名	二级指标	排名	三级指标	排名
17（8.10）	学术生态	10	非大学科研机构创新能力	15	机构数	12
					平均国内论文数	16
					平均国际论文数	8
					平均专利数	14
	资本环境	22	融资	22	融资关系数	23
					融资额	21
			投资	19	投资关系数	19
	国际开放度	21	核心人力资本开放度	21	前期国际学习经验	16
					前期国际工作经验	21
			技术开放度	20	国际技术输入关系数	19
					国际技术赋能关系数	20
	链接能力	19	链接者	19	会议数	21
					产业联盟数	19
	政府响应能力	26	政府响应	26	产业园区数	26
					出台政策数	26

在企业能力的2项二级指标中，企业规模和企业创新能力排名分别为第十五和第二十，相比2020年排名下降2位和下降7位。在企业规模2项三级指标中，企业数量和企业平均估值/市值排名分别为第二十和第九，相比2020年排名分别下降3位和上升3位。在企业创新能力3项三级指标中，企业平均专利数、基础层和技术层企业数、技术赋能关系数排名分别为第十八、第二十一和第十九，相比2020年排名分别下降7位、下降2位和保持不变。人工智能企业少、缺乏基础和技术层企业，是黑龙江省人工智能科技产业发展的短板。

在学术生态2项二级指标中，AI大学和非大学科研机构创新能力分别排名第十和第十五，相比2020年排名分别上升4位和保持不变。在AI大学创新能力4项三级指标中，AI大学数、平均国内论文数和平均国际论文数和平均专利数排名分别为第二十三、第二十二、第一和第一，相比2020

年排名分别下降 13 位、下降 21 位、保持不变和上升 2 位。在非大学科研机构创新能力 4 项三级指标中，机构数、平均国内论文数、平均国际论文数和平均专利数排名分别为第十二、第十六、第八和第十四，相比 2020 年排名分别上升 1 位、下降 10 位、上升 3 位和保持不变。黑龙江省在 AI 大学创新能力方面表现突出，拥有包括哈尔滨工业大学、哈尔滨工程大学、哈尔滨理工大学和齐齐哈尔大学在内的 4 所 AI 大学。黑龙江省的 AI 大学在控制科学与工程、机械工程和计算机科学领域学科优势明显。

在资本环境 2 项二级指标中，融资和投资分别排名第二十二和第十九，相比 2020 年排名分别下降 4 位和下降 2 位。在融资和投资 3 项三级指标中，融资关系数、融资额和投资关系数排名分别为第二十三、第二十一和第十九，相比 2020 年排名分别下降 3 位、下降 5 位和下降 2 位。资本环境是黑龙江省发展人工智能科技产业的劣势。

在国际开放度 2 项二级指标中，核心人力资本开放度和技术开放度分别排名第二十一和第二十，相比 2020 年排名分别下降 7 位和下降 4 位。在核心人力资本开放度 2 项三级指标中，前期国际学习经验和前期国际工作经验排名第十六和第二十一，相比 2020 年排名分别下降 2 位和下降 10 位。在技术开放度 2 项三级指标中，国际技术输入关系数和国际技术赋能关系数排名为第十九和第二十，相比于 2020 年排名分别下降 3 位和下降 4 位。

从链接能力 2 项三级指标看，会议数和产业联盟数分别排名第二十一和第十九，产业联盟数相比于 2020 年排名下降 5 位。截至 2020 年底，黑龙江省共有 3 家人工智能和机器人产业联盟：黑龙江省人工智能科技产业技术创新战略联盟、黑龙江省机器人产业技术创新战略联盟和黑龙江省智能制造产业技术创新战略联盟。三家产业联盟均属于省级联盟。

在政府响应能力 2 项三级指标中，产业园区数和出台政策数均排名第二十六，产业园区数相比于 2020 年排名保持不变。

从区域产业竞争力评价指数各项指标看，学术生态是黑龙江省发展人工智能产业的突出优势。但是如何通过链接能力和政府响应能力的提升，把学术生态优势转化为产业发展优势，是黑龙江省发展人工智能科技产业的关键。

十八、吉林省

吉林省人工智能科技产业区域竞争力综合排名第十八，分值为7.92，相比于2020年排名下降1位。从6项一级指标看，企业能力排名第十七，学术生态排名第十三，资本环境排名第二十五，国际开放度排名第二十二，链接能力排名第二十三，政府响应能力排名第二十二，相比于2020年排名分别上升6位、下降6位、下降2位、下降6位，保持不变和上升1位。其中，吉林省的学术生态优势明显（见图10-36、表10-29）。

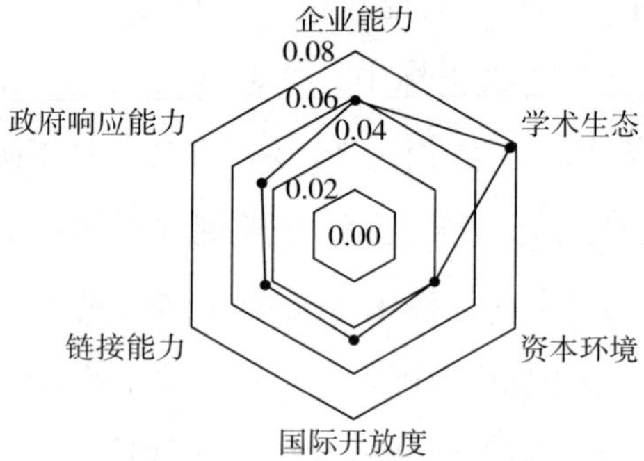

图10-36 吉林省人工智能科技产业区域竞争力评价指数各一级指标雷达图

表10-29 吉林省人工智能科技产业区域竞争力评价指数排名情况

总排名（得分）	一级指标	排名	二级指标	排名	三级指标	排名
18（7.92）	企业能力	17	企业规模	24	企业数量	27
					企业平均估值 / 市值	13
			企业创新能力	16	企业平均专利数	13
					基础层和技术层企业数	21
					技术赋能关系数	22

续表

总排名（得分）	一级指标	排名	二级指标	排名	三级指标	排名
18（7.92）	学术生态	13	AI大学创新能力	17	AI大学数	17
					平均国内论文数	15
					平均国际论文数	16
					平均专利数	14
			非大学科研机构创新能力	3	机构数	10
					平均国内论文数	8
					平均国际论文数	8
					平均专利数	3
	资本环境	25	融资	22	融资关系数	24
					融资额	24
			投资	23	投资关系数	24
	国际开放度	22	核心人力资本开放度	17	前期国际学习经验	16
					前期国际工作经验	16
			技术开放度	25	国际技术输入关系数	24
					国际技术赋能关系数	24
	链接能力	23	链接者	23	会议数	25
					产业联盟数	22
	政府响应能力	22	政府响应	22	产业园区数	21
					出台政策数	18

在企业能力的2项二级指标中，企业规模和企业创新能力分别排名第二十四和第十六，相比于2020年排名分别下降1位和上升7位。在企业规模2项三级指标中，企业数量和企业平均估值／市值排名分别为第二十七和第十三，相比于2020年排名分别下降4位和上升6位。在企业创新能力3项三级指标中，企业平均专利数、基础层和技术层企业数、技术赋能关系数排名分别为第十三、第二十一和第二十二，相比于2020年排名分别上升10位、下降2位和下降1位。人工智能企业数量少、估值低和专利数量不足，是吉林省与其他先进地区存在差距的关键因素。

在学术生态2项二级指标中，AI大学和非大学科研机构创新能力分别排名第十七和第三，相比于2020年排名分别下降2位和下降1位。在AI大学创新能力4项三级指标中，AI大学数、平均国内论文数、平均国际论文数和平均专利数排名分别为第十七、第十五、第十六和第十四，相比于2020年排名分别下降1位、下降4位、下降2位和下降7位。在非大学科研机构创新能力4项三级指标中，机构数、平均国内论文数、平均国际论文数和平均专利数分别排名第十、第八、第八和第三，相比于2020年排名分别下降1位、下降5位、下降4位和下降2位。在非大学科研机构创新能力排名中，吉林省非常突出，仅次于北京市和四川省，排名第三。其中，中国科学院长春光学精密机械与物理研究所和吉林市人工智能与机器人产业应用技术研究院，是非大学科研机构从事人工智能科学研究的重要机构。吉林省共有8所AI大学，包括吉林大学和东北师范大学等高校，无论是在国内和国际论文发表数还是在专利数方面，都在全国排名靠前。

在资本环境2项二级指标中，融资和投资分别排名第二十二和第二十三，相比于2020年排名保持不变。在投融资的活跃度上，与其他先进地区相比，吉林省存在一定的差距。

在国际开放度2项二级指标中，核心人力资本开放度和技术开放度排名分别为第十七和第二十五，相比于2020年排名分别下降3位和下降9位。在核心人力资本开放度2项三级指标上，前期国际学习经验和前期国际工作经验排名均为第十六，相比于2020年排名分别下降2位和下降5位。在技术开放度2项三级指标中，国际技术输入关系数和国际技术赋能关系数排名均为第二十四，相比于2020年排名均下降2位。

在链接能力的2项三级指标中，会议数和产业联盟数排名分别为第二十五和第二十二，产业联盟数相比于2020年排名下降2位。吉林省智能装备与机器人产业发展战略联盟是吉林省唯一的人工智能产业联盟。

在政府响应能力2项分别为指标中，人工智能产业园区数和出台政策数排名分别为第二十一和第十八，产业园区数相比于2020年排名上升2位。截至2020年底，吉林省出台17项政策，规划建设11个产业园区。

从区域产业竞争力评价指数各项指标看，学术生态是吉林省的优势。缺乏市场活动和中介组织的催化作用是吉林省发展人工智能科技产业的短板。如何通过发展人工智能科技产业促进东北老工业基地转型升级，是吉林省面临的重大挑战。

十九、河北省

河北省人工智能科技产业区域竞争力综合排名第十九，分值为 6.26，相比于 2020 年排名下降 1 位。在 6 项一级指标中，企业能力排名第十八，学术生态排名第二十，资本环境排名第十六，国际开放度排名第十六，链接能力排名第十四，政府响应能力排名第九，相比于 2020 年排名分别保持不变、下降 1 位、上升 4 位、保持不变、下降 1 位和下降 2 位。排名最高的是政府响应能力，排名最低的是学术生态（见图 10–37、表 10–30）。

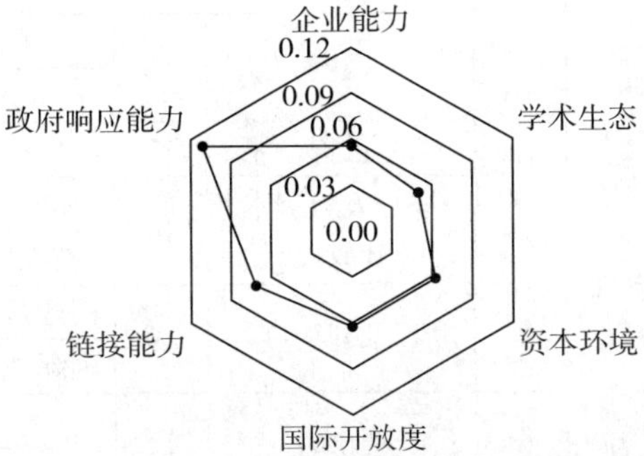

图10-37　河北省人工智能科技产业区域竞争力评价指数各一级指标雷达图

在企业能力 2 项二级指标中，河北省的企业规模和企业创新能力分别排名第十八和第十九，相比于 2020 年排名分别上升 2 位和下降 3 位。在企业规模 2 项三级指标中，企业数量、企业平均估值 / 市值排名分别为十六和二十二，相比于 2020 年排名分别上升 1 位和下降 3 位。在企业创新能力 3 项三级指标中，企业平均专利数、基础层和技术层企业数、技术赋能关系数排名分别为第十七、第十五和第十八，相比于 2020 年排名分别下降 1 位、上升 4 位和下降 4 位。

表10-30 河北省人工智能科技产业区域竞争力评价指数排名情况

总排名（得分）	一级指标	排名	二级指标	排名	三级指标	排名
19（6.26）	企业能力	18	企业规模	18	企业数量	16
					企业平均估值 / 市值	22
			企业创新能力	19	企业平均专利数	17
					基础层和技术层企业数	15
					技术赋能关系数	18
	学术生态	20	AI大学创新能力	20	AI大学数	14
					平均国内论文数	28
					平均国际论文数	20
					平均专利数	27
			非大学科研机构创新能力	18	机构数	18
					平均国内论文数	16
					平均国际论文数	8
					平均专利数	18
	资本环境	16	融资	16	融资关系数	17
					融资额	16
			投资	17	投资关系数	17
	国际开放度	16	核心人力资本开放度	14	前期国际学习经验	14
					前期国际工作经验	11
			技术开放度	19	国际技术输入关系数	19
					国际技术赋能关系数	17
	链接能力	14	链接者	14	会议数	21
					产业联盟数	14
	政府响应能力	9	政府响应	9	产业园区数	10
					出台政策数	8

在学术生态 2 项二级指标中，AI 大学和非大学科研机构创新能力分别排名第二十和第十八，相比于 2020 年排名分别下降 1 位和上升 1 位。在 AI 大学创新能力 4 项三级指标中，AI 大学数、平均国内论文数、平均国际论文数和平均专利数排名分别为第十四、第二十八、第二十和第二十七，相比于 2020 年排名分别上升 2 位、下降 21 位、下降 3 位和下降 8 位。在

非大学科研机构创新能力 4 项三级指标中，机构数、平均国内论文数、平均国际论文数和平均专利数排名分别为第十八、第十六、第八和第十八，相比于 2020 年排名分别上升 1 位、上升 3 位、上升 3 位和保持不变。河北省仅拥有 2 所 AI 大学，分别是河北工业大学和燕山大学。无从事人工智能科学研究的科研机构，因此，在国内和国际 AI 论文数量上排名靠后，在人工智能领域基础研究能力相对较弱。

在资本环境 2 项二级指标中，融资和投资排名分别为第十六和第十七，相比于 2020 年排名分别下降 5 位和上升 1 位。在融资的 2 项三级指标上，融资关系数和融资额排名分别为第十七和第十六，相比于 2020 年排名均上升 4 位。在投资 1 项三级指标中，投资关系数排名第十七，相比于 2020 年排名上升 1 位。河北省较为活跃的人工智能企业为眼神科技。

在国际开放度 2 项二级指标中，核心人力资本开放度和技术开放度排名分别是第十四和第十九，相比于 2020 年排名分别为保持不变和下降 3 位。在核心人力资本开放度 2 项三级指标中，前期国际学习经验和前期国际工作经验排名分别为第十四和第十一，相比于 2020 年排名均保持不变。在技术开放度 2 项三级指标中，国际技术输入关系数和国际技术赋能关系数排名分别为第十九和第十七，相比于 2020 年排名分别下降 3 位和下降 1 位。

在链接能力的 2 项三级指标中，会议数和产业联盟数分别排名第二十一和第十四，产业联盟数相比于 2020 年排名下降 3 位。

在政府响应能力 2 项三级指标中，人工智能产业园区数和出台政策数分别排名第十和第八，产业园区数相比于 2020 年排名下降 3 位。截至 2020 年底，河北省拥有 6 个产业联盟、33 个产业园区。

从区域产业竞争力评价指数各项指标看，河北省拥有相对较好的政府响应能力，而在企业能力、资本环境和学术生态方面具有明显的劣势，如何引进和集聚人工智能企业、推进 AI 大学和 AI 科研机构建设，培养高科技人才，是推动河北省人工智能科技产业发展的关键。

二十、江西省

江西省在人工智能科技产业区域竞争力综合排名第二十，分值为5.07，相比于2020年排名上升2位。在6项一级指标中，企业能力、学术生态、资本环境、国际开放度、链接能力和政府响应能力排名分别为第二十二、第十九、第十九、第二十五、第十九和第十一，相比于2020年排名分别上升1位、上升3位、上升4位、下降9位、上升3位和上升5位。6个一级指标排名都比较靠后（见图10–38、表10–31）。

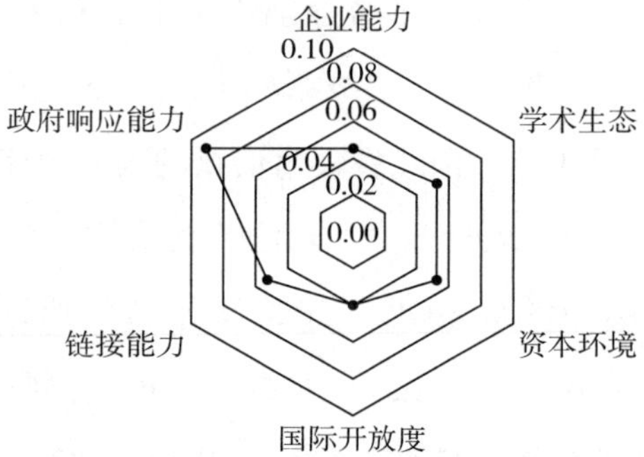

图10-38 江西省人工智能科技产业区域竞争力评价指数各一级指标雷达图

表10-31 江西省人工智能科技产业区域竞争力评价指数排名情况

总排名（得分）	一级指标	排名	二级指标	排名	三级指标	排名
20（5.07）	企业能力	22	企业规模	19	企业数量	21
					企业平均估值/市值	14
			企业创新能力	21	企业平均专利数	21
					基础层和技术层企业数	21
					技术赋能关系数	21
	学术生态	19	AI大学创新能力	19	AI大学数	15
					平均国内论文数	23
					平均国际论文数	22
					平均专利数	24
			非大学科研机构创新能力	18	机构数	18
					平均国内论文数	16
					平均国际论文数	8
					平均专利数	18

续表

总排名（得分）	一级指标	排名	二级指标	排名	三级指标	排名
20（5.07）	资本环境	19	融资	21	融资关系数	21
					融资额	18
			投资	20	投资关系数	20
	国际开放度	25	核心人力资本开放度	21	前期国际学习经验	16
					前期国际工作经验	21
			技术开放度	25	国际技术输入关系数	24
					国际技术赋能关系数	24
	链接能力	19	链接者	19	会议数	21
					产业联盟数	19
	政府响应能力	11	政府响应	11	产业园区数	13
					出台政策数	6

在企业能力的2项二级指标中，企业规模和企业创新能力排名分别为第十九和二十一，相比于2020年排名上升4位和上升2位。在企业规模2项三级指标中，企业数量和企业平均估值/市值分别排名第二十一和第十四，相比于2020年排名上升2位和上升5位。在企业创新能力3项三级指标中，企业平均专利数、基础层和技术层企业数、技术赋能关系数排名均为第二十一，相比于2020年排名下降2位，上升2位和保持不变。人工智能企业少、平均专利数少，缺乏基础和技术层企业，是江西省人工智能科技产业发展的短板。

在学术生态2项二级指标中，AI大学和非大学科研机构创新能力分别排在全国的第十九位和第十八位，相比于2020年排名分别上升2位和上升1位。在AI大学创新能力4项三级指标中，AI大学数、平均国内论文数、平均国际论文数和平均专利数排名分别为第十五、第二十三、第二十二和第二十四，相比于2020年排名分别上升4位、下降8位、下降2位和下降2位。在非大学科研机构创新能力4项三级指标中，机构数、平均国内论文数、平均国际论文数和平均专利数排名分别为第十八、第

十六、第八和第十八，相比于2020年排名分别上升1位、上升3位、上升3位和保持不变。

在资本环境2项二级指标中，融资和投资分别排名第二十一和第二十，相比于2020年排名分别上升1位和上升3位。在融资和投资3项三级指标中，融资关系数、融资额和投资关系数排名分别为第二十一、第十八和第二十，相比于2020年排名分别上升1位、上升4位和上升3位。资本环境是江西省发展人工智能科技产业的劣势。

在国际开放度2项二级指标中，核心人力资本开放度和技术开放度分别排名第二十一和第二十五，相比于2020年排名分别下降7位和上升9位。在核心人力资本开放度2项三级指标中，前期国际学习经验和前期国际工作经验分别排名第十六和第二十一，相比于2020年排名分别下降2位和下降10位。在技术开放度2项三级指标中，国际技术输入关系数和国际技术赋能关系数排名均为第二十四，相比于2020年均下降8位。

从链接能力2项三级指标看，会议数和产业联盟数分别排名第二十一和第十九，产业联盟数相比于2020年上升1位。

在政府响应能力2项三级指标中，产业园区数和出台政策数分别排名第十三和第六，产业园区数相比于2020年上升2位。截至2020年底，江西省人工智能产业联盟数为3，人工智能产业园区数为25。

从区域产业竞争力评价指数各项指标看，江西省的6项一级指标都非常靠后。江西省在人工智能产业发展上相对其他中部省份来说较为薄弱，如何借鉴其他省份的人工智能发展经验，并结合自身独特优势，大力推进人工智能产业发展是江西省亟须考虑的问题。

二十一、贵州省

贵州省的人工智能科技产业区域竞争力综合排名第二十一，相较2020

年上升 5 位，分值为 4.80。在 6 项一级指标中，企业能力、学术生态、资本环境、国际开放度、链接能力和政府响应能力排名分别为第十六、第二十五、第十五、第十五、第二十一和第十八，相较 2020 年分别上升 5 位、不变、不变、上升 1 位、下降 3 位和上升 3 位。6 个一级指标排名处于中等水平，其中学术生态与链接能力相对于其他指标表现较次，其他指标整体来说相差不大（见图 10–39）。

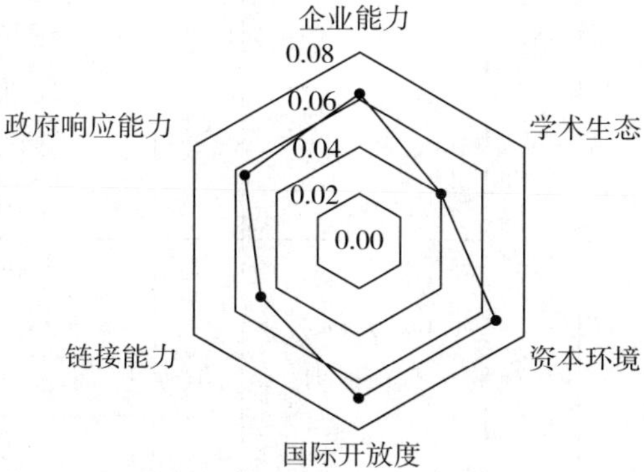

图10-39　贵州省人工智能科技产业区域竞争力评价指数各一级指标雷达图

如表 10–32 所示，从企业能力 2 项二级指标看，企业规模和企业创新能力排名分别为第二十一和第十五，相较 2020 年分别下降 1 位和上升 6 位。在企业规模 2 项三级指标中，企业数量、企业平均估值 / 市值排名分别为第十九和第二十四，相较 2020 年分别下降 2 位和下降 5 位，其中后者在样本中的统计数值为零。在企业创新能力 3 项三级指标中，企业平均专利数、基础层和技术层企业数、技术赋能关系数排名分别为第十三、第十五和第十五，相较 2020 年分别上升 9 位、上升 2 位和上升 1 位。在人工智能科技产业发展中，贵州省的可得人工智能企业数量不多，且企业估值偏低。在企业创新能力方面，贵州省的企业平均专利数排名较为靠前，受益于地方企业中 5/6 的企业所属层次为应用层，在专利研发上拥有一定优势。

表10-32　贵州省人工智能科技产业区域竞争力评价指数排名情况

总排名（得分）	一级指标	排名	二级指标	排名	三级指标	排名
21（4.80）	企业能力	16	企业规模	21	企业数量	19
					企业平均估值 / 市值	24
			企业创新能力	15	企业平均专利数	13
					基础层和技术层企业数	15
					技术赋能关系数	15
	学术生态	25	AI大学创新能力	24	AI大学数	23
					平均国内论文数	18
					平均国际论文数	26
					平均专利数	22
	学术生态	25	非大学科研机构创新能力	18	机构数	18
					平均国内论文数	16
					平均国际论文数	8
					平均专利数	18
	资本环境	15	融资	14	融资关系数	14
					融资额	10
			投资	15	投资关系数	15
	国际开放度	15	核心人力资本开放度	20	前期国际学习经验	22
					前期国际工作经验	16
			技术开放度	13	国际技术输入关系数	13
					国际技术赋能关系数	14
	链接能力	21	链接者	21	会议数	15
					产业联盟数	21
	政府响应能力	18	政府响应	18	产业园区数	13
					出台政策数	23

在学术生态2项二级指标中，AI大学和非大学科研机构创新能力排名分别为二十四和第十八，相较2020年分别不变和上升1位。在AI大学创新能力4项三级指标中，AI大学数、平均国内论文数、平均国际论文数和平均专利数排名分别为第二十三、第十八、第二十六和第二十二，相较

2020年分别上升1位、上升6位、下降2位和上升2位，其中国际论文在样本中的统计数值为零。在非大学科研机构创新能力4项三级指标中，机构数、平均国内论文数、平均国际论文数和平均专利数排名分别为第十八、第十六、第八和第十八。贵州省的AI大学有4所，分别为贵州大学、贵州民族大学、贵州师范学院和黔南民族师范学院，非大学科研机构数量在可得样本中为零，因此各项指标排名均处于最后，在AI基础技术和应用能力方面需要进一步发展，尤其是提高对于非大学科研机构的重视程度，以保证多方面提升省市学术生态表现，为产业发展夯实道路。

在资本环境2项二级指标中，融资和投资排名分别为第十四和第十五，相较2020年分别为不变和不变。在融资的2项三级指标中，融资关系数和融资额排名分别为第十四和第十，相较2020年分别上升2位和上升2位，处于整体排名中游。

在国际开放度2项二级指标中，核心人力资本开放度和技术开放度排名分别为第二十和第十三，相较2020年分别下降6位和上升3位。在核心人力资本开放度的2项三级指标中，前期国际学习经验和前期国际工作经验排名分别位第二十二和第十六，相较2020年分别下降8位和下降5位，其中前者在样本中的统计数值为零。在技术开放度的2项三级指标中，国际技术输入关系数和国际技术赋能关系数排名分别为第十三和第十四，相较2020年分别上升3位和上升2位。技术开放度作为排名靠前的二级指标说明贵州省在国际技术交流中处于积极地位，应汲取此优势结合地方企业创新发展能力带动人工智能科技产业发展。

在链接能力的2项三级指标中，会议数和产业联盟数排名分别为第十五和第二十一。截至2020年底，贵州省拥有产业联盟2个，在人工智能科技产业的整合能力上相对薄弱。

在政府响应能力的2项三级指标中，产业园区数和出台政策数分别排名第十三和第二十三。贵州省内有27个产业园区，为人工智能科技产业发展实践提供便利。

从区域产业竞争力评价指数各项指标看，贵州省拥有不弱的技术应用能力，企业能力、资本环境及国际开放度可以在一定程度上代表着地方产业人力、财力与技术，而贵州省在这些方面相对其他指标拥有明显的优势，但人工智能技术研发的主体如AI大学和非大学科研机构却并没有在此基础上得到良好发展，未来应重视科研机构甚至链接能力以形成整体的联动优势。

二十二、山西省

山西省的人工智能科技产业区域竞争力综合排名第二十二，相较2020年下降1位，分值为4.59。在6项一级指标中，企业能力、学术生态、资本环境、国际开放度、链接能力和政府响应能力排名分别为第十九、第二十四、第二十四、第二十六、第十八和第二十四，相较2020年分别下降4位、下降1位、下降6位、下降10位、上升1位和不变。6个一级指标排名都比较靠后，多个指标跌出前二十，其中企业能力与链接能力相对来说表现高于其他指标（见图10-40、表10-33）。

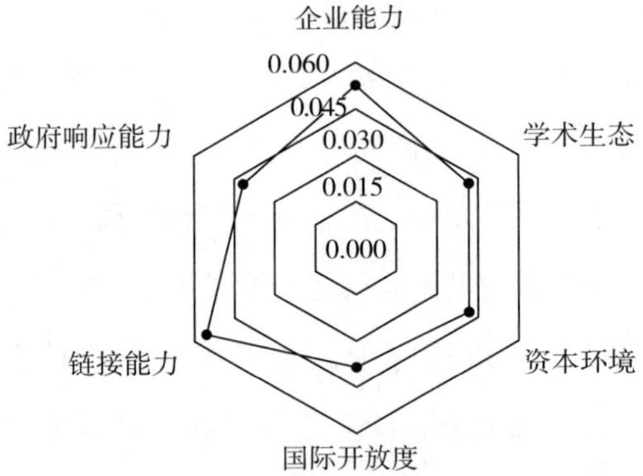

图10-40 山西省人工智能科技产业区域竞争力评价指数各一级指标雷达图

表10-33　　山西省人工智能科技产业区域竞争力评价指数排名情况

<table>
<tr><th>总排名（得分）</th><th>一级指标</th><th>排名</th><th>二级指标</th><th>排名</th><th>三级指标</th><th>排名</th></tr>
<tr><td rowspan="24">22（4.59）</td><td rowspan="5">企业能力</td><td rowspan="5">19</td><td rowspan="2">企业规模</td><td rowspan="2">22</td><td>企业数量</td><td>24</td></tr>
<tr><td>企业平均估值 / 市值</td><td>15</td></tr>
<tr><td rowspan="3">企业创新能力</td><td rowspan="3">18</td><td>企业平均专利数</td><td>16</td></tr>
<tr><td>基础层和技术层企业数</td><td>21</td></tr>
<tr><td>技术赋能关系数</td><td>24</td></tr>
<tr><td rowspan="8">学术生态</td><td rowspan="8">24</td><td rowspan="4">AI大学创新能力</td><td rowspan="4">23</td><td>AI大学数</td><td>22</td></tr>
<tr><td>平均国内论文数</td><td>10</td></tr>
<tr><td>平均国际论文数</td><td>23</td></tr>
<tr><td>平均专利数</td><td>23</td></tr>
<tr><td rowspan="4">非大学科研机构创新能力</td><td rowspan="4">18</td><td>机构数</td><td>18</td></tr>
<tr><td>平均国内论文数</td><td>16</td></tr>
<tr><td>平均国际论文数</td><td>8</td></tr>
<tr><td>平均专利数</td><td>18</td></tr>
<tr><td rowspan="3">资本环境</td><td rowspan="3">24</td><td rowspan="2">融资</td><td rowspan="2">25</td><td>融资关系数</td><td>26</td></tr>
<tr><td>融资额</td><td>23</td></tr>
<tr><td>投资</td><td>23</td><td>投资关系数</td><td>23</td></tr>
<tr><td rowspan="4">国际开放度</td><td rowspan="4">26</td><td rowspan="2">核心人力资本开放度</td><td rowspan="2">23</td><td>前期国际学习经验</td><td>22</td></tr>
<tr><td>前期国际工作经验</td><td>21</td></tr>
<tr><td rowspan="2">技术开放度</td><td rowspan="2">24</td><td>国际技术输入关系数</td><td>24</td></tr>
<tr><td>国际技术赋能关系数</td><td>20</td></tr>
<tr><td rowspan="2">链接能力</td><td rowspan="2">18</td><td rowspan="2">链接者</td><td rowspan="2">18</td><td>会议数</td><td>24</td></tr>
<tr><td>产业联盟数</td><td>16</td></tr>
<tr><td rowspan="2">政府响应能力</td><td rowspan="2">24</td><td rowspan="2">政府响应</td><td rowspan="2">24</td><td>产业园区数</td><td>22</td></tr>
<tr><td>出台政策数</td><td>22</td></tr>
</table>

从企业能力 2 项二级指标看，企业规模和企业创新能力排名分别为第二十二和第十八，相较 2020 年均下降 4 位。在企业规模 2 项三级指标中，企业数量、企业平均估值 / 市值排名分别为第二十四和第十五，相较

2020年分别下降7位和不变。在企业创新能力3项三级指标中，企业平均专利数、基础层和技术层企业数、技术赋能关系数排名分别为第十六、第二十一和第二十四，相较2020年分别下降4位、下降2位和下降6位，其中基础层和技术层企业数在样本中的统计数值为零。山西省人工智能企业进入样本的数量不多，在一定程度上影响了地方企业平均估值排名。在企业创新能力方面，山西省的样本企业均属于应用层，促进了企业专利研发，但相对于贵州省缺少技术层企业带来的技术优势，在对外技术赋能表现上相对较弱。

在学术生态2项二级指标中，AI大学和非大学科研机构创新能力排名分别为二十三和第十八，相较2020年分别下降1位和上升1位。在AI大学创新能力4项三级指标中，AI大学数、平均国内论文数、平均国际论文数和平均专利数排名分别为第二十二、第十、第二十三和第二十三，相较2020年分别下降3位、上升8位、下降1位和下降3位。在非大学科研机构创新能力4项三级指标中，机构数、平均国内论文数、平均国际论文数和平均专利数排名分别为第十八、第十六、第八和第十八。山西省的AI大学有5所，分别为山西工商学院、山西师范大学、太原科技大学、太原理工大学和中北大学，非大学科研机构数量在可得样本中为零，因此各项指标排名均处于最后，与贵州省类似，缺乏对于非大学科研机构的重视。

在资本环境2项二级指标中，融资和投资排名分别为第二十五和第二十三，相较2020年分别下降8位和下降5位。在融资的2项三级指标中，融资关系数和融资额排名分别为第二十六和第二十三，相较2020年分别下降7位和下降5位，并没有非常明显的优势。

在国际开放度2项二级指标中，核心人力资本开放度和技术开放度排名分别为第二十三和第二十四，相较2020年分别下降9位和下降8位。在核心人力资本开放度的2项三级指标中，前期国际学习经验和前期国际工作经验排名分别为第二十二和第二十一，相较2020年分别下降8位和下降10位，核心人力资本开放度指标下的2个三级指标在样本中的统计数值均为零，因此降低了其二级指标的表现。在技术开放度的 2 项三级指标中，国际技术输入关系数和国际技术赋能关系数排名分别为第二十四和第二十，相较 2020 年分别下降 8 位和下降 4 位，其中前者的样本统计数值为零。在 4 项三级指标中，表现较弱的是国际技术输入关系数，说明在引进外来技术上处于被动地位，相对来说降低了整体国际开放度的表现。

在链接能力的 2 项三级指标中，会议数和产业联盟数排名分别为第二十四和第十六。产业联盟数排名相较 2020 年上升 1 位。

在政府响应能力的 2 项三级指标中，产业园区数和出台政策数均排名第二十二。截至 2020 年底，山西省拥有 4 个产业联盟、9 个产业园区，相对贵州省来说在产业联盟上处于优势，而产业园区的数量上相对较少。

从区域产业竞争力评价指数各项指标看，山西省人工智能科技产业的资本环境与学术生态表现并不强，这与山西省自身产业结构中第三产业占比不高有一定关系，并不能形成良好的政产学研用一体化组织，缺乏对于人工智能技术研发的正反馈而导致的弱势应积极改进，完善并丰富产业结构以提高经济效益。

二十三、广西壮族自治区

广西壮族自治区的人工智能科技产业区域竞争力综合排名第二十三，相较 2020 年上升 2 位，分值为 4.29。在 6 项一级指标中，企业能力、学术生态、资本环境、国际开放度、链接能力和政府响应能力排名分别为第二十三、第二十一、第二十三、第十七、第二十七和第十三，相较 2020 年分别不变、上升 4 位、不变、下降 1 位、下降 6 位和下降 1 位。除政府响应能力和国际开放度表现较为抢眼外，其余一级指标排名基本处于二十名以外（见图 10–41、表 10–34）。

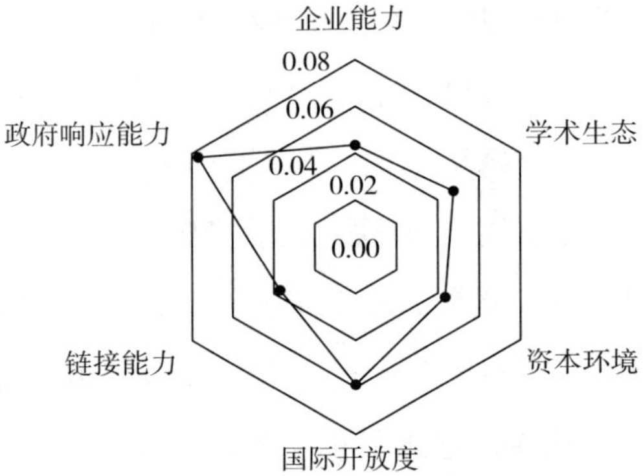

图10-41　广西壮族自治区人工智能科技产业区域竞争力评价指数各一级指标雷达图

从企业能力 2 项二级指标看，企业规模和企业创新能力排名分别为第二十和第二十四，相较 2020 年分别上升 3 位和下降 1 位。在企业规模 2 项三级指标中，企业数量、企业平均估值 / 市值排名分别为第十八和第二十四，相较 2020 年分别上升 5 位和下降 5 位，其中后者的样本统计数值为零。在企业创新能力 3 项三级指标中，企业平均专利数、基础层和技术层企业数、技术赋能关系数排名分别为第二十三、第十五和第二十，相较 2020 年分别不变、上升 4 位和上升 1 位。企业数量上领先于贵州省，而在企业平均估值上同样处于中后等，具有多而小的特征。广西的样本企业中有 6/7 的企业所属层次为应用层，但多数与大数据、云计算相关，导致企业在专利研发上多扮演学习者的身份。

表10-34　广西壮族自治区人工智能科技产业区域竞争力评价指数排名情况

总排名（得分）	一级指标	排名	二级指标	排名	三级指标	排名
23（4.29）	企业能力	23	企业规模	20	企业数量	18
					企业平均估值 / 市值	24
			企业创新能力	24	企业平均专利数	23
					基础层和技术层企业数	15
					技术赋能关系数	20

续表

总排名（得分）	一级指标	排名	二级指标	排名	三级指标	排名
23（4.29）	学术生态	21	AI大学创新能力	21	AI大学数	17
					平均国内论文数	21
					平均国际论文数	21
					平均专利数	19
			非大学科研机构创新能力	18	机构数	18
					平均国内论文数	16
					平均国际论文数	8
					平均专利数	18
	资本环境	23	融资	24	融资关系数	22
					融资额	25
			投资	21	投资关系数	21
	国际开放度	17	核心人力资本开放度	15	前期国际学习经验	16
					前期国际工作经验	14
			技术开放度	16	国际技术输入关系数	16
					国际技术赋能关系数	16
	链接能力	27	链接者	27	会议数	20
					产业联盟数	26
	政府响应能力	13	政府响应	13	产业园区数	20
					出台政策数	1

在学术生态 2 项二级指标中，AI 大学和非大学科研机构创新能力排名分别为第二十一和第十八，相较 2020 年分别上升 3 位和上升 1 位。在 AI 大学创新能力 4 项三级指标中，AI 大学数、平均国内论文数、平均国际论文数和平均专利数排名分别为第十七、第二十一、第二十一和第十九，相较 2020 年分别上升 7 位、上升 3 位、上升 3 位和上升 5 位。在非大学科研机构创新能力 4 项三级指标中，机构数、平均国内论文数、平均国际论文数和平均专利数排名分别为第十八、第十六、第八和第十八。广西壮族自治区的 AI 大学有 8 所，其中表现突出的为北部湾大学、广西大学、广西民族大学、桂林电子科技大学和桂林理工大学，广西大学与桂林电子科技大学凭借不俗的国内外论文及专利为广西赢得了较为明显的优势。非大

学科研机构数量在可得样本中为零，因此各项指标排名均处于最后，与贵州省和山西省相同，缺乏对于非大学科研机构的重视。

在资本环境 2 项二级指标中，融资和投资排名分别为第二十四和第二十一，相较 2020 年分别下降 2 位和上升 2 位。在融资的 2 项三级指标中，融资关系数和融资额排名分别为第二十二和第二十五，相较 2020 年分别不变和下降 3 位。

在国际开放度 2 项二级指标中，核心人力资本开放度和技术开放度排名分别为第十五和第十六，相较 2020 年分别下降 1 名和不变。在核心人力资本开放度的 2 项三级指标上，前期国际学习经验和前期国际工作经验排名分别为第十六和第十四，相较 2020 年分别下降 2 位和下降 3 位。在技术开放度的 2 项三级指标中，国际技术输入关系数和国际技术赋能关系数排名均为第十六，相较 2020 年均未发生变化。在对外开放上，广西壮族自治区拥有优势，无论是人力资本还是技术都表现较好，形成了良好的产业发展环境。

在链接能力的 2 项三级指标中，会议数和产业联盟数排名分别为第二十和第二十六，其中后者的样本统计数值为零。

在政府响应能力的 2 项三级指标中，产业园区数和出台政策数分别排名第二十和第一。目前，广西拥有 1 个产业联盟、12 个产业园区，在产业协作上尚处于弱势地位。但是地方政府出台政策数排名较高，体现了其对于人工智能科技产业的重视。

从区域产业竞争力评价指数各项指标看，广西在政府响应能力上表现较好，说明了人工智能已经成为了广西下阶段发展的关键之一，而且广西拥有国际开放的优势，未来应重点将此转化为地方产业的实际能力，不仅要改善没有非大学科研机构的现状，更要牵手企业与 AI 大学以提升企业创新能力，积极促进人工智能科技产业发展。

二十四、新疆维吾尔自治区

新疆维吾尔自治区的人工智能科技产业城市竞争力指数综合排名第二十四，相较 2020 年排名不变，分值为 3.20，总分值已经低于 4。在 6 项一级指标中，企业能力、学术生态、资本环境、国际开放度、链接能力和政府响应能力排名分别为第二十四、第二十三、第二十一、第二十三、第二十九和第二十八，相较 2020 年分别下降 4 位、上升 1 位、下降 2 位、下降 7 位、不变和下降 3 位。6 项一级指标的统计表现开始明显处于整体排名的靠后序列，其中资本环境、学术生态和国际开放度相对其他指标表现较好（见图 10-42、表 10-35）。

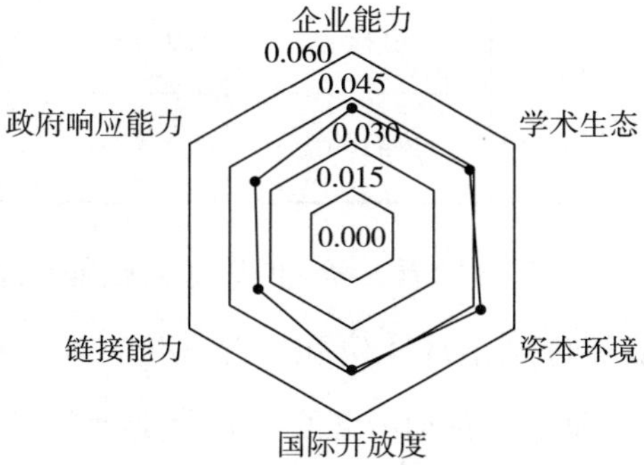

图10-42　新疆维吾尔自治区人工智能科技产业区域竞争力评价指数各一级指标雷达图

表10-35　新疆维吾尔自治区人工智能科技产业区域竞争力评价指数排名情况

总排名（得分）	一级指标	排名	二级指标	排名	三级指标	排名
24（3.20）	企业能力	24	企业规模	23	企业数量	21
					企业平均估值 / 市值	20
			企业创新能力	23	企业平均专利数	24
					基础层和技术层企业数	13
					技术赋能关系数	26
	学术生态	23	AI大学创新能力	26	AI大学数	26
					平均国内论文数	1
					平均国际论文数	14
					平均专利数	26

续表

总排名（得分）	一级指标	排名	二级指标	排名	三级指标	排名
24（3.20）	学术生态	23	非大学科研机构创新能力	10	机构数	12
					平均国内论文数	2
					平均国际论文数	8
					平均专利数	8
	资本环境	21	融资	19	融资关系数	18
					融资额	20
			投资	22	投资关系数	22
	国际开放度	23	核心人力资本开放度	23	前期国际学习经验	22
					前期国际工作经验	21
			技术开放度	20	国际技术输入关系数	19
					国际技术赋能关系数	20
	链接能力	29	链接者	29	会议数	28
					产业联盟数	26
	政府响应能力	28	政府响应	28	产业园区数	24
					出台政策数	31

从企业能力 2 项二级指标看，企业规模和企业创新能力排名均为第二十三，相较 2020 年分别下降 4 位和下降 3 位。在企业规模 2 项三级指标中，企业数量、企业平均估值 / 市值排名分别为第二十一和第二十，相较 2020 年分别下降 4 位和下降 3 位。在企业创新能力 3 项三级指标中，企业平均专利数、基础层和技术层企业数、技术赋能关系数排名分别为第二十四、第十三和第二十六，相较 2020 年分别下降 4 位、上升 4 位和下降 6 位。在新疆进入样本的 4 家企业中，技术层与应用层各为 2 家，较为平均，因此在基础和技术层企业数这一指标上表现优于同类下的其他三级指标。

在学术生态 2 项二级指标中，AI 大学和非大学科研机构创新能力排名分别为第二十六和第十，相较 2020 年分别下降 2 位和不变。在 AI 大学创新能力 4 项三级指标中，AI 大学数、平均国内论文数、平均国际论文数和平均专利数排名分别为第二十六、第一、第十四和第二十六，相较 2020

年分别下降 2 位、上升 23 名、上升 10 位和下降 2 位。在非大学科研机构创新能力 4 项三级指标中，机构数、平均国内论文数、平均国际论文数和平均专利数排名分别为第十二、第二、第八和第八，相较 2020 年分别上升 1 位、上升 4 位、上升 3 位和下降 1 位，其中平均国际论文数的样本统计数值为零。新疆有 1 所 AI 大学和 1 所非大学科研机构，分别为新疆大学和中国科学院新疆理化技术研究所，尽管在平均国内外论文排名上占了分母的优势，但在考虑论文总量和专利总量时，新疆在人工智能科技产业的学术生态构建上仍然较好。

在资本环境 2 项二级指标中，融资和投资排名分别为第十九和第二十二，相较 2020 年分别不变和下降 2 位。在融资的 2 项三级指标中，融资关系数和融资额排名分别为第十八和第二十，相较 2020 年分别下降 1 位和下降 1 位。

在国际开放度 2 项二级指标中，核心人力资本开放度和技术开放度排名分别为第二十三和第二十，相较 2020 年分别下降 9 位和下降 4 位。在核心人力资本开放度的 2 项三级指标中，前期国际学习经验和前期国际工作经验排名分别为第二十二和第二十一，相较 2020 年分别下降 8 位和下降 10 位，在核心人力资本开放度指标下的 2 个三级指标在样本中的统计数值均为零，因此降低了其二级指标的表现。在技术开放度的 2 项三级指标中，国际技术输入关系数和国际技术赋能关系数排名分别位第十九和第二十，相较 2020 年分别下降 3 位和下降 4 位。从这 4 项三级指标来看，新疆的国际开放度表现尚佳。

在链接能力的 2 项三级指标中，会议数和产业联盟数排名分别为第二十八和第二十六，两者的统计数值均为零。

在政府响应能力的 2 项三级指标中，产业园区数和出台政策数分别排名第二十四和第三十一。

从区域产业竞争力评价指数各项指标看，链接能力在 6 项一级指标排名靠后，这与新疆所处的地理环境有一定的关系，但是在非大学科研机构创新能力表现上拥有优势，应借此积极推动新疆人工智能科技产业发展。

二十五、云南省

云南省的人工智能科技产业区域竞争力综合排名第二十五，相较于2020年下降5位，分值为3.16，与新疆维吾尔自治区总得分相差不大。在6项一级指标中，企业能力、学术生态、资本环境、国际开放度、链接能力和政府响应能力排名分别为第二十七、第二十二、第二十六、第二十七、第二十二和第二十，相较于2020年分别下降4位、下降5位、下降3位、下降11位、上升4位和下降2位。6个一级指标排名都比较靠后，其中政府响应能力、学术生态和链接能力相对其他指标表现较好（见图10–43、表10–36）。

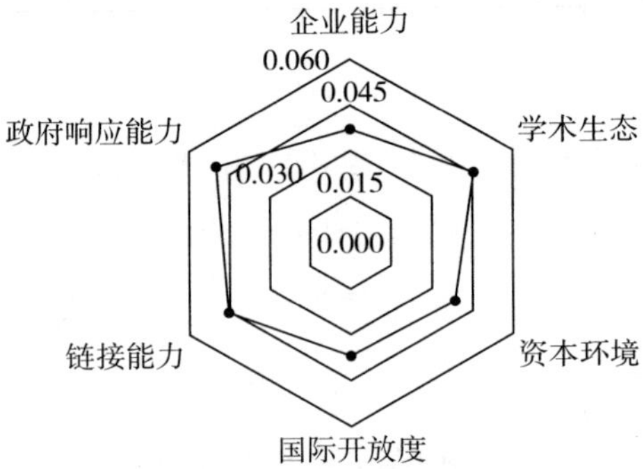

图10-43　云南省人工智能科技产业区域竞争力评价指数各一级指标雷达图

表10-36　云南省人工智能科技产业区域竞争力评价指数排名情况

总排名（得分）	一级指标	排名	二级指标	排名	三级指标	排名
25（3.16）	企业能力	27	企业规模	26	企业数量	24
					企业平均估值 / 市值	24
			企业创新能力	27	企业平均专利数	27
					基础层和技术层企业数	21
					技术赋能关系数	25

续表

总排名（得分）	一级指标	排名	二级指标	排名	三级指标	排名
25（3.16）	学术生态	22	AI大学创新能力	22	AI大学数	19
					平均国内论文数	24
					平均国际论文数	24
					平均专利数	17
			非大学科研机构创新能力	18	机构数	18
					平均国内论文数	16
					平均国际论文数	8
					平均专利数	18
	资本环境	26	融资	28	融资关系数	28
					融资额	28
			投资	25	投资关系数	25
	国际开放度	27	核心人力资本开放度	23	前期国际学习经验	22
					前期国际工作经验	21
			技术开放度	25	国际技术输入关系数	24
					国际技术赋能关系数	24
	链接能力	22	链接者	22	会议数	16
					产业联盟数	22
	政府响应能力	20	政府响应	20	产业园区数	23
					出台政策数	12

从企业能力2项二级指标看，企业规模和企业创新能力排名分别为第二十六和第二十七，相较于2020年分别下降3位和下降4位。在企业规模2项三级指标中，企业数量、企业平均估值/市值排名均为第二十四，相较于2020年分别下降1位和下降5位，其中后者在样本中的统计数值为零。在企业创新能力3项三级指标中，企业平均专利数、基础层和技术层企业数、技术赋能关系数排名分别为第二十七、第二十一和第二十五，相较2020年分别下降4位、下降2位和下降4位，其中基础层和技术层企业数在样本中的统计数值为零。人工智能企业数量较少，且均处于应用层，缺乏基础层和技术层企业。

在学术生态2项二级指标中，AI大学和非大学科研机构创新能力排名分别为第二十二和第十八，相较2020年分别下降8位和上升1位。在AI大学创新能力4项三级指标中，AI大学数、平均国内论文数、平均国际论文数和平均专利数排名分别为第十九、第二十四、第二十四和第十七，相较2020年分别不变、下降3位、下降1位和下降16位。在非大学科研机构创新能力4项三级指标中，机构数、平均国内论文数、平均国际论文数和平均专利数排名分别为第十八、第十六、第八和第十八。云南省的AI大学有7所，其中表现较为突出的有昆明理工大学、云南大学和云南农业大学。非大学科研机构数量在可得样本中统计数值为零，因此各项指标排名均处于最后，与贵州省、山西省和广西壮族自治区相同，缺乏对于非大学科研机构的重视。

在资本环境2项二级指标中，融资和投资排名分别为第二十八和第二十五，相较2020年分别下降6位和下降2位。在融资的2项三级指标中，融资关系数与融资额排名均为第二十八，在可得样本中统计数值为零。

在国际开放度2项二级指标中，核心人力资本开放度和技术开放度排名分别为第二十三和第二十五。在核心人力资本开放度的2项三级指标上，前期国际学习经验和前期国际工作经验排名分别为第二十二和第二十一。在技术开放度的2项三级指标中，国际技术输入关系数和国际技术赋能关系数排名均为第二十四。国际开放度这一指标对于云南省来说影响较大，在可得样本中该指标下的4项三级指标的统计数值均为零，但从4项三级指标来看，云南省排名基本属于靠后的位次。

在链接能力的2项三级指标中，会议数和产业联盟数排名分别为第十六和第二十二。

在政府响应能力的2项三级指标中，产业园区数和出台政策数分别排名第二十三和第十二。

从区域产业竞争力评价指数各项指标看，云南省的6项一级指标整体仍较为靠后，相较于2020年的排名来看甚至有所下滑，在结合地方产业特色推进人工智能产业与旅游业的融合上尚处于摸索阶段。

二十六、甘肃省

2020年甘肃省在人工智能科技产业区域竞争力综合排名第二十六，相较2020年排名下降3位，分值为2.05。在6项一级指标中，企业能力、学术生态、资本环境、国际开放度、链接能力和政府响应能力排名分别为第二十九、第二十六、第二十九、第二十七、第二十三和第二十一，相比2020年排名分别下降6位、下降5位、下降6位、下降11位、上升4位、上升1位。6项一级指标排名都比较靠后（见图10–44）。

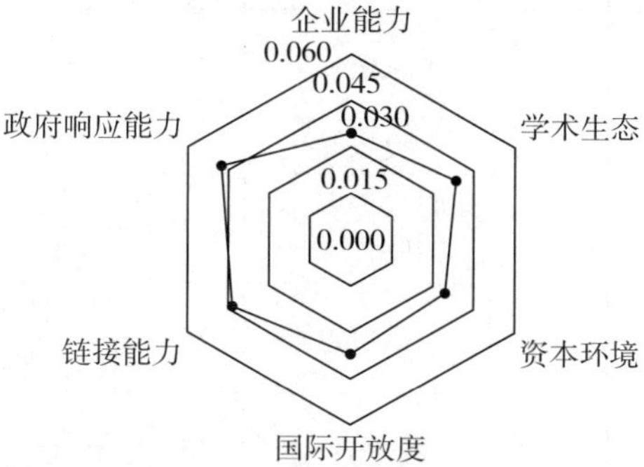

图10-44　甘肃省人工智能科技产业区域竞争力评价指数各一级指标雷达图

如表10–37所示，在企业能力的2项二级指标中，企业规模和企业创新能力排名均为第二十九，较2020年各下降6位。在企业规模2项三级指标中，企业数量和企业平均估值/市值分别排名第二十九和第二十四，相比2020年排名分别下降6位、下降5位。在企业创新能力3项三级指标中，企业平均专利数、基础层和技术层企业数、技术赋能关系数排名分别为第二十九、第二十一和第二十八，相较2020年分别下降6位、下降2位、下降7位。人工智能企业少、企业估值低、平均专利数少，缺乏基础和技术层企业，是甘肃省人工智能科技产业发展的短板。

表10-37 甘肃省人工智能科技产业区域竞争力评价指数排名情况

总排名（得分）	一级指标	排名	二级指标	排名	三级指标	排名
26（2.05）	企业能力	29	企业规模	29	企业数量	29
					企业平均估值 / 市值	24
			企业创新能力	29	企业平均专利数	29
					基础层和技术层企业数	21
					技术赋能关系数	28
	学术生态	26	AI大学创新能力	25	AI大学数	25
					平均国内论文数	17
					平均国际论文数	19
					平均专利数	21
			非大学科研机构创新能力	18	机构数	18
					平均国内论文数	16
					平均国际论文数	8
					平均专利数	18
	资本环境	29	融资	28	融资关系数	28
					融资额	28
			投资	29	投资关系数	29
	国际开放度	27	核心人力资本开放度	23	前期国际学习经验	22
					前期国际工作经验	21
			技术开放度	25	国际技术输入关系数	24
					国际技术赋能关系数	24
	链接能力	23	链接者	23	会议数	25
					产业联盟数	22
	政府响应能力	21	政府响应	21	产业园区数	27
					出台政策数	10

在学术生态 2 项二级指标中，AI 大学和非大学科研机构创新能力分别排在全国的第二十五位和第十八位，相比 2020 年排名分别下降 2 位和下降 5 位。在 AI 大学创新能力 4 项三级指标中，AI 大学数、平均国内论文数、平均国际论文数和平均专利数排名分别为第二十五、第十七、第十九和第二十一，相比 2020 年排名分别下降 6 位、上升 6 位、下降 1 位、上升 2 位。在非大学科研机构创新能力 4 项三级指标中，机构数、平均国内论文数、平均国际论文数和平均专利数排名分别为第十八、第十六、第八

和第十八，相比2020年排名分别下降5位、下降3位、上升1位、下降6位。甘肃省的AI大学仅有兰州大学、兰州理工大学、河西学院3所，非大学科研机构为0所，在AI方面的基础研究和技术研发能力比较薄弱。

在资本环境2项二级指标中，融资和投资分别排名第二十八和第二十九，相比2020年均下降6位。在融资和投资3项三级指标中，融资关系数、融资额和投资关系数排名分别为第二十八、第二十八和第二十九，分别下降6位、下降7位和下降5位。资本环境是甘肃省发展人工智能科技产业的劣势。

在国际开放度2项二级指标中，核心人力资本开放度和技术开放度分别排名第二十三和第二十五，相比2020年各下降9位。在核心人力资本开放度2项三级指标中，前期国际学习经验和前期国际工作经验分别排名第二十二和第二十一，相比2020年分别下降8位和下降10位。在技术开放度2项三级指标中，国际技术输入关系数和国际技术赋能关系数排名均为第二十四，相比2020年均下降8位。可见甘肃省人工智能产业发展的一大难点在于人才和技术引进。

在链接能力2项三级指标中，会议数和产业联盟数分别排名第二十五和第二十二。

在政府响应能力2项三级指标中，产业园区数和出台政策数分别排名第二十七和第十。截至2020年底，甘肃省人工智能产业联盟仅有甘肃省物联网智慧产业技术创新联盟一家，人工智能产业园区数为4，分别是兰州新区三维大数据物联网智能制造产业园、兰州新区智能纺织产业园、兰州经济技术开发区数字化产业园和兰州市机器人创新基地。

从区域产业竞争力评价指数各项指标看，甘肃省的6项一级指标排名都非常靠后。对甘肃省而言，如何利用好排名相对较高的出台政策数，吸引和集聚人工智能企业，推进AI大学和AI科研机构建设，引进高科技人才，是推动人工智能科技产业发展的关键。

二十七、内蒙古自治区

内蒙古自治区人工智能科技产业区域竞争力综合排名为第二十七，相较2020年不变，分值为1.21。在6项一级指标中，企业能力、学术生态、资本环境、国际开放度、链接能力和政府响应能力排名分别为第二十八、第二十七、第二十八、第二十七、第二十六和第二十五，相比2020年排名分别下降5位、下降2位、下降5位、下降11位、下降2位、上升1位。6项一级指标排名都比较靠后（见图10-45、表10-38）。

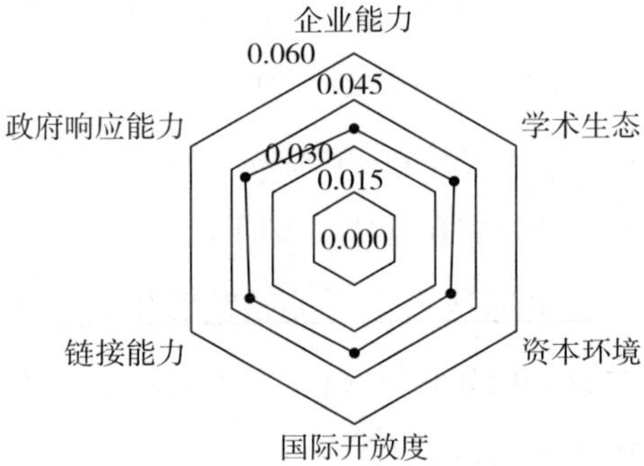

图10-45 内蒙古自治区人工智能科技产业区域竞争力评价指数各一级指标雷达图

表10-38 内蒙古自治区人工智能科技产业区域竞争力评价指数排名情况

总排名（得分）	一级指标	排名	二级指标	排名	三级指标	排名
27（1.21）	企业能力	28	企业规模	28	企业数量	27
					企业平均估值 / 市值	23
			企业创新能力	28	企业平均专利数	28
					基础层和技术层企业数	21
					技术赋能关系数	29
	学术生态	27	AI大学创新能力	27	AI大学数	26
					平均国内论文数	14
					平均国际论文数	26
					平均专利数	25

续表

总排名（得分）	一级指标	排名	二级指标	排名	三级指标	排名
27（1.21）	学术生态	27	非大学科研机构创新能力	18	机构数	18
					平均国内论文数	16
					平均国际论文数	8
					平均专利数	18
	资本环境	28	融资	27	融资关系数	27
					融资额	27
			投资	27	投资关系数	27
	国际开放度	27	核心人力资本开放度	23	前期国际学习经验	22
					前期国际工作经验	21
			技术开放度	25	国际技术输入关系数	24
					国际技术赋能关系数	24
	链接能力	26	链接者	26	会议数	28
					产业联盟数	22
	政府响应能力	25	政府响应	25	产业园区数	24
					出台政策数	25

在企业能力 2 项二级指标中，企业规模和企业创新能力排名均为第二十八，较 2020 年排名均下降 5 位。在企业规模 2 项三级指标中，企业数量和企业平均估值 / 市值分别排名第二十七和第二十三，较 2020 年均下降 4 位。在企业创新能力 3 项三级指标中，企业平均专利数、基础层和技术层企业数、技术赋能关系数排名分别为第二十八、第二十一和第二十九，较 2020 年排名分别下降 5 位、下降 2 位和下降 8 位。人工智能企业数量少、企业平均估值低、平均专利数低、缺乏基础层和技术层企业，是内蒙古自治区人工智能科技产业发展的短板。

在学术生态 2 项二级指标中，AI 大学创新能力和非大学科研机构创新能力分别排在全国的第二十七位和第十八位，较 2020 年排名分别下降 3 位和上升 1 位。在 AI 大学创新能力 4 项三级指标中，AI 大学数、平均国内论文数、平均国际论文数和平均专利数排名分别为第二十六、第十四、第二十六和第二十五，较 2020 年排名分别下降 2 位、上升 10 位、下降 2 位、下降 1 位。在非大学科研机构创新能力 4 项三级指标中，机构数、平均国内论文数、平均国际论文数和平均专利数排名分别为第十八、第十六、第八和第十八，较 2020 年分别上升 1 位、上升 3 位、上升 3 位、不变。内蒙古自治区的 AI 大学仅有内蒙古工业大学 1 所，非大学科研机构为 0 所，在 AI 方面的基础研究和技术研发能力比较薄弱。

在资本环境 2 项二级指标中，融资和投资均排名第二十七，较 2020 年分别下降 5 位和 4 位。从融资和投资 3 项三级指标看，融资关系数、融资额和投资关系数排名均为第二十七，分别下降 5 位、下降 5 位和下降 4 位。资本环境是内蒙古自治区发展人工智能科技产业的短板。

在国际开放度 2 项二级指标中，核心人力资本开放度和技术开放度分别排名第二十三和第二十五，较 2020 年排名均下降 9 位。在核心人力资本开放度 2 项三级指标中，前期国际学习经验和前期国际工作经验依次排名第二十二和第二十一，较 2020 年分别下降 8 位和下降 10 位。在技术开放度 2 项三级指标中，国际技术输入关系数和国际技术赋能关系数排名均为第二十四，较 2020 年排名均下降 8 位。可见内蒙古自治区人工智能产业发展的一大难点在于人才和技术的引进。

在链接能力 2 项三级指标中，会议数和产业联盟数分别排名第二十八和第二十二。

在政府响应能力 2 项三级指标中，产业园区数和出台政策数分别排名第二十四和第二十五。截至 2020 年底，内蒙古自治区人工智能产业联盟仅有中国甲状腺与乳腺超声人工智能联盟 1 家，人工智能产业园区则有 7 家，分布在呼和浩特市、赤峰市及鄂尔多斯市。

从区域产业竞争力评价指数各项指标看，内蒙古自治区的 6 项一级指标排名都非常靠后。作为我国西部农牧业、矿业大区，内蒙古自治区在人工智能产业发展上相对其他省份较为薄弱，如何借鉴其他省份的人工智能发展经验，并结合自身独特优势，大力推进智慧农业、智慧矿山，是内蒙古自治区发展人工智能的重要途径。

二十八、海南省

海南省人工智能科技产业区域竞争力综合排名第二十八，分值为0.55，与2020年相比排名保持不变。在6项一级指标中，企业能力、学术生态、资本环境、国际开放度、链接能力和政府响应能力排名分别为第二十六、第二十九、第二十、第十八、第二十五和第二十七，相比2020年排名分别下降4位、下降4位、上升1位、下降2位、不变、上升1位。作为沿海港口省份，国际开放度和资本环境在海南省具备相对优势，企业能力、学术生态、链接能力和政府响应能力则处于弱势地位（见图10-46、表10-39）。

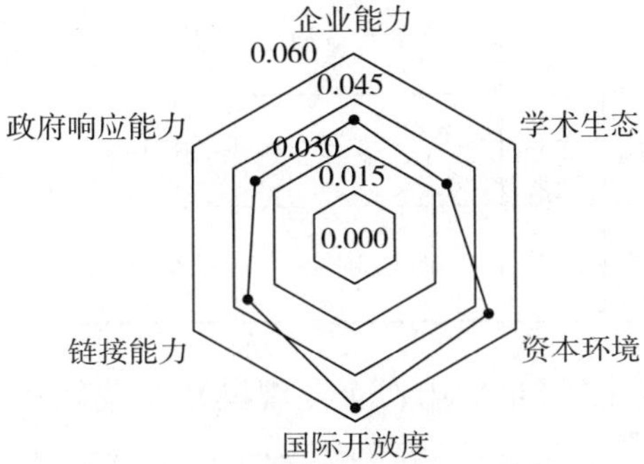

图10-46　海南省人工智能科技产业区域竞争力评价指数各一级指标雷达图

表10-39　海南省人工智能科技产业区域竞争力评价指数排名情况

总排名（得分）	一级指标	排名	二级指标	排名	三级指标	排名
28（0.55）	企业能力	26	企业规模	26	企业数量	24
					企业平均估值 / 市值	24
			企业创新能力	25	企业平均专利数	25
					基础层和技术层企业数	21
					技术赋能关系数	23
	学术生态	29	AI大学创新能力	29	AI大学数	29
					平均国内论文数	29
					平均国际论文数	26
					平均专利数	29

续表

总排名（得分）	一级指标	排名	二级指标	排名	三级指标	排名
28（0.55）	学术生态	29	非大学科研机构创新能力	18	机构数	18
					平均国内论文数	16
					平均国际论文数	8
					平均专利数	18
	资本环境	20	融资	15	融资关系数	19
					融资额	15
			投资	25	投资关系数	25
	国际开放度	18	核心人力资本开放度	16	前期国际学习经验	15
					前期国际工作经验	16
			技术开放度	17	国际技术输入关系数	17
					国际技术赋能关系数	17
	链接能力	25	链接者	25	会议数	8
					产业联盟数	26
	政府响应能力	27	政府响应	27	产业园区数	28
					出台政策数	27

在企业能力 2 项二级指标中，企业规模和企业创新能力排名分别为第二十六、第二十五，较 2020 年排名分别下降 6 位和下降 3 位。在企业规模 2 项三级指标中，企业数量和企业平均估值 / 市值均排名第二十四位较 2020 年分别下降 7 位和下降 5 位。在企业创新能力 3 项三级指标中，企业平均专利数、基础层和技术层企业数、技术赋能关系数排名分别为第二十五、第二十一和第二十三，较 2020 年分别下降 4 位、下降 2 位和下降 2 位。人工智能企业数量少、企业平均估值低、平均专利数少、缺乏基础层和技术层企业，是海南省人工智能科技产业发展的短板。

在学术生态 2 项二级指标中，AI 大学创新能力和非大学科研机构创新能力分别排名第二十九和第十八，相较 2020 年分别下降 5 位、上升 1 位。在 AI 大学创新能力 4 项三级指标中，AI 大学数、平均国内论文数、平均国际论文数和平均专利数排名分别为第二十九、第二十九、第二十六和第二十九，较2020年分别下降5位、下降5位、下降2位和下降5位。在非大学科研机构创新能力4项三级指标中，机构数、平均国内论文数、平均国际论文数和平均专利数排名分别为第十八、第十六、第八和第十八，分别上升1位、上升3位和上升3位。海南省内AI大学0所，非大学科研机构0所，在AI方面的基础研究和技术研发能力比较薄弱。

在资本环境2项二级指标中，海南省融资、投资排名分别排名第十五和第二十五，较2020年排名分别上升7位、下降4位。从融资和投资3项三级指标看，融资关系数、融资额和投资关系数排名分别为第十九、第十五和第二十五，较2020年分别上升7位、下降3位、上升2位。良好的融资环境是海南省发展人工智能科技产业的相对优势所在。

在国际开放度2项二级指标中，核心人力资本开放度和技术开放度分别排名第十六和第十七，较2020年排名分别下降2位和1位。在核心人力资本开放度2项三级指标中，前期国际学习经验和前期国际工作经验依次排名第十五和第十六，较2020年分别下降1位和下降5位。在技术开放度2项三级指标中，国际技术输入关系数和国际技术赋能关系数排名均为第十七，较2020年排名均下降1位。可见作为沿海省份的海南省在国际开放度上具有相对优势。

在链接能力2项三级指标中，会议数和产业联盟数分别排名第八和第二十六。

在政府响应能力2项三级指标中，产业园区数和出台政策数分别排名第二十八和第二十七。截至2020年底，海南省有人工智能产业园区3家，无人工智能产业联盟。

从区域产业竞争力评价指数各项指标看，作为沿海港口，得益于环境优势，海南省在资本环境、国际开放度及人工智能产业相关会议的举办上具有相对优势。如何利用这些优势推动AI企业、AI大学和AI科研机构的发展，是海南省发展人工智能科技产业的进一步探索方向。

二十九、青海省

青海省人工智能科技产业区域竞争力综合排名第二十九，相较 2020 年排名不变，分值为 0.46。在 6 项一级指标中，企业能力、学术生态、资本环境、国际开放度、链接能力和政府响应能力排名分别为第三十一、第二十八、第二十九、第二十七、第二十九和第二十九，相比 2020 年排名分别下降 8 位、下降 3 位、下降 6 位、下降 11 位、不变、不变。6 项一级指标排名都比较靠后（见图 10–47）。

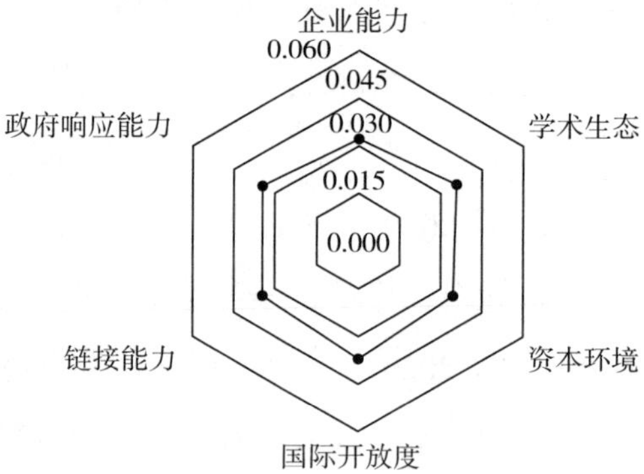

图10-47 青海省人工智能科技产业区域竞争力评价指数各一级指标雷达图

如表 10–40 所示，在企业能力 2 项二级指标中，企业规模和企业创新能力排名分别为第二十九、第三十一，较 2020 年下降 6 位和下降 8 位。在企业规模 2 项三级指标上，企业数量和企业平均估值 / 市值分别排名第二十九和第二十四，分别下降 6 位和下降 5 位。在企业创新能力 3 项三级指标上，企业平均专利数、基础层和技术层企业数、技术赋能关系数排名分别为第二十九、第二十一和第三十一，分别下降 6 位、下降 2 位和下降 10 位。人工智能企业数量少、企业平均估值低、平均专利数少，缺乏基础和技术层企业，是青海省人工智能科技产业发展的短板。

表10-40　　青海省人工智能科技产业区域竞争力评价指数排名情况

总排名（得分）	一级指标	排名	二级指标	排名	三级指标	排名
29（0.46）	企业能力	31	企业规模	29	企业数量	29
					企业平均估值 / 市值	24
			企业创新能力	31	企业平均专利数	29
					基础层和技术层企业数	21
					技术赋能关系数	31
	学术生态	28	AI大学创新能力	28	AI大学数	26
					平均国内论文数	27
					平均国际论文数	26
					平均专利数	28
			非大学科研机构创新能力	18	机构数	18
					平均国内论文数	16
					平均国际论文数	8
					平均专利数	18
	资本环境	29	融资	28	融资关系数	28
					融资额	28
			投资	29	投资关系数	29
	国际开放度	27	核心人力资本开放度	23	前期国际学习经验	22
					前期国际工作经验	21
			技术开放度	25	国际技术输入关系数	24
					国际技术赋能关系数	24
	链接能力	29	链接者	29	会议数	28
					产业联盟数	26
	政府响应能力	29	政府响应	29	产业园区数	30
					出台政策数	27

在学术生态2项二级指标中，AI大学创新能力和非大学科研机构创新能力分别排名第二十八和第十八，分别下降4位、上升1位。在AI大学创新能力4项三级指标中，AI大学数、平均国内论文数、平均国际论文数和平均专利数排名分别为第二十六、第二十七、第二十六和第二十八，相比2020年排名分别下降2位、下降3位、下降2位和下降4

位。在非大学科研机构创新能力4项三级指标中，机构数、平均国内论文数、平均国际论文数和平均专利数排名分别为第十八、第十六、第八和第十八，较2020年上升1位、下降3位和下降3位。青海省AI大学仅有青海民族大学1所，非大学科研机构0所，在AI方面的基础研究和技术研发能力比较薄弱。

在资本环境2项二级指标中，青海省融资、投资排名分别为第二十八、第二十九，较2020年排名均下降6位。从融资和投资3项三级指标看，融资关系数、融资额和投资关系数排名分别为第二十八、第二十八和第二十九，较2020年分别下降6位、下降7位和下降5位。欠佳的投融资环境给青海省人工智能科技产业的发展带来了较大限制。

在国际开放度2项二级指标中，核心人力资本开放度和技术开放度分别排名第二十三和第二十五，较2020年排名均下降9位。在核心人力资本开放度2项三级指标中，前期国际学习经验和前期国际工作经验分别排名第二十二和第二十一，分别下降8位、下降10位。在技术开放度2项三级指标中，国际技术输入关系数和国际技术赋能关系数排名均为第二十四，较2020年排名均下降9位。青海省人工智能产业发展的一大难点在于人才和技术的引进。

在链接能力2项三级指标中，会议数和产业联盟数分别排名第二十八和第二十六。

在政府响应能力2项三级指标中，产业园区数和出台政策数分别排名第三十和第二十七。截至2020年底，青海省无人工智能产业联盟及人工智能产业园区。

从区域产业竞争力评价指数各项指标看，青海省在人工智能产业发展上相对其他省份较为薄弱。作为西部重要省份，青海省应把握人工智能发展机遇，注重将市场与政府作用相结合，积极推动互联网、大数据、人工智能和自身优势产业深度融合，着力发展智慧能源、智慧矿业和智慧旅游业。

三十、宁夏回族自治区

宁夏回族自治区人工智能科技产业区域竞争力综合排名第三十，相较2020年排名上升1位，分值为0.39。在6项一级指标中，企业能力、学术生态、资本环境、国际开放度、链接能力和政府响应能力排名分别为第二十五、第二十九、第二十七、第二十三、第二十八和第三十一，较2020年排名分别下降2位、下降4位、下降4位、下降7位、下降1位、不变。6个一级指标排名都比较靠后（见图10-48、表10-41）。

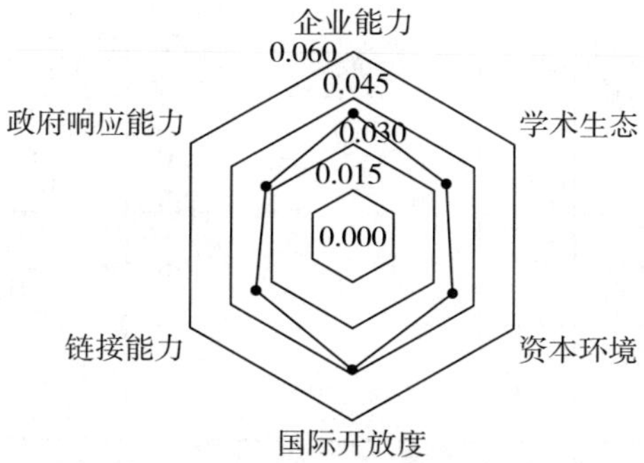

图10-48　宁夏回族自治区人工智能科技产业区域竞争力评价指数各一级指标雷达图

表10-41　宁夏回族自治区人工智能科技产业区域竞争力评价指数排名情况

总排名（得分）	一级指标	排名	二级指标	排名	三级指标	排名
30（0.39）	企业能力	25	企业规模	25	企业数量	23
					企业平均估值 / 市值	24
			企业创新能力	26	企业平均专利数	26
					基础层和技术层企业数	21
					技术赋能关系数	27
	学术生态	29	AI大学创新能力	29	AI大学数	29
					平均国内论文数	29
					平均国际论文数	26
					平均专利数	29

续表

总排名（得分）	一级指标	排名	二级指标	排名	三级指标	排名
30（0.39）	学术生态	29	非大学科研机构创新能力	18	机构数	18
					平均国内论文数	16
					平均国际论文数	8
					平均专利数	18
	资本环境	27	融资	26	融资关系数	24
					融资额	26
			投资	28	投资关系数	28
	国际开放度	23	核心人力资本开放度	23	前期国际学习经验	22
					前期国际工作经验	21
			技术开放度	20	国际技术输入关系数	19
					国际技术赋能关系数	20
	链接能力	28	链接者	28	会议数	25
					产业联盟数	26
	政府响应能力	31	政府响应	31	产业园区数	29
					出台政策数	30

在企业能力 2 项二级指标中，企业规模和企业创新能力排名分别为第二十五、第二十六，较 2020 年分别下降 6 位和下降 8 位。在企业规模 2 项三级指标中，企业数量和企业平均估值 / 市值分别排名第二十三和第二十四，较 2020 年企业数量排名不变，企业平均估值排名下降 5 位。从企业创新能力 3 项三级指标看，企业平均专利数、基础层和技术层企业数、技术赋能关系数排名分别为第二十六、第二十一和第二十七，较 2020 年分别下降 3 位、下降 2 位和下降 6 位。人工智能企业数量偏少、企业平均估值偏低、专利数量不足、缺乏基础层和技术层企业，是宁夏回族自治区人工智能科技产业发展的短板。

在学术生态 2 项二级指标中，AI 大学创新能力和非大学科研机构创新能力分别排名第二十九和第十八，较 2020 年排名分别下降 5 位和上升 1 位。在 AI 大学创新能力 4 项三级指标中，AI 大学数、平均国内论文数、平均国际论文数和平均专利数排名分别为第二十九、第二十九、第二十六和第二十九，较2020年排名分别下降5位、下降5位、下降2位和下降5位。在非大学科研机构创新能力4项三级指标中，机构数、平均国内论文数、平均国际论文数和平均专利数排名分别为第十八、第十六、第八和第十八，较2020年分别上升1位、下降3位和下降3位。宁夏回族自治区内AI大学0所，非大学科研机构0所，在AI方面的基础研究和技术研发能力较弱。

在资本环境2项二级指标中，宁夏回族自治区融资、投资排名分别为第二十六和第二十八，较2020年排名分别下降4位、下降5位。从融资和投资3项三级指标看，融资关系数、融资额和投资关系数排名分别为第二十四、第二十六和第二十八，较2020年分别下降4位、下降6位和下降1位。欠佳的投融资环境给宁夏人工智能科技产业的发展带来较大限制。

在国际开放度2项二级指标中，核心人力资本开放度和技术开放度分别排名第二十三和第二十，较2020年排名分别下降9位和下降4位。在核心人力资本开放度2项三级指标中，前期国际学习经验和前期国际工作经验分别排名第二十二和第二十一，较2020年分别下降8位和下降10位。在技术开放度2项三级指标中，国际技术输入关系数和国际技术赋能关系数排名依次为第十九和第二十，较2020年分别下降3位和下降4位。宁夏人工智能产业发展的一大难点在于海外高技术人才的引进。

在链接能力2项三级指标中，会议数和产业联盟数分别排名第二十五和第二十六。

在政府响应能力2项三级指标中，产业园区数和出台政策数分别排名第二十九和第三十。截至2020年底，宁夏无人工智能产业联盟，人工智能产业园区仅在银川市有1个。

从区域产业竞争力评价指数各项指标看，宁夏回族自治区的6项一级指标排名都较为靠后。对宁夏回族自治区而言，想要发展人工智能科技产业，需要注重市场与政府作用相结合，既要通过市场力量培育人工智能相关企业，也要由政府加快人工智能产业园区的规划建设、促进人工智能政策的出台、推动相关会议的组织和产业联盟的成立。同时作为农牧业大省，也要把握重心，着力发展智慧农业和绿色食品产业。

三十一、西藏自治区

西藏自治区人工智能科技产业区域竞争力综合排名第三十一，总排名较2020年下降1位，分值为0.05。在6项一级指标中，企业能力、学术生态、资本环境、国际开放度、链接能力和政府响应能力排名分别为第三十、第二十九、第二十九、第二十七、第二十九和第三十。6个一级指标排名都比较靠后（见图10–49、表10–42）。

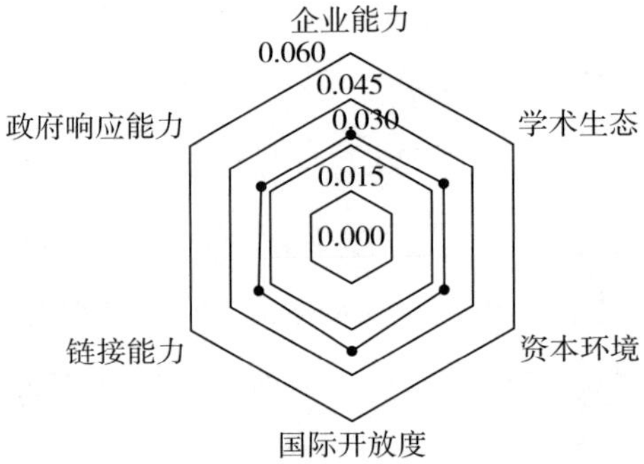

图10-49　西藏自治区人工智能科技产业区域竞争力评价指数各一级指标雷达图

表10-42　西藏自治区人工智能科技产业区域竞争力评价指数排名情况

总排名（得分）	一级指标	排名	二级指标	排名	三级指标	排名
31（0.05）	企业能力	30	企业规模	29	企业数量	29
					企业平均估值 / 市值	24
			企业创新能力	30	企业平均专利数	29
					基础层和技术层企业数	21
					技术赋能关系数	30
	学术生态	29	AI大学创新能力	29	AI大学数	29
					平均国内论文数	29
					平均国际论文数	26
					平均专利数	29

续表

总排名（得分）	一级指标	排名	二级指标	排名	三级指标	排名
31（0.05）	学术生态	29	非大学科研机构创新能力	18	机构数	18
					平均国内论文数	16
					平均国际论文数	8
					平均专利数	18
	资本环境	29	融资	28	融资关系数	28
					融资额	28
			投资	29	投资关系数	29
	国际开放度	27	核心人力资本开放度	23	前期国际学习经验	22
					前期国际工作经验	21
			技术开放度	25	国际技术输入关系数	24
					国际技术赋能关系数	24
	链接能力	29	链接者	29	会议数	28
					产业联盟数	26
	政府响应能力	30	政府响应	30	产业园区数	30
					出台政策数	29

在企业能力 2 项二级指标上，企业规模和企业创新能力排名分别为第二十九、第三十，较 2020 年排名分别下降 6 位和下降 7 位。在企业规模 2 项三级指标中，企业数量和企业平均估值 / 市值分别排名第二十九和第二十四，较 2020 年分别下降 6 位和下降 5 位。在企业创新能力 3 项三级指标中，企业平均专利数、基础层和技术层企业数、技术赋能关系数排名分别为第二十九、第二十一和第三十，较 2020 年分别下降 6 位、下降 2 位和下降 9 位。人工智能企业数量偏少、企业平均估值偏低、专利数量不足、缺乏基础层和技术层企业，是西藏自治区人工智能科技产业发展的短板。

在学术生态 2 项二级指标中，AI 大学创新能力和非大学科研机构创新能力分别排名第二十九和第十八，较 2020 年排名分别下降 5 位、上升 1 位。在 AI 大学创新能力 4 项三级指标中，AI 大学数、平均国内论文数、平均国际论文数和平均专利数排名分别为第二十九、第二十九、第二十六和第二十九，较2020年排名分别下降5位、下降5位、下降2位和下降5位。在非大学科研机构创新能力4项三级指标上，机构数、平均国内论文数、平均国际论文数和平均专利数排名分别为第十八、第十六、第八和第十八，较2020年排名分别上升1位、上升3位和上升3位。西藏自治区内AI大学0所、非大学科研机构0所，在AI方面的基础研究和技术研发能力较弱。

在资本环境2项二级指标中，西藏自治区融资和投资排名分别为第二十八和第二十九，较2020年排名均下降6位。从融资和投资3项三级指标看，融资关系数、融资额和投资关系数排名分别为第二十八、第二十八和第二十九，较2020年依次下降6位、下降7位和下降5位。资本环境是西藏发展人工智能科技产业的短板。

在国际开放度2项二级指标中，核心人力资本开放度和技术开放度分别排名第二十三和第二十五，较2020年排名均下降9位。在核心人力资本开放度2项三级指标中，前期国际学习经验和前期国际工作经验排名第二十二和第二十一，较2020年分别下降8位和下降10位。在技术开放度2项三级指标中，国际技术输入关系数和国际技术赋能关系数均排名第二十四，较2020年均下降8位。西藏人工智能科技产业发展的短板之一在于国际开放度较差。

在链接能力2项三级指标中，会议数和产业联盟数分别排名第二十八和第二十六。在政府响应能力2项三级指标中，产业园区数和出台政策数分别排名第三十和第二十九。截至2020年底，西藏自治区内无人工智能产业联盟及人工智能产业园区。

从区域产业竞争力评价指数各项指标看，西藏自治区的6项一级指标排名都较为靠后。对西藏自治区而言，借鉴其他旅游省份的人工智能发展经验，结合民族特色和自然环境优势，大力推进智慧旅游业的建设，是西藏发展人工智能产业的重要途径。

第五节　中国人工智能科技产业城市竞争力评价指数和典型城市分析

一、城市综合评价情况

从中国人工智能科技产业城市竞争力评价指数[①]看，深圳市、杭州市、广州市和南京市在人工智能科技产业发展方面位列前四，评价指数值分别为74.90、49.24、35.47和30.35（见图10-50），显著高于其他城市，是中国人工智能科技产业发展的第一梯队。

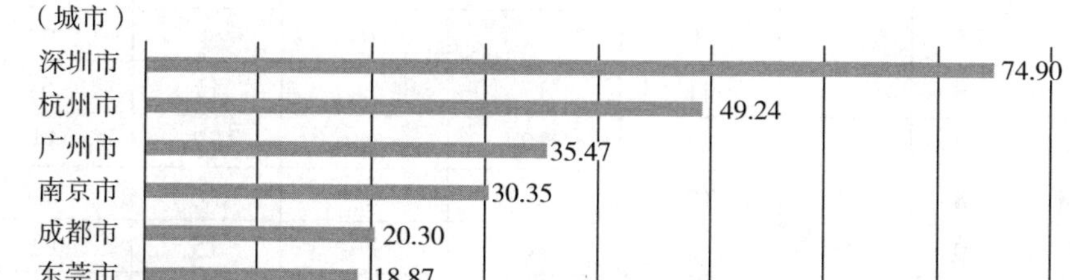

图10-50　中国人工智能科技产业城市竞争力评价指数TOP20城市

从评价指数的分项指标看，中国人工智能科技产业城市竞争力排在前列的城市具备人工智能企业密集、资本环境优越、国际开放度高、链接能

① 不包括北京市、上海市、天津市和重庆市四个直辖市。

力和政府响应能力强的特征。值得注意的是，就学术生态领域而言，排名较高的西安市（1）、沈阳市（6）、长春市（7）在人工智能科技产业发展方面较其学术生态水平落后；而深圳市（9）、东莞市（41）、珠海市（87）在市场需求牵引和相关政策推动下，人工智能科技产业发展突破了自身学术生态水平限制，最终走在全国前列（见表10–43）。

表10-43　中国人工智能科技产业城市竞争力评价指数位列TOP20城市分项指标排名情况

城　市	总排名	企业能力排名	学术生态排名	资本环境排名	国际开放度排名	链接能力排名	政府响应能力排名
深圳市	1	1	9	1	1	1	1
杭州市	2	2	2	2	2	3	2
广州市	3	3	10	4	3	2	3
南京市	4	9	4	3	4	6	4
成都市	5	11	3	11	10	4	9
东莞市	6	5	41	17	9	17	5
珠海市	7	4	87	12	6	37	44
苏州市	8	7	19	5	5	9	7
西安市	9	35	1	26	36	15	12
合肥市	10	17	5	13	12	7	11
长沙市	11	13	13	7	14	5	6
济南市	12	16	8	19	16	8	15
武汉市	13	15	11	8	11	14	8
青岛市	14	10	15	14	17	19	18
宁德市	15	6	87	6	35	83	164
沈阳市	16	21	6	20	8	23	21
长春市	17	55	7	54	41	39	25
无锡市	18	24	14	18	15	16	19
郑州市	19	25	18	32	40	10	14
哈尔滨	20	44	12	33	42	21	36

二、典型城市

根据中国人工智能科技产业城市竞争力评价指数测度结果，选择评价指数位列前五的深圳市、杭州市、广州市、南京市和成都市作为典型城市进行深入分析。其中，深圳市、广州市位于珠三角地区，杭州市、南京市位于长三角地区，成都市位于川渝经济圈。

（一）深圳市

深圳市人工智能科技产业城市竞争力评价指数位列第一，指数值为 74.90。在 6 项一级指标中，除学术生态位列第九外，企业能力、资本环境、国际开放度、链接能力和政府响应能力均位列第一（见图 10–51、表 10–44）。

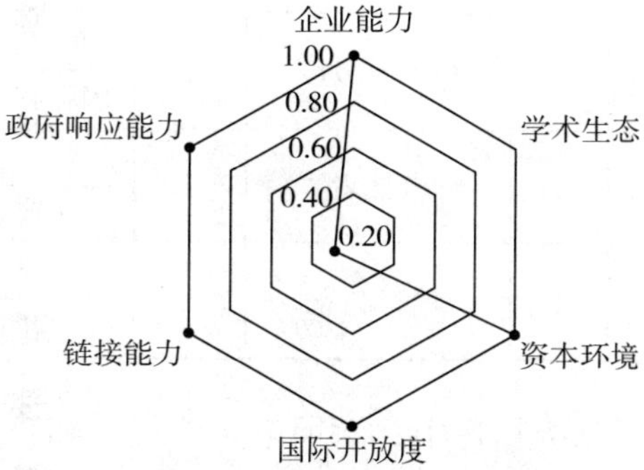

图10-51　深圳市人工智能科技产业城市竞争力评价指数一级指标雷达图

表10-44　深圳市人工智能科技产业城市竞争力评价指数情况

总排名（得分）	一级指标	排名	二级指标	排名	三级指标	排名
1（74.90）	企业能力	1	企业规模	1	企业数量	1
					企业平均估值 / 市值	7
			企业创新能力	1	企业平均专利数	6
					基础层和技术层企业数	1
					技术赋能关系数	1
	学术生态	9	AI大学创新能力	23	AI大学数	25
					平均国内论文数	19
					平均国际论文数	7
					平均专利数	15

续表

总排名（得分）	一级指标	排名	二级指标	排名	三级指标	排名
1（74.90）	学术生态	9	非大学科研机构创新能力	2	机构数	2
					平均国内论文数	6
					平均国际论文数	3
					平均专利数	7
	资本环境	1	融资	1	融资关系数	1
					融资额	1
			投资	1	投资关系数	1
	国际开放度	1	核心人力资本开放度	1	前期国际学习经验	1
					前期国际工作经验	1
			技术开放度	1	国际技术输入关系数	1
					国际技术赋能关系数	1
	链接能力	1	链接者	1	会议数	1
					产业联盟数	1
	政府响应能力	1	政府响应	1	产业园区数	1
					出台政策数	28

在企业能力 2 项二级指标中，深圳市企业规模和企业创新能力均位列第一。具体到 5 项三级指标，深圳市拥有 308 家人工智能企业，其中包含以深圳市腾讯计算机系统有限公司（基础层）、华为技术有限公司（基础层）、深圳市云天励飞技术有限公司（技术层）等为代表的 33 家基础层和技术层企业，技术赋能关系数高达 12719 条，相对其他城市而言，其企业数量、基础层和技术层企业数、技术赋能关系数均最多；企业平均专利数、企业平均估值 / 市值则分别排名第六和第七。

在学术生态 2 项二级指标中，深圳市 AI 大学创新能力和非大学科研机构创新能力分别位列第二十三和第二。具体来讲，在 AI 大学创新能力的 4 项三级指标中，AI 大学数、平均国内论文数、平均国际论文数、平均专利数分别位列第二十五、第十九、第七和第十五，优势相对薄弱，基于该状况，深圳市大力发展非大学科研机构，最终在非大学科研机构创新能力的4项三级指标中，机构数、平均国内论文数、平均国际论文数、平均专利数分别位列第二、第六、第三和第七，取得了显著成效，一定程度上弥补了深圳市在学术生态领域中的不足。

在资本环境2项二级指标中，深圳市融资和投资均排名第一。具体到3项三级指标，融资关系数、融资额、投资关系数均位列第一，其中，深圳市华大基因股份有限公司、深圳市柔宇科技有限公司、深圳云天励飞技术有限公司是融资关系数排名前三的代表性企业，而深圳市彩生活服务集团有限公司、中国平安人寿保险股份有限公司、中兴通讯股份有限公司是投资关系数排名前三的代表性企业。

在国际开放度2项二级指标中，深圳市核心人力资本开放度和技术开放度均排名第一。具体到4项三级指标，前期国际学习经验、前期国际工作经验、国际技术输入关系数、国际技术赋能关系数均位列第一，其中从核心人力资本开放度看，美国斯坦福大学、加利福尼亚大学、麻省理工学院等在深圳市核心人力资本的前期国际学习经验方面发挥了重要作用，美国微软公司、国际商业机器公司IBM、谷歌公司为深圳市核心人力资本提供了最多的前期国际工作经验。从技术开放开放度看，美国英特尔公司、高通公司、英伟达公司对深圳市人工智能企业提供的技术支持最多，当然，这些美国企业也是深圳市人工智能企业技术赋能最多的国际企业。

在链接能力2项三级指标中，深圳市会议数和产业联盟数均位列第一。截至2020年底，深圳市共成立人工智能科技产业联盟35个，已然在人工智能科技产业发展方面领跑其他城市。

在政府响应能力2项三级指标中，深圳市产业园区数和出台政策数分别位列第一和第二十八。截至2020年底，深圳市已规划建设了76个与人工智能和机器人相关的产业园区，典型代表包括碧桂园深圳机器人产业园、深圳南山机器人产业园、深圳宝安机器人智造产业园、深汕湾机器人小镇等。

综合来看，深圳市在人工智能科技产业发展方面的城市竞争力极强，除学术生态外的其余5项一级指标均居榜首，这恰恰反映出深圳市缺乏具备强影响力大学的现实状况，但近年来深圳市大力支持非大学科研机构建设，已使该局面大大改善，这可以从二级指标上得到佐证：深圳市AI大学创新能力位列第二十三，非大学科研机构创新能力排名第二，其余二级指标均位列第一。

（二）杭州市

杭州市人工智能科技产业城市竞争力评价指数位列第二，指数值为49.24。在6项一级指标中，除链接能力位列第三外，企业能力、学术生态、资本环境、国际开放度和政府响应能力均位列第二（见图10–52、表10–45）。

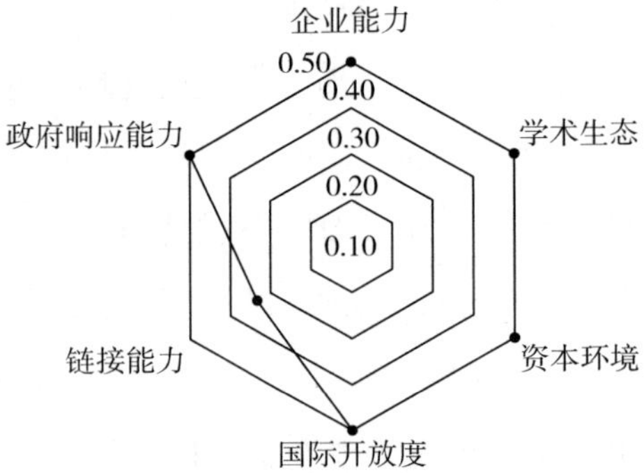

图10-52 杭州市人工智能科技产业城市竞争力评价指数一级指标雷达图

在企业能力2项二级指标中，杭州市企业规模和企业创新能力分别位列第三和第五。具体到5项三级指标，杭州市拥有169家人工智能企业，其中包含以阿里巴巴（中国）有限公司、杭州中天微系统有限公司等为代表的5家基础层企业和以杭州海康威视数字技术股份有限公司、新华三技术有限公司等为代表的19家技术层企业，技术赋能关系数为5290条；从排名来讲，杭州市企业数量、企业平均估值/市值、企业平均专利数、基础层和技术层企业数、技术赋能关系数分别位列第三、第五、第二十七、第二和第二。

表10-45　　杭州市人工智能科技产业城市竞争力评价指数排名情况

总排名（得分）	一级指标	排名	二级指标	排名	三级指标	排名
2（49.24）	企业能力	2	企业规模	3	企业数量	3
					企业平均估值 / 市值	5
			企业创新能力	5	企业平均专利数	27
					基础层和技术层企业数	2
					技术赋能关系数	2
	学术生态	2	AI大学创新能力	5	AI大学数	5
					平均国内论文数	16
					平均国际论文数	6
					平均专利数	4
			非大学科研机构创新能力	1	机构数	1
					平均国内论文数	9
					平均国际论文数	4
					平均专利数	16
	资本环境	2	融资	2	融资关系数	2
					融资额	2
			投资	3	投资关系数	3
	国际开放度	2	核心人力资本开放度	2	前期国际学习经验	2
					前期国际工作经验	2
			技术开放度	2	国际技术输入关系数	2
					国际技术赋能关系数	2
	链接能力	3	链接者	3	会议数	2
					产业联盟数	3
	政府响应能力	2	政府响应	2	产业园区数	3
					出台政策数	2

在学术生态2项二级指标中，杭州市AI大学创新能力和非大学科研机构创新能力分别位列第五和第一。具体来讲，在AI大学创新能力的4项三级指标中，AI大学数、平均国内论文数、平均国际论文数、平均专利数分别位列第五、第十六、第六和第四，AI大学主要指浙江大学、浙江理工大学和浙江工业大学等9所大学；在非大学科研机构创新能力的4项三级指标中，机构数、平均国内论文数、平均国际论文数、平均专利数分别位列第一、第九、第四和第十六，杭州市人工智能相关科研机构数量最

多，最为典型的当属阿里研究院，为杭州市人工智能科技产业发展提供了强力支持。

在资本环境2项二级指标中，杭州市融资和投资依次位列第二和第三。具体到3项三级指标，融资关系数和融资额均位列第二，其中浙江远传信息技术股份有限公司、虹软科技股份有限公司、浙江每日互动网络科技股份有限公司是杭州市融资关系数排名靠前的代表性企业；投资关系数位列第三，其中杭州海康威视数字技术股份有限公司、恒生电子股份有限公司、浙江大华技术股份有限公司和阿里巴巴（中国）有限公司是杭州市投资关系数排名靠前的代表性企业。

在国际开放度2项二级指标中，杭州市核心人力资本开放度和技术开放度均位列第二。具体到4项三级指标，前期国际学习经验、前期国际工作经验、国际技术输入关系数、国际技术赋能关系数亦全部位列第二，仅次于深圳市，其中从核心人力资本开放度看，美国麻省理工学院、哥伦比亚大学，英国剑桥大学等在杭州市核心人力资本的前期国际学习经验方面扮演了重要角色，美国谷歌公司、微软公司、麦肯锡咨询公司为杭州市核心人力资本提供了最多的前期国际工作经验。从技术开放度看，美国英特尔公司、英伟达公司和微软公司为杭州市人工智能企业提供的技术支持最多，而杭州市人工智能企业技术赋能最多的国外企业依次为美国英特尔公司、微软公司和思科系统公司。

在链接能力2项三级指标中，杭州市会议数和产业联盟数分别位列第二和第三。截至2020年底，杭州市共成立人工智能科技产业联盟20个，在人工智能科技产业发展方面具备领先优势。

在政府响应能力2项三级指标中，杭州市产业园区数和出台政策数分别位列第三和第二。截至2020年底，杭州市已规划建设了46个与人工智能领域相关的产业园区，更出台了大量政府政策以支持杭州市人工智能产业发展。

综合来看，作为互联网领域核心城市的杭州市在人工智能科技产业发展方面的城市竞争力很强，除链接能力排名第三外，其余 5 项一级指标均位列第二，各项指标得分均衡。在三级指标维度，杭州市企业平均专利数、AI 大学平均国内论文数和非大学科研机构平均专利数排名相对不高，其余三级指标排名均比较靠前。

（三）广州市

广州市人工智能科技产业城市竞争力评价指数位列第三，指数值为 35.47。在 6 项一级指标中，企业能力、学术生态、资本环境、国际开放度、链接能力和政府响应能力分别位列第三、第十、第四、第三、第二和第三，其中链接能力是广州市的优势（见图 10–53、表 10–46）。

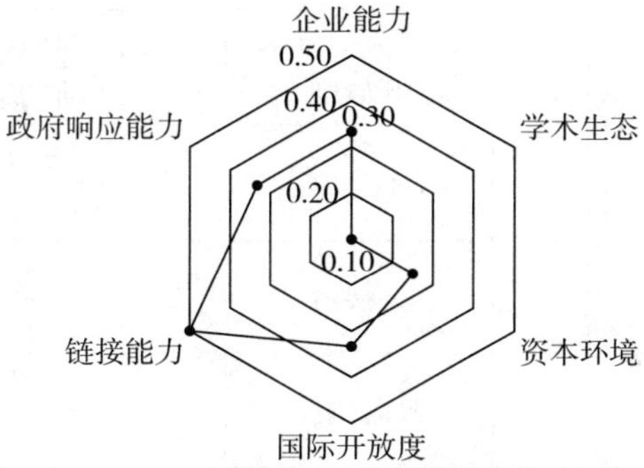

图10-53 广州市人工智能科技产业城市竞争力评价指数一级指标雷达图

表10-46 广州市人工智能科技产业城市竞争力评价指数排名情况

总排名（得分）	一级指标	排名	二级指标	排名	三级指标	排名
3（35.47）	企业能力	3	企业规模	2	企业数量	2
					企业平均估值 / 市值	18
			企业创新能力	7	企业平均专利数	22
					基础层和技术层企业数	3
					技术赋能关系数	3

续表

总排名（得分）	一级指标	排名	二级指标	排名	三级指标	排名
3（35.47）	学术生态	10	AI大学创新能力	6	AI大学数	5
					平均国内论文数	6
					平均国际论文数	5
					平均专利数	9
			非大学科研机构创新能力	14	机构数	8
					平均国内论文数	8
					平均国际论文数	7
					平均专利数	12
	资本环境	4	融资	4	融资关系数	3
					融资额	5
			投资	2	投资关系数	2
	国际开放度	3	核心人力资本开放度	3	前期国际学习经验	3
					前期国际工作经验	3
			技术开放度	3	国际技术输入关系数	3
					国际技术赋能关系数	3
	链接能力	2	链接者	2	会议数	4
					产业联盟数	2
	政府响应能力	3	政府响应	3	产业园区数	2
					出台政策数	12

在企业能力 2 项二级指标中，广州市企业规模和企业创新能力分别位列第二和第七。具体到 5 项三级指标，广州市拥有 189 家人工智能企业，仅次于深圳市的 308 家人工智能企业所有量，其中包含广州文远知行科技有限公司和广州辰创科技发展有限公司 2 家基础层企业和以云从科技集团股份有限公司、广州新科佳都科技有限公司和广东康云科技有限公司等为代表的 16 家技术层企业，技术赋能关系数为 2240 条，从排名情况看，广州市企业数量、基础层和技术层企业数、技术赋能关系数分别排名第二、第三和第三，而其余 2 项三级指标——企业平均估值 / 市值、企业平均专利数排名相对靠后，依次位列第十八和第二十二。

在学术生态 2 项二级指标中，广州市 AI 大学创新能力和非大学科研机构创新能力分别位列第六和第十四。具体来讲，在 AI 大学创新能力的 4 项三级指标中，AI 大学数、平均国内论文数、平均国际论文数、平均专利数分别位列第五、第六、第五和第九，AI 大学主要指华南理工大学、中山大学和广东工业大学等 9 所大学，其中华南理工大学是广州市内发表国内外论文数和专利数最多的 AI 大学；在非大学科研机构创新能力的 4 项三级指标中，机构数、平均国内论文数、平均国际论文数、平均专利数分别位列第八、第八、第七和第十二，其中非大学科研机构主要指中国科学院广州地球化学研究所，该所对广州市学术生态的构建起到了重要促进作用。

在资本环境 2 项二级指标中，广州市融资和投资依次排名第四和第二。具体到 3 项三级指标，融资关系数和融资额分别排名第三和第五，其中云从科技集团股份有限公司、有米科技股份有限公司和广州明珞装备股份有限公司是广州市融资关系数排名前三的企业；投资关系数排名第二，仅次于深圳市，其中广州金域医学检验集团股份有限公司、高新兴科技集团股份有限公司和广州视源电子科技股份有限公司是广州市投资关系数排名前三的企业。

在国际开放度 2 项二级指标中，广州市核心人力资本开放度和技术开放度均位列第三。具体到 4 项三级指标，前期国际学习经验、前期国际工作经验、国际技术输入关系数、国际技术赋能关系数亦全部位列第三，紧追深圳市和杭州市，其中从核心人力资本开放度看，美国伊利诺伊大学、新加坡国立大学、美国哈佛大学等为广州市核心人力资本提供了大量的前期国际学习经验；美国国际商业机器公司 IBM、美国易腾迈科技公司、美国花旗集团等为广州市核心人力资本提供了最多的前期国际工作经验。从技术开放度看，美国英特尔公司、德国西门子集团和美国英伟达公司为广州市人工智能企业提供的技术支持最多，而广州市人工智能企业技术赋能最多的国外部门则为德国西门子集团、美国英特尔公司和英国华威大学。

在链接能力 2 项三级指标中，广州市会议数和产业联盟数分别排名第四和第二。截至 2020 年底，广州市共成立人工智能科技产业联盟 23 个。

在政府响应能力 2 项三级指标中，广州市产业园区数和出台政策数分别位列第二和第十二。截至 2020 年底，广州市已规划建设了 47 个与人工智能领域相关的产业园区，也配套出台了相应政府政策以促进人工智能科技产业在广州市的快速发展。

综合来看，广州市在人工智能科技产业发展方面的城市竞争力较强，除学术生态位列第十外，其余 5 项一级指标均位列前五，对应至三级指标，广州市企业平均专利数、非大学科研机构平均专利数和出台政策数排名相对不高，对广州市在人工智能领域影响力的提升贡献不够突出，但作为中国对外贸易的窗口和国家门户城市，广州市拥有着出色的链接能力。

（四）南京市

南京市人工智能科技产业城市竞争力评价指数排名第四位，指数值为 30.35。在 6 项一级指标中，企业能力、学术生态、资本环境、国际开放度、链接能力和政府响应能力分别位列第九、第四、第三、第四、第六和第四位，其中企业能力和链接能力是弱势指标，雷达图在上述两个维度有较为明显的凹陷，尤以企业能力为最（见图 10–54、表 10–47）。

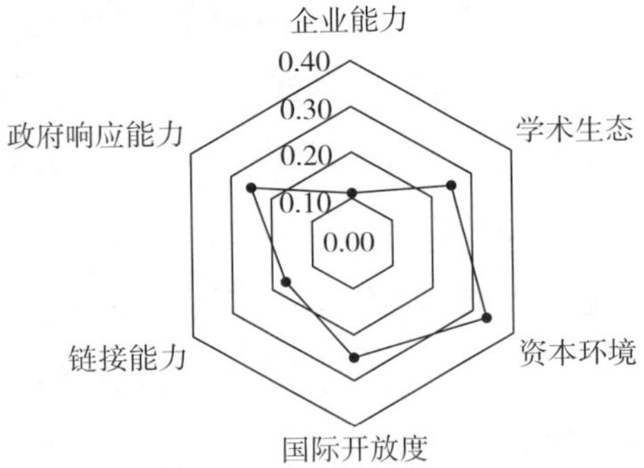

图10-54　南京市人工智能科技产业城市竞争力评价指数一级指标雷达图

表10-47　　南京市人工智能科技产业城市竞争力评价指数排名情况

总排名（得分）	一级指标	排名	二级指标	排名	三级指标	排名
4（30.35）	企业能力	9	企业规模	5	企业数量	6
					企业平均估值 / 市值	12
			企业创新能力	15	企业平均专利数	56
					基础层和技术层企业数	5
					技术赋能关系数	4
	学术生态	4	AI大学创新能力	1	AI大学数	1
					平均国内论文数	7
					平均国际论文数	8
					平均专利数	8
			非大学科研机构创新能力	10	机构数	6
					平均国内论文数	16
					平均国际论文数	7
					平均专利数	18
	资本环境	3	融资	3	融资关系数	5
					融资额	3
			投资	4	投资关系数	4
	国际开放度	4	核心人力资本开放度	4	前期国际学习经验	4
					前期国际工作经验	4
			技术开放度	5	国际技术输入关系数	4
					国际技术赋能关系数	5
	链接能力	6	链接者	6	会议数	5
					产业联盟数	8
	政府响应能力	4	政府响应	4	产业园区数	5
					出台政策数	4

在企业能力2项二级指标中，南京市企业规模和企业创新能力分别位列第五和第十五。具体到5项三级指标，南京市拥有53家人工智能企业，其中包含浩鲸云计算科技股份有限公司和紫光云数科技有限公司2家基础层企业和以南京科远智慧科技集团股份有限公司、南京云思创智信息科技有限公司和南京硅基智能科技有限公司等为代表的7家技术层企业，技术赋能关系数为755条；从排名情况看，南京市企业数量、基础层和技术层

企业数、技术赋能关系数分别排名第六、第五和第四，而其余两项三级指标——企业平均估值 / 市值、企业平均专利数排名相对靠后，依次位列第十二和第五十六。

在学术生态 2 项二级指标中，南京市 AI 大学创新能力和非大学科研机构创新能力分别位列第一和第十，这与深圳市学术生态状况形成了鲜明对比：深圳市 AI 大学数量稀少，故而大力推动本市非大学科研机构建设并取得了显著成效，而南京市 AI 大学数量则高居全国榜首，相较之下，其非大学科研机构创新能力略显薄弱。具体来讲，在 AI 大学创新能力的 4 项三级指标中，AI 大学数、平均国内论文数、平均国际论文数、平均专利数分别位列第一、第七、第八和第八，AI 大学具体指包含东南大学、南京大学、南京航空航天大学、南京理工大学等在内的 15 家大学，其中东南大学发表的国内外论文数和专利数最多；在非大学科研机构创新能力的 4 项三级指标中，机构数、平均国内论文数、平均国际论文数、平均专利数分别位列第六、第十六、第七和第十八，非大学科研机构共有两家，分别是南京图灵人工智能研究院和南京新一代人工智能研究院。

在资本环境 2 项二级指标中，南京市融资和投资依次排名第三和第四。具体到 3 项三级指标，融资关系数和融资额分别排名第五和第三，其中江苏满运软件科技有限公司、南京芯驰半导体科技有限公司和南京安元科技有限公司是南京市融资关系数排名前三的企业；投资关系数排名第四，其中苏宁易购集团股份有限公司、江苏保千里视像科技集团股份有限公司和浩鲸云计算科技股份有限公司是南京市投资关系数排名前三的企业。

在国际开放度 2 项二级指标中，南京市核心人力资本开放度和技术开放度分别位列第四和第五。具体到 4 项三级指标，前期国际学习经验、前期国际工作经验和国际技术输入关系数均位列第四，国际技术赋能关系数位列第五，其中从核心人力资本开放度看，美国加利福尼亚大学伯克利分校、加拿大西蒙菲莎大学、美国西北大学等为南京市核心人力资本提供了大量的前期国际学习经验；美国普华永道会计师事务所、美国微软公司、美国谷歌公司等为南京市核心人力资本提供了大量的前期国际工作经验。从技术开放度看，美国英特尔公司、美国国际商业机器公司 IBM 和日本瑞萨电子株式会社为南京市人工智能企业提供的技术支持最多，而南京市人工智能企业技术赋能最多的国外企业则为美国英特尔公司、美国高通公司和日本瑞萨电子株式会社。

在链接能力 2 项三级指标中，南京市会议数和产业联盟数分别位列第五和第八。截至 2020 年底，南京市共成立人工智能科技产业联盟 10 个。

在政府响应能力 2 项三级指标中，南京市产业园区数和出台政策数分别位列第五和第四。截至 2020 年底，南京市已规划建设了 40 个与人工智能领域相关的产业园区，相关人工智能产业发展激励政策也在陆续出台。

综合来看，南京市在人工智能科技产业发展方面的城市竞争力强，除企业能力排名相对不高外，其余 5 项一级指标排名均比较靠前。具体到三级指标，南京市企业平均专利数、非大学科研机构平均国内论文数及平均专利数排名相对靠后，其中南京市企业平均专利数排名最低，甚至对南京市人工智能产业的发展起到了限制作用。值得肯定的是，南京市 AI 大学保有量居全国首位，学术生态排名亦有出色表现，这对相关人工智能产业在南京市的落地生根有不可忽略的促进作用。

（五）成都市

成都市人工智能科技产业城市竞争力评价指数位列第五，指数值为 20.30。在 6 项一级指标中，企业能力、学术生态、资本环境、国际开放度、链接能力和政府响应能力分别位列第十一、第三、第十一、第十、第四和第九，其中学术生态和链接能力是优势指标，雷达图在上述两个维度有比较明显的凸出（见图 10–55）。可以发现，成都市依托四川大学、电子科技大学和西南交通大学等国内著名高校，在学术生态方面有着极佳表现。

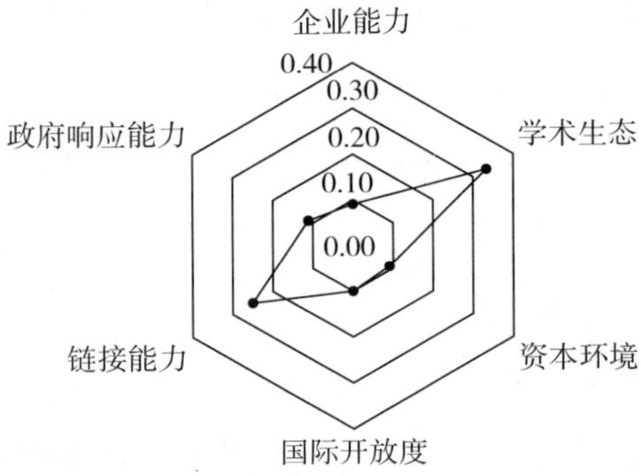

图10-55 成都市人工智能科技产业城市竞争力评价指数一级指标雷达图

表10-48 成都市人工智能科技产业城市竞争力评价指数排名情况

总排名（得分）	一级指标	排名	二级指标	排名	三级指标	排名
5（20.30）	企业能力	11	企业规模	6	企业数量	5
					企业平均估值 / 市值	40
			企业创新能力	19	企业平均专利数	52
					基础层和技术层企业数	6
					技术赋能关系数	6
	学术生态	3	AI大学创新能力	2	AI大学数	1
					平均国内论文数	21
					平均国际论文数	22
					平均专利数	18
			非大学科研机构创新能力	7	机构数	8
					平均国内论文数	1
					平均国际论文数	2
					平均专利数	3
	资本环境	11	融资	12	融资关系数	7
					融资额	14
			投资	10	投资关系数	10
	国际开放度	10	核心人力资本开放度	8	前期国际学习经验	6
					前期国际工作经验	8

续表

总排名（得分）	一级指标	排名	二级指标	排名	三级指标	排名
5（20.30）	国际开放度	10	技术开放度	12	国际技术输入关系数	12
					国际技术赋能关系数	13
	链接能力	4	链接者	4	会议数	3
					产业联盟数	4
	政府响应能力	9	政府响应	9	产业园区数	8
					出台政策数	16

如表 10–48 所示，在企业能力 2 项二级指标中，成都市企业规模和企业创新能力分别位列第六和第十九。具体到 5 项三级指标，成都市拥有 55 家人工智能企业，其中包含成都振芯科技股份有限公司 1 家基础层企业和以成都云盯科技有限公司、成都通甲优博科技有限责任公司和中科院成都信息技术股份有限公司等为代表的 6 家技术层企业，技术赋能关系数为 515，从排名情况看，成都市企业数量、基础层和技术层企业数、技术赋能关系数分别位列第五、第六和第六，而其余 2 项三级指标——企业平均估值 / 市值、企业平均专利数排名相对靠后，依次位列第四十和第五十二。

在学术生态 2 项二级指标中，成都市 AI 大学创新能力和非大学科研机构创新能力分别位列第二和第七，同南京市学术生态环境具备相似性：两市拥有的 AI 大学数并列全国第一，区别在于南京市在 AI 大学创新能力方面表现更好，而成都市在非大学科研机构创新能力方面更具优势。具体来讲，在 AI 大学创新能力的 4 项三级指标中，成都市 AI 大学数、平均国内论文数、平均国际论文数、平均专利数分别位列第一、第二十一、第二十二和第十八，AI 大学具体指包括四川大学、电子科技大学、西南交通大学、成都理工大学等在内的 15 家大学，其中四川大学发表的国内论文数最多，电子科技大学发表的国外论文数和专利数最多；

在非大学科研机构创新能力的4项三级指标中，成都市机构数、平均国内论文数、平均国际论文数、平均专利数分别排名第八、第一、第二和第三。

在资本环境2项二级指标中，成都市融资和投资依次排名第十二和第十。具体到3项三级指标，融资关系数和融资额分别排名第七和第十四，其中成都极米科技股份有限公司、成都数之联科技有限公司和成都国星宇航科技有限公司是成都市融资关系数排名前三的企业；投资关系数排名第十，其中四川川大智胜软件股份有限公司、成都智元汇信息技术股份有限公司和成都四方伟业软件股份有限公司是成都市投资关系数排名前三的企业。

在国际开放度2项二级指标中，成都市核心人力资本开放度和技术开放度分别位列第八和第十二。具体到4项三级指标，前期国际学习经验、前期国际工作经验、国际技术输入关系数和国际技术赋能关系数分别位列第六、第八、第十二和第十三，其中从核心人力资本开放度看，澳大利亚昆士兰大学、美国哈佛大学、美国纽约州立奥尔巴尼大学、西南财经大学孔子学院等为成都市核心人力资本提供了大量的前期国际学习经验；美国微软公司、美国英特尔公司等为成都市核心人力资本提供了大量的前期国际工作经验。从技术开放度看，美国英特尔公司、美国谷歌公司和韩国三星集团对成都市人工智能企业提供了大量的技术支持，当然，成都市人工智能企业也同样从技术赋能方面对上述企业进行了反哺。

在链接能力2项三级指标中，成都市会议数和产业联盟数分别位列第三和第四。截至2020年底，成都市共成立人工智能科技产业联盟13个。

在政府响应能力2项三级指标中，成都市产业园区数和出台政策数分别位列第八和第十六。截至2020年底，成都市已规划建设了19个与人工智能领域相关的产业园区，相关的人工智能产业发展激励政策也正在逐步出台。

综合来看，成都市在人工智能科技产业发展方面的城市竞争力强，除企业能力和资本环境排名相对不高外，其余 4 项一级指标均位列前十。具体到三级指标，成都市企业平均估值 / 市值、企业平均专利数、AI 大学平均国内论文数和平均国际论文数排名相对靠后，其中企业平均估值 / 市值、企业平均专利数排名相对最低，无法对成都市人工智能产业的良好发展起到有效推动作用。但值得肯定的是，作为中国西南地区的科技中心、商贸中心、金融中心和交通枢纽、通信枢纽，成都市拥有全国数量最多的 AI 大学，其学术生态和链接能力排名很高，这为人工智能产业在成都市的快速发展提供了天然土壤。

第十一章

人工智能和实体经济融合发展的前沿——广东省

产业智能化是人工智能驱动产业互联网发展的结果，表现为产品智能化和生产过程智能化。与京津冀和长三角地区智能经济发展不同，珠三角地区智能经济的发展以硬科技为主导。包括深圳市、广州市、东莞市、珠海市和佛山市在内的珠三角城市群是我国乃至世界最重要的制造业基地，尤其是在电子信息、电器机械、石油化工、纺织服装和汽车制造领域具有明显的竞争优势。2019 年，广东省规模以上制造业企业接近 5 万家，制造业增加值达到 3.06 万亿元，位居全国第一[①]。在全国 41 个工业大类中，广东省拥有 40 个，是我国制造业门类最多、产业链最完整、配套设施最完善的省份之一。

沿着产品智能化和生产智能化两个维度，珠江三角洲地区在人工智能和实体经济的深度融合发展上走在了全国前列。在电子信息和汽车产业领域，产品智能化和生产智能化都表现出较高的融合度。而在电器机械、石油化工和纺织服装产业领域，人工智能和现有产业的融合发展主要表现为生产智能化。本章以广东省 579 家人工智能企业为样本，通过属性和关系数据量化分析，考察广东省智能经济发展的前沿进展。

第一节　广东省智能经济的发展

与京津冀和长三角地区不同，广东省智能经济发展以硬科技为主导。

① 广东公布20个战略性产业集群行动计划[N]，广州日报，2020-09-28。

尤其是在强烈的产业智能化需求牵引下，紧紧抓住人工智能向实体经济渗透的发展机遇，广东省在人工智能和实体经济深度融合发展方面走在了全国前列。

一、城市分布

在广东省 579 家人工智能样本企业中，深圳市的企业数量占比最高，达到 50.26%；排名第二的是广州市，占比为 32.64%；排名第三的是珠海市，占比为 7.25%（见图 11–1）。在智能经济发展上，广东省城市之间的差异较大，存在三个发展梯队。第一梯队城市是深圳市和广州市。尤其是深圳市在智能经济的发展上处于国内乃至世界前沿，拥有具有全球影响力的人工智能开放创新平台华为、腾讯和平安科技。第二梯队城市包括珠海市、东莞市和佛山市。结合区域优势产业的智能化转型升级，三座城市有针对性地发展智能经济。例如，在制造业智能化需求牵引下，东莞市重点发展智能机器人产业。第三梯队包括惠州市和中山市在内的其他城市。到目前为止，第三梯队城市的智能经济尚处于起步阶段。

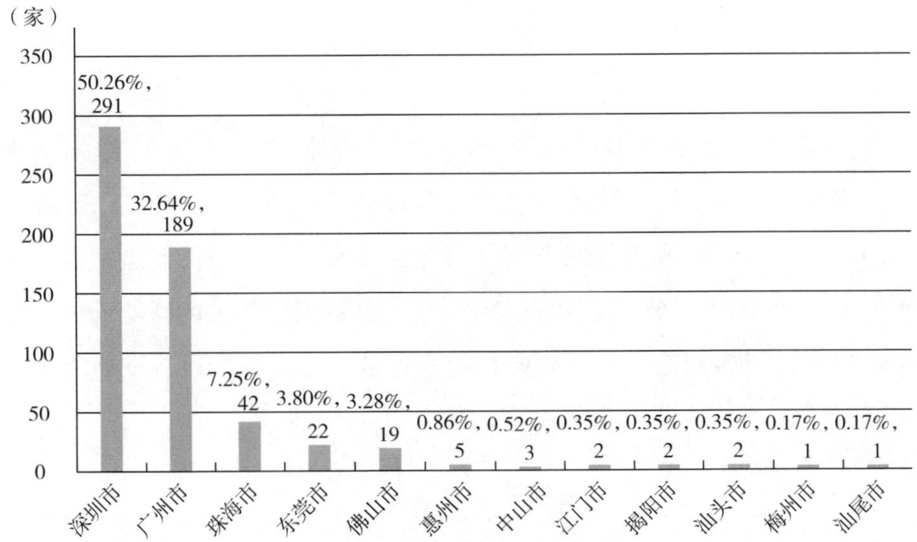

图11-1　广东省人工智能企业的城市分布

二、技术层次

在广东省 579 家人工智能企业中，基础层企业 10 家，占比为 1.73%；技术层企业 49 家，占比为 8.46%；应用层企业 520 家，占比为 89.81%（见图 11-2）。与京津冀和长三角地区相比，广东省智能经济的应用层企业占比相对偏高。

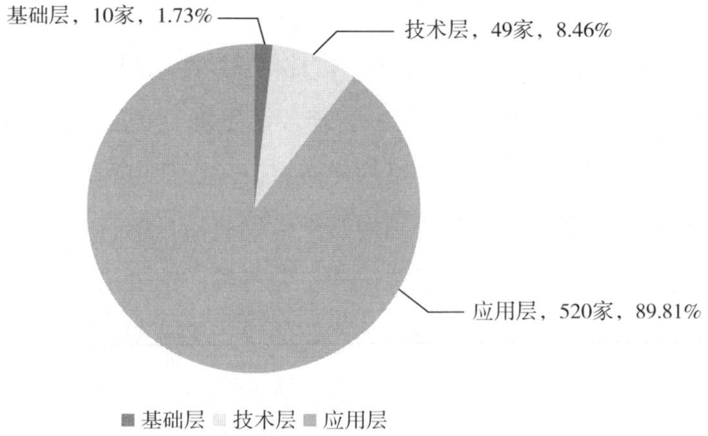

图11-2　广东省人工智能企业的技术层次分布

三、应用领域

在应用领域分布中，排名第一的是企业技术集成与方案，占比 15.54%；排名第二和第三的是智能硬件和智能机器人，占比均为 13.30%。排名第四和第五的分别是智能商业和零售、智能制造，占比分别为 10.36% 和 6.56%（见图 11-3）。与产业智能化相关的智能硬件、智能机器人、智能制造、智能商业和新零售是广东省智能经济发展的重点领域。

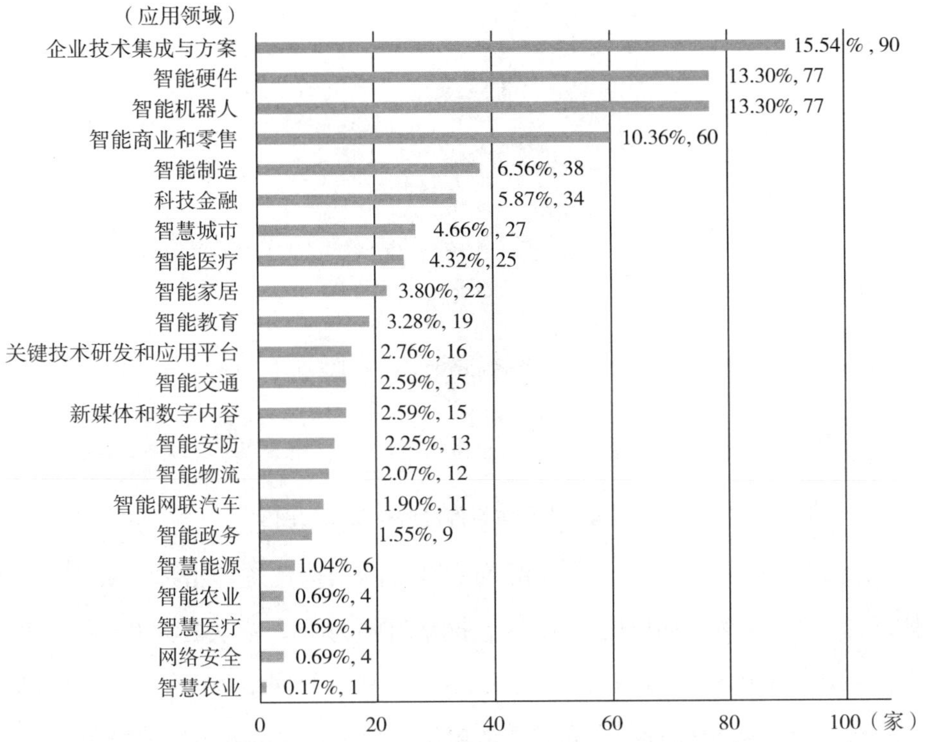

图11-3　广东省人工智能企业的应用领域分布

第二节　价值网络分析

一、价值网络的结构

把采集的关系数据输入 Gephi 0.9.2 复杂网络分析软件，得到一个由 8791 个节点和 13067 条边（关系）构成的广东省智能经济价值网络拓朴结构图。从价值网络的结构看，广东省智能经济发展是由包括华为、腾讯、云从科技、优比选、中兴通讯和中国平安在内的核心节点主导的（见图 11–4）。

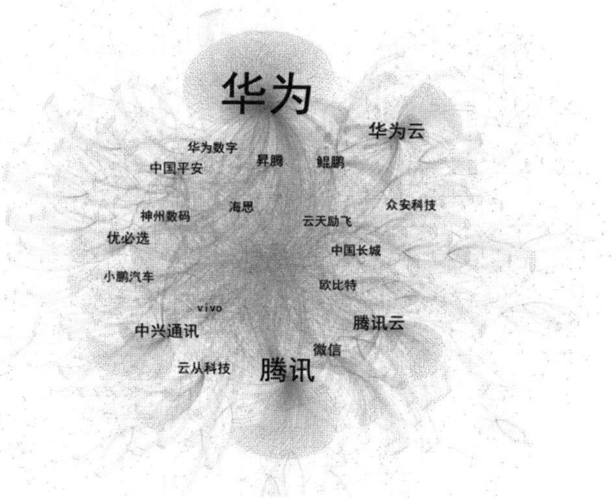

图11-4　广东省智能经济价值网络图

表 11–1 列出了广东智能经济价值网络的结构性统计指标。其中，平均度为 1.799，平均加权度为 1.944，网络直径为 13，模块化为 0.66，平均聚类系数为 0.048，平均路径长度为 3.736。从价值网络图的结构性指标尤其是模块化系数指标看，广东省智能经济表现出明显的簇群结构特征。

表11-1　广东省智能经济价值网络图结构性统计指标

统计指标	样本节点	平均度	平均加权度	网络直径	图密度	模块化	平均聚类系数	平均路径长度
统计值	579	1.799	1.944	13	0.000	0.66	0.048	3.736

从广东省智能经济价值网络关系数据的分类统计看（见表 11–2），技术合作关系占比最高，其次是投融资关系。在技术合作关系中，技术输入关系数远低于技术赋能关系数。其中，在技术输入关系中，来自国外企业和机构的技术输入关系数占比为 10.94%，来自国内企业和机构的技术输入关系占比为 89.06%。在技术赋能关系中，对国外企业和机构的技术赋能关系数占比为 7.64%，对国内企业和机构的技术赋能关系数占比为 92.36%。在核心人力资本关系中，从国外高校获得前期学习经验的占比为 14.65%，从国内高校和科研机构获得前期学习经验的占比为 85.35%；从国外企业获得前期工作经验的占比为 4.23%，在国内企业和机构获得前期工作经

验的占比为95.77%。在投融资关系中，投资次数占比为85.23%，远高于14.77%的融资次数占比。

表11-2 广东省智能经济价值网络关系数据分类统计

	类别	关系数	占比（%）
技术合作关系	技术输入	4634	100.00
	国内	4127	89.06
	国外	507	10.94
	技术赋能	12191	100.00
	国内	11260	92.36
	国外	931	7.64
核心人力资本关系	前期学习经验	1345	100.00
	国内	1148	85.35
	国外	197	14.65
	前期工作经验	4139	100.00
	国内	3964	95.77
	国外	175	4.23
投融资关系	投融资次数	5023	100.00
	融资次数	742	14.77
	投资次数	4281	85.23

二、广东省智能经济发展的主导者

表11–3列出了价值网络度数中心度排名前20的样本节点。其中，国家级人工智能开放创新平台华为和腾讯位列第一和第二，中兴通讯排名第三。在排名前20的样本节点中，包括优必选、云从科技和云天励飞在内的独角兽企业表现突出。

表11-3 价值网络度数中心度排名前20的样本节点

样本节点	度		样本节点	入度		样本节点	出度	
华为	4845	29.67%	华为	1247	26.20%	华为	3598	31.10%
腾讯	3340	20.46%	腾讯	698	14.66%	腾讯	2642	22.84%
中兴通讯	543	3.33%	中兴通讯	138	2.90%	中兴通讯	405	3.50%
优必选	326	2.00%	优必选	106	2.23%	优必选	220	1.90%

续表

样本节点	度		样本节点	入度		样本节点	出度	
中国平安	270	1.65%	小鹏汽车	95	2.00%	中国平安	185	1.60%
云从科技	230	1.41%	中国平安	85	1.79%	云从科技	177	1.53%
小鹏汽车	122	0.75%	维沃移动	65	1.37%	云天励飞	79	0.68%
维沃移动	115	0.70%	云从科技	53	1.11%	众安信息	74	0.64%
神州数码	111	0.68%	欧比特	46	0.97%	达实智能	70	0.61%
云天励飞	109	0.67%	大族激光	44	0.92%	神州数码	68	0.59%
中国长城	103	0.63%	中国长城	44	0.92%	鼎捷软件	64	0.55%
众安信息	101	0.62%	神州数码	43	0.90%	华大基因	64	0.55%
欧比特	99	0.61%	日海智能	40	0.84%	中国长城	59	0.51%
大族激光	92	0.56%	库卡机器人	39	0.82%	第四范式	54	0.47%
达实智能	89	0.55%	高新兴	31	0.65%	欧比特	53	0.46%
日海智能	86	0.53%	云天励飞	30	0.63%	珠海市信息工程	52	0.45%
华大基因	86	0.53%	宇龙计算机	28	0.59%	东方国信	50	0.43%
鼎捷软件	84	0.51%	格力电器	28	0.59%	前海达闼	50	0.43%
库卡机器人	84	0.51%	东方国信	27	0.57%	维沃移动	50	0.43%
东方国信	77	0.47%	众安信息	27	0.57%	大族激光	48	0.41%

表 11–4 列出了价值网络中度数中心度排名前 20 的关系节点。在广东省智能经济发展中，发挥积极作用的关系节点包括四种类型：一是以英特尔和高通为代表的芯片企业；二是以百度、阿里云和京东为代表的平台和智能经济核心企业；三是以广汽集团和中国银行为代表的传统产业领域企业；四是以哈尔滨工业大学和中山大学为代表的研究型大学。

表11-4　　价值网络度数中心度排名前20的关系节点

关系节点	度		关系节点	入度		关系节点	出度	
中国移动	71	0.48%	中国移动	36	0.33%	中国移动	35	0.87%
中国电信	66	0.44%	中国电信	33	0.30%	中国电信	33	0.82%
中国联通	61	0.41%	百度	30	0.28%	中国联通	32	0.79%
百度	57	0.38%	中国联通	29	0.27%	百度	27	0.67%
阿里巴巴	47	0.32%	京东	27	0.25%	英特尔	26	0.64%
清华大学	45	0.30%	阿里巴巴	25	0.23%	阿里云	25	0.62%
英特尔	45	0.30%	清华大学	23	0.21%	高通	25	0.62%
阿里云	43	0.29%	小米	23	0.21%	阿里巴巴	22	0.54%

续表

关系节点	度		关系节点	入度		关系节点	出度	
京东	42	0.28%	英特尔	19	0.18%	科大讯飞	22	0.54%
高通	37	0.25%	阿里云	18	0.17%	清华大学	22	0.54%
小米	34	0.23%	美的集团	18	0.17%	英伟达	16	0.40%
华南理工大学	31	0.21%	华南理工大学	17	0.16%	京东	15	0.37%
科大讯飞	31	0.21%	深圳市政府	16	0.15%	微软	15	0.37%
微软	29	0.19%	奇虎360	15	0.14%	华南理工大学	14	0.35%
上海交通大学	26	0.17%	富士康	15	0.14%	中山大学	12	0.30%
奇虎360	25	0.17%	上海交通大学	15	0.14%	IBM	11	0.27%
美的集团	25	0.17%	南方电网	15	0.14%	哈尔滨工业大学	11	0.27%
中山大学	25	0.17%	微软	14	0.13%	上海交通大学	11	0.27%
英伟达	24	0.16%	中国银行	14	0.13%	小米	11	0.27%
哈尔滨工业大学	23	0.15%	广汽集团	13	0.12%	奇虎360	10	0.25%

第三节　广东省人工智能和实体经济融合发展的重点领域

人工智能和实体经济融合发展在产业之间存在着差异。本节以智能经济价值网络技术合作关系数的产业分布密度为指标，刻画广东省人工智能和实体经济深度融合发展的现状。

一、核心和融合产业部门发展

首先把关系节点的所属类别划分为核心产业部门和融合产业部门两个部门，考察技术合作关系在两个产业部门的分布。如图 11–5 所示，广东省人工智能技术输入和技术赋能分布在融合产业部门占比分别为58.44%和73.39%，高于核心产业部门的41.56%和26.61%。与北京和上海不同，广东省智能经济以融合产业部门的发展为主导。

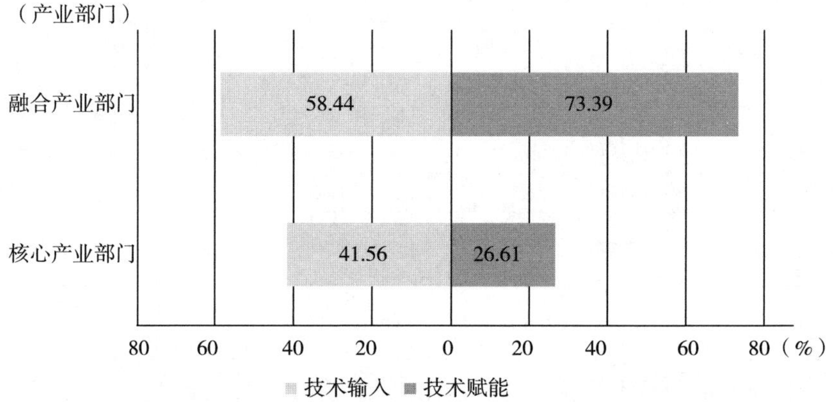

图11-5　技术合作关系在核心和融合产业部门的分布

（一）人工智能与三次产业的融合发展

图11–6描述了广东省人工智能在三次产业中的融合发展情况。其中，第三产业的融合度最高，技术输入和技术赋能占比分别为43.93%和56.41%。其次是第二产业，技术输入和技术赋能占比分别为14.44%和16.62%。第一产业的融合度最低，技术输入和技术赋能占比分别仅为0.07%和0.35%。

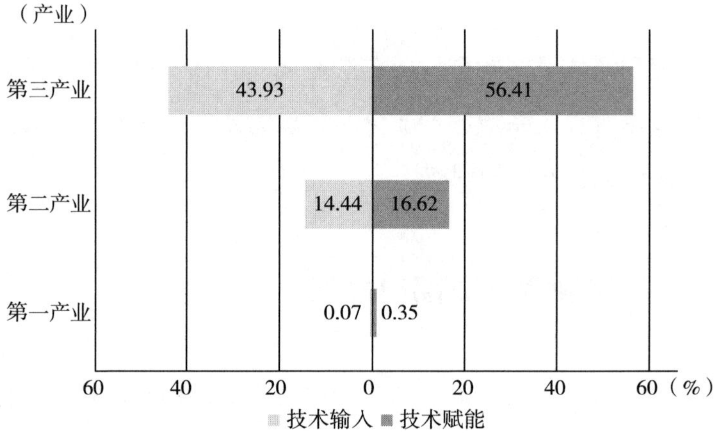

图11-6　技术合作关系在三次产业的分布

图 11-7 描述了广东省人工智能在第三产业各行业的融合发展情况。排名第一的是信息传输、软件和信息技术服务业，技术输入和技术赋能占比分别为 47.68% 和 32.99%。排名第二的是科学研究和技术服务业，技术输入和技术赋能占比分别为 27.68% 和 19.07%。排名第三的是租赁和商务服务业，技术输入和技术赋能占比分别为 6.31% 和 9.86%。其中，信息传输、软件和信息技术服务业、科学研究和技术服务业、金融业、租赁和商务服务业、批发和零售业是人工智能技术赋能最活跃的产业领域。

（二）人工智能和第三产业各行业的融合发展

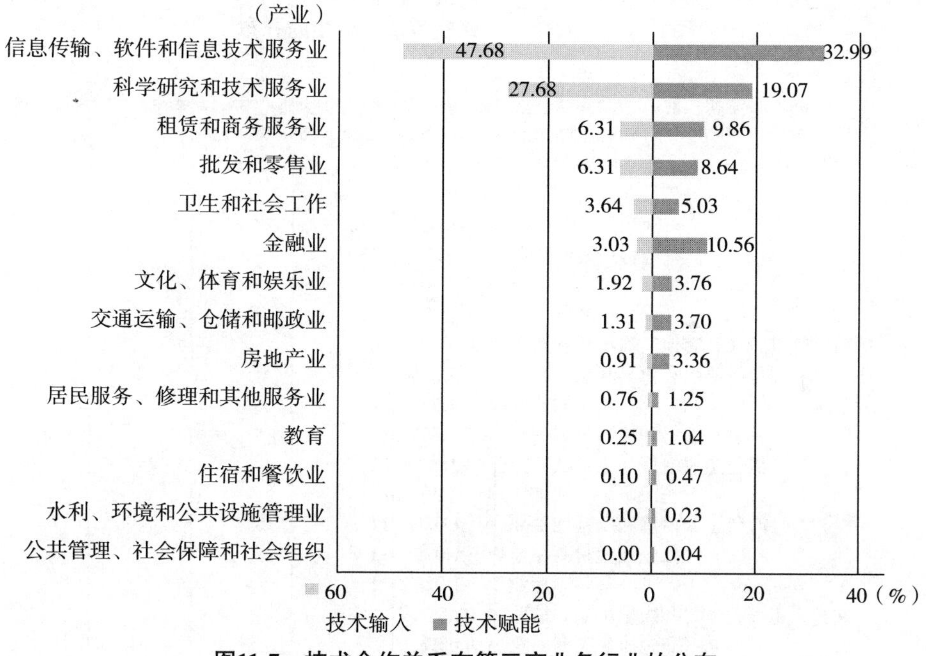

图11-7　技术合作关系在第三产业各行业的分布

（三）人工智能与第二产业各行业的融合发展

如图 11-8 所示，广东省智能经济在第二产业中的融合发展中，制造业占比最高，技术输入和技术赋能占比分别为 95.24% 和 89.01%。其次是电力、热力、燃气及水生产和供应业，技术输入和技术赋能占比分别为 2.76% 和 5.40%。

排名第三的是建筑业，技术输入和技术赋能占比分别为 1.69% 和 4.01%。排名最后的是采矿业，技术输入和技术赋能占比分别为 0.31% 和 1.58%。

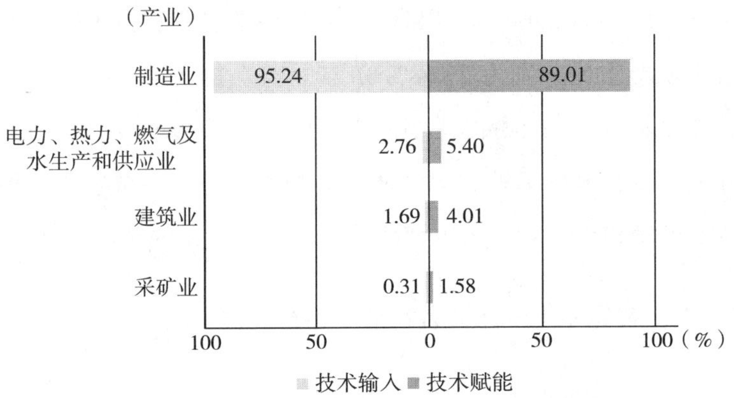

图11-8 技术合作关系在第二产业中的分布

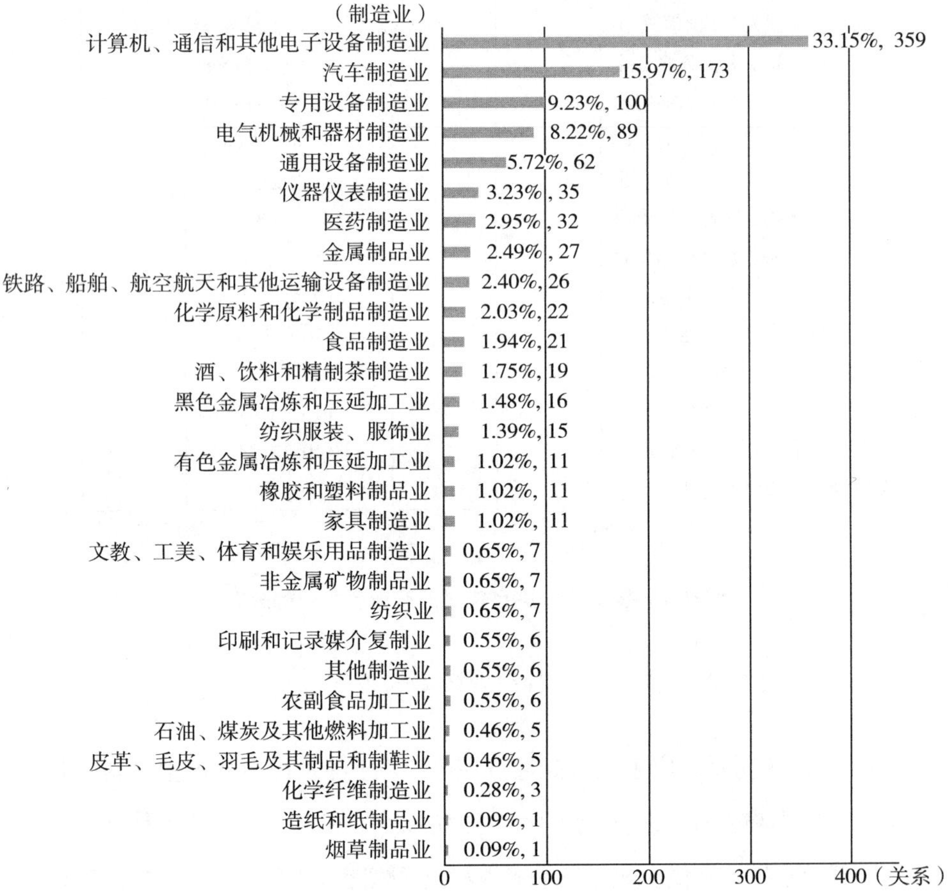

图11-9 技术合作关系在制造业中的分布

在制造业中，广东省人工智能和实体经济融合度最高的行业是计算机、通信和其他电子设备制造业，占比为 33.15%；排名第二的是汽车制造业，占比为 15.97%；排名第三的是专用设备制造业，占比为 9.23%；排名第四和第五的是电气机械和器材制造业、通用设备制造业，占比分别为 8.22% 和 5.72%（见图 11–9）。

图 11–10 列出了制造业各行业技术输入和技术赋能关系数的占比情况。在广东省各制造业行业中，技术合作关系以技术赋能为主导。其中，融合度

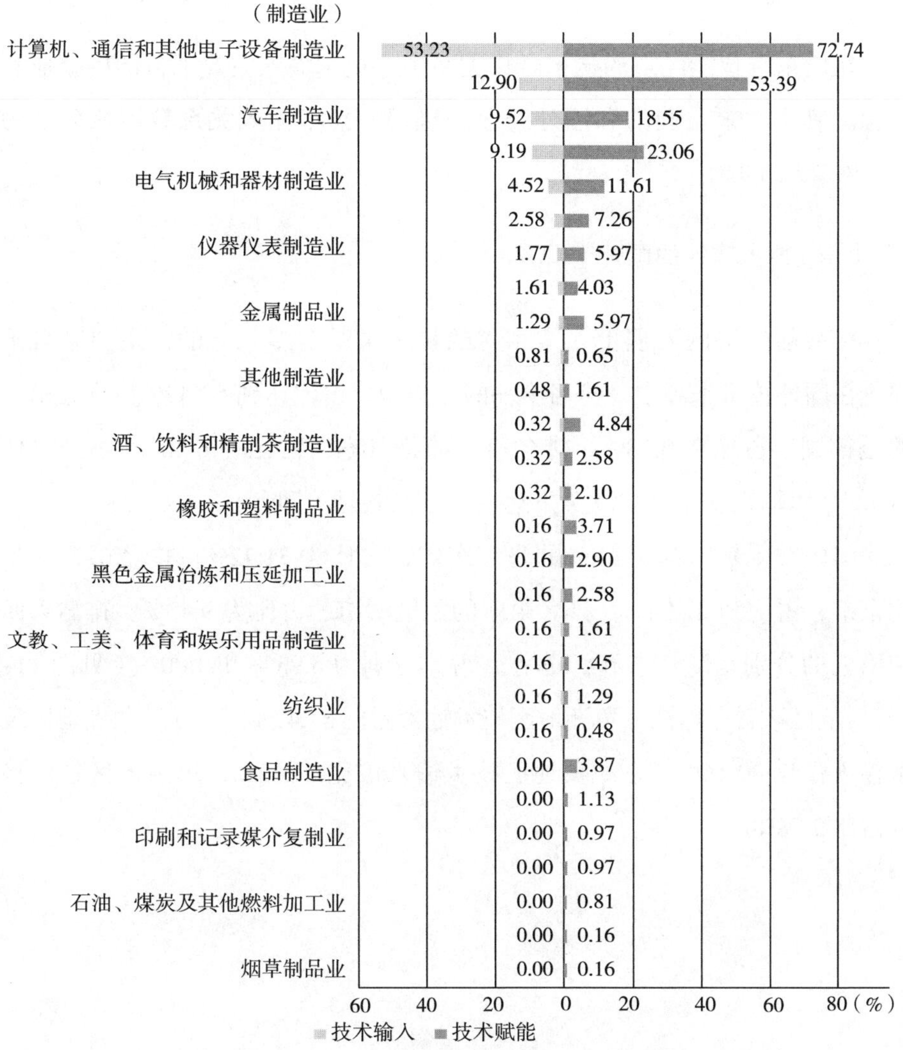

图11-10　技术合作关系在制造业中的分布

排名第一的计算机、通信和其他电子设备制造业的技术输入和技术赋能占比分别为 53.23% 和 72.74%。排名第二的汽车制造业技术输入和技术赋能占比分别为 12.90% 和 53.39%。在融合发展过程中，通过智能经济技术的专用化，各个行业处于产业智能化发展前沿的企业不仅为人工智能企业赋能，而且为传统产业企业的智能化赋能。

二、技术输入

在广东省智能经济的技术合作关系中，技术输入主要来自国内企业和机构。其中，来自国内和国外企业和机构的技术输入关系数占比分别为 89.07% 和 10.93%。

（一）技术输入的国外来源

在智能经济的发展上，广东省的技术来源是多元化的，主要来自国内。在国外技术来源中，排名第一的是美国，占比达到 53.42%；排名第二的是德国，占比为 9.78%；排名第三的是日本，占比为 6.26%（见图 11-11）。技术输入基本来自欧美发达国家，尤其是美国。

国内技术输入排名第一的是广东省，占比为 31.42%；排名第二的是北京市，占比为 27.84%；排名第三的是上海市，占比为 9.43%。排名第四和第五的分别是浙江省和江苏省，占比分别为 5.93% 和 4.80%（见图 11-12）。从区域看，珠江三角洲地区技术输入占比 31.42%，长江三角洲地区技术输入占比 20.16%，京津冀地区技术输入占比 29.62%，川渝地区技术输入占比 2.78%。

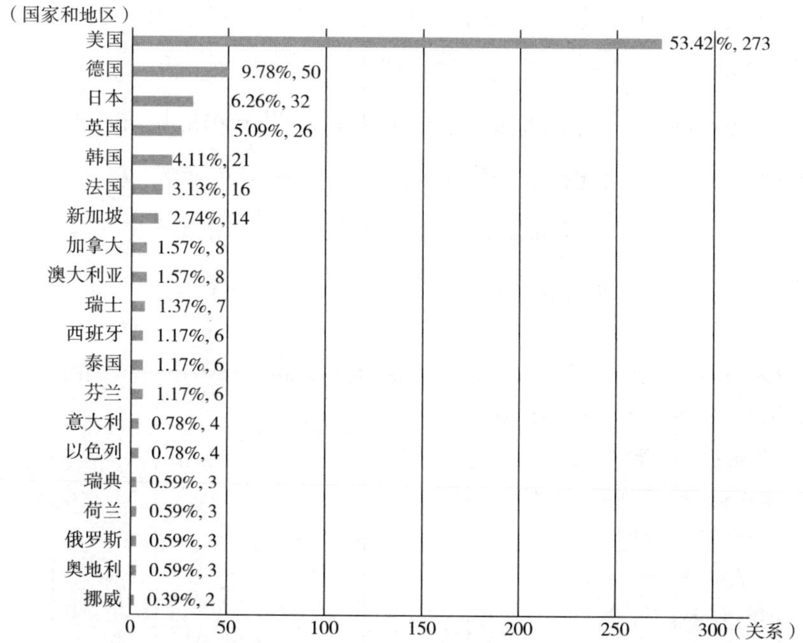

图11-11　技术输入来源排名前20的国家和地区

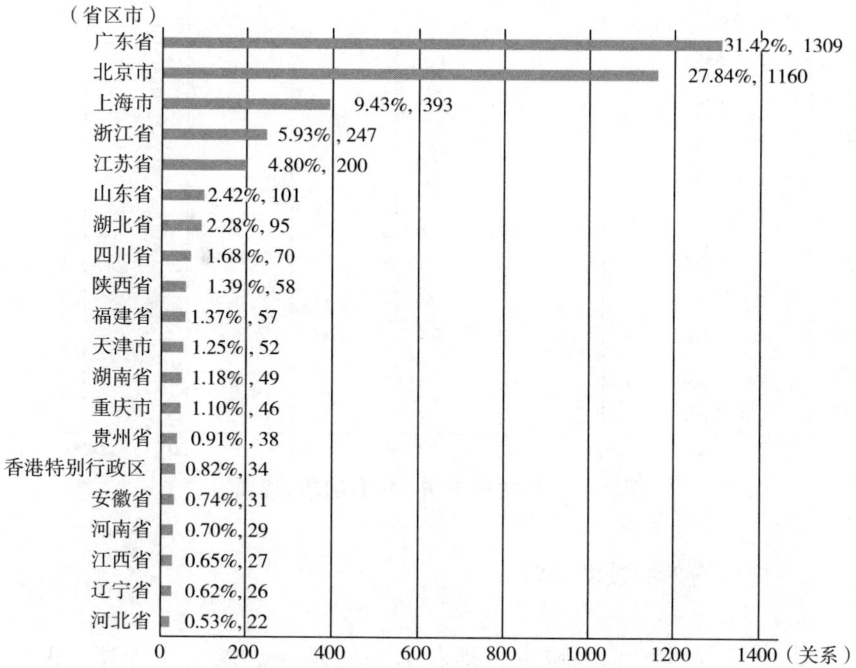

图11-12　国内技术输入排名前20的省区市

从国内技术输入来源城市看（见图 11–13），排名第一的是北京市，占比为 27.84%；排名第二和第三的分别是深圳市和上海市，占比分别为 18.51% 和 9.43%；排名第四和第五的分别是广州市和杭州市，占比分别为 8.91% 和 5.06%。除了珠江三角洲、长江三角洲和京津冀地区之外，位于华中地区的武汉市和西部地区的成都、西安和重庆市都是广东省智能经济技术输入的重要来源城市。

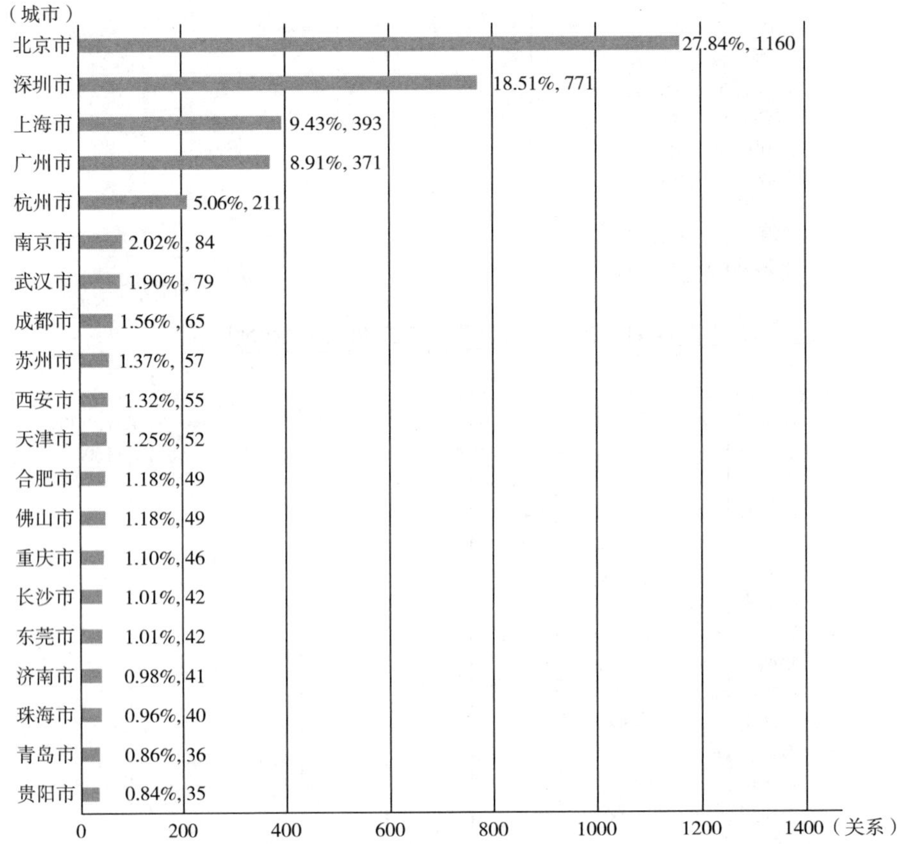

图11-13　国内技术输入排名前20的城市

（二）技术输入的技术领域

在技术输入的技术领域中，排名第一的是大数据与云计算，占比为

37.64%；排名第二的是5G技术，占比为10.40%；排名第三的是智能机器人，占比为10.38%；排名第四、第五和第六的分别是物联网、智能芯片和智能算法，占比分别为10.01%、6.02%和5.59%。

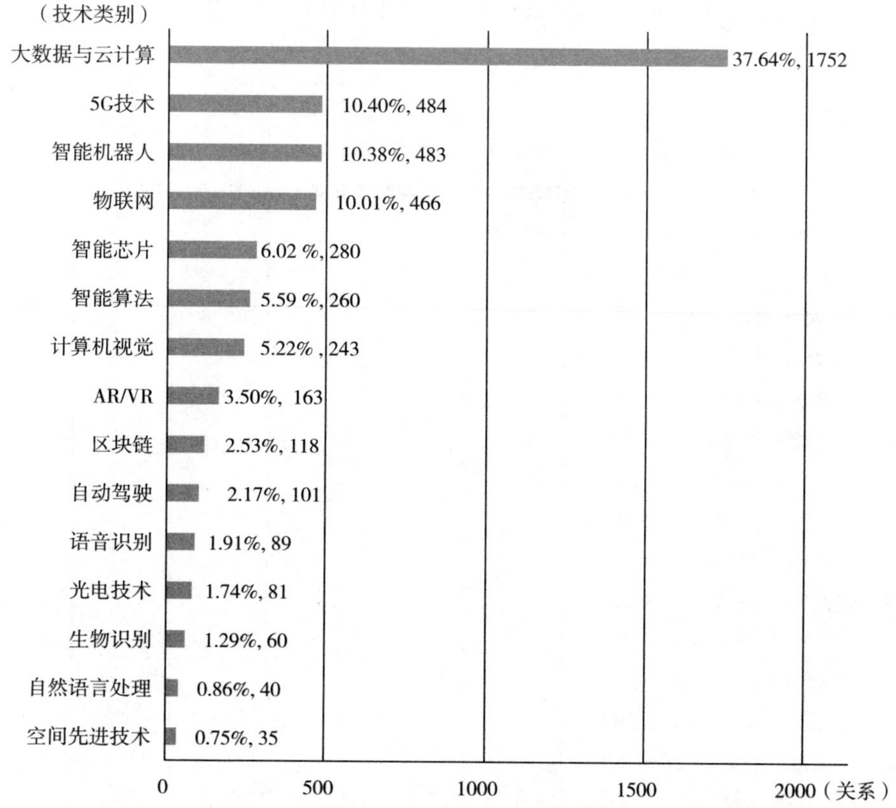

图11-14　技术输入类别

三、技术赋能

（一）技术赋能对象的地域分布

在国内技术赋能关系排名中（见图11-15），排名第一的是广东省，占比为27.62%；排名第二的是北京市，占比为21.15%；排名第三的是上海市，占比为8.39%；排名第四和第五的分别是浙江省和江苏省，占比分别为4.77%和4.60%。从区域看，珠江三角洲地区的技术赋能关系占比为27.62%。长江三角洲地区的技术赋能关系占比为17.76%；京津冀地区的技术赋能关系占比为24.06%；川渝地区的技术赋能关系占比为4.96%。从技术赋能的地域分布看，广东省智能经济具有广泛的影响力和辐射带动作用。

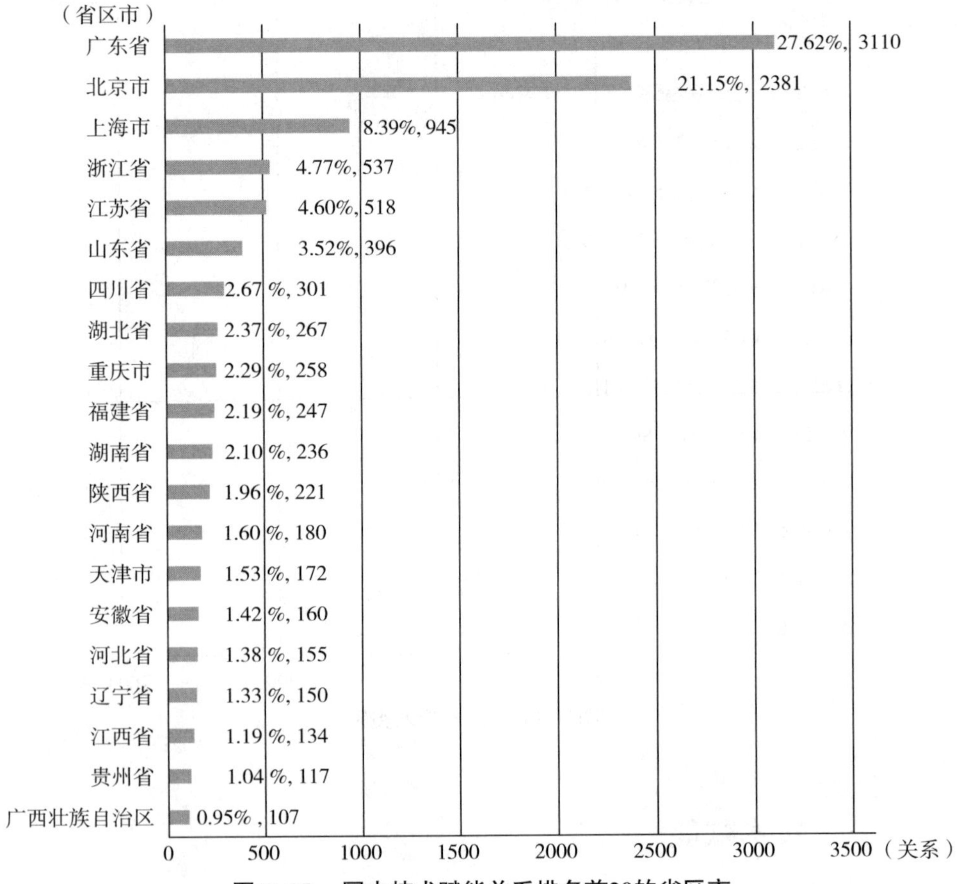

图11-15　国内技术赋能关系排名前20的省区市

（二）技术赋能的技术领域

从技术赋能的技术领域看，排名第一的是大数据与云计算，占比为48.80%；排名第二的是物联网，占比为10.57%；排名第三的是5G，占比为 10.17%；排名第四和第五的分别是智能机器人和计算机视觉，占比分别为 8.01% 和 4.26%（见图 11-16）。

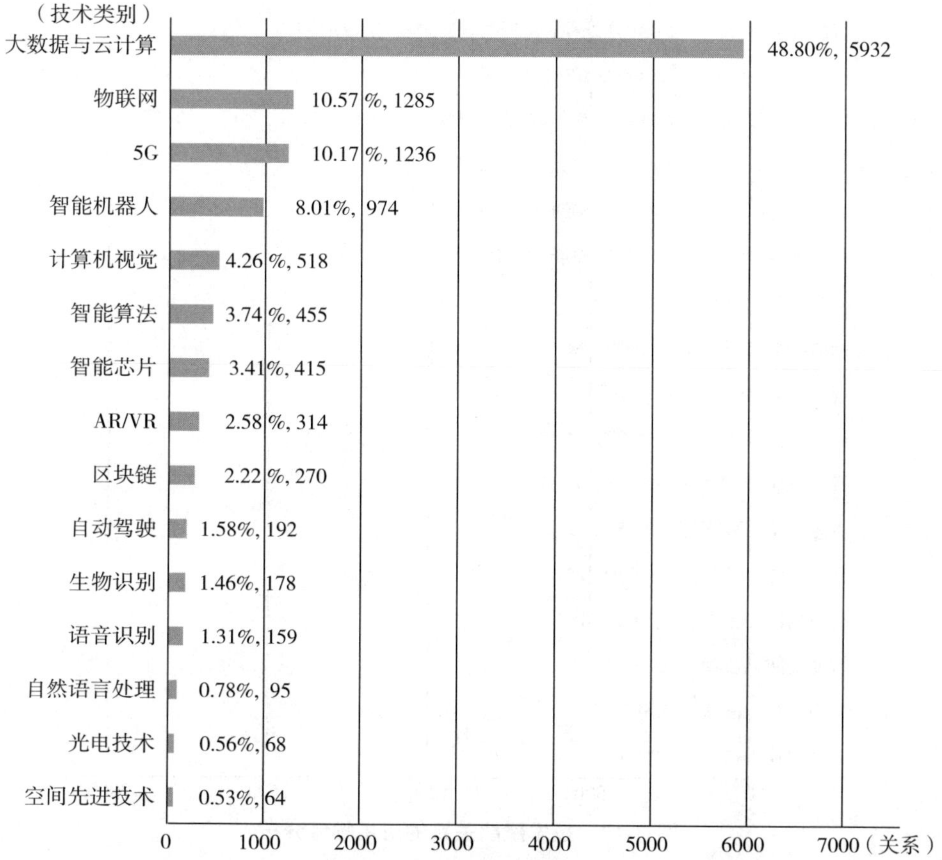

图11-16　技术赋能的技术领域

（三）技术赋能的应用领域

从技术赋能的应用领域看（见图 11-17），排名第一的是智慧城市，占比为 15.65%；排名第二的是智能制造，占比为 10.80%；排名第三的是智慧商业，占比为 9.69%；排名第四和第五的分别是科技金融和智慧医疗，占比分别为 7.73% 和 6.75%。

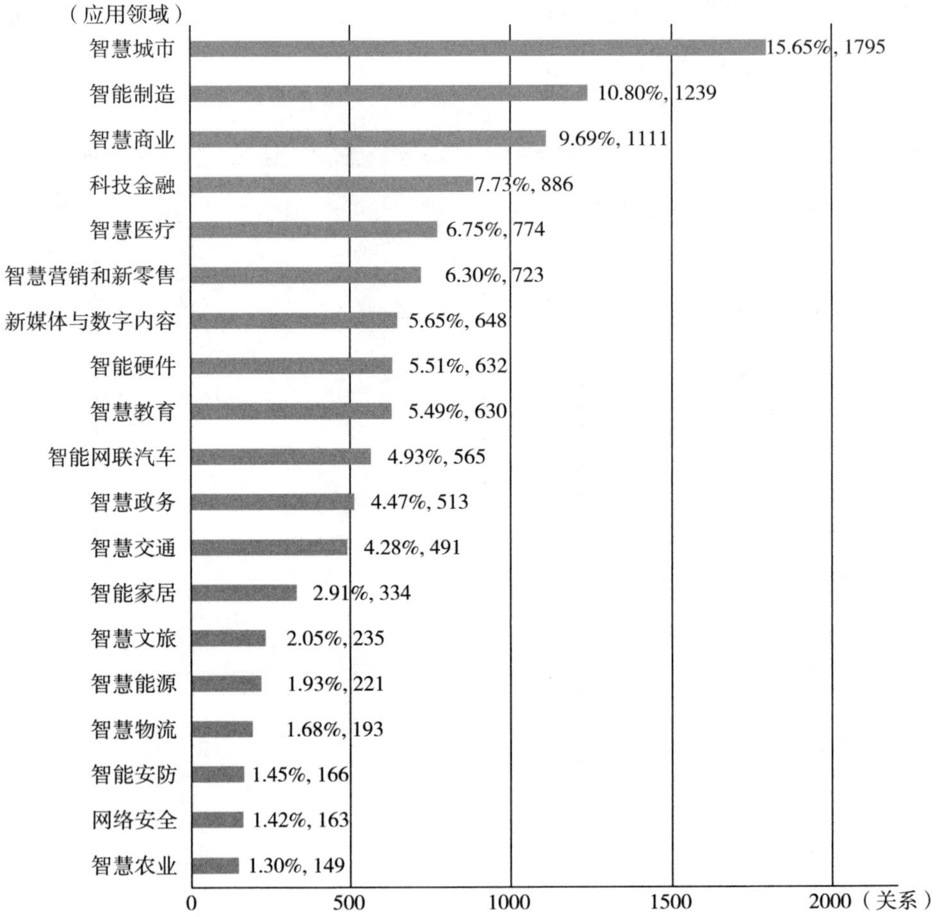

图11-17　技术赋能关系的应用领域分布

（四）技术赋能的行业领域

从制造业领域技术赋能的细分行业看（见图 11-18），排名第一的是计算机、通信和其他电子设备制造业，占比 30.76%；排名第二的是汽车制造业，占比 22.58%；排名第三的是电气机械和器材制造业，占比 9.75%；排名第四和第五的分别是专用设备制造业和通用设备制造业，占比分别为 7.84% 和 4.91%。

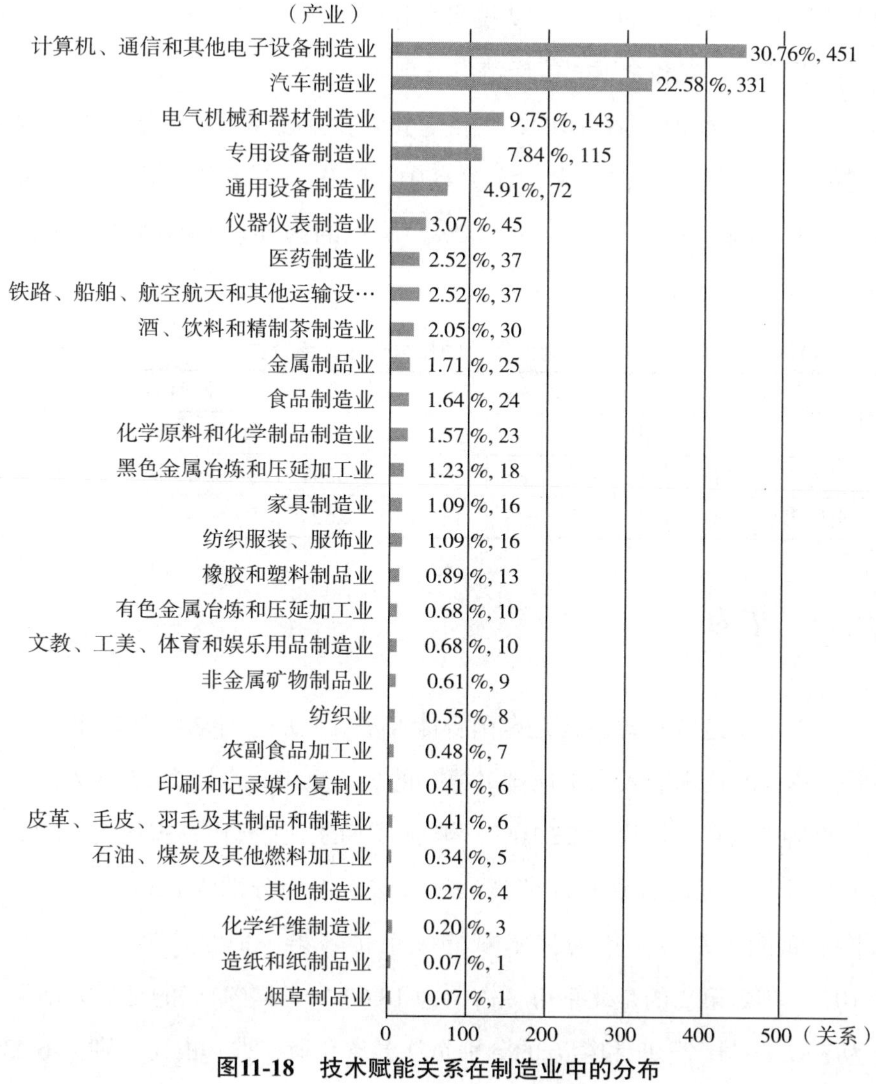

图11-18　技术赋能关系在制造业中的分布

第四节　广东省智能经济发展的核心节点：华为和腾讯

作为国家级人工智能开放创新平台，华为和腾讯在广东省智能经济发展中发挥着举足轻重的作用。从技术合作的视角，本节全面分析华为和腾讯如何引领广东省和全国智能经济的发展。

华为和腾讯的技术合作中，无论是技术输入还是技术赋能关系主要来自国内企业和机构。在技术合作关系中，腾讯来自国外的技术输入关系占比为 14.44%，远高于华为的 7.02%；腾讯的国外技术赋能关系占比为 7.34%，同样高于华为（见表 11–5）。

表11-5　　华为和腾讯的技术合作关系分类统计

样本节点	技术输入				技术赋能			
	国内		国外		国内		国外	
华为	1113	92.98%	84	7.02%	3597	93.82%	237	6.18%
腾讯	569	85.56%	96	14.44%	2624	92.66%	208	7.34%

一、华为

华为不仅是广东省而且是全国智能经济发展的主导者。从技术输入关系看，华为的技术输入来源地排名第一的是北京市，占比为 25.34%；排名第二的是广东省，占比为 22.10%；排别第三的是上海市，占比为 10.33%；排名第四和第五的分别是江苏省和浙江省，占比分别为 8.36% 和 5.93%。从技术赋能关系看，华为技术赋能关系排名第一的是广东省，占比为 20.10%；排名第二的是北京市，占比为 18.60%；排名第三的是上海市，占比为 7.87%；排名第四和第五的分别是江苏省和浙江省，占比分别为 6.23% 和 5.17%（见表 11–6）。

表11-6　　华为技术输入来源与技术赋能对象所在地排名前10的国内省区市

省区市	技术输入	占比（%）	省区市	技术赋能	占比（%）
北京市	282	25.34	广东省	723	20.10
广东省	246	22.10	北京市	669	18.60
上海市	115	10.33	上海市	283	7.87
江苏省	93	8.36	江苏省	224	6.23
浙江省	66	5.93	浙江省	186	5.17

续表

省区市	技术输入	占比（%）	省区市	技术赋能	占比（%）
山东省	38	3.41	山东省	150	4.17
湖北省	37	3.32	四川省	132	3.67
陕西省	31	2.79	湖北省	109	3.03
四川省	28	2.52	陕西省	107	2.97
福建省	23	2.07	河南省	94	2.61

在华为技术合作关系的国内城市分布中（见表 11–7），技术输入关系排名第一的是北京市，占比为 25.34%；排名第二的是深圳市，占比为 12.58%；排名第三的是上海市，占比为 10.33%；排名第四和第五的分别是广州市和杭州市，占比分别为 6.74% 和 4.67%。在技术赋能关系中，排名第一的城市是北京市，占比为 18.60%；排名第二的是深圳市，占比为 11.04%；排名第三的是上海市，占比为 7.87%；排名第四和第五的分别是广州市和杭州市，占比分别为 6.06% 和 3.53%。

表11-7　华为技术输入来源与技术赋能对象所在地排名前10的国内城市

城　市	技术输入	占比（%）	城　市	技术赋能	占比（%）
北京市	282	25.34	北京市	669	18.60
深圳市	140	12.58	深圳市	397	11.04
上海市	115	10.33	上海市	283	7.87
广州市	75	6.74	广州市	218	6.06
杭州市	52	4.67	杭州市	127	3.53
南京市	46	4.13	南京市	105	2.92
武汉市	31	2.79	西安市	98	2.72
西安市	30	2.70	成都市	93	2.59
成都市	27	2.43	武汉市	89	2.47
苏州市	22	1.98	重庆市	81	2.25

从合作的技术类别看，大数据与云计算排名第一，技术输入和技术赋能占比分别为 42.50% 和 52.78%；5G 技术排名第二，技术输入和技术赋能占比分别为 14.50% 和 17.61%；物联网排名第三，技术输入和技术赋能占比分别为 10.20% 和 11.40%（见图 11–19）。

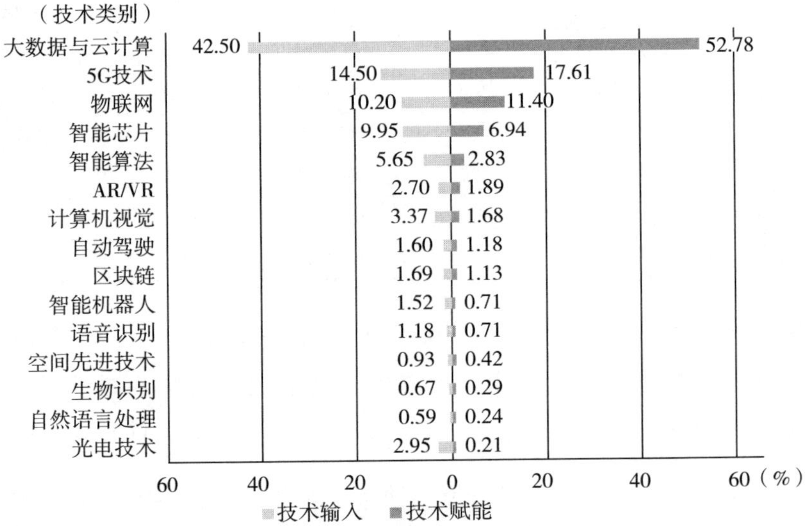

图11-19 华为技术输入与技术赋能的技术类别分布

在华为人工智能技术在应用领域的分布中（见图 11-20），排名第一的是智慧城市，技术输入和技术赋能占比分别为 10.26% 和 19.80%；排名第二的是智慧商业，技术输入和技术赋能占比分别为 11.93% 和 8.34%；排名第三的是智能制造，技术输入和技术赋能占比分别为 9.96% 和 8.22%。

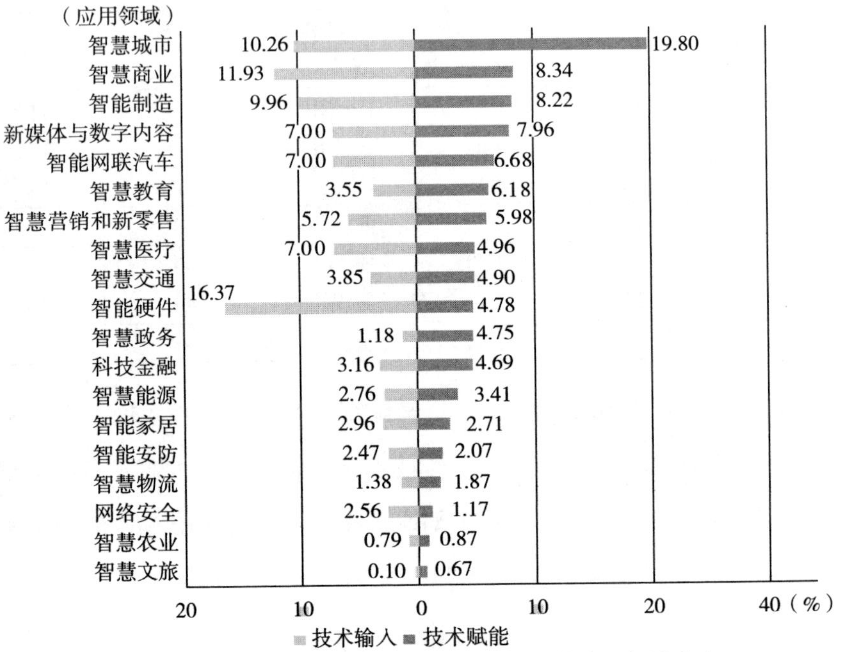

图11-20 华为技术输入与技术赋能关系的应用领域分布

在华为技术合作关系排名前 10 的制造业行业分布中（见表 11-8），技术输入排名第一的是计算机、通信和其他电子设备制造业，占比为 54.92%；排名第二的是汽车制造业，占比为 11.92%；排名第三的是电气机械和器材制造业，占比为 9.84%。在技术赋能关系中，排名第一的是汽车制造业，占比为 28.38%；排名第二的是计算机、通信和其他电子设备制造业，占比为 27.29%；排名第三的是电气机械和器材制造业，占比为 10.48%。

表11-8　华为技术输入与技术赋能的制造业排名前10的行业分布

产　业	技术输入	占比（%）	产业	技术赋能	占比（%）
计算机、通信和其他电子设备制造业	106	54.92	汽车制造业	130	28.38
汽车制造业	23	11.92	计算机、通信和其他电子设备制造业	125	27.29
电气机械和器材制造业	19	9.84	电气机械和器材制造业	48	10.48
专用设备制造业	14	7.25	专用设备制造业	35	7.64
通用设备制造业	6	3.11	仪器仪表制造业	18	3.93
仪器仪表制造业	6	3.11	通用设备制造业	16	3.49
金属制品业	4	2.07	酒、饮料和精制茶制造业	11	2.40
有色金属冶炼和压延加工业	3	1.55	黑色金属冶炼和压延加工业	10	2.18
铁路、船舶、航空航天和其他运输设备制造业	3	1.55	铁路、船舶、航空航天和其他运输设备制造业	10	2.18
其他制造业	2	1.04	有色金属冶炼和压延加工业	7	1.53

二、腾讯

腾讯同样不仅是广东省而且是全国智能经济发展的主导者。从腾讯技术合作关系的国内省区市分布看，在技术输入关系中，排名第一的是北京市，占比为 32.86%；排名第二的是广东省，占比为 30.40%；排名第三的是上海市，占比为 9.49%；排名第四和第五的分别是浙江省和湖北省，占比分别为 4.04% 和 3.16%。在技术赋能关系中，排名第一的是广东省，占比为 25.46%；排名第二的是北京市，占比为 22.94%；排名第三的是上海市，占比为 9.53%；排名第四和第五的分别是江苏省和浙江省，占比分别为 3.62% 和 3.54%（见表 11–9）。

表11-9　　腾讯技术输入与技术赋能关系排名前10的省区市

省区市	技术输入	占比（%）	省市区	技术赋能	占比（%）
北京市	187	32.86	广东省	668	25.46
广东省	173	30.40	北京市	602	22.94
上海市	54	9.49	上海市	250	9.53
浙江省	23	4.04	江苏省	95	3.62
湖北省	18	3.16	浙江省	93	3.54
四川省	17	2.99	四川省	77	2.93
江苏省	15	2.64	湖北省	75	2.86
福建省	9	1.58	山东省	74	2.82
贵州省	8	1.41	重庆市	72	2.74
山东省	8	1.41	陕西省	63	2.40

从腾讯技术合作关系的国内城市分布看（见表 11–10），在技术输入关系中，排名第一的是北京市，占比为 32.86%；排名第二的是深圳市，占比为 23.20%；排名第三的是上海市，占比为 9.49%；排名第四和第五的分别是广州市和杭州市，占比分别为 5.45% 和 3.34%。在技术赋能关系中，排名第一的是北京市，占比为 22.94%；排名第二的是深圳市，占比为 16.23%；排名第三的是上海市，占比为 9.53%；排名第四和第五的分别是广州市和重庆市，占比分别为 6.52% 和 2.74%。

表11-10　　腾讯技术输入与技术赋能关系排名前10的国内城市

城　市	技术输入	占比（%）	城　市	技术赋能	占比（%）
北京市	187	32.86	北京市	602	22.94
深圳市	132	23.20	深圳市	426	16.23
上海市	54	9.49	上海市	250	9.53
广州市	31	5.45	广州市	171	6.52
杭州市	19	3.34	重庆市	72	2.74

续表

城　市	技术输入	占比（%）	城　市	技术赋能	占比（%）
武汉市	16	2.81	杭州市	69	2.63
成都市	14	2.46	武汉市	60	2.29
贵阳市	8	1.41	西安市	59	2.25
厦门市	7	1.23	成都市	57	2.17
香港特别行政区	7	1.23	长沙市	43	1.64

从技术合作的技术领域看（见图 11–21），排名第一的是大数据与云计算，技术输入和技术赋能占比分别为 57.77% 和 73.24%；排名第二的是物联网，技术输入和技术赋能占比分别为 7.69% 和 8.45%；排名第三的是计算机视觉，技术输入和技术赋能占比分别为 6.64% 和 3.78%。排名第四的是区块链，技术输入和技术赋能占比分别为 3.77% 和 2.30%；排名第五的是语音识别，技术输入和技术赋能占比分别为 2.56% 和 2.16%。

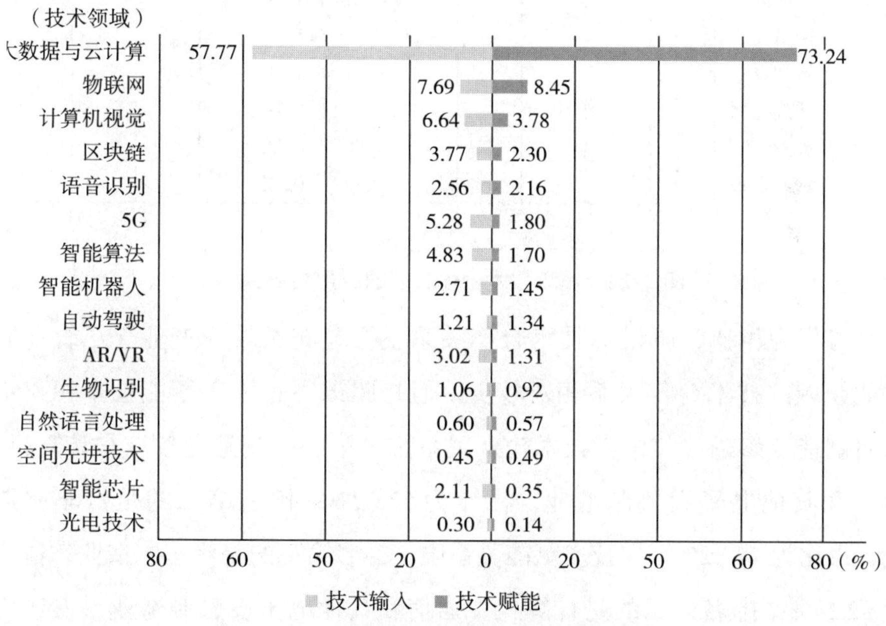

图11-21　腾讯技术合作关系的技术领域分布

从技术合作的应用领域看，智慧商业排名第一，技术输入和技术赋能占比分别为 23.75% 和 11.42%；排名第二的是智慧城市，技术输入和技术赋能占比分别为 8.08% 和 13.52%；排名第三的是新媒体与数字内容，技术输入和技术赋能占比分别为 12.28% 和 7.32%。

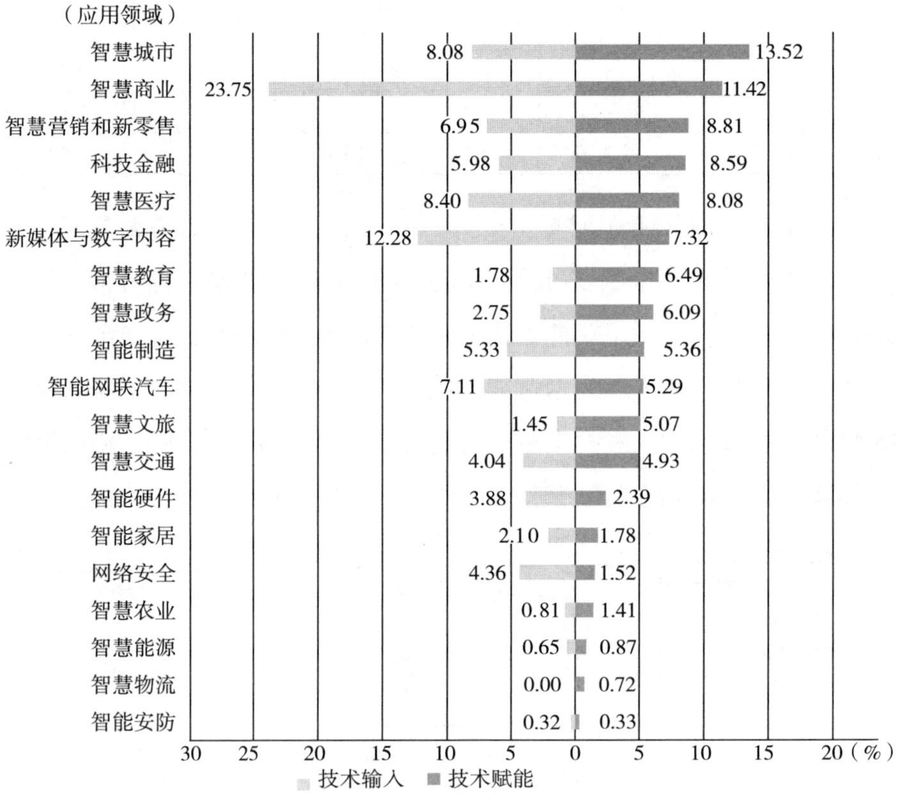

图11-22 腾讯技术合作关系的应用领域分布

与华为相比，腾讯的技术合作关系主要分布在第三产业。尽管在制造业领域的技术合作关系相对较少，但是腾讯通过人工智能技术积累不断向制造业渗透。其中，技术输入关系排名第一的制造业领域是计算机、通信和其他电子设备制造业，占比为 57.69%；排名第二的是汽车制造业，占比为 12.82%。在技术赋能关系中，排名第一的是汽车制造业，占比为 32.14%；排名第二的是计算机、通信和其他电子设备制造业，占比为 24.35%（见表 11–11）。

表11-11　　腾讯技术合作关系在制造业排名前10的行业分布

产　业	技术输入	占比（%）	产业	技术赋能	占比（%）
计算机、通信和其他电子设备制造业	45	57.69	汽车制造业	99	32.14
汽车制造业	10	12.82	计算机、通信和其他电子设备制造业	75	24.35
通用设备制造业	6	7.69	电气机械和器材制造业	16	5.19
电气机械和器材制造业	6	7.69	通用设备制造业	13	4.22
专用设备制造业	5	6.41	医药制造业	12	3.90
金属制品业	2	2.56	专用设备制造业	11	3.57
仪器仪表制造业	2	2.56	酒、饮料和精制茶制造业	11	3.57
化学纤维制造业	1	1.28	食品制造业	10	3.25
医药制造业	1	1.28	纺织服装、服饰业	9	2.92
			仪器仪表制造业	8	2.60

第十二章

广州市汽车产业的智能化

电子信息和汽车制造产业是广东省产业智能化发展的前沿地带。为了更深入地掌握广东省智能经济发展的实际，本章以广州市汽车产业智能化为对象，以32家企业为样本，考察汽车制造产业智能化发展的情况。

第一节 广州市汽车产业智能化价值网络

一、广州市汽车产业智能化企业结构

（一）基本情况

广州市汽车产业智能化的代表性企业为32家（见表12-1）。32家企业可以划分为三类：第一类是整车企业，包括广汽集团、东风日产、广汽新能源[①]等12家整车企业。广汽研究院作为广汽集团的核心研发部门和关键技术平台，在广州汽车产业的智能化升级过程中发挥着巨大的作用，本章将广汽研究院纳入整车企业样本；第二类是为汽车产品智能化提供算法和软件系统的车联网企业。例如，高新兴、文远知行和小马智行；第三类是为汽车生产智能化提供技术和服务的智能装备企业。例如，明珞装备、瑞松科技和瑞松北斗。

① 2020年广州车展，广汽埃安品牌正式独立，由广汽新能源更名为广汽埃安。

表12-1 32家广州汽车产业智能化样本企业的基本情况

分 类	名 称	成立时间	分 类	名 称	成立时间
整车企业	广汽集团	1997年	车联网企业	领世科技	2015年
	广汽本田	1998年		石贝网络	2016年
	东风日产	2003年		小马智行	2016年
	本田中国	2003年		文远知行	2018年
	广汽丰田	2004年		如祺出行	2019年
	广汽研究院	2006年	智能装备企业	广州粤研	1995年
	广汽日野	2007年		亨龙智能	1997年
	广汽乘用车	2008年		广州科腾	1998年
	小鹏汽车	2015年		瑞松北斗	2007年
	广汽新能源	2017年		明珞装备	2008年
	东风启辰	2017年		丰桥科技	2009年
	广汽蔚来	2018年		创智机电	2009年
	恒大汽车	2020年		东焊智能装备	2011年
车联网企业	高新兴	1997年		瑞松科技	2012年
	瑞修得	2014年		瑞松威尔斯通	2016年
	分享车联网	2015年		神勇智能	2017年

作为传统制造产业，广州汽车企业创建时间分布较为分散，32 家样本企业中最早的是 1995 年成立的广州粤研智能装备股份有限公司，最晚的是 2020 年由恒大集团旗下的恒大健康改名而成立的恒大汽车。成立时间较为集中的为 2015 年、2016 年、2017 年，占比为 28.13%（见图 12-1）。

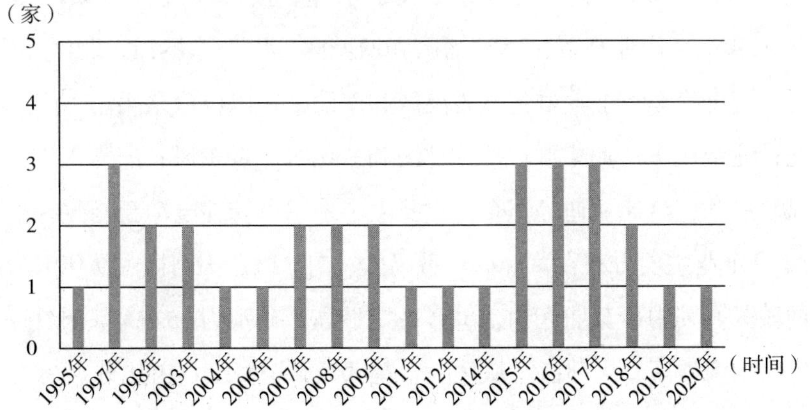

图12-1 32家广州汽车样本企业的成立时间分布

整车企业成立时间最早的是广汽集团，前身为成立于1997年6月的广州汽车集团有限公司。2005年6月28日，广州汽车工业集团有限公司、万向集团公司、中国机械工业集团有限公司、广州钢铁企业集团有限公司和广州市长隆酒店有限公司作为共同发起人，对原广州汽车集团有限公司进行股份制改造，设立广汽集团。2020年，广汽集团员工总数102674人，上下游产业链人员达到80万人，《财富》世界500强排名206位，中国企业500强排名54位。2020年汽车产量204.38万辆，2019年广汽集团营业收入为597.04亿元。

广州汽车产业的发展史实际上是以广汽集团为核心的汽车产业扩展史。从1998年广汽集团与日本本田技研工业株式会社共同出资组建广汽本田、2004年广汽集团与日本丰田汽车公司出资组建广汽丰田，到2018年广汽集团和蔚来汽车共同成立广汽蔚来，广汽车型也由1999年的广汽本田雅阁、2006年的广汽丰田凯美瑞、2010年的广汽传祺GA5，到如今广汽菲克Jeep大指挥官、广汽传祺全新GS5、广汽新能源GE3530，再到展示未来科技畅想的概念车Ev Coupe，广汽集团的发展壮大以及车型品牌的演化史在一定程度上代表了广州汽车工业发展的过去、现在和未来。

（二）企业的地域分布

近年来，广州汽车产业集群形成了东部、南部和北部三大汽车产业集群。东部汽车产业集群包括黄埔区和增城区，以广汽本田、北汽（广州）为依托；南部汽车产业集群包括番禺区和南沙区，以广汽乘用车、广汽丰田为依托；北部汽车产业集群包括花都区和从化区，以东风日产为龙头，分布有东风启辰和广汽比亚迪等车企，主要生产乘用车和纯电动新能源汽车。

32家企业主要分布在黄埔区、番禺区、南沙区、天河区、从化区、花都区、增城区。其中，黄埔区和番禺区占比最高，分别为35.48%、25.20%。其次，依次为南沙区、天河区、从化区、花都区、增城区，占比分别为12.5%、12.5%、6.25%、6.25%、3.53%（见图12-2）。样本企业地域分布数量不仅与当地政策环境相关，而且与特定区域的产业布局、智能化进程高度相关。

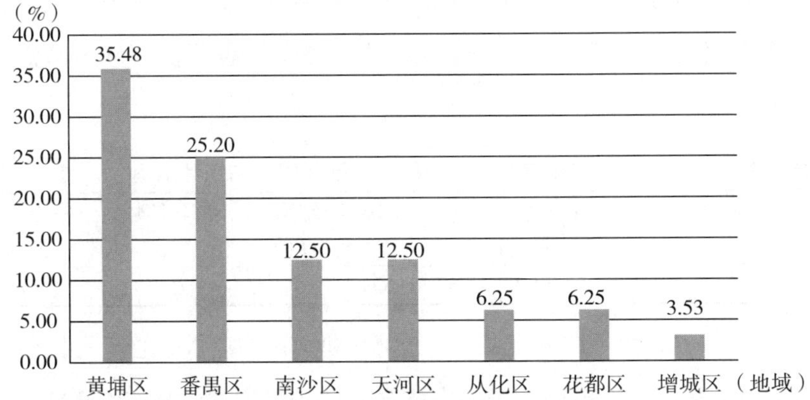

图12-2　32家广州汽车样本企业地域分布

二、价值网络分析

将采集的32家样本企业三个维度关系数据输入社会网络分析软件Gephi 0.9.2，得到由905个节点和2008条边（关系）[①]构成的广州汽车产业智能化价值网络拓扑结构图（见图12-3）。其中，价值网络节点数是样本节点数的27.3倍。

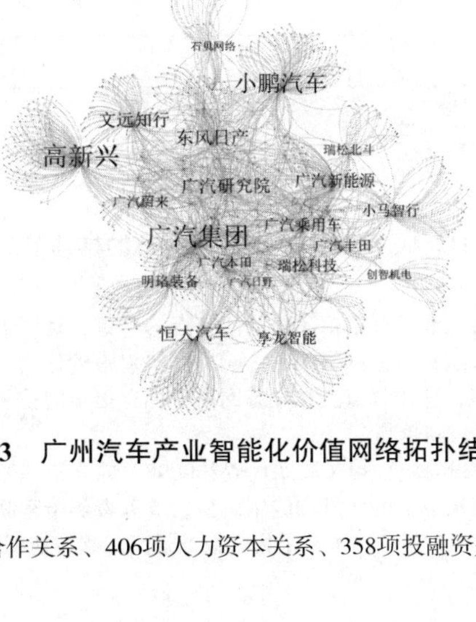

图12-3　广州汽车产业智能化价值网络拓扑结构图

① 包括1244项技术合作关系、406项人力资本关系、358项投融资关系。

表 12–2 列出广州汽车产业智能化价值网络的结构性统计指标。价值网络的平均度为 1.752，模块度为 0.627，网络直径为 7，平均聚类系数为 0.044，平均路径长度为 3.689。较高的模块度指标表明价值网络节点具有较强的聚集度。

表12-2　　广州汽车产业智能化价值网络结构统计指标

统计指标	样本节点	关系节点	关系数	平均度	模块度	网络直径	平均聚类系数	平均路径长度
统计值	32	905	2008	1.752	0.627	7	0.044	3.689

图 12–4 分别列出了广州汽车产业智能化价值网络度数中心度[①] 排名前 15 的样本节点。从样本节点度数中心度排名看，排名第一的是广汽集团，节点的度数中心度为 261；排名第二的是高新兴[②]，节点的数度中心度为 189；排名第三的是小鹏汽车，节点的度数中心度为 184。与整车和智能网联汽车企业相比，智能装备企业的节点度数中心度排名相对靠后。在人工智能和广州汽车产业的深度融合中，整车企业和智能网联汽车及其相互作用发挥着关键作用。

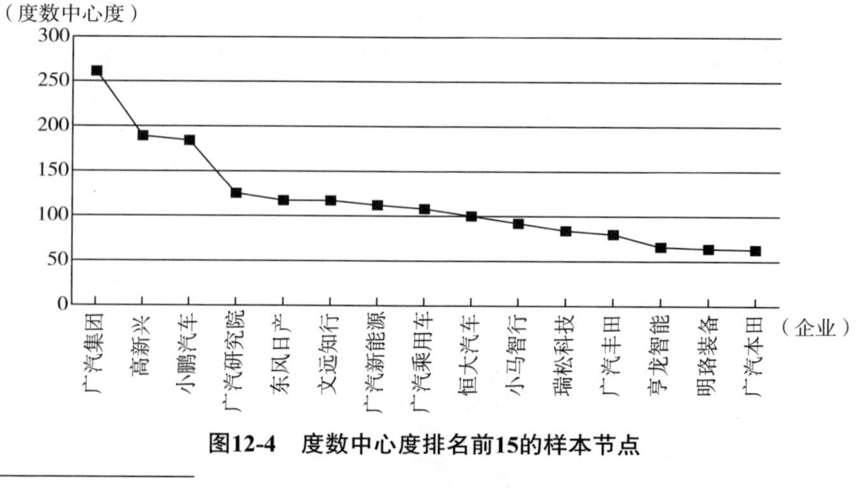

图12-4　度数中心度排名前15的样本节点

① 度数中心度是指与该节点直接相连的其他节点的个数，是用来刻画网络分析中节点的中心性的指标，它反映了该节点在价值网络中的影响力和辐射带动作用。度数中心度越高的节点，与其直接相连的边数也越多，意味着节点在生态网络中拥有更多的技术合作、人力资本、投融资关系，其活跃度和重要程度也就越高。

② 高新兴科技集团股份有限公司（股票代码300098）成立于1997年，主要从事物联网和人工智能核心技术、产品及解决方案的研发和应用。公司业务聚焦于车联网、公安执法规范化及智慧城市服务与产品集成三大业务板块。本章采集的数据是高新兴智能网联汽车领域的关系数据。

从关系节点的度数中心度排名看（见图 12–5），腾讯位列第一，节点的度数中心度为 73；华为和科大讯飞分别位列第二和第三，节点度数中心度均为 42。排名前三的关系节点均为国家级人工智能开放创新平台。度数中心度排名前 15 的关系节点主要包括三种类型的企业和机构。

第一类是包括腾讯、华为、科大讯飞、高德地图、中国移动和滴滴出行在内的人工智能开放创新平台、关键技术企业和网络基础设施服务商。其中，腾讯、华为和滴滴出行都是智能网联汽车核心技术领域的开发和集成商，为汽车产业智能化提供包括智能芯片、激光雷达、智能网联系统和 5G 等方面的技术支持。科大讯飞和高德地图则是关键技术服务商，主要提供语音和地图导航方面的服务。中国移动为 5G 智能网联汽车提供包括测试场建设在内的网络基础设施服务。

第二类是包括丰田汽车、蔚来汽车和上汽集团在内的整车企业。作为关系节点的整车企业，丰田汽车、蔚来汽车和上汽集团都是汽车产业智能化技术的前沿企业，为广州市汽车产业的智能化提供支持。

第三类是包括华南理工大学、清华大学、西安交通大学和哈尔滨工业大学在内在汽车产业智能化基础研究领域排名前列的研究型大学。它们不仅为广州汽车产业的智能化提供人工智能支持，而且通过校企合作共同开发智能车联网技术。

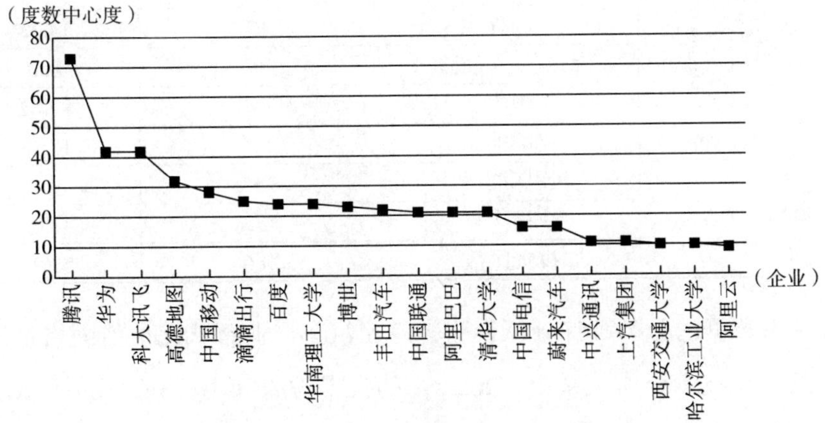

图12-5　度数中心度排名前20的关系节点

三、关系数据统计

表 12–3 列出了样本企业价值网络关系数据的分类统计情况。从技术合作关系数据看，来自国内企业和机构的技术输入关系数占比为 73.72%，来自国外企业和机构的技术输入关系数占比为 26.28%；对国内企业和机构技术赋能的关系数占比为 89.26%，对国外企业和机构技术赋能的关系数占比为 10.74%。

在人力资本关系中，核心人力资本前期学习经验来自国内高校和科研院所的占比达到 85.22%，来自国外高校和科研院所的占比为 14.78%；前期工作经验来自国内企业和机构的占比为 82.82%，来自国外企业和机构的占比为 17.18%。在投融资关系中，获投次数占比为 48.04%，投资次数占比为 51.96%。

表12-3　价值网络关系数据的分类统计

关系类型	类　别	关系数	百分比（%）
技术合作关系	技术输入	704	100
	国内	519	73.72
	国外	185	26.28
	技术赋能	540	100
	国内	482	89.26
	国外	58	10.74
人力资本关系	前期学习经验	115	100
	国内	98	85.22
	国外	17	14.78
	前期工作经验	291	100
	国内	241	82.82
	国外	50	17.18
投融资关系	投融资次数	358	100
	获投次数	172	48.04
	投资次数	186	51.96

关系数据的分类统计分析表明，广州汽车产业智能化价值网络是高度开放的。在技术合作关系中，26.28% 的技术输入和 10.74% 的技术赋能节点为国外企业和机构。在人力资本关系中，核心人力资本的 14.78% 的前

期学习经验和17.18%的前期工作经验来自国外高校和企业。两组数据说明，广州汽车产业智能化是全球人工智能创新网络的重要节点。

第二节　技术合作关系

一、技术合作关系分布

图12–6列出了三种类型样本节点技术合作关系分布情况图①。在32家样本企业的技术合作关系中，技术输入和技术赋能占比分别为56.59%和43.41%。其中，整车企业的技术合作关系占比最高，技术输入关系占比为43.09%，技术赋能关系占比为19.61%；智能网联汽车企业和智能装备企业的技术输入关系分别为8.92%和4.58%，技术赋能关系则分别为9.81%和13.99%。

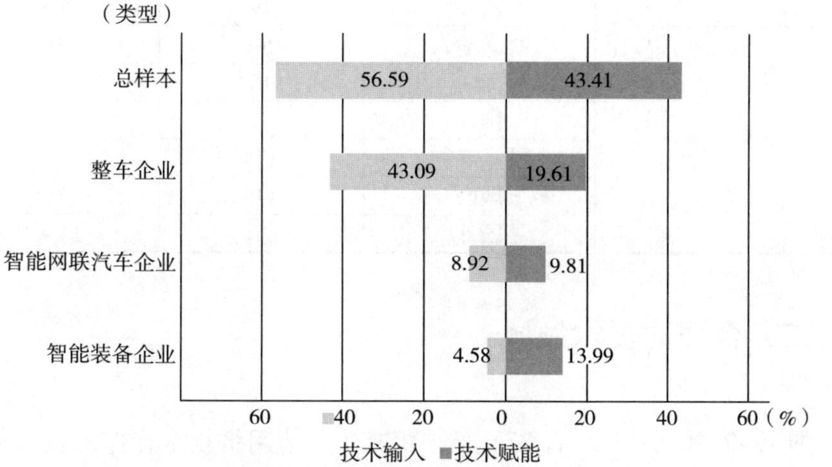

图12-6　样本企业技术合作关系分布

从三种类型样本企业技术合作关系分类统计看，整车企业22.95%

① 整车企业、智能网联汽车企业和智能装备企业的技术合作关系占比分别为62.70%、18.73%、18.57%。

的技术输入关系和 5.33% 的技术赋能关系来自国外；智能网联汽车企业 20.72% 的技术输入关系和 15.57% 的技术赋能关系来自国外（见表 12–4）；智能装备企业 69.41% 的技术输入关系和 14.94% 的技术赋能关系来自国外。从技术输入关系国内外占比情况看，无论是整车企业智能网联汽车企业还是智能装备企业的技术合作都是高度开放的。

表12-4　　不同类型样本企业技术合作关系分类统计

	类别	关系数	百分比（%）
整车企业	技术输入	536	100
	国内	413	77.05
	国外	123	22.95
	技术赋能	244	100
	国内	231	94.67
	国外	13	5.33
智能网联汽车企业	技术输入	111	100
	国内	88	79.28
	国外	23	20.72
	技术赋能	122	100
	国内	103	84.43
	国外	19	15.57
智能装备企业	技术输入	57	100
	国内	18	31.59
	国外	39	69.41
	技术赋能	174	100
	国内	148	85.06
	国外	26	14.94

二、合作的技术领域

图 12–7 列出了广东省汽车产业智能化价值网络技术合作的技术领域分布。其中，排名第一的是物联网，占比为 43.19%；排名第二的是智能机器人，占比为 27.35%；排名第三的是大数据与云计算，占比为 12.18%。排名第四至第六位的分别为 5G、语音识别和空间先进技术，占比为 4.87%、3.54% 和 3.32%。

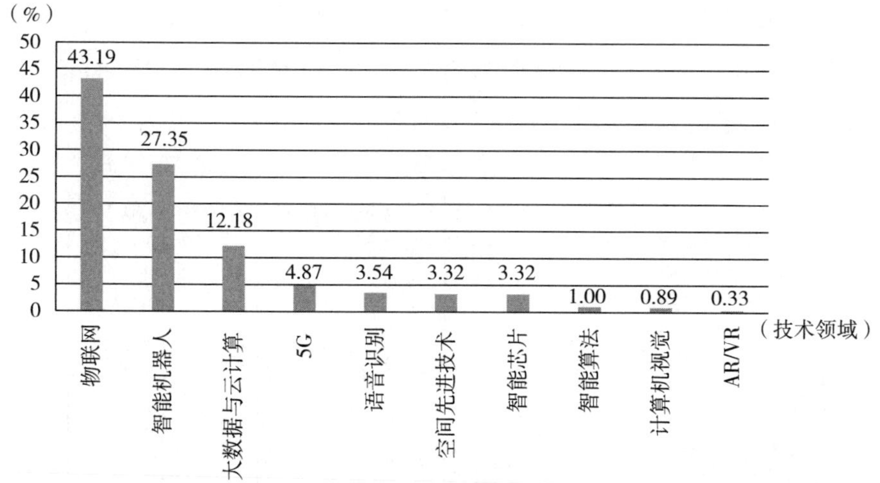

图12-7　技术合作的技术领域分布

三、技术合作的应用领域

图 12–8 列出了技术合作的应用领域分布情况。技术合作的应用领域主要集中在智能网联汽车、智能制造和数据生态领域，占比分别为 57.14%、33.00% 和 9.30%。智能网联汽车和数据生态领域的技术合作与汽车产品智能化相关。而智能制造领域的技术合作则是为了实现生产智能化。

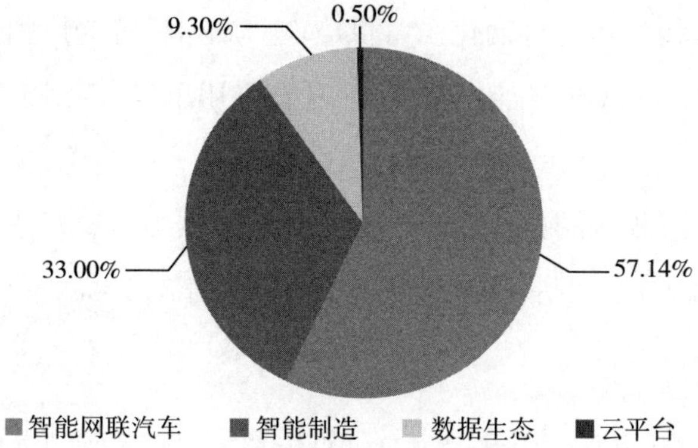

图12-8　技术合作关系的应用领域分布

在智能网联汽车领域，技术合作的技术领域主要集中在智能网联系统、自动驾驶、智能语音和导航系统，占比分别为 30.04%、23.84%、5.43% 和 5.04%（见图 12-9）。

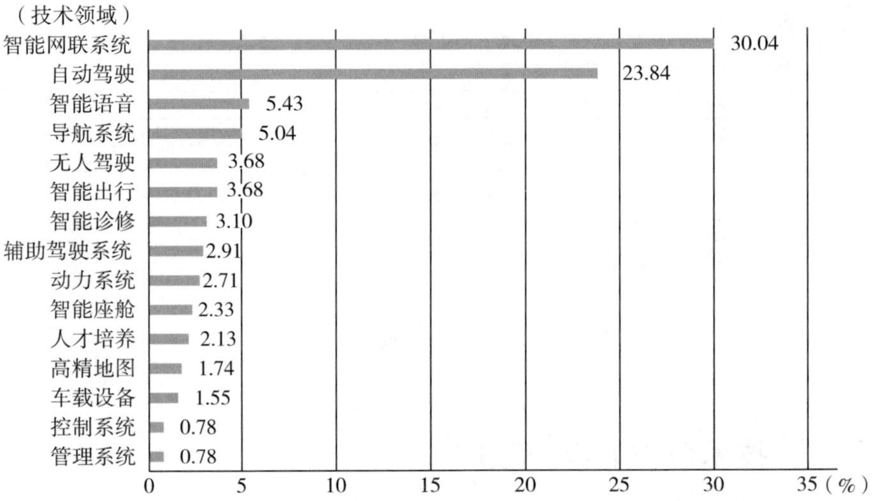

图12-9 智能网联汽车领域技术合作关系分布

在智能制造领域，技术合作的技术领域主要集中在焊接生产线、智能装备、工业机器人和整车生产线[①]，合作关系占比分别为 23.15%、21.81%、17.11% 和 15.77%（见图 12-10）。例如，瑞松科技为广汽丰田、广汽本田、广汽乘用车、广汽新能源和比亚迪等汽车制造企业提供智能焊接生产线。明珞装备则为奔驰、宝马、特斯拉、菲亚特克莱斯勒和法国标致等整车企业提供白车身生产线。作为自动化设备供应商，广州科腾为广汽集团、广汽菲亚特克莱斯勒、广汽本田、广汽丰田和广汽乘用车等提供生产线所需的智能装备。

在数据生态领域的技术合作主要分布在数据平台、营销数据、位置数据和用户数据方面（见图 12-11），占比分别为 33.33%、17.86%、10.71% 和 10.71%。

① 智能装备指具有感知、控制、决策等功能的生产设备，主要包括桁架机械手、上下料机器人、机器人焊钳、车身焊机等。与智能装备不同的是，焊接生产线和车身生产线强调汽车生产过程的智能化和无人化，为整车提供柔性化、智能化的生产线。

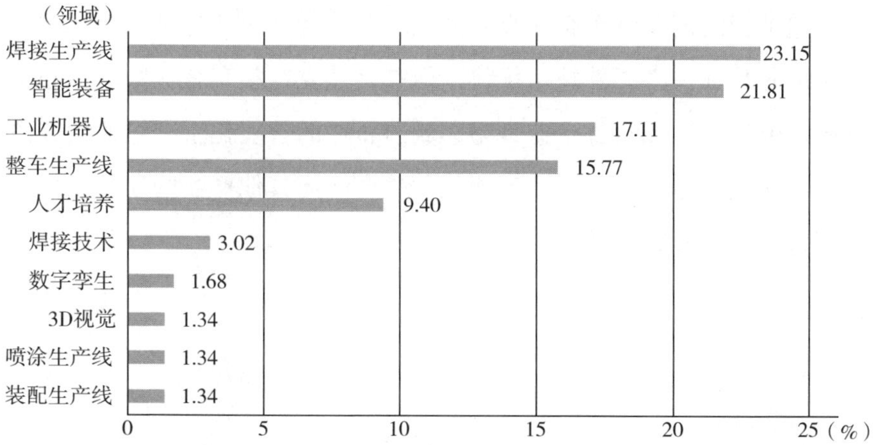

图12-10 智能制造领域技术合作关系分布

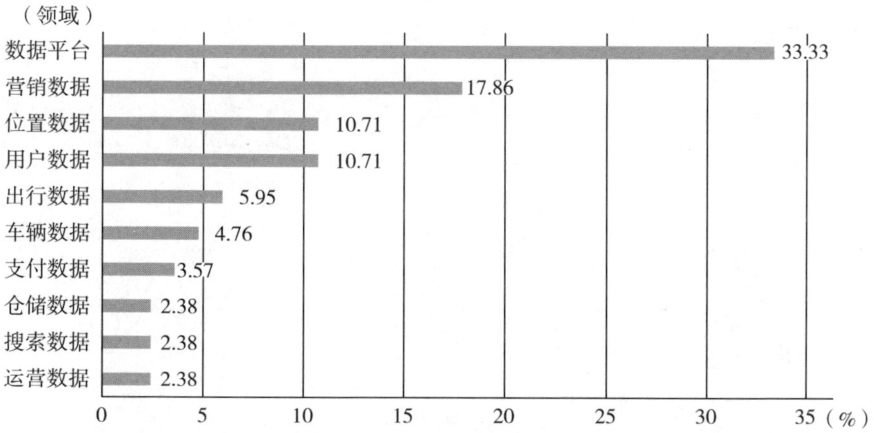

图12-11 数据生态领域的技术合作关系分布

无论是产品的智能化还是生产的智能化，广州市汽车产业智能化的主导者都是以广汽集团为代表的整车企业。到目前为止，依托产品制造和市场销售优势，整车企业对人工智能和产业深度融合实际进程产生决定性影响[①]。汽车生产属于典型的离散制造，生产和供应链体系复杂。同时，无论是在工艺和运维还是在汽车行驶方面，整车企业都拥有明显的数据生态

① 2021年2月9日，小马智行宣布，首批搭载自主研发的最新一代系统的自动驾驶汽车从标准化生产线下线。新下线的搭载了小马智行自动驾驶系统PonyAlpha X自动驾驶汽车的整车是雷克萨斯RX450h。2020年11月，在进博会上，小马智行透露已建立了一条专门生产L4级自动驾驶系统的生产线。

优势。包括智能网联汽车企业在内的人工智能技术企业尽管拥有算法、软件、车载芯片和关键硬件技术优势，但都是建立在整车企业数据生态优势的基础之上的。智能装备企业是整车制造企业的智能化生产线的集成商和供应商。从发展趋势看，从汽车智能化生产线向其他产业的迁移是广州市汽车装备企业发展的重要方向。

后　记

POSTSCRIPT

本书的研究得到了中国科协2020年“科技治理年度报告”项目（项目编号：20200608CG110204）和天津市科技局相关项目经费的资助。项目的依托单位是南开大学数字经济研究中心和中国新一代人工智能发展战略研究院。研究的基本内容以《中国新一代人工智能科技产业发展报告 2021》和《中国新一代人工智能科技产业区域竞争力评价指数（2021）》报告的形式在第五届世界智能大会发布。在研究过程中，作者认识到 1996 年提出的数字经济，经过 20 多年的发展，已经步入智能经济阶段。如果在早期阶段数字经济是以信息通信技术和产业发展为主导，那么 2014 年以来的智能经济则是以包括互联网、移动互联网、大数据和云计算、人工智能和区块链在内的新一代信息技术和人工智能产业发展为主导。

新冠疫情的冲击成为人工智能和经济社会融合发展的特殊应用场景。而美国的技术封锁则开启了中国人工智能自主可控体系的建设过程。随着新一代信息技术和网络空间的发展，人工智能进入全面融合发展阶段。因而，本书以“融合发展中的中国智能经济”为名。

在前期研究的基础上，本书关注智能经济发展的新前沿和新变化。其中，消费互联网升级和产业互联网发展是本书研究的重点内容。为了高质量地完成项目研究，团队先后在广东、北京、上海和天津等地开展深入而系统的调研，尤其在广东省对产业互联网发展进行了重点调研。同时，为了掌握消费互联网升级情况，受新冠疫情影响，研究团队重点选择天津涉农区进行调研。在蓟州区调查研究期间，研究团队掌握了远离城市的农村居民如何使用互联网创业和就业的第一手资料。

在本书撰写过程中，刘刚教授负责总体框架和核心观点的提炼。主要撰写者为李依菲、席江浩、刘晨、李川川、李伟伟、霍治方、张天然、李汪媛、余山和邓祥云。研究工作历时一年，从实地调查到数据采集和分析再到书稿的撰写，大量的工作是在寒暑假期间完成的，大家都付出了艰辛和努力。值得高兴的是，在艰辛和努力中，大家都在快速成长。

本书的出版要感谢中国科协调宣部、天津市科技局和天津科协领导给予的帮助与支持。同时，还要感谢调研接待单位的大力支持，尤其是广州市黄埔区政策研究室主任李耀尧和副主任何力武博士的工作。何力武副主任是南开大学经济研究所毕业的博士，我们在广州的调查研究得到他的大力帮助。

无论是对智能经济的实践调查还是理论研究，都刚刚开始。在研究过程中，难免存在疏漏、错误和不足的地方，请各位读者批评指正！

刘　刚

2022年3月18日